建设工程施工合同纠纷

标准化指引

张雪锋／著

法律出版社 LAW PRESS · CHINA
北京

图书在版编目(CIP)数据

建设工程施工合同纠纷标准化指引 / 张雪锋著. --
北京 : 法律出版社, 2022
ISBN 978-7-5197-6955-0

Ⅰ. ①建… Ⅱ. ①张… Ⅲ. ①建筑工程-工程施工-合同纠纷-处理-中国 Ⅳ. ①D923.6

中国版本图书馆 CIP 数据核字(2022)第 137291 号

建设工程施工合同纠纷标准化指引
JIANSHE GONGCHENG SHIGONG HETONG JIUFEN BIAOZHUNHUA ZHIYIN

张雪锋 著

责任编辑 慕雪丹 章 雯
装帧设计 汪奇峰

出版发行 法律出版社
编辑统筹 法商出版分社
责任校对 赵明霞
责任印制 胡晓雅
经　　销 新华书店

开本 710 毫米×1000 毫米 1/16
印张 25 **字数** 420 千
版本 2022 年 11 月第 1 版
印次 2022 年 11 月第 1 次印刷
印刷 三河市兴达印务有限公司

地址:北京市丰台区莲花池西里 7 号(100073)
网址:www.lawpress.com.cn
投稿邮箱:info@lawpress.com.cn
举报盗版邮箱:jbwq@lawpress.com.cn
销售电话:010-83938349
客服电话:010-83938350
咨询电话:010-63939796

书号:ISBN 978-7-5197-6955-0
定价:99.00 元
凡购买本社图书,如有印装错误,我社负责退换。电话:010-83938349

序

与雪锋律师相识多年,他一直从事建设工程领域案件的代理,也经常会看到他撰写的有关建设工程方面的法律文章。他严谨好学、务实进取,工匠精神十足。他能在繁忙的办案之余,抽出时间来写一部30余万字的法律专著,实属不易,可赞可敬!

近年来,房地产与建设工程领域的民事案件越来越多,仅2021年,全国法院裁判的房地产与建筑业类型的民事案件就高达60余万件。建设工程勘查、设计、招投标、签订合同、发(分)包、施工、监理、验收、结算、付款等环节都需要法律上的规范和指引。办理建设工程纠纷案件确实和其他民商事案件有着很大的不同,不仅要掌握相关法律法规、司法解释、法院纪要、指导案例等法律规范,还需要熟悉建设工程方面的专业知识,同时要对各类规范、标准、示范文本烂熟于心。

目前,建设工程方面出版的书籍有很多,有理论性较强的知识型研讨书籍,也有注重工程和法律实务的指导型书籍。雪锋律师所著的这本书,可谓一本办理建设工程施工合同纠纷类案件的"指引",内容详尽、体系完整。从首次接洽案件入手,论述了立案、合同效力、工程价款、变更、签证、索赔、质量、保修以及优先权、违约责任等需要进行审查的各个环节。可以说,这是一本办理建设工程施工合同纠纷案件的规范性标准和可操作性指引。

本书也可以作为办理建设工程施工合同纠纷案件的工具书。其对涉及建设工程施工纠纷案件的各个环节均有讲解,且对各环节适用的标准、规范,法律法规,以及裁判规则、案例也进行了援引,并加以分析和阐述。本书无论是对律师、法官,还是对公司法务、其他法律工作者,抑或对房地产和建设工程企业的管理者,在遇到某一环节的具体法律问题时,都能给予有效帮助。本书专业性、实用性和指导性强,值得一读。

赵黎明

前　　言

建设工程施工合同纠纷比较复杂，诸如“审理周期长，关系复杂，涉及知识点庞杂”的说法层出不穷。一名律师即使潜心学习5年建设工程行业法律法规政策以及建筑领域的跨学科知识，也只能称为掌握入门知识，想要干得出色，任重而道远。

目前，建设工程领域竞争激烈，产生的纠纷也日益增多，诉讼难度增大。标的额大、费用高、诉讼周期长、专业度高是该类案件的典型特征。针对建设工程案件，有很多特殊的法律制度，如资质制度、招投标制度、索赔制度、造价管理制度、质保期制度等。为了节省律师的时间成本，笔者倾心打造了《建设工程施工合同纠纷标准化指引》，几乎涵盖了所有办案步骤和办案要点，内容详尽，每个办案要点都包括了实务提示、裁判依据等模块，极大方便了团队协作与知识管理。

本书有助于建设工程案件律师提升办案效率、保障办案质量、提高团队协作、加强知识管理，有利于培养青年律师在建设工程专业方面快速成长。期待《建设工程施工合同纠纷标准化指引》能给广大律师带来办案、学习上的便利，使建设工程施工合同案件的办理更加标准化、精细化、制度化。

在本书写作过程中，对下列人员的辛勤付出表示由衷感谢：祈银辉、刘宁霞、乔红、薛祥、王瑞、马柯。此外，感谢所有对本书予以支持的各界朋友。

能力所限，本书难免存在疏漏不足之处，敬请读者批评指正。

张雪锋

陕西秦北律师事务所

建设工程施工合同诉讼标准化流程图

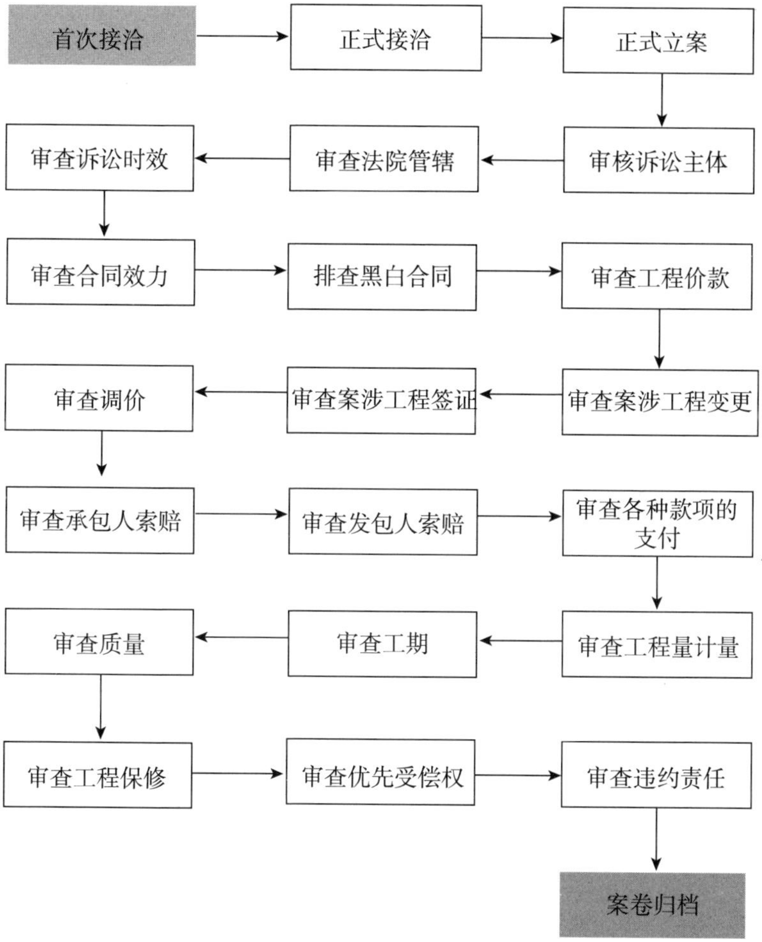

法律文件全称、简称对照表

序号	法律文件全称	简称	施行日期、发文字号
1	《中华人民共和国民法典》	《民法典》	2021年1月1日 主席令第45号
2	《中华人民共和国建筑法》	《建筑法》	2019年4月23日 主席令第29号
3	《中华人民共和国招标投标法》	《招标投标法》	2017年12月27日 主席令第86号
4	《中华人民共和国招标投标法实施条例》	《招标投标法实施条例》	2019年3月2日 国务院令第709号
5	《建筑工程施工发包与承包违法行为认定查处管理办法》	《认定查处管理办法》	2019年1月1日 建市〔2019〕1号
6	《建设工程工程量清单计价规范》(GB 50500－2013)	《2013版清单计价规范》	2013年7月1日
7	《最高人民法院关于审理建设工程施工合同纠纷案件适用法律问题的解释(一)》	《建设工程司法解释(一)》	2021年1月1日 法释〔2020〕25号
8	《最高人民法院关于适用〈中华人民共和国民事诉讼法〉的解释》	《民诉法解释》	2022年4月10日
9	《建设工程施工合同(示范文本)》(GF－2017－0201)	《2017版施工合同》	2017年11月12日
10	《中华人民共和国标准施工招标文件》(2013年修订)	《标准施工招标文件》	2013年5月1日
11	《中华人民共和国标准设计施工总承包招标文件》(2012年版)	《标准设计施工总承包招标文件》	2012年5月1日 发改法规〔2011〕3018号
12	《北京市高级人民法院关于审理建设工程施工合同纠纷案件若干疑难问题的解答》	《北京高院施工合同解答》	2012年8月6日 京高法发〔2012〕245号

目　　录

第一章　委托前的工作

普通的民商事案件，律师通过与当事人洽谈和案件材料的审查分析，在短时间内就可以向当事人提供案件咨询意见或诉讼策略方案。但建设工程案件专业性强、案情复杂、证据材料多，这决定律师在接受委托前必须做大量的沟通和收集、分析资料工作。沟通得越多，材料收集得越全，案情分析讨论得越深入，越才能理解案情，把握争议焦点。当然，工作不能盲目进行，需要有步骤有方法。笔者根据既往办理施工合同纠纷案件的经验，给出以下步骤和方法，供大家办理施工合同纠纷案件时借鉴参考。

一、首次接洽客户所需工作

（一）业务主管与律师助理接洽客户

1. 认真聆听客户陈述案情。

2. 助理记录基本案件事实。

3. 了解并由律师助理记录客户诉求。

4. 律师助理进行利冲检索并当场出具利冲检索报告。

5. 律师助理检索客户及对方工商注册信息、资信情况、有无诉讼案件、执行信息、失信情况及对方投资情况。

（二）初步审查案件材料

1. 初步审查客户陈述的案件事实有无证据材料。

2. 初步审查客户提交的证据材料的证明力。

3. 初步审查客户的诉请是否合理、合法。

4. 初步审查客户诉求的请求权基础。

5. 初步审查客户的诉求是否可实现。

（三）针对现有材料给出客户初步分析意见

1. 对客户陈述的案件事实予以法律定性评判。
2. 对客户提供证据进行“三性”和证明力初步分析。
3. 对客户诉求的合理性、合法性进行初步分析。
4. 对客户诉求能否获得法院支持进行初步分析。
5. 对客户诉求可实现度进行初步分析。
6. 出示已检索的类案判决支持分析意见。
7. 出示已检索的请求权基础或抗辩权基础支持法律定性分析意见。

（四）出具案件所需的材料清单

1. 材料清单写明所需材料名称、数量、形式、提交时限。
2. 材料清单须写明材料用途及不提交材料对进一步分析的影响。

附件一：资料清单工作联系函

附件二：补充资料清单

（五）律师助理与客户约定下次正式洽谈的时间、地点

1. 时间原则上定在首次洽谈后的3个工作日内。
2. 地点原则上确定在律师事务所洽谈室。
3. 约定洽谈时间前一天与客户确认，并询问客户赴约方式，是否需要帮助。
4. 本着方便客户的原则，为客户提供便利。
5. 记录客户主要负责人或联系人电话、电子邮箱、与客户互加微信。

（六）赠送客户资料包

1. 有律师事务所可互动的二维码。
2. 有类案法律法规。
3. 有类案司法判例。
4. 宣传资料。
5. 大数据报告。
6. 便于联系的小礼品。

（七）预立案

1. 系统中详细录入客户信息、包括联系方式、电子邮箱、QQ、微信。

2. 在首次洽谈后的当天最迟第二天依据现有材料作出法律事实图、法律关系图、大事件图及其他所需图标。

3. 现有案件材料录入办案系统。

4. 确定项目主要负责人、项目成员。

5. 制作法律、法规检索报告。

6. 制作案例检索报告。

7. 项目成员集体进行案件评估。

8. 制作初步案件评估报告。

9. 制作案件初步策略分析报告、法律服务计划书、报价方案。

10. 制作计时工作报告。

二、正式洽谈

（一）业务主管、项目负责人、律师助理接待客户

1. 律师助理简单介绍项目成员。

2. 律师助理介绍工作情况。

（二）可视化方式演示案情

1. 通过会议室大屏演示或者洽谈室电视演示。

2. 引导客户确认法律事实图、法律关系图、大事件图表述的事实。

3. 征求客户对“三图”的意见。

4. 根据客户意见调整修改完善“三图”。

（三）策略分析（项目负责人出具策略分析报告、项目服务方案）

1. 项目负责人按照书面策略分析报告概括分析案件。

2. 项目负责人以检索的法律、法规报告、类案案例报告、大数据报告支持分析意见。

3. 合伙人或业务主管出示服务方案及报价方案。

（四）客户就服务方案和报价方案展开谈判

1. 律师助理出示并简要阐述服务方案。
2. 主办律师就服务方案与客户沟通协商达成一致意见。
3. 结合收费标准阐述报价的合理性。
4. 结合工作量及工作时间阐述报价的必要性。
5. 折扣得出的数额不宜是整数。

（五）签订委托协议、签署授权文件

1. 委托协议签署人必须具有相应权利、授权人具有相应权限。
2. 代理权限原则上为一般代理。
3. 按律师事务所印章管理办法申请盖章。
4. 办理缴费。
5. 缴费主体与委托主体保持一致。
6. 出具税票。

三、正式立案

（一）律师事务所办公系统中正式立案

1. 建立项目。
2. 按照系统要求录入所有立案信息。
3. 完成立项审批。
4. 安排或调整项目负责人、项目成员。
5. 每一步骤要求准确计时，该计时与律师事务所考核挂钩。

（二）进一步收集资料

1. 根据案件情况进一步收集案件资料。
2. 再次出具材料清单。
3. 不收材料原件。
4. 与当事人签订提交材料协议，当事人声明所提交的材料来源合法，内容真实。
5. 出具材料收据。

（三）核对材料并录入系统

1. 与协商洽谈阶段的录入资料进行核对。

2. 根据争议焦点、时间顺序或施工阶段录入材料。

3. 原件扫描录入。

4. 录入系统的文件必须符合阅读习惯，不能颠倒或页码错乱。

（四）审查材料

1. 审查材料的来源是否正当，取得材料的手段是否合法。

2. 材料本身是否真实。

3. 根据当事人主张的事实和诉请审查材料。

4. 分析材料能否证明当事人主张的事实。

5. 分析材料能不能支持当事人诉求。

第二章　委托后的常规审查

建设工程合同纠纷案件的复杂性、不确定性决定其不可能像一些简单合同案件做到经初步审查就能把握案件本身。律师在接受委托后，应当在此前收集、分析材料的基础上进一步就案件诉讼主体、案件管辖、诉讼时效及是否存在黑白合同等建设工程合同纠纷的共性问题进行常规性审查。

一、审查当事人诉讼主体资格

(一)发包方是否为适格主体

1. 要求发包方提供企业法人营业执照复印件。

2. 如果是房地产项目，需核对发包方与项目权利人是否一致，包括核实国有土地使用证、建设用地规划许可证、建设工程规划许可证等证照上记载的权利人与发包人是否同一。

3. 要求发包方提供法定代表人身份证复印件。

4. 对照国家企业信用信息公示系统 https://www. gsxt. gov. cn/index. html，核对发包方企业法人营业执照的信息，包括有无吊销、注销，股东、注册地址等登记信息是否完整无误等。

5. 发包方为个人的，须核对农村宅基地使用证或城镇居民住宅用地手续，同时提供修建审批手续。

6. 存在合作开发情形的，发包人为原告的，一般以招标人、施工合同的签字盖章的发包人为当事人；发包人为被告的，原告也可以将未签订合同的其他联合开发人列为当事人。

7. 建设单位的职能部门或分支机构作为发包人签署施工合同的，应当以建设单位作为当事人。

8. 临时性机构(比如筹建处、工程指挥部等)作为发包方签署施工合同的，应以该工程的归口单位或者组织为当事人；归口单位不明确的，以设立临时性机构的单位或者工程主管部门作为当事人。但临时机构已经合法批准成立并已经具有法人资格的，仍列为诉讼当事人。

9. 施工合同的发包人与建筑物所有权人不一致时（比如委托代建），一般以施工合同的发包人为当事人，但在施工合同的发包人出现下落不明或者丧失支付能力等影响承包工程款受偿权的情形，且建筑物所有权人获得建筑物所有权未支付相应对价（包括未支付合理对价）的，可以列建筑物所有者为被告。

10. 村委会或者有独立财产的村民小组作为发包人，可以列为当事人。

11. 个人合伙发包，合伙发包人均可列为当事人。

实务提示

确定发包方是否为适格主体，不仅有利于梳理案件事实、确定诉讼主体、起草起诉状等诉讼文书，还有利于确定合同效力、确定合同义务履行主体。

裁判依据

《城市房地产管理法》

第三十条 房地产开发企业是以营利为目的，从事房地产开发和经营的企业。设立房地产开发企业，应当具备下列条件：（一）有自己的名称和组织机构；（二）有固定的经营场所；（三）有符合国务院规定的注册资本；（四）有足够的专业技术人员；（五）法律、行政法规规定的其他条件。设立房地产开发企业，应当向工商行政管理部门申请设立登记。工商行政管理部门对符合本法规定条件的，应当予以登记，发给营业执照；对不符合本法规定条件的，不予登记。设立有限责任公司、股份有限公司，从事房地产开发经营的，还应当执行公司法的有关规定。房地产开发企业在领取营业执照后的一个月内，应当到登记机关所在地的县级以上地方人民政府规定的部门备案。

《公司法》

第七条 依法设立的公司，由公司登记机关发给公司营业执照。公司营业执照签发日期为公司成立日期。公司营业执照应当载明公司的名称、住所、注册资本、经营范围、法定代表人姓名等事项。公司营业执照记载的事项发生变更的，公司应当依法办理变更登记，由公司登记机关换发营业执照。

(二)承包方是否为适格主体

1. 要求承包方提供企业法人营业执照复印件。

2. 要求提供承包方法定代表人身份证复印件。

3. 对照国家企业信用信息公示系统 https://www.gsxt.gov.cn/index.html 核对企业法人营业执照的信息,包括有无吊销、注销,股东、注册地址等登记信息是否完整无误。

4. 审查核实案涉工程的施工许可证记载的施工单位与承包方是否同一。

5. 审查施工合同或中标通知书文件中的承包人或投标人。

6. 审查合同项下的工程是否在承包人营业执照中载明的经营范围内。

7. 审查承包人是否具有合同项下工程相应的建设行政主管部门颁发的建筑企业资质。

8. 审查承包人是否具有合同项下工程相应的安全生产许可证书。

9. 若合同项下的工程属于特殊工程,审查承包人是否具有对应的其他资质。

10. 审查是否存在联合承包。存在联合承包时,联合承包已组成具有法人资格联营体的,以该联营体为诉讼主体;否则,应以所有联合承包人为共同诉讼人。

11. 经审查,施工合同只盖项目部章的,不能列项目部为当事人,应列项目部设立人为当事人。

12. 经审查,是无资质的施工队、施工作业组、民工队承揽工程的,列实际施工人为当事人。

13. 经审查,施工合同系建筑公司已领取营业执照的分公司签署的,列分公司和总公司为当事人。

实务提示

确定承包方是否为适格主体,不仅有利于梳理案件事实、确定诉讼主体、起草起诉状等诉讼文书,还有利于确定合同效力、确定合同义务履行主体及责任承担主体。

裁判依据

《建筑法》

第十二条 从事建筑活动的建筑施工企业、勘察单位、设计单位和工程监理单位,应当具备下列条件:(一)有符合国家规定的注册资本;(二)有与其从事的建筑活动相适应的具有法定执业资格的专业技术人员;(三)有从事相关建筑活动所应有的技术装备;(四)法律、行政法规规定的其他条件。

第十三条 从事建筑活动的建筑施工企业、勘察单位、设计单位和工程监理单位,按照其拥有的注册资本、专业技术人员、技术装备和已完成的建筑工程业绩等资质条件,划分为不同的资质等级,经资质审查合格,取得相应等级的资质证书后,方可在其资质等级许可的范围内从事建筑活动。

(三)发承包双方之间是否存在合法的发承包关系

1. 如为招标工程,应审查核实中标通知书确定的中标人与施工合同的承包人是否一致。

2. 审查双方签订的施工合同及补充协议、协议书、备忘录等书面文件。

3. 审查案涉工程是否已施工完毕,是否经竣工验收,是否办理竣工验收备案证明等。

实务提示

发承包双方之间是否存在合法的发承包关系对案涉合同效力以及发承包方各自应履行的义务和承担的责任有重要意义。

裁判依据

《招标投标法》

第四十六条 招标人和中标人应当自中标通知书发出之日起三十日内,按照招标文件和中标人的投标文件订立书面合同。招标人和中标人不得再行订立背离合同实质性内容的其他协议。招标文件要求中标人提交履约保证金的,中标人应当提交。

第四十八条 中标人应当按照合同约定履行义务,完成中标项目。中标人不得向他人转让中标项目,也不得将中标项目肢解后分别向他人转让。中标人按照合同约定或者经招标人同意,可以将中标项目的部分非主体、非关键性工作分包给他人完成。接受分包的人应当具备相应的资格条件,并不得再次分包。中标人应当就分包项目向招标人负责,接受分包的人就分包项目承担连带责任。

（四）当事人是否为实际施工人

1. 关于实际施工人的认定。在排除原告与承包人之间存在劳动、人事和财务的隶属关系后，通过以下证据之一或多份证据组合可以判断。

2. 案涉工程可能签有多份施工合同，而与发包人签订施工合同的承包人并非原告，这种情况下如工程确为原告施工，则原告为实际施工人。

3. 若与发包人签订施工合同的承包人又与原告签订协议，并且约定的是案涉工程的具体施工事宜，则原告应为实际施工人（注：前述协议的名称可能包括转包、分包、挂靠、内部承包、合作、委托施工等关键词，也可能不含前述关键词仅叫协议书或合同，但不影响对合同内容的认定）。

4. 若虽无以上第1、2种情况，但案涉工程的签证单、工程联系单、会议纪要、施工（监理）日志、工程用建筑材料验（签）收单、竣工验收报告、结算单、请款单、报销凭证、预支工程款（借款）单等材料，在施工单位处签字确认的多为原告方人员，也可以认定原告为实际施工人。

5. 工程施工过程中及施工完毕后，向发包人或承包人发出请款报告的为原告，且发包人或承包人曾依据该请款报告付款，则可认定原告为实际施工人。

6. 若工程的技术、质量、经济和安全事宜等，实际由原告负责，则可认定原告为实际施工人。例如通过会议纪要、工作联系单、费用凭证等材料可以反映出前述事实。

7. 原告的施工范围为发包人与承包人签订的施工合同约定承包人的施工范围的部分或全部，可以据此认定原告为实际施工人。

8. 审查工程全部或部分是否由实际施工人完成，即完成工程所需的人、材、机是否由实际施工人承担。

9. 实际施工人签署的建设工程施工合同是否无效。

10. 是否与发包人有直接的合同关系或者名义上的合同关系。

11. 实际施工人与其合同相对方之间是否存在劳动人事关系或劳务关系。

12. 是否存在借用资质情形。

实务提示

当事人是否为实际施工人关乎案涉合同的效力及发包人对实际施工人承担责任的范围，应严格审查。

裁判依据

《建设工程司法解释(一)》

第一条 建设工程施工合同具有下列情形之一的,应当依据民法典第一百五十三条第一款的规定,认定无效:(一)承包人未取得建筑业企业资质或者超越资质等级的;(二)没有资质的实际施工人借用有资质的建筑施工企业名义的;(三)建设工程必须进行招标而未招标或者中标无效的。承包人因转包、违法分包建设工程与他人签订的建设工程施工合同,应当依据民法典第一百五十三条第一款及第七百九十一条第二款、第三款的规定,认定无效。

第四十三条 实际施工人以转包人、违法分包人为被告起诉的,人民法院应当依法受理。实际施工人以发包人为被告主张权利的,人民法院应当追加转包人或者违法分包人为本案第三人,在查明发包人欠付转包人或者违法分包人建设工程价款的数额后,判决发包人在欠付建设工程价款范围内对实际施工人承担责任。

第四十四条 实际施工人依据民法典第五百三十五条规定,以转包人或者违法分包人怠于向发包人行使到期债权或者与该债权有关的从权利,影响其到期债权实现,提起代位权诉讼的,人民法院应予支持。

最高人民法院《关于统一建设工程施工合同纠纷中"实际施工人"的司法认定条件的建议的答复》

"实际施工人"是指依照法律规定被认定为无效的施工合同中实际完成工程建设的主体,包括施工企业、施工企业分支机构、工头等法人、非法人团体、公民个人等,是《最高人民法院关于审理建设工程施工合同纠纷案件适用法律问题的解释》(以下简称《解释》)确定的概念,目的是为了区分有效施工合同的承包人、施工人、建筑施工企业等法定概念。为保障农民工合法权益和维护社会大局稳定,该司法解释第二十六条第二款规定,在欠付劳务分包工程款,进而欠付农民工工资情形下,实际施工人可突破合同相对性向与其没有合同关系的发包人、总承包人提起偿还劳务分包工程欠款的诉讼;该条第一款同时规定,原则不能突破合同相对性,应当按照合同顺位主张权利。《解释》施行十余年来,该条规定对保护农民工权益切实起到积极作用,为实际施工人主张劳务分包工程欠款提供了便捷通道,最高人民法院向全国人大常委会所作工作报告也报告了此条立意;同时,不可否认,实践中也出现大量突破司法解释原意滥用此条规定的情形,损害了发包人、总承包人合法权益。

十余年来，最高人民法院反复强调准确理解、限缩适用《解释》第二十六条第二款规定，为此，通过在专业审判工作会议上领导讲话、发布指导性案例、撰写理论文章、答新闻记者问等形式反复阐明司法解释该条本意，指导地方法院审理好此类案件。特别是，2011 年最高人民法院民事审判工作会议纪要规定，对实际施工人向与其没有合同关系的转包人、分包人、总承包人、发包人提起的诉讼，要严格按照法律、司法解释的规定进行审查，不能随意扩大建设工程施工合同司法解释第二十六条第二款规定的适用范围，并且要严格根据相关司法解释规定明确发包人只在欠付工程价款范围内对实际施工人承担责任。2015 年第八次全国法院民事商事审判工作会议上，再次强调，要根据《解释》第二十六条第一款规定严守合同相对性原则，不能随意扩大该条第二款规定的适用范围，只有在欠付劳务分包工程款导致无法支付劳务分包关系中农民工工资时，才可以要求发包人在欠付工程价款范围内对实际施工人承担责任，不能随意扩大发包人责任范围。

（五）因施工合同债权转让而产生的诉讼主体资格审查

1.《民法典》第 545 条、第 546 条规定了审查债权转让效力。

2. 受让人可以参考最高人民法院民事判决书(2007)民一终字第 10 号，即“陕西西岳山庄有限公司与中建三局建发工程有限公司、中建三局第三建设工程有限责任公司建设工程施工合同纠纷案”，提起诉讼。

实务提示

对于施工合同项下债权是否可以转账，现行法律法规和司法解释没有明确规定，由此导致施工合同一方当事人将其享有的施工合同项下债权转让第三方后，另一方当事人往往会对施工合同项下债权转让提出异议。对施工合同项下债权是否可以转让以及施工合同项下债权转让的受让方是否以自己名义主张权利，提起诉讼，应当根据《民法典》第 545 条、第 546 条的规定分析和认定。最高人民法院在相关指导案例中也明确施工合同项下的债权可以转让，受让人可以自己的名义提起诉讼。

（六）因施工合同债务加入而产生的诉讼主体资格审查

1. 严格区分是债务加入、债务转移，还是保证。

2. 债务加入的第三人列为当事人。

实务提示

债务加入亦称为并存的债务承担，是指第三人与债权人、债务人达成三方协议，或第三人与债权人达成双方协议或第三人向债权人单方承诺由第三人履行债务人的债务，同时不免除债务人履行债务的方式。

（七）无权代理、表见代理情形下的诉讼主体资格审查

1. 根据最高人民法院《关于当前形势下审理民商事合同纠纷案件若干问题的指导意见》研判有关人员是否构成表见代理，从而审查确定诉讼当事人。

2. 审查施工合同、施工明示牌、授权委托书、签证资料等代理权表象资料，确定是否构成表见代理、无权代理。

3. 审查名义证据，即行为人在相关文件上签字或盖章是否以被代理人名义进行的证据。

4. 审查身份证据，即行为人是否为被代理人的工作人员、施工现场代表、项目经理等的证据。

5. 审查授权类证据，即行为人是否持有加盖被代理人真实公章的空白授权委托书、介绍信、合同书等，或持有项目部印章甚至是被代理人公章行事的证据。

6. 审查公示类证据，即工地告示牌、报备资料中载明的参建单位，以及行为人系参建单位人员及职务的证据。

7. 审查关联类证据，即行为人在以往历史交易或同步进行的关联工程项目中具有代理权的证据。

8. 审查交易相对方善意且无过失地相信有代理权的证据，如已经尽到审慎审查义务的证据。

实务提示

在施工合同纠纷中，相关人员的行为是否构成表见代理、是否属于无权代理认定相当复杂，而表见代理与无权代理审查直接关乎诉讼主体的确定，因此应予以高度关注。

二、审查法院管辖权

1. 与当事人核实工程所在地，应具体到省、市、区（县），以工程所在地的法院为管辖法院。

2. 根据诉争标的额分级确定工程所在地具体管辖法院。

3. 是否存在合法有效的仲裁条款。

4. 实际施工人作为诉讼当事人时，仲裁条款的处理。

实务提示

关于建设工程合同纠纷中管辖审查相对简单，但却是起诉、立案前的重要环节，不容忽视。

裁判依据

《民诉法解释》

第二十八条第二款 农村土地承包经营合同纠纷、房屋租赁合同纠纷、建设工程施工合同纠纷、政策性房屋买卖合同纠纷，按照不动产纠纷确定管辖。

《民事诉讼法》

第三十三条 由本条规定的人民法院专属管辖：（一）因不动产纠纷提起的诉讼，由不动产所在地人民法院管辖……

三、审查诉讼时效

（一）质量保证金的诉讼时效

1. 审查是否超过3年诉讼时效。

2. “三年诉讼时效”的起算日，应自缺陷责任期满开始。关于缺陷责任期，主要根据《建设工程质量保证金管理办法》第2条、第7条、第10条、第11条的规定审查。包括：（1）施工合同中关于缺陷责任期有无明确约定。合同如无约定，则依据法律规定执行，一般为1年，最长不超过2年。（2）缺陷责任期内有无发生质量维修然后重新计算责任期的情况。（3）是否具有诉讼时效中止或中断事由。

实务提示

工程质量保证金纠纷也是施工合同纠纷中的常见纠纷，法律关于诉讼时效的

规定同样适用于以质量保证金（保修金）为诉讼标的案件。此类纠纷诉讼时效的适用关键是对诉讼时效起算节点的把握。诉讼时效从何时起算需要看缺陷责任期何时届满。

裁判依据

《民法典》

第一百八十八条 向人民法院请求保护民事权利的诉讼时效期间为三年。法律另有规定的，依照其规定。诉讼时效期间自权利人知道或者应当知道权利受到损害以及义务人之日起计算。法律另有规定的，依照其规定。但是，自权利受到损害之日起超过二十年的，人民法院不予保护，有特殊情况的，人民法院可以根据权利人的申请决定延长。

《建设工程质量保证金管理办法》

第二条 本办法所称建设工程质量保证金（以下简称保证金）是指发包人与承包人在建设工程承包合同中约定，从应付的工程款中预留，用以保证承包人在缺陷责任期内对建设工程出现的缺陷进行维修的资金。缺陷是指建设工程质量不符合工程建设强制性标准、设计文件，以及承包合同的约定。缺陷责任期一般为 1 年，最长不超过 2 年，由发、承包双方在合同中约定。

第七条 发包人应按照合同约定方式预留保证金，保证金总预留比例不得高于工程价款结算总额的 3%。合同约定由承包人以银行保函替代预留保证金的，保函金额不得高于工程价款结算总额的 3%。

第八条 缺陷责任期从工程通过竣工验收之日起计。由于承包人原因导致工程无法按规定期限进行竣工验收的，缺陷责任期从实际通过竣工验收之日起计。由于发包人原因导致工程无法按规定期限进行竣工验收的，在承包人提交竣工验收报告 90 天后，工程自动进入缺陷责任期。

第九条 缺陷责任期内，承包人认真履行合同约定的责任，到期后，承包人向发包人申请返还保证金。

第十一条 发包人在接到承包人返还保证金申请后，应于 14 天内会同承包人按照合同约定的内容进行核实。如无异议，发包人应当按照约定将保证金返还给承包人。对返还期限没有约定或者约定不明确的，发包人应当在核实后 14 天内将保证金返还承包人，逾期未返还的，依法承担违约责任。发包人在接到承包人返还保证金申请后 14 天内不予答复，经催告后 14 天内仍不予答复，视同认可承包人的返还保证金申请。

（二）质量纠纷诉讼时效

1. 审查是否超过3年诉讼时效。

2. 审查有无诉讼时效中止或中断事由。例如，工程质量问题异议通知已送达对方，或虽未有送达证据，但已获对方回应；如暂无送达证据，需考虑采取补救措施。

3. 准确界定保修期限、工程质量保证期和缺陷责任期。期限性质不同请求权不同，诉讼时效的计算方式不同。

4. 工程交付使用后，发包人主张承包人的工程质量的保修责任，诉讼时效根据工程不同部位的最低保修年限而定。

5. 工程一般部位如土建、装修、管道工程的保修责任，诉讼时效为合同约定不少于2年保修期限届满后的3年。

6. 工程重要部位即有防水要求的屋面、墙面、卫生间的保修责任，诉讼时效为合同约定的不少于5年的保修期限届满后3年。

7. 工程的主要部位地基基础和主体结构的保修责任，诉讼时效根据工程设计的不同结构形式确定。

8. 农村的砖木结构的房屋为不少于设计年限30年后3年。

9. 城市的砖和混凝土结构的房屋为不少于设计年限的50年后的3年。

10. 城市的钢结构房屋为不少于设计年限100年后的3年。

11. 工程质量缺陷适用一般诉讼时效3年。

12. 施工过程中出现的地基基础，主体结构以及竣工验收各阶段的施工质量争议，其诉讼时效自阶段质量验收发现缺陷之日起3年。

13. 施工过程中出现的地基基础，主体结构以及竣工验收各阶段的施工质量争议，其诉讼时效自阶段质量验收未通过之日起3年。

14. 施工过程中，如质量争议已经委托鉴定的，诉讼时效自鉴定单位出具鉴定意见后的3年。

实务提示

施工企业承担质量责任是存在期限的，对于超出期限的质量问题，施工企业是不承担责任的。鉴于工程不同部位的保修期限是不同的，建设工程质量问题的诉讼时效应对其质量保修期限分别计算，具有相对性。因此，办理质量纠纷时，应

根据不同部位的保修期限确定诉讼时效。

裁判依据

《民法典》

第八百零一条 因施工人的原因致使建设工程质量不符合约定的,发包人有权请求施工人在合理期限内无偿修理或者返工、改建。经过修理或者返工、改建后,造成逾期交付的,施工人应当承担违约责任。

《建设工程质量管理条例》

第二十六条 施工单位对建设工程的施工质量负责。施工单位应当建立质量责任制,确定工程项目的项目经理、技术负责人和施工管理负责人。建设工程实行总承包的,总承包单位应当对全部建设工程质量负责;建设工程勘察、设计、施工、设备采购的一项或者多项实行总承包的,总承包单位应当对其承包的建设工程或者采购的设备的质量负责。

(三)延误工期违约责任的诉讼时效

1. 审查是否超过3年诉讼时效。
2. 审查案涉工程施工合同约定的竣工日期以及实际竣工验收(合格)的日期。
3. 审查合同中关于阶段工期的约定和实际履行情况。
4. 审查有无诉讼时效中止或中断事由。

实务提示

工期索赔也是建设工程施工合同纠纷常见的案件,对此类案件涉及的诉讼时效进行审查,是常规工作。

裁判依据

《民法典》

第七百八十九条 隐蔽工程在隐蔽以前,承包人应当通知发包人检查。发包人没有及时检查的,承包人可以顺延工程日期,并有权请求赔偿停工、窝工等损失。

第八百零一条 因施工人的原因致使建设工程质量不符合约定的,发包人有权请求施工人在合理期限内无偿修理或者返工、改建。经过修理或者返工、改建后，造成逾期交付的，施工人应当承担违约责任。

第八百零三条 发包人未按照约定的时间和要求提供原材料、设备、场地、资金、技术资料的，承包人可以顺延工程日期，并有权请求赔偿停工、窝工等损失。

《建设工程司法解释（一）》

第十条 当事人约定顺延工期应当经发包人或者监理人签证等方式确认，承包人虽未取得工期顺延的确认，但能够证明在合同约定的期限内向发包人或者监理人申请过工期顺延且顺延事由符合合同约定，承包人以此为由主张工期顺延的，人民法院应予支持。当事人约定承包人未在约定期限内提出工期顺延申请视为工期不顺延的，按照约定处理，但发包人在约定期限后同意工期顺延或者承包人提出合理抗辩的除外。

（四）停工损失或违约责任的诉讼时效

1. 审查是否超过3年诉讼时效。

2. 审查有无诉讼时效中止或中断事由。

3. 在工程施工过程中承包人要求顺延工期的，诉讼时效从提出工期顺延申请后3年。

4. 合同约定有形象进度节点工期的，发包人主张节点工期延迟的，诉讼时效从工期延迟签证申请后3年。

5. 如果工期争议还涉及建设工程质量缺陷的，诉讼时效为质量缺陷鉴定意见出具后3年。

6. 工程竣工后，发包人主张承包人逾期竣工的违约责任时，诉讼时效为工程实际竣工之日后3年。

7. 如合同约定发包人提出逾期竣工主张有除斥期限的，除斥期限届满诉讼时效丧失。

实务提示

工期是建设工程施工合同纠纷常见的争议点，对此类案件涉及的诉讼时效进行审查，是常规工作。

裁判依据

《民法典》

第七百九十八条　隐蔽工程在隐蔽以前，承包人应当通知发包人检查。发包人没有及时检查的，承包人可以顺延工程日期，并有权请求赔偿停工、窝工等损失。

第八百零三条　发包人未按照约定的时间和要求提供原材料、设备、场地、资金、技术资料的，承包人可以顺延工程日期，并有权请求赔偿停工、窝工等损失。

第八百零四条　因发包人的原因致使工程中途停建、缓建的，发包人应当采取措施弥补或者减少损失，赔偿承包人因此造成的停工、窝工、倒运、机械设备调迁、材料和构件积压等损失和实际费用。

（五）工程款的诉讼时效

1. 施工合同对于工程款支付期限未进行约定或约定不明时，若建设工程已经交付的，已交付之日起算诉讼时效；工程未交付，以提交竣工结算文件之日起算；工程未交付也未结算的，起诉之日为诉讼时效起算之日。

2. 建设工程因暂停施工或其他原因处于“未竣工、未验收、未结算”的状态时，诉讼时效从起诉之日计算。

3. 当事人既约定工程款的支付期限也约定债权人可以通过“以楼抵债”的形式实现债权时，以主张“以楼抵债”取得商品房预售许可证之日起算。

4. 审查有无诉讼时效中断、中止事由。

5. 审查诉讼时效届满后债务人在债权人催款通知书上签字的情形。

6. 合同未约定预付款或约定不明的，工程预付款的诉讼时效从承包人向发包人发出要求支付预付款通知之日起 3 年。

7. 承包人未发工程预付款通知的，工程预付款诉讼时效应从《建设工程价款结算暂行办法》（财建〔2004〕369 号）规定的在预付时间到期 10 天即第 11 天起的 3 年。

8. 工程进度款的诉讼时效从合同约定的进度款支付期限届满之日起 3 年。

9. 合同未约定进度款支付时间或约定不明的，进度款诉讼时效从承包人向发包人提出支付进度款申请的第 14 天即第 15 天的 3 年。

10. 合同约定签证款支付期限的，签证款的诉讼时效从签证款届满之日起的 3 年。

11. 合同未约定或约定不明的，签证款的诉讼时效从承包人向发包人提出调整价款申请的第14天即第15天的3年。

12. 结算价款的诉讼时效为合同约定或《建设工程价款结算暂行办法》（财建〔2004〕369号）第14条规定的时间节点起的3年。

实务提示

对于工程款债权而言，债权人的权利是基于施工合同而取得的，当债务人不按合同约定履行义务时，债权人不能获得预期权利并可以及时知道其权利被侵害，所以，在一般情况下，因工程款债权债务产生的纠纷，可以推断在施工合同约定的义务期限届满时债权人知道权利被侵害，但结合到个案，特别是合同约定的给付期限不明确时，诉讼时效何时起算，又特别复杂，需要根据不同情形予以审查。

四、审查合同效力

（一）有无《民法典》规定的合同无效情形

1. 审查是否存在无民事行为能力人实施民事行为的情形。
2. 审查是否存在通谋虚假意思表示。
3. 审查是否违反法律、行政法规的效力性强制性规定。
4. 审查是否违背公序良俗。

实务提示

合同是平等主体的自然人、法人、其他组织之间设立、变更、终止民事权利义务关系的协议。若合同无效或者被撤销，因该合同取得的财产，应当予以返还；不能返还或者没有必要返还的，应当折价补偿。有过错的一方应当赔偿对方因此所受到的损失；双方都有过错的，应当各自承担相应的责任。因此，对合同效力的审查是建设工程施工合同纠纷案件审查的核心，导致合同效力受影响的原因有很多，需结合法律规定排查。

裁判依据

《民法典》

第一百四十四条 无民事行为能力人实施的民事法律行为无效。

第一百四十六条 行为人与相对人以虚假的意思表示实施的民事法律行为无效。以虚假的意思表示隐藏的民事法律行为的效力，依照有关法律规定处理。

第一百五十三条 违反法律、行政法规的强制性规定的民事法律行为无效。但是，该强制性规定不导致该民事法律行为无效的除外。违背公序良俗的民事法律行为无效。

第一百五十四条 行为人与相对人恶意串通，损害他人合法权益的民事法律行为无效。

第七百九十三条 建设工程施工合同无效，但是建设工程经验收合格的，可以参照合同关于工程价款的约定折价补偿承包人。建设工程施工合同无效，且建设工程经验收不合格的，按照以下情形处理：（一）修复后的建设工程经验收合格的，发包人可以请求承包人承担修复费用；（二）修复后的建设工程经验收不合格的，承包人无权请求参照合同关于工程价款的约定折价补偿。发包人对因建设工程不合格造成的损失有过错的，应当承担相应的责任。

（二）有无《建筑法》规定的合同无效情形

1. 审查是否存在未取得资质或超越资质等级承揽工程的情况。

2. 审查是否存在借用有资质的企业名义承揽工程的情况。

3. 审查是否存在《认定查处管理办法》第 10 条规定的挂靠情形（借用资质）。

4. 审查是否存在违法发包、转包、违法分包、肢解分包的情况。

5. 审查是否存在《认定查处管理办法》第 8 条情形之一的可以认定为转包，但有证据证明属于挂靠的除外。

6. 审查是否存在《认定查处管理办法》第 12 条情形之一的可以认定违法分包。

7. 审查是否存在《认定查处管理办法》第 5 条情形之一的应认定为违法发包。

8. 审查是否取得建筑工程规划许可证。

9. 审查是否存在降低国家强制标准，压缩合理工期情形。

实务提示

对合同效力的审查是建设工程合同纠纷案件审查的核心，应结合《建筑法》和《认定查处管理办法》进行排查。

裁判依据

《建筑法》

第二十六条 承包建筑工程的单位应当持有依法取得的资质证书，并在其资质等级许可的业务范围内承揽工程。禁止建筑施工企业超越本企业资质等级许可的业务范围或者以任何形式用其他建筑施工企业的名义承揽工程。禁止建筑施工企业以任何形式允许其他单位或者个人使用本企业的资质证书、营业执照，以本企业的名义承揽工程。

第二十八条 禁止承包单位将其承包的全部建筑工程转包给他人，禁止承包单位将其承包的全部建筑工程肢解以后以分包的名义分别转包给他人。

《建设工程司法解释(一)》

第一条 建设工程施工合同具有下列情形之一的，应当依据民法典第一百五十三条第一款的规定，认定无效：(一)承包人未取得建筑业企业资质或者超越资质等级的；(二)没有资质的实际施工人借用有资质的建筑施工企业名义的；(三)建设工程必须进行招标而未招标或者中标无效的。承包人因转包、违法分包建设工程与他人签订的建设工程施工合同，应当依据民法典第一百五十三条第一款及第七百九十一条第二款、第三款的规定，认定无效。

《认定查处管理办法》

第六条 存在下列情形之一的，属于违法发包：(一)建设单位将工程发包给个人的；(二)建设单位将工程发包给不具有相应资质的单位的；(三)依法应当招标未招标或未按照法定招标程序发包的；(四)建设单位设置不合理的招标投标条件，限制、排斥潜在投标人或者投标人的；(五)建设单位将一个单位工程的施工分解成若干部分发包给不同的施工总承包或专业承包单位的。

第八条 存在下列情形之一的，应当认定为转包，但有证据证明属于挂靠或者其他违法行为的除外：(一)承包单位将其承包的全部工程转给其他单位(包括母公司承接建筑工程后将所承接工程交由具有独立法人资格的子公司施工的情形)或个人施工的；(二)承包单位将其承包的全部工程肢解以后，以分包的名义分别转给其他单位或个人施工的；(三)施工总承包单位或专业承包单位未派驻项目负责人、技术负责人、质量管理负责人、安全管理负责人等主要管理人员，或派驻的项目负责人、技术负责人、质量管理负责人、安全管理负责人中一人及以上与施工单位没有订立劳动合同且没有建立劳动工资和社会养老保险关系，或派驻的项目负责人未对该工程的施工活动进行组织管理，又不能进行合理解释并提供相应证明的；（四）合同约定由承包单位负责采购的主要建筑材料、构配件及工程设备或租赁的施工机械设备，由其他单位或个人采购、租赁，或施工单位不能提供有关采购、租赁合同及发票等证明，又不能进行合理解释并提供相应证明的；（五）专业作业承包人承包的范围是承包单位承包的全部工程，专业作业承包人计取的是除上缴给承包单位"管理费"之外的全部工程价款的；（六）承包单位通过采取合作、联营、个人承包等形式或名义，直接或变相将其承包的全部工程转给其他单位或个人施工的；（七）专业工程的发包单位不是该工程的施工总承包或专业承包单位的，但建设单位依约作为发包单位的除外；（八）专业作业的发包单位不是该工程承包单位的；（九）施工合同主体之间没有工程款收付关系，或者承包单位收到款项后又将款项转拨给其他单位和个人，又不能进行合理解释并提供材料证明的。两个以上的单位组成联合体承包工程，在联合体分工协议中约定或者在项目实际实施过程中，联合体一方不进行施工也未对施工活动进行组织管理的，并且向联合体其他方收取管理费或者其他类似费用的，视为联合体一方将承包的工程转包给联合体其他方。

第十条　存在下列情形之一的，属于挂靠：（一）没有资质的单位或个人借用其他施工单位的资质承揽工程的；（二）有资质的施工单位相互借用资质承揽工程的，包括资质等级低的借用资质等级高的，资质等级高的借用资质等级低的，相同资质等级相互借用的；（三）本办法第八条第一款第（三）至（九）项规定的情形，有证据证明属于挂靠的。

第十二条　存在下列情形之一的，属于违法分包：（一）承包单位将其承包的工程分包给个人的；（二）施工总承包单位或专业承包单位将工程分包给不具备相应资质单位的；（三）施工总承包单位将施工总承包合同范围内工程主体结构的施工分包给其他单位的，钢结构工程除外；（四）专业分包单位将其承包的专业工程中非劳务作业部分再分包的；（五）专业作业承包人将其承包的劳务再分包的；（六）专业作业承包人除计取劳务作业费用外，还计取主要建筑材料款和大中型施工机械设备、主要周转材料费用的。

（三）有无《招标投标法》规定的合同无效情形

1. 审查案涉工程是否属于必须招标的项目而未招标。
2. 审查案涉工程招标的方式是否符合法律规定的方式。
3. 审查投标人与招标人是否存在利害关系。

4. 审查招标人是否以不合理的条件限制或者排斥潜在投标人。

5. 审查是否存在串通投标。

6. 审查是否存在骗取中标情形。

7. 审查投标人是否满足资格条件。

8. 审查是否存在评标委员会推荐候选人以外确定中标人的情形。

9. 审查是否存在招标代理机构泄密,或者与招投标人串通,影响中标结果的情形。

10. 审查是否存在依法必须招标项目的所有投标被否决后招标人自行确定中标人的情形。

11. 审查是否有招标项目在招标前谈判的情形。

12. 审查招标人是否泄密,影响中标结果。

13. 审查是否存在招标项目的招投标活动违反《招标投标法》及《招标投标法实施条例》的规定,对中标结果造成实质性影响,且不能采取补救措施予以纠正的情形。

14. 审查是否低于成本价中标。

实务提示

招投标,是发生合同无效的"高发区",应根据《招标投标法》、《招标投标法实施条例》及《必须招标的工程项目规定》的规定着重审查。

裁判依据

《招标投标法》

第三条 在中华人民共和国境内进行下列工程建设项目包括项目的勘察、设计、施工、监理以及与工程建设有关的重要设备、材料等的采购,必须进行招标:(一)大型基础设施、公用事业等关系社会公共利益、公众安全的项目;(二)全部或者部分使用国有资金投资或者国家融资的项目;(三)使用国际组织或者外国政府贷款、援助资金的项目。前款所列项目的具体范围和规模标准,由国务院发展计划部门会同国务院有关部门制订,报国务院批准。法律或者国务院对必须进行招标的其他项目的范围有规定的,依照其规定。

第二十条 招标文件不得要求或者标明特定的生产供应者以及含有倾向或者排斥潜在投标人。

第二十二条　招标人不得向他人透露已获取招标文件的潜在投标人的名称、数量以及可能影响公平竞争的有关招标投标的其他情况。招标人设有标底的，标底必须保密其他内容。

第三十二条　投标人不得相互串通投标报价，不得排挤其他投标人的公平竞争，损害招标人或者其他投标人的合法权益。投标人不得与招标人串通投标，损害国家利益、社会公共利益或者他人的合法权益。禁止投标人以向招标人或者评标委员会成员行贿的手段谋取中标。

第三十三条　投标人不得以低于成本的报价竞标，也不得以他人名义投标或者以其他方式弄虚作假，骗取中标。

《必须招标的工程项目规定》

第二条　全部或者部分使用国有资金投资或者国家融资的项目包括：（一）使用预算资金200万元人民币以上，并且该资金占投资额10%以上的项目；（二）使用国有企业事业单位资金，并且该资金占控股或者主导地位的项目。

第三条　使用国际组织或者外国政府贷款、援助资金的项目包括：（一）使用世界银行、亚洲开发银行等国际组织贷款、援助资金的项目；（二）使用外国政府及其机构贷款、援助资金的项目。

第四条　不属于本规定第二条、第三条规定情形的大型基础设施、公用事业等关系社会公共利益、公众安全的项目，必须招标的具体范围由国务院发展改革部门会同国务院有关部门按照确有必要、严格限定的原则制订，报国务院批准。

第五条　本规定第二条至第四条规定范围内的项目，其勘察、设计、施工、监理以及与工程建设有关的重要设备、材料等的采购达到下列标准之一的，必须招标：（一）施工单项合同估算价在400万元人民币以上；（二）重要设备、材料等货物的采购，单项合同估算价在200万元人民币以上；（三）勘察、设计、监理等服务的采购，单项合同估算价在100万元人民币以上。同一项目中可以合并进行的勘察、设计、施工、监理以及与工程建设有关的重要设备、材料等的采购，合同估算价合计达到前款规定标准的，必须招标。

（四）审查有无格式条款

五、审查黑白合同

（一）是否存在黑白合同

1. 审查案涉工程是否为招标工程，如是，则需审查工程的招标文件、投标文件、中标通知书、中标合同。

2. 对照中标合同，审查发包承包双方就备案合同项下工程，是否另行签订了有关价款、计价方式、支付方式、施工工期、质量标准、工程范围等实质性内容不一致的合同、备忘录、补充协议、会议纪要等文件。

3. 审查是否存在中标人以明显高于市场价格购买承建房产、无偿建设住房配套设施、让利、向建设单位捐款等情况或做出类似承诺。

4. 工程是否在国务院办公厅关于《开展工程建设项目审批制度改革试点的通知》中的试点地区。如在，只是取消施工合同备案，但不代表因此否定《招标投标法》和《建设工程司法解释（一）》的规定。

5. 审查判断是合同变更还是实质性内容变更。

实务提示

1. 黑白合同的概念。黑白合同是指建设工程施工合同的当事人，经过依法招投标程序，在确定中标人之后，另行签订了与中标的备案合同实质性内容相异的合同。中标的备案合同称之为白合同，对白合同进行实质性变更的合同称为黑合同。应注意的是，备案合同实际履行过程中，工程因设计变更、规划调整等客观原因导致工程量增减、质量标准或施工工期发生变化，当事人签订补充协议，会谈纪要等书面文件对备案合同进行变更和补充的，属于正常的合同变更。另外，2018年5月24日，国务院办公厅发布《关于开展工程建设项目审批制度改革试点的通知》，确定工作目标是在2018年，试点地区逐步取消施工合同备案，但没有因此否定《招标投标法》的规定。《建设工程司法解释（一）》相应备案制度改革，在第2条中将原备案合同修改为中标合同。该司法解释实施后，白合同就是中标合同，而黑合同是改变招投标文件，中标通知书或中标合同实质性内容的合同文件。

2. 审查黑白合同的构成要件。黑白合同的构成需要具备以下条件：（1）黑白合同均依法成立；（2）中标合同的合法有效是成立“黑白合同”的必要条件；（3）与

中标合同实质性内容相背离是构成黑白合同的关键；(4)与实质性内容相背离的幅度大小是审查的难点；(5)是否属于强制招标不是黑白合同构成要件；(6)是否备案不影响黑白合同认定；(7)签订的先后程序不影响黑白合同的认定。

3. 实质性内容的界定：(1)合同实质性内容不是指合同的主要条款；(2)合同实质性内容不等同于构成新要约的内容；(3)合同实质性内容不是指《民法典》第795条规定的建设工程施工合同的主要条款。

4. 实质性内容的范围：(1)凡是排除其他投标人中标可能或者提高其他投标人中标条件的内容，都构成《招标投标法》中的实质性内容；(2)凡是对招标人与投标人的权利义务产生较大影响的内容，也构成《招标投标法》的实质性内容；(3)工程范围、建设工期、工程价款(计价方法和价格形式变化导致工程价款变化的)、工程质量。

5. 实质性内容变更与正常合同变更的区别：(1)中标合同签订后，发包方和承包方因客观情况发生了在招投标时难以预见的变化对中标合同进行补充、变更是正常的合同变更，反之，属于实质性变更；(2)与中标合同同时签订补充、变更一般认定为实质性变更；(3)如若是为赔偿一方停工损失或者逾期付款的利息而对工程价款结算方式进行变更约定，属于合同履行过程中的正常变更。双方对于结算方式的变更，实质为赔偿损失的约定，并不损害国家、社会以及其他人的利益，属于合同的正常变更。

裁判依据

《建设工程司法解释(一)》

第二条 招标人和中标人另行签订的建设工程施工合同约定的工程范围、建设工期、工程质量、工程价款等实质性内容，与中标合同不一致，一方当事人请求按照中标合同确定权利义务的，人民法院应予支持。招标人和中标人在中标合同之外就明显高于市场价格购买承建房产、无偿建设住房配套设施、让利、向建设单位捐赠财物等另行签订合同，变相降低工程价款，一方当事人以该合同背离中标合同实质性内容为由请求确认无效的，人民法院应予支持。

第二十二条 当事人签订的建设工程施工合同与招标文件、投标文件、中标通知书载明的工程范围、建设工期、工程质量、工程价款不一致，一方当事人请求将招标文件、投标文件、中标通知书作为结算工程价款的依据的，人民法院应予支持。

第二十三条 发包人将依法不属于必须招标的建设工程进行招标后，与承包人另行订立的建设工程施工合同背离中标合同的实质性内容，当事人请求以中标合同作为结算建设工程价款依据的，人民法院应予支持，但发包人与承包人因客观情况发生了在招标投标时难以预见的变化而另行订立建设工程施工合同的除外。

国务院办公厅《关于开展工程建设项目审批制度改革试点的通知》

（二）试点地区。北京市、天津市、上海市、重庆市、沈阳市、大连市、南京市、厦门市、武汉市、广州市、深圳市、成都市、贵阳市、渭南市、延安市和浙江省。

（八）精减审批事项和条件。取消不符合上位法和不合规的审批事项。取消不合理、不必要的审批事项。对于保留的审批事项，要减少审批前置条件，公布审批事项清单。取消施工合同备案、建筑节能设计审查备案等事项。社会投资的房屋建筑工程，建设单位可以自主决定发包方式。

（二）审查黑白合同的结算

1. 双方对实际履行的合同有无争议。

2. 双方对工程施工、竣工有无争议。

3. 双方是否达成结算协议，如未达成结算协议，需审查黑白合同并比对其中关于结算的约定。

4. 如无法确定双方真实合意及实际履行的合同，则需审查双方缔约过错、已完工程质量、利益平衡等因素。

5. 审查中标合同的双方权利义务。

实务提示

黑白合同应遵循下列规则进行结算：(1)对于强制招标项目，以中标合同确定权利义务；(2)中标合同的工程范围、工期、质量、价款与招标文件、投标文件、中标通知书不一致的，以招标文件、投标文件、中标通知书为结算工程款依据；(3)非强制招标项目，以中标合同作为结算工程价款依据，但发包人与承包人因客观情况发生了在招标投标时难以预见的变化而另行订立建设工程施工合同的除外；(4)黑白合同均无效的，以实际履行的合同结算；(5)如无法确定双方真实合意及实际履行的合同，则需审查双方缔约过错、已完工程质量、利益平衡等因素。

第三章　立案后的专项审查

不同于诸如买卖、租赁、借贷、委托等一般合同纠纷案件，建设工程施工合同纠纷案件具有法律关系复杂、法律法规及相关规定复杂、疑难问题众多、专业性强等鲜明特点。正是这些特点，使建设工程施工合同纠纷被冠以“民商事疑难案件之王”的评价。律师和法官在办理案件时，必须充分认识建设工程案件的特殊性，不仅要从诉讼主体、管辖法院、诉讼时效、合同效力等方面进行常规审查，还应该从技术角度进行专项审查。

第一节　审查工程价款

工程价款约定是建设工程施工合同的核心内容，哪怕是与工程价款没直接联系的工程质量、工程工期等合同条款最终也体现或影响最终的工程价款。建设工程施工合同签订、履行中出现的大部分争议与工程价款结算有直接或间接的关系，在司法实践中，建设工程施工合同纠纷主要还是集中在工程价款的争议。律师在处理工程价款的争议时，需从签约合同价、结算条款、结算协议、竣工验收、预付款和进度款及安全文明施工费的支付情况、暂估价、暂列金额，不平衡报价等角度进行审查。

一、审查签约合同价

1. 审查案涉合同签约合同价的组价方式。
2. 审查案涉合同签约合同价的计价依据。
3. 审查案涉合同签约合同价的价格形式。
4. 审查案涉合同签约合同价是否系清单总价。

5. 审查案涉合同签约合同价是否系施工图总价。

6. 审查案涉合同签约合同价是否系综合单价。

7. 审查案涉合同签约合同价是否系平方米单价。

8. 审查案涉合同签约价是否系可调价。

9. 审查案涉合同签约合同价是否系成本加酬金。

10. 审查案涉合同约定的总价或单价合同时是否约定风险范围。

11. 审查案涉合同是否约定风险范围以外的调价方法。

12. 掌握清单计价与定额计价的风险分担原则。

13. 审查案涉合同中关于清单计价依据的有关约定。

14. 审查案涉合同中约定的定额计价依据的约定。

15. 审查案涉合同招标工程签约价与中标价是否一致。

实务提示

1. 签约合同价是指合同当事人在合同协议书中确定的总金额，是合同当事人签订合同时，就承包人完成合同约定的工程内容所对应的价格。签约合同价是一种静态的暂定价格，多数情况下会在履约过程中发生变化。明确签约合同价有助于与合同价格进行区分，便于合同履行，如编制支付分解表、计算违约金。签约合同价的组价方式一般有定额计价和清单计价。而其价格形式包括总价合同、单价合同、其他价格等形式。总价合同分为清单总价和预算书总价（施工图总价）。

2. 清单总价合同的结算原则是量价分离，量的风险由发包人承担，价的风险由承包人承担。因此清单总价合同结算价等于签约合同价 + 设计变更额和清单变更额。施工图总价合同量价风险均由承包人承担。施工图总价合同结算价等于签约合同价加设计变更额。

3. 单价合同是指综合单价合同，其对应的是工程量清单招标或发包的工程。综合单价合同的结算原则是量的风险由发包人承担，价的风险由承包人承担，风险范围内的价固定，而量据实调整。

其他价格形式主要是成本加酬金合同，成本加酬金的结算方式是核算建筑成本后再提取一定比例的酬金。一般适用于救灾、抢险类的工程。

4. 计价依据。根据《工程造价术语标准》2.1.4 的规定，工程计价依据是与计价内容、计价方法和价格标准相关的工程计量计价标准，工程计价定额及工程造价信息等。广义地说，指由国家和省、自治区、直辖市建设行政主管部门或行业建设管理部门编制发布的适用于各类工程建设项目的计价规范、工程量计算规范、工程定额、造价指数、市场价格信息以及工程建设法律法规等规范性文件，也包括招标文件、合同文件、工程建设标准、技术资料以及履约时当事人就工程量、价格及工程造价等达成的各种合意，如自认、作价、放弃等。计价依据不同于计价模式。计价模式是指计算、确定工程造价的方式、方法，主要包括定额计价、工程量清单计价等。

5. 定额计价与清单计价的区别。定额计价与工程量清单计价是工程造价领域的两种不同的计价模式，二者主要区别如下：

其一，项目设置不同。现行预算基础定额的项目一般是按施工工序、工艺进行设置的，即将相同施工工序的工程量相加汇总，选套定额，计算出一个子项的定额分部分项工程费，每个项目独立计价。工程量清单项目的设置是以一个“综合实体”考虑的，“综合项目”一般包括多个子目工程内容，子项目随主体项目计价，由于主体项目与组合项目是不同的施工工序，所以往往要计算多个子项才能完成一个清单项目的分部分项工程综合单价，每一个项目组合计价。

其二，单价的构成不同。定额计价采用定额子目计价、定额子目计价只包括定额编制时期的人工费、材料费、机械台班费，并不包括利润和各种风险因素带来的影响。工程清单采用综合单价，它包括人工费、材料费、机械费、管理费和利润，且各项费用均由投标人根据企业自身情况和考虑各种风险因素自行编制。

其三，计算方法和程序的不同。定额计价的基本方法和程序为：

(1)每个计量单位建筑产品的基本构造要素(直接工程费单价 = 人工费 + 材料费 + 施工机械使用费)的直接费单价。

人工费 = ∑(人工工日数量 × 人工日工资标准)

材料费 = ∑(材料用量 × 材料预算价格)

机械使用费 = ∑(机械台班用量 × 台班单价)

(2)单位直接工程费 = ∑(假定建筑产品工程量) × 直接费单价 + 其他直接费 + 现场经费。

(3)单位工程概预算造价 = 单位直接工程费 + 间接费 + 利润 + 税金。

工程量清单计价计算方法和程序为：

(1)分部分项工程费 = ∑分部分项工程量 × 分部分项工程单价其中分部分项工程单价由人工费、材料费、机械费、管理费、利润等组成，并考虑风险费用。

(2)措施项目费 = ∑措施项目工程量 × 措施项目综合单价。

(3)单位工程报价＝分部分项工程费＋措施项目费＋其他项目费＋规费＋税金。

其四，工程造价费用构成不同。采用定额计价方式下，工程造价＝直接费＋间接费＋税金＋利润。采用工程量清单计价方式下，工程造价＝分部分项工程费＋措施费＋其他项目费＋规费＋税金。

裁判依据

《2017版施工合同》

1.1.5.1　签约合同价：是指发包人和承包人在合同协议书中确定的总金额，包括安全文明施工费、暂估价及暂列金额等。

12.1　合同价格形式　发包人和承包人应在合同协议书中选择下列一种合同价格形式：1.单价合同　单价合同是指合同当事人约定以工程量清单及其综合单价进行合同价格计算、调整和确认的建设工程施工合同，在约定的范围内合同单价不作调整。合同当事人应在专用合同条款中约定综合单价包含的风险范围和风险费用的计算方法，并约定风险范围以外的合同价格的调整方法，其中因市场价格波动引起的调整按第11.1款〔市场价格波动引起的调整〕约定执行。2.总价合同　总价合同是指合同当事人约定以施工图、已标价工程量清单或预算书及有关条件进行合同价格计算、调整和确认的建设工程施工合同，在约定的范围内合同总价不作调整。合同当事人应在专用合同条款中约定总价包含的风险范围和风险费用的计算方法，并约定风险范围以外的合同价格的调整方法，其中因市场价格波动引起的调整按第11.1款〔市场价格波动引起的调整〕、因法律变化引起的调整按第11.2款〔法律变化引起的调整〕约定执行。3.其他价格形式　合同当事人可在专用合同条款中约定其他合同价格形式。

12.3.3　单价合同的计量　除专用合同条款另有约定外，单价合同的计量按照本项约定执行：(1)承包人应于每月25日向监理人报送上月20日至当月19日已完成的工程量报告，并附具进度付款申请单、已完成工程量报表和有关资料。(2)监理人应在收到承包人提交的工程量报告后7天内完成对承包人提交的工程量报表的审核并报送发包人，以确定当月实际完成的工程量。监理人对工程量有异议的，有权要求承包人进行共同复核或抽样复测。承包人应协助监理人进行复核或抽样复测，并按监理人要求提供补充计量资料。承包人未按监理人要求参加复核或抽样复测的，监理人复核或修正的工程量视为承包人实际完成的工程量。

(3)监理人未在收到承包人提交的工程量报表后的7天内完成审核的,承包人报送的工程量报告中的工程量视为承包人实际完成的工程量,据此计算工程价款。

12.3.4　总价合同的计量　除专用合同条款另有约定外,按月计量支付的总价合同,按照本项约定执行:(1)承包人应于每月25日向监理人报送上月20日至当月19日已完成的工程量报告,并附具进度付款申请单、已完成工程量报表和有关资料。(2)监理人应在收到承包人提交的工程量报告后7天内完成对承包人提交的工程量报表的审核并报送发包人,以确定当月实际完成的工程量。监理人对工程量有异议的,有权要求承包人进行共同复核或抽样复测。承包人应协助监理人进行复核或抽样复测并按监理人要求提供补充计量资料。承包人未按监理人要求参加复核或抽样复测的,监理人审核或修正的工程量视为承包人实际完成的工程量。(3)监理人未在收到承包人提交的工程量报表后的7天内完成复核的,承包人提交的工程量报告中的工程量视为承包人实际完成的工程量。

12.3.5　总价合同采用支付分解表计量支付的,可以按照第12.3.4项〔总价合同的计量〕约定进行计量,但合同价款按照支付分解表进行支付。

12.3.6　其他价格形式合同的计量　合同当事人可在专用合同条款中约定其他价格形式合同的计量方式和程序。

《2013版清单计价规范》

2.0.11　单价合同　发承包双方约定以工程量清单及其综合单价进行合同价款计算、调整和确认的建设工程施工合同。

2.0.12　总价合同　发承包双方约定以施工图及其预算和有关条件进行合同价款计算、调整和确认的建设工程施工合同。

2.0.13　成本加酬金合同　承包双方约定以施工工程成本再加合同约定酬金进行合同价款计算、调计算、调整和确认的建设工程施工合同。

2.0.47　签约合同价(合同价款)发承包双方在工程合同中约定的工程造价,即包括了分部分项工程费、措施项目费、其他项目费、规费和税金的合同总金额。

3.1.4　工程量清单应采用综合单价计价。

7.1.3　实行工程量清单计价的工程,应采用单价合同;建设规模较小,技术难度较低,工期较短,且施工图设计已审查批准的建设工程可采用总价合同;紧急抢险、救灾以及施工技术特别复杂的建设工程可采用成本加酬金合同。

8.2　单价合同的计量

8.2.1　工程量必须以承包人完成合同工程应予计量的工程量确定。

8.2.2　施工中进行工程计量，当发现招标工程量清单中出现缺项、工程量偏差，或因工程变更引起工程量增减时，应按承包人在履行合同义务中完成的工程量计算。

8.2.3　承包人应当按照合同约定的计量周期和时间向发包人提交当期已完工程量报告。发包人应在收到报告后7天内核实，并将核实计量结果通知承包人。发包人未在约定时间内进行核实的，承包人提交的计量报告中所列的工程量应视为承包人实际完成的工程量。

8.2.4　发包人认为需要进行现场计量核实时，应在计量前24小时通知承包人，承包人应为计量提供便利条件并派人参加。当双方均同意核实结果时，双方应在上述记录上签字确认。承包人收到通知后不派人参加计量，视为认可发包人的计量核实结果。发包人不按照约定时间通知承包人，致使承包人未能派人参加计量，计量核实结果无效。

8.2.5　当承包人认为发包人核实后的计量结果有误时，应在收到计量结果通知后的7天内向发包人提出书面意见，并应附上其认为正确的计量结果和详细的计算资料。发包人收到书面意见后，应在7天内对承包人的计量结果进行复核后通知承包人。承包人对复核计量结果仍有异议的，按照合同约定的争议解决办法处理。

8.2.6　承包人完成已标价工程量清单中每个项目的工程量并经发包人核实无误后，发承包双方应对每个项目的历次计量报表进行汇总，以核实最终结算工程量，并应在汇总表上签字确认。

8.3.1　采用工程量清单方式招标形成的总价合同，其工程量应按照本规范第8.2节的规定计算。

8.3.2　采用经审定批准的施工图纸及其预算方式发包形成的总价合同，除按照工程变更规定的工程量增减外，总价合同各项目的工程量应为承包人用于结算的最终工程量。

8.3.3　总价合同约定的项目计量应以合同工程经审定批准的施工图纸为依据，发承包双方应在合同中约定工程计量的形象目标或时间节点进行计量。

8.3.4　承包人应在合同约定的每个计量周期内对已完成的工程进行计量，并向发包人提交达到工程形象目标完成的工程量和有关计量资料的报告。

8.3.5　发包人应在收到报告后7天内对承包人提交的上述资料进行复核，以确定实际完成的工程量和工程形象目标。对其有异议的，应通知承包人进行共同复核。

二、审查合同中有关结算条款

1. 审查案涉合同结算依据。

2. 审查案涉合同结算条款的效力。

3. 审查案涉合同结算条款约定是否明确。

4. 审查案涉合同约定结算程序。

5. 审查当事人是否按照合同约定的结算程序进行结算。

6. 审查案涉合同是否约定送审价条款。

7. 若有送审价条款则审查送审价条款约定是否符合规定。

8. 若有送审价条款承包人是否按约定的送审程序送审，发包人是否收到。

9. 若有送审价条款，承包人送审的资料是否齐备，是否满足发包人审价的要求。

10. 若有送审价条款，发包人是否存在逾期答复情形，是否具有逾期答复的正当理由。

11. 若承包人要以送审价结算，检索受理法院及法官对送审价结算的态度。

12. 审查案涉合同是否约定审计条款。

13. 若合同约定审计条款，则审计条款约定是否清楚。

14. 若合同约定审计条款，则合同是否明确约定审计机关、审计程序及审计计价依据。

实务提示

1. 工程结算含义。工程结算是指发承包双方根据合同约定，对合同工程在实施中、终止时、已完工后进行的合同价款计算、调整和确认。包括施工过程结算、合同解除结算、竣工结算。施工过程结算是指发包人和承包人根据有关法律法规规定和合同约定，在过程结算节点上对已完工程进行当期合同价格的计算、调整、确认的活动。合同解除结算是指发承包双方协议解除后，对已完成工程的合同价款计算、调整和确认。竣工结算是指发承包双方根据国家有关法律、法规规定和合同约定，在承包人完成合同约定的全部工作后，对最终工程价款的调整和确定。竣工结算包括建设项目竣工结算、单项工程竣工结算和单位工程竣工结算。单项工程竣工结算由单位工程竣工结算组成，建设项目竣工结算由单项工程竣工结算

组成。工程结算的成果文件称为工程结算书。

2. 竣工结算依据。关于竣工结算依据,合同有约定的遵循合同约定,合同没有约定的按照法律规定执行。合同当事人一方不遵守约定或法定依据而结算的,另一方当事人有权不予认可。

法律规定的结算依据有:《2013 版清单计价规范》;工程合同;发承包双方实施过程中已确认的工程量及其结算的合同价款;发承包双方实施过程中已确认调整后追加(减)的合同价款;建设工程设计文件及相关资料;投标文件,其他依据。

3. 工程结算程序。工程完工后由承包人编制结算文件并在法律法规或合同约定的时限内连同结算申请单一并提交监理人和发包人,监理人和发包人在约定或法定期限内按约定或法定的审核程序完成审核。发承包双方不按约定或法定时间办理结算的,承担不利法律后果。在合同对结算时间、结算程序有明确规定的情况下,优先执行合同约定,合同没有约定的执行法律规定。

4.《2017 版施工合同》14.1 竣工结算申请 除专用合同条款另有约定外,承包人应在工程竣工验收合格后 28 天内向发包人和监理人提交竣工结算申请单,并提交完整的结算资料,有关竣工结算申请单的资料清单和份数等要求由合同当事人在专用合同条款中约定。除专用合同条款另有约定外,竣工结算申请单应包括以下内容:(1)竣工结算合同价格;(2)发包人已支付承包人的款项;(3)应扣留的质量保证金。已缴纳履约保证金的或提供其他工程质量担保方式的除外;(4)发包人应支付承包人的合同价款。14.2 竣工结算审核 (1)除专用合同条款另有约定外,监理人应在收到竣工结算申请单后 14 天内完成核查并报送发包人。发包人应在收到监理人提交的经审核的竣工结算申请单后 14 天内完成审批,并由监理人向承包人签发经发包人签认的竣工付款证书。监理人或发包人对竣工结算申请单有异议的,有权要求承包人进行修正和提供补充资料,承包人应提交修正后的竣工结算申请单。发包人在收到承包人提交竣工结算申请书后 28 天内未完成审批且未提出异议的,视为发包人认可承包人提交的竣工结算申请单,并自发包人收到承包人提交的竣工结算申请单后第 29 天起视为已签发竣工付款证书。(2)除专用合同条款另有约定外,发包人应在签发竣工付款证书后的 14 天内,完成对承包人的竣工付款。发包人逾期支付的,按照中国人民银行发布的同期同类贷款基准利率支付违约金;逾期支付超过 56 天的,按照中国人民银行发布的同期同类贷款基准利率的两倍支付违约金。(3)承包人对发包人签认的竣工付款证书有异议的,对于有异议部分应在收到发包人签认的竣工付款证书后 7

天内提出异议，并由合同当事人按照专用合同条款约定的方式和程序进行复核，或按照第 20 条〔争议解决〕约定处理。对于无异议部分，发包人应签发临时竣工付款证书，并按本款第 2 项完成付款。承包人逾期未提出异议的，视为认可发包人的审批结果。

5.《2013 版清单计价规范》11.3.1　合同工程完工后，承包人应在经发承包双方确认的合同工程期中价款结算的基础上汇总编制完成竣工结算文件，应在提交竣工验收申请的同时向发包人提交竣工结算文件。承包人未在合同约定的时间内提交竣工结算文件，经发包人催告后 14 天内仍未提交或没有明确答复的，发包人有权根据已有资料编制竣工结算文件，作为办理竣工结算和支付结算款的依据，承包人应予以认可。11.3.4　发包人在收到承包人竣工结算文件后的 28 天内，不核对竣工结算或未提出核对意见的，应视为承包人提交的竣工结算文件已被发包人认可，竣工结算办理完毕。

6. 以送审价为准。送审价并非法律用语，而是工程实践中约定俗成的行业用语，其意思是当事人在合同中约定发包人收到承包人递交的竣工结算文件后，在约定期限内不予答复的，视为发包人认可承包人结算文件上的结算价，以此价格作为双方最终的付款依据。比如《2017 版施工合同》14.2　发包人在收到承包人竣工结算文件后的 28 天内，不核对竣工结算或未提出核对意见的，应视为承包人提交的竣工结算文件已被发包人认可，竣工结算办理完毕。最高人民法院《关于审理建设工程施工合同纠纷案件适用法律问题的解释(一)》第 21 条当事人约定，发包人收到竣工结算文件后，在约定期限内不予答复，视为认可竣工结算文件的，按照约定处理。承包人请求按照竣工结算文件结算工程价款的，人民法院应予支持。

7. 尽管最高人民法院对送审价条款予以明确肯定，但在司法实践中对该条款的适用却充满争议。一种观点认为，以送审价为准的意思表示只有在合同专用条款或另行签订的协议中明确约定才能适用。另一种观点则认为，只要通用条款中有以送审价为准的意思表示即可，无须专用条款另行约定。笔者同意后一种观点，理由在于工程实践中施工合同一般由协议书、通用条款、专用条款三部分组成，通用条款既然作为施工合同的组成部分，对合同当事人具有当然的法律约束力，除非专用条款排除其适用。如山东省高级人民法院(2014)鲁民一终字第 157 号认为，虽然发承包双方以送审价为准的意思约定在签订的《施工合同示范文本》的通用条款中，但这并不影响承包人请求按照送审价为准结算工程价款。故，只

要发承包双方在合同中约定以送审价为准的意思表示具体明确,就可以适用以送审价为准规则结算工程价款,且不以将该意思表示约定在专用条款或另行签订的协议中约定为限。不过,适用送审价条款的前提是承包人能举证证明其向发包人提交了竣工结算文件。竣工结算文件一般包括招投标文件有关资料、施工合同、补充合同、工程设计图纸、工程竣工图纸、设计变更签证单、双方签证资料、工程预(结)算书、预付款记录、进度款付款记录等。

8. 以行政审计为准。以行政审计为准是当事人在政府投资或以政府投资为主的建设项目施工合同中,约定以行政审计机关作出的审计结论作为最终结算价。以行政审计为准必须有当事人明确约定,否则行政审计结论对承包人没有约束力。

裁判依据

《2017 版施工合同》

14.1 竣工结算申请 除专用合同条款另有约定外,承包人应在工程竣工验收合格后28天内向发包人和监理人提交竣工结算申请单,并提交完整的结算资料,有关竣工结算申请单的资料清单和份数等要求由合同当事人在专用合同条款中约定。

除专用合同条款另有约定外,竣工结算申请单应包括以下内容:

(1)竣工结算合同价格;

(2)发包人已支付承包人的款项;

(3)应扣留的质量保证金。已缴纳履约保证金的或提供其他工程质量担保方式的除外;

(4)发包人应支付承包人的合同价款。

14.2 竣工结算审核

(1)除专用合同条款另有约定外,监理人应在收到竣工结算申请单后14天内完成核查并报送发包人。发包人应在收到监理人提交的经审核的竣工结算申请单后14天内完成审批,并由监理人向承包人签发经发包人签认的竣工付款证书。监理人或发包人对竣工结算申请单有异议的,有权要求承包人进行修正和提供补充资料,承包人应提交修正后的竣工结算申请单。

发包人在收到承包人提交竣工结算申请书后28天内未完成审批且未提出异议的,视为发包人认可承包人提交的竣工结算申请单,并自发包人收到承包人提交的竣工结算申请单后第29天起视为已签发竣工付款证书。

(2)除专用合同条款另有约定外,发包人应在签发竣工付款证书后的14天内,完成对承包人的竣工付款。发包人逾期支付的,按照中国人民银行发布的同期同类贷款基准利率支付违约金;逾期支付超过56天的,按照中国人民银行发布的同期同类贷款基准利率的两倍支付违约金。

(3)承包人对发包人签认的竣工付款证书有异议的,对于有异议部分应在收到发包人签认的竣工付款证书后7天内提出异议,并由合同当事人按照专用合同条款约定的方式和程序进行复核,或按照第20条〔争议解决〕约定处理。对于无异议部分,发包人应签发临时竣工付款证书,并按本款第(2)项完成付款。承包人逾期未提出异议的,视为认可发包人的审批结果。

《2013版清单计价规范》

11.3.1 合同工程完工后,承包人应在经发承包双方确认的合同工程期中价款结算的基础上汇总编制完成竣工结算文件,应在提交竣工验收申请的同时向发包人提交竣工结算文件。

承包人未在合同约定的时间内提交竣工结算文件,经发包人催告后14天内仍未提交或没有明确答复的,发包人有权根据已有资料编制竣工结算文件,作为办理竣工结算和支付结算款的依据,承包人应予以认可。

11.3.2 发包人应在收到承包人提交的竣工结算文件后的28天内核对。发包人经核实,认为承包人还应进一步补充资料和修改结算文件,应在上述时限内向承包人提出核实意见,承包人在收到核实意见后的28天内应按照发包人提出的合理要求补充资料,修改竣工结算文件,并应再次提交给发包人复核后批准。

11.3.3 发包人应在收到承包人再次提交的竣工结算文件后的28天内予以复核,将复核结果通知承包人,并应遵守下列规定:

1. 发包人、承包人对复核结果无异议的,应在7天内在竣工结算文件上签字确认,竣工结算办理完毕;

2. 发包人或承包人对复核结果认为有误的,无异议部分按照本条第1款规定办理不完全竣工结算;有异议部分由发承包双方协商解决;协商不成的,应按照合同约定的争议解决方式处理。

11.3.4 发包人在收到承包人竣工结算文件后的28天内,不核对竣工结算或未提出核对意见的,应视为承包人提交的竣工结算文件已被发包人认可,竣工结算办理完毕。

11.3.5　承包人在收到发包人提出的核实意见后的28天内，不确认也未提出异议的，应视为发包人提出的核实意见已被承包人认可，竣工结算办理完毕。

三、审查案涉工程是否存在结算协议

1. 结算协议约定是否合法有效。

2. 结算协议是否存在胁迫、重大误解、显失公平的情形。

3. 结算协议是否存在未处理事项及其性质认定。

4. 结算协议双方履行情况。

5. 审查不履行结算协议是否存在正当理由。

实务提示

工程结算协议一般是指发承包双方之间就了解双方之间就建设工程施工合同权利义务，而就工程价款达成的协议。从工程实践来看，多数工程结算协议并非单纯结算工程价款，而是对索赔、违约责任等所达成的最终一揽子解决协议。工程结算协议具有独立性及其效力不因施工合同无效而无效。特别是在建设工程质量验收合格后，工程结算协议应视为发承包双方达成的新合意，对于工程结算协议的独立有效性，在部分地方高级人民法院的相关指导意见或会议纪要中有相应规定。《北京高院施工合同解答》第7条规定："建设工程施工合同无效，但工程已经竣工验收合格，当事人一方以施工合同无效为由要求确认结算协议无效的不予支持。"工程结算协议一旦达成，除非协议本身具有无效、可撤销情形，否则双方均应按照结算协议确定结算款数额。在诉讼中，若双方诉前已经签署结算协议，一方申请造价鉴定的，人民法院也不予准许。

裁判依据

《建设工程司法解释(一)》

第二十九条　当事人在诉讼前已经对建设工程价款结算达成协议，诉讼中一方当事人申请对工程造价进行鉴定的，人民法院不予准许。

四、审查已完工程是否验收合格，从而认定支付工程款的法定条件是否具备

1. 审查案涉工程的阶段性验收、单项验收、综合验收资料。

2. 审查案涉工程竣工验收资料，已完工程质量是否合格。

3. 审查是否存在未经验收擅自使用的情形。

4. 若存在擅自使用情形，审查使用范围，从而认定是否构成擅自使用。

5. 审查对方是否有足以推翻验收合格资料的相反证据。

6. 审查已完工程的质量。

7. 审查工程是否存在未完工程。

8. 审查合同有无关于未完工情形的结算安排。

实务提示

工程质量验收合格，是承包人取得工程款的法定条件，工程验收不合格，承包人无权要求发包人支付工程款，因此工程是否验收合格在拖欠工程款纠纷中至关重要，是必须重点审查的内容。至于何为验收合格，在工程竣工验收审查项中已有涉及，在此不再赘述。上述工程质量验收合格不仅指工程竣工验收合格，还包括工程未完工情形下，承包人已完工程的质量合格，即承包人要想获得已完工程的相应工程款，其完成的工程质量也必须合格。否则无权主张对应工程款。

裁判依据

《建设工程司法解释(一)》

第十二条 因承包人的原因造成建设工程质量不符合约定，承包人拒绝修理、返工或者改建，发包人请求减少支付工程价款的，人民法院应予支持。

第十四条 建设工程未经竣工验收，发包人擅自使用后，又以使用部分质量不符合约定为由主张权利的，人民法院不予支持；但是承包人应当在建设工程的合理使用寿命内对地基基础工程和主体结构质量承担民事责任。

第十九条第三款 建设工程施工合同有效，但建设工程经竣工验收不合格的，依照民法典第五百七十七条规定处理。

《民法典》

第七百九十三条 建设工程施工合同无效，但是建设工程经验收合格的，可以参照合同关于工程价款的约定折价补偿承包人。建设工程施工合同无效，且建设工程经验收不合格的，按照以下情形处理：(一)修复后的建设工程经验收合格的，发包人可以请求承包人承担修复费用；(二)修复后的建设工程经验收不合格的，承包人无权请求参照合同关于工程价款的约定折价补偿。发包人对因建设工程不合格造成的损失有过错的，应当承担相应的责任。

五、审查预付款数额、支付条件及抵扣方式

1. 审查合同关于预付款的约定，包括通用条款和专用条款。

2. 审查约定工程预付款的额度是否结合工程款、建设工期及包工包料情况计算。

3. 审查发包人向承包人拨付款项的具体时间及不按时支付的相应责任承担约定。

4. 审查约定扣回工程款的时间和比例。

实务提示

预付款是指在建设工程开工前，发包人按照合同约定预先支付给承包人用于采购施工所需材料、工程设备以及组织施工人员进场等的款项。此外，若发包人要求承包人采购价值较高的工程设备，一般应按建设工程领域的商业惯例向承包人支付专门的工程设备预付款。在建设工程施工合同中，发包人的应付款项往往包含预付款、进度款、结算款、质量保证金返还四部分，随着工程进度和时间推进，分别支付不同款项。预付款的支付比例、支付时间及支付条件施工合同有约定的，从约定；没约定的，依照法定或施工惯例支付。

裁判依据

《2017 版施工合同》

12.2.1　预付款的支付　预付款的支付按照专用合同条款约定执行，但至迟应在开工通知载明的开工日期 7 天前支付。预付款应当用于材料、工程设备、施工设备的采购及修建临时工程、组织施工队伍进场等。除专用合同条款另有约定外，预付款在进度付款中同比例扣回。在颁发工程接收证书前，提前解除合同的，尚未扣完的预付款应与合同价款一并结算。发包人逾期支付预付款超过 7 天的，承包人有权向发包人发出要求预付的催告通知，发包人收到通知后 7 天内仍未支付的，承包人有权暂停施工，并按第 16.1.1 项〔发包人违约的情形〕执行。

12.2.2　预付款担保　发包人要求承包人提供预付款担保的，承包人应在发包人支付预付款 7 天前提供预付款担保，专用合同条款另有约定除外。预付款担

保可采用银行保函、担保公司担保等形式，具体由合同当事人在专用合同条款中约定。在预付款完全扣回之前，承包人应保证预付款担保持续有效。发包人在工程款中逐期扣回预付款后，预付款担保额度应相应减少，但剩余的预付款担保金额不得低于未被扣回的预付款金额。

《2013版清单计价规范》

10.1.1　承包人应将预付款专用于合同工程。

10.1.2　包工包料工程的预付款的支付比例不得低于签约合同价（扣除暂列金额）的10%，不宜高于签约合同价（扣除暂列金额）的30%。

10.1.3　承包人应在签订合同或向发包人提供与预付款等额的预付款保函后向发包人提交预付款支付申请。

10.1.4　发包人应在收到支付申请的7天内进行核实，向承包人发出预付款支付证书，并在签发支付证书后的7天内向承包人支付预付款。

10.1.5　发包人没有按合同约定按时支付预付款的，承包人可催告发包人支付；发包人在预付款期满后的7天内仍未支付的，承包人可在付款期满后的第8天起暂停施工。发包人应承担由此增加的费用和延误的工期，并应向承包人支付合理利润。

10.1.6　预付款应从每一个支付期应支付给承包人的工程进度款中扣回，直到扣回的金额达到合同约定的预付款金额为止。

10.1.7　承包人的预付款保函的担保金额根据预付款扣回的数额相应递减，但在预付款全部扣回之前一直保持有效。发包人应在预付款扣完后的14天内将预付款保函退还给承包人。

六、审查安全文明施工费支付计划及使用要求

1. 审查案涉合同是否约定了安全文明施工费的金额。

2. 审查案涉合同是否约定了安全文明施工费支付时间、支付比例。

3. 审查案涉合同专用条款是否约定了发包人逾期支付承包人的催告期限。

4. 审查案涉合同是否约定了安全文明施工费相应法律责任。

5. 审查案涉合同专用条款是否约定了发包人经催告仍不支付的责任承担及承包人是否可以暂停施工。

6. 审查施工过程中发包人是否履行了支付安全文明施工费的义务及履行是否符合合同约定。

7. 审查承包人是否催告发包人支付安全文明施工费。

8. 审查施工过程中承包人是否暂停施工，若暂停施工则审查是否符合暂停施工的条件。

实务提示

1. 根据《2013版清单计价规范》的规定，安全文明施工费是指在合同履行过程中，承包人按照国家法律、法规、标准等规定，为保证安全施工、文明施工，保护现场内外环境和搭拆临时设施等所采用的措施而发生的费用。安全文明施工费包括环境保护费、文明施工费、安全施工费和临时设施费。环境保护费是指施工现场为达到环保部门要求所需要的各项费用。文明施工费是指施工现场文明施工所需要的各项费用。安全施工费是指施工现场安全施工所需要的各项费用，由临边、洞口、交叉、高处作业安全防护费、危险性较大工程安全措施费及其他费用组成。临时设施费是指施工企业为进行建设工程施工所必须搭设的生活和生产用的临时建筑物、构筑物和其他临时设施费用。包括临时设施的搭设、维修、拆除、清理费或摊销费等。

安全文明施工费是措施项目费中的一般措施项目费，其按"项"计价而不能按量取费，因此，安全文明施工费又称为总价项目费。其计算公式为：安全文明施工费＝计算基数×安全文明施工费率（%）计算基数应为定额计价（定额分部分项工程费＋定额中可以计量的措施项目费）、定额人工费或（定额人工费＋定额机械费），其费率由工程造价管理机构根据各专业工程的特点综合确定。

2. 安全文明施工费属于不可竞争性费用。发承包双方应按照国家或省级、行业建设主管部门的规定计算。其支付比例和支付时间都应按规定支付。安全文明施工费应单列且不能挪作他用。安全文明施工费的支付主体为发包人，基准日期后若适用的法律或政府有关规定发生变化，增加的安全文明施工费亦由发包人承担。

3. 虽然国家及各地建设行政主管部门的相关规范性文件规定安全文明施工费为不可竞争性费用，但这些规范性文件是行业主管部门从行业规范及管理角度作出的，规范性文件本身不属于法律法规，更不属于法律法规强制性效力性规定。因此当事人违反相应规定将可能受到行政主管部门的行政处罚，但并不能由此否定或代替当事人的合议。

裁判依据

《2017 版施工合同》

6.1.6　安全文明施工费　安全文明施工费由发包人承担，发包人不得以任何形式扣减该部分费用。因基准日期后合同所适用的法律或政府有关规定发生变化，增加的安全文明施工费由发包人承担。承包人经发包人同意采取合同约定以外的安全措施所产生的费用，由发包人承担。未经发包人同意的，如果该措施避免了发包人的损失，则发包人在避免损失的额度内承担该措施费。如果该措施避免了承包人的损失，由承包人承担该措施费。除专用合同条款另有约定外，发包人应在开工后 28 天内预付安全文明施工费总额的 50%，其余部分与进度款同期支付。发包人逾期支付安全文明施工费超过 7 天的，承包人有权向发包人发出要求预付的催告通知，发包人收到通知后 7 天内仍未支付的，承包人有权暂停施工，并按第 16.1.1 项〔发包人违约的情形〕执行。承包人对安全文明施工费应专款专用，承包人应在财务账目中单独列项备查，不得挪作他用，否则发包人有权责令其限期改正；逾期未改正的，可以责令其暂停施工，由此增加的费用和（或）延误的工期由承包人承担。

《2013 版清单计价规范》

10.2.1　安全文明施工费包括的内容和使用范围，应符合国家有关文件和计量规范的规定。

10.2.2　发包人应在工程开工后的 28 天内预付不低于当年施工进度计划的安全文明施工费总额的 60%，其余部分应按照提前安排的原则进行分解，并应与进度款同期支付。

10.2.3　发包人没有按时支付安全文明施工费的，承包人可催告发包人支付；发包人在付款期满后的 7 天内仍未支付的，若发生安全事故，发包人应承担相应责任。

10.2.4　承包人对安全文明施工费应专款专用，在财务账目中应单独列项备查，不得挪作他用，否则发包人有权要求其限期改正；逾期未改正的，造成的损失和延误的工期应由承包人承担。

《建筑工程安全防护、文明施工措施费用及使用管理规定》

第四条　建筑工程安全防护、文明施工措施费用是由《建筑安装工程费用项目组成》中措施费所含的文明施工费，环境保护费，临时设施费，安全施工费组成。其中安全施工费由临边、洞口、交叉、高处作业安全防护费，危险性较大工程安全措施费及其他费用组成。危险性较大工程安全措施费及其他费用项目组成由各地建设行政主管部门结合本地区实际自行确定。

第五条 建设单位、设计单位在编制工程概(预)算时,应当依据工程所在地工程造价管理机构测定的相应费率,合理确定工程安全防护、文明施工措施费。

第六条 依法进行工程招投标的项目,招标方或具有资质的中介机构编制招标文件时,应当按照有关规定并结合工程实际单独列出安全防护、文明施工措施项目清单。投标方应当根据现行标准规范,结合工程特点、工期进度和作业环境要求,在施工组织设计文件中制定相应的安全防护、文明施工措施,并按照招标文件要求结合自身的施工技术水平、管理水平对工程安全防护、文明施工措施项目单独报价。投标方安全防护、文明施工措施的报价,不得低于依据工程所在地工程造价管理机构测定费率计算所需费用总额的90%。

第七条 建设单位与施工单位应当在施工合同中明确安全防护、文明施工措施项目总费用,以及费用预付、支付计划,使用要求、调整方式等条款。建设单位与施工单位在施工合同中对安全防护、文明施工措施费用预付、支付计划未作约定或约定不明的,合同工期在一年以内的,建设单位预付安全防护、文明施工措施项目费用不得低于该费用总额的50%;合同工期在一年以上的(含一年),预付安全防护、文明施工措施费用不得低于该费用总额的30%,其余费用应当按照施工进度支付。实行工程总承包的,总承包单位依法将建筑工程分包给其他单位的,总承包单位与分包单位应当在分包合同中明确安全防护、文明施工措施费用由总承包单位统一管理。安全防护、文明施工措施由分包单位实施的,由分包单位提出专项安全防护措施及施工方案,经总承包单位批准后及时支付所需费用。

七、审查进度款的支付方式、数额及时限

1. 审查案涉合同就进度款支付的比例、支付方式、支付时间、支付程序等的约定。

2. 审查进度款的拨付是否以发包方代表确认的已完工程量、相应的单价及有关计价依据计算的。

3. 审查工程进度款的支付是否符合合同约定。

实务提示

进度款是在合同工程施工过程中,发包人按照合同约定对付款周期内承包人

完成的合同价款给予支付的款项，也是合同价款期中结算支付。发承包双方应按照合同约定的时间、程序和方法，根据工程计量结果，办理期中价款结算。支付进度款，施工合同没有约定或者约定不明的，可以参照相关法律规定。《建设工程价款结算暂行办法》第13条规定："工程进度款结算与支付应当符合下列规定：(一)工程进度款结算方式　1.按月结算与支付。即实行按月支付进度款，竣工后清算的办法。合同工期在两个年度以上的工程，在年终进行工程盘点，办理年度结算。2.分段结算与支付。即当年开工、当年不能竣工的工程按照工程形象进度，划分不同阶段支付工程进度款。具体划分在合同中明确。(二)工程量计算　1.承包人应当按照合同约定的方法和时间，向发包人提交已完成工程量的报告。发包人接到报告后14天内核实已完工程量，并在核实前1天通知承包人，承包人应提供条件并派人参加核实，承包人收到通知后不参加核实，以发包人核实的工程量作为工程价款支付的依据。发包人不按约定时间通知承包人，致使承包人未能参加核实，核实结果无效。2.发包人收到承包人报告后14天内未核实完工程量，从第15天起，承包人报告的工程量即视为被确认，作为工程价款支付的依据，双方合同另有约定的，按合同执行。3.对承包人超出设计图纸(含设计变更)范围和因承包人原因造成返工的工程量，发包人不予计量。(三)工程进度款支付　1.根据确定的工程计量结果，承包人向发包人提出支付工程进度款申请，14天内，发包人应按不低于工程价款的60%，不高于工程价款的90%向承包人支付工程进度款。按约定时间发包人应扣回的预付款，与工程进度款同期结算抵扣。2.发包人超过约定的支付时间不支付工程进度款，承包人应及时向发包人发出要求付款的通知，发包人收到承包人通知后仍不能按要求付款，可与承包人协商签订延期付款协议，经承包人同意后可延期支付，协议应明确延期支付的时间和从工程计量结果确认后第15天起计算应付款的利息(利率按同期银行贷款利率计)。3.发包人不按合同约定支付工程进度款，双方又未达成延期付款协议，导致施工无法进行，承包人可停止施工，由发包人承担违约责任。"

裁判依据

《2013版清单计价规范》

10.3.1　发承包双方应按照合同约定的时间、程序和方法，根据工程计量结果，办理期中价款结算，支付进度款。

10.3.2　进度款支付周期应与合同约定的工程计量周期一致。

10.3.5　发包人提供的甲供材料金额,应按照发包人签约提供的单价和数量从进度款支付中扣除,列入本周期应扣减的金额中。

10.3.6　承包人现场签证和得到发包人确认的索赔金额应列入本周期应增加的金额中。

10.3.8　承包人应在每个计量周期到期后的7天内向发包人提交已完成工程进度款支付申请一式四份,详细说明此周期认为有权得到的款额,包括分包人已完工程的价款。支付申请应包括下列内容:1 累计已完成的合同价款;2 累计已实际支付的合同价款;3 本周期合计完成的合同价款:(1)本周期已完成单价项目的金额;(2)本周期应支付的总价项目的金额;(3)本周期已完成的计日工价款;(4)本周期应支付的安全文明施工费;(5)本周期应增加的金额;4 本周期合计应扣减的金额:(1)本周期应扣回的预付款;(2)本周期应扣减的金额;5 本周期实际应支付的合同价款。

10.3.9　发包人应在收到承包人进度款支付申请后的14天内,根据计量结果和合同约定对申请内容予以核实,确认后向承包人出具进度款支付证书。若发承包双方对部分清单项目的计量结果出现争议,发包人应对无争议部分的工程计量结果向承包人出具进度款支付证书。

10.3.10　发包人应在签发进度款支付证书后的14天内,按照支付证书列明的金额向承包人支付进度款。

10.3.11　若发包人逾期未签发进度款支付证书,则视为承包人提交的进度款支付申请已被发包人认可,承包人可向发包人发出催告付款的通知。发包人应在收到通知后的14天内,按照承包人支付申请的金额向承包人支付进度款。

《2017版施工合同》

12.4　工程进度款支付

12.4.1　付款周期　除专用合同条款另有约定外,付款周期应按照第12.3.2项〔计量周期〕的约定与计量周期保持一致。

12.4.2　进度付款申请单的编制　除专用合同条款另有约定外,进度付款申请单应包括下列内容:(1)截至本次付款周期已完成工作对应的金额;(2)根据第10条〔变更〕应增加和扣减的变更金额;(3)根据第12.2款〔预付款〕约定应支付的预付款和扣减的返还预付款;(4)根据第15.3款〔质量保证金〕约定应扣减的质量保证金;(5)根据第19条〔索赔〕应增加和扣减的索赔金额;(6)对已签发的进度款支付证书中出现错误的修正,应在本次进度付款中支付或扣除的金额;(7)根据合同约定应增加和扣减的其他金额。

12.4.3　进度付款申请单的提交　(1)单价合同进度付款申请单的提交　单价合同的进度付款申请单,按照第12.3.3项〔单价合同的计量〕约定的时间按月向监理人提交,并附上已完成工程量报表和有关资料。单价合同中的总价项目按月进行支付分解,并汇总列入当期进度付款申请单。(2)总价合同进度付款申请单的提交　总价合同按月计量支付的,承包人按照第12.3.4项〔总价合同的计量〕约定的时间按月向监理人提交进度付款申请单,并附上已完成工程量报表和有关资料。总价合同按支付分解表支付的,承包人应按照第12.4.6项〔支付分解表〕及第12.4.2项〔进度付款申请单的编制〕的约定向监理人提交进度付款申请单。(3)其他价格形式合同的进度付款申请单的提交　合同当事人可在专用合同条款中约定其他价格形式合同的进度付款申请单的编制和提交程序。

12.4.4　进度款审核和支付　(1)除专用合同条款另有约定外,监理人应在收到承包人进度付款申请单以及相关资料后7天内完成审查并报送发包人,发包人应在收到后7天内完成审批并签发进度款支付证书。发包人逾期未完成审批且未提出异议的,视为已签发进度款支付证书。发包人和监理人对承包人的进度付款申请单有异议的,有权要求承包人修正和提供补充资料,承包人应提交修正后的进度付款申请单。监理人应在收到承包人修正后的进度付款申请单及相关资料后7天内完成审查并报送发包人,发包人应在收到监理人报送的进度付款申请单及相关资料后7天内,向承包人签发无异议部分的临时进度款支付证书。存在争议的部分,按照第20条〔争议解决〕的约定处理。(2)除专用合同条款另有约定外,发包人应在进度款支付证书或临时进度款支付证书签发后14天内完成支付,发包人逾期支付进度款的,应按照中国人民银行发布的同期同类贷款基准利率支付违约金。(3)发包人签发进度款支付证书或临时进度款支付证书,不表明发包人已同意、批准或接受了承包人完成的相应部分的工作。

12.4.5　进度付款的修正　在对已签发的进度款支付证书进行阶段汇总和复核中发现错误、遗漏或重复的,发包人和承包人均有权提出修正申请。经发包人和承包人同意的修正,应在下期进度付款中支付或扣除。

12.4.6　支付分解表　1.支付分解表的编制要求　(1)支付分解表中所列的每期付款金额,应为第12.4.2项〔进度付款申请单的编制〕第(1)目的估算金额;(2)实际进度与施工进度计划不一致的,合同当事人可按照第4.4款〔商定或确定〕修改支付分解表;(3)不采用支付分解表的,承包人应向发包人和监理人提交按季度编制的支付估算分解表,用于支付参考。2. 总价合同支付分解表的编制与审批 (1)除专用合同条款另有约定外,承包人应根据第7.2款〔施工进度计划〕约定的施工进度计划、签约合同价和工程量等因素对总价合同按月进行分解,编制支付分解表。承包人应当在收到监理人和发包人批准的施工进度计划后7天内,将支付分解表及编制支付分解表的支持性资料报送监理人。(2)监理人应在收到支付分解表后7天内完成审核并报送发包人。发包人应在收到经监理人审核的支付分解表后7天内完成审批,经发包人批准的支付分解表为有约束力的支付分解表。(3)发包人逾期未完成支付分解表审批的,也未及时要求承包人进行修正和提供补充资料的,则承包人提交的支付分解表视为已经获得发包人批准。3. 单价合同的总价项目支付分解表的编制与审批 除专用合同条款另有约定外,单价合同的总价项目,由承包人根据施工进度计划和总价项目的总价构成、费用性质、计划发生时间和相应工程量等因素按月进行分解,形成支付分解表,其编制与审批参照总价合同支付分解表的编制与审批执行。

八、审查案涉合同是否存在专业工程暂估价

1. 审查招标文件或案涉合同是否有专业工程暂估价项目。

2. 审查招标文件规定或施工合同约定的暂估价的金额。

3. 审查招标文件或案涉合同是否有专业工程暂估价的确定方式,若无则检索法定方式。

4. 审查专业工程暂估价项目是否属于必须招标项目。

5. 审查案涉工程履行过程中,对于必须招标专业工程暂估价的项目是否招标及招标程序是否符合合同约定或法律规定。

6. 案涉工程履行过程中,若不属于必须招标的专业工程暂估价项目,则审查暂估价的确定是否符合合同约定或法律规定。

实务提示

1. 暂估价的含义。根据《2013版清单计价规范》2.0.19的规定,暂估价是指招标人在工程量清单中提供的用于支付必然发生但暂时不能确定价格的材料、工程设备的单价以及专业工程的金额。暂估价一般包括材料暂估单价、工程设备暂估单价及专业工程暂估价,而按是否必须招标,又分为必须招标的暂估价和不属于必须招标的暂估价。

2. 暂估价的确定。暂估价不是确定价格,需在合同履行过程中对价格进行确定,然后用确定后的价格取代原估计价格。而确定方式,施工合同有约定且约定不违反法律法规强制性效力性规定的,优先适用合同约定的方式,施工合同没有约定或者约定不明,则适用法定的方式确定。

3. 合同约定方式。如《2017版施工合同》10.7.1规定:"依法必须招标的暂估价项目对于依法必须招标的暂估价项目,采取以下第1种方式确定。合同当事人也可以在专用合同条款中选择其他招标方式。第1种方式:对于依法必须招标的暂估价项目,由承包人招标,对该暂估价项目的确认和批准按照以下约定执行:(1)承包人应当根据施工进度计划,在招标工作启动前14天将招标方案通过监理人报送发包人审查,发包人应当在收到承包人报送的招标方案后7天内批准或提出修改意见。承包人应当按照经过发包人批准的招标方案开展招标工作。(2)承包人应当根据施工进度计划,提前14天将招标文件通过监理人报送发包人审批,发包人应当在收到承包人报送的相关文件后7天内完成审批或提出修改意见;发包人有权确定招标控制价并按照法律规定参加评标。(3)承包人与供应商、分包人在签订暂估价合同前,应当提前7天将确定的中标候选供应商或中标候选分包人的资料报送发包人,发包人应在收到资料后3天内与承包人共同确定中标人;承包人应当在签订合同后7天内,将暂估价合同副本报送发包人留存。第2种方式:对于依法必须招标的暂估价项目,由发包人和承包人共同招标确定暂估价供应商或分包人的,承包人应按照施工进度计划,在招标工作启动前14天通知发包人,并提交暂估价招标方案和工作分工。发包人应在收到后7天内确认。确定中标人后,由发包人、承包人与中标人共同签订暂估价合同。"10.7.2规定:"不属于依法必须招标的暂估价项目除专用合同条款另有约定外,对于不属于依法必须招标的暂估价项目,采取以下第1种方式确定:第1种方式:对于不属于依法必须招标的暂估价项目,按本项约定确认和批准:(1)承包人应根据施工进度计划,在签订暂估价项目的采购合同、分包合同前28天向监理人提出书面申请。监理人应当在收到申请后3天内报送发包人,发包人应当在收到申请后14天内给予批准或提出修改意见,发包人逾期未予批准或提出修改意见的,视为该书面申请已获得同意。(2)发包人认为承包人确定的供应商、分包人无法满足工程质量或合同要求的,发包人可以要求承包人重新确定暂估价项目的供应商、分包人。(3)承包人应当在签订暂估价合同后7天内,将暂估价合同副本报送发包人留存。第2种方式:承包人按照第10.7.1项〔依法必须招标的暂估价项目〕约定的第1种方式

确定暂估价项目。第3种方式：承包人直接实施的暂估价项目承包人具备实施暂估价项目的资格和条件的，经发包人和承包人协商一致后，可由承包人自行实施暂估价项目，合同当事人可以在专用合同条款约定具体事项。”

4. 法定方式。如《2013版清单计价规范》9.9.1规定：“发包人在招标工程量清单中给定暂估价的材料、工程设备属于依法必须招标的，应由发承包双方以招标的方式选择供应商，确定价格，并应以此为依据取代暂估价，调整合同价款。”9.9.2规定：“发包人在招标工程量清单中给定暂估价的材料、工程设备不属于依法必须招标的，应由承包人按照合同，经发包人确认单价后取代暂估价，调整合同价款。”9.9.3规定：“发包人在工程量清单中给定暂估价的专业工程不属于依法必须招标的，应按照本规范第9.3节相应条款的规定确定专业工程价款，并应以此为依据取代专业工程暂估价，调整合同价款。”9.9.4规定：“发包人在招标工程量清单中给定暂估价的专业工程，依法必须招标的，应当由发承包双方依法组织招标选择专业分包人，并接受有管辖权的建设工程招标投标管理机构的监督，还应符合下列要求：1　除合同另有约定外，承包人不参加投标的专业工程发包招标，应由承包人作为招标人，但拟定的招标文件、评标工作、评标结果应报送发包人批准。与组织招标工作有关的费用应当被认为已经包括在承包人的签约合同价（投标总报价）中。2　承包人参加投标的专业工程发包招标，应由发包人作为招标人，与组织招标工作有关的费用由发包人承担。同等条件下，应优先选择承包人中标。3　应以专业工程发包中标价为依据取代专业工程暂估价，调整合同价款。”

裁判依据

《2017版施工合同》

10.7　暂估价　暂估价专业分包工程、服务、材料和工程设备的明细由合同当事人在专用合同条款中约定。

10.7.1　依法必须招标的暂估价项目　对于依法必须招标的暂估价项目，采取以下第1种方式确定。合同当事人也可以在专用合同条款中选择其他招标方式。第1种方式：对于依法必须招标的暂估价项目，由承包人招标，对该暂估价项目的确认和批准按照以下约定执行：(1)承包人应当根据施工进度计划，在招标工作启动前14天将招标方案通过监理人报送发包人审查，发包人应当在收到承包人报送的招标方案后7天内批准或提出修改意见。承包人应当按照经过发包人批准的招标方案开展招标工作;(2)承包人应当根据施工进度计划,提前14天将招标文件通过监理人报送发包人审批,发包人应当在收到承包人报送的相关文件后7天内完成审批或提出修改意见;发包人有权确定招标控制价并按照法律规定参加评标;(3)承包人与供应商、分包人在签订暂估价合同前,应当提前7天将确定的中标候选供应商或中标候选分包人的资料报送发包人,发包人应在收到资料后3天内与承包人共同确定中标人;承包人应当在签订合同后7天内,将暂估价合同副本报送发包人留存。第2种方式:对于依法必须招标的暂估价项目,由发包人和承包人共同招标确定暂估价供应商或分包人的,承包人应按照施工进度计划,在招标工作启动前14天通知发包人,并提交暂估价招标方案和工作分工。发包人应在收到后7天内确认。确定中标人后,由发包人、承包人与中标人共同签订暂估价合同。

10.7.2　不属于依法必须招标的暂估价项目　除专用合同条款另有约定外,对于不属于依法必须招标的暂估价项目,采取以下第1种方式确定:第1种方式:对于不属于依法必须招标的暂估价项目,按本项约定确认和批准:(1)承包人应根据施工进度计划,在签订暂估价项目的采购合同、分包合同前28天向监理人提出书面申请。监理人应当在收到申请后3天内报送发包人,发包人应当在收到申请后14天内给予批准或提出修改意见,发包人逾期未予批准或提出修改意见的,视为该书面申请已获得同意;(2)发包人认为承包人确定的供应商、分包人无法满足工程质量或合同要求的,发包人可以要求承包人重新确定暂估价项目的供应商、分包人;(3)承包人应当在签订暂估价合同后7天内,将暂估价合同副本报送发包人留存。第2种方式:承包人按照第10.7.1项〔依法必须招标的暂估价项目〕约定的第1种方式确定暂估价项目。第3种方式:承包人直接实施的暂估价项目承包人具备实施暂估价项目的资格和条件的,经发包人和承包人协商一致后,可由承包人自行实施暂估价项目,合同当事人可以在专用合同条款约定具体事项。

10.7.3　因发包人原因导致暂估价合同订立和履行迟延的,由此增加的费用和(或)延误的工期由发包人承担,并支付承包人合理的利润。因承包人原因导致暂估价合同订立和履行迟延的,由此增加的费用和(或)延误的工期由承包人承担。

《招标投标法实施条例》

第二十九条　招标人可以依法对工程以及与工程建设有关的货物、服务全部或者部分实行总承包招标。以暂估价形式包括在总承包范围内的工程、货物、服务属于依法必须进行招标的项目范围且达到国家规定规模标准的，应当依法进行招标。前款所称暂估价，是指总承包招标时不能确定价格而由招标人在招标文件中暂时估定的工程、货物、服务的金额。

《2013版清单计价规范》

4.3　暂估价中的材料、工程设备暂估单价应根据工程造价信息或参照市场价格估算，列出明细表；专业工程暂估价应分不同专业，按有关计价规定估算，列出明细表。

5.2.5　其他项目应按下列规定计价：

1. 暂列金额应按招标工程量清单中列出的金额填写；

2. 暂估价中的材料、工程设备单价应按招标工程量清单中列出的单价计入综合单价；

3. 暂估价中的专业工程金额应按招标工程量清单中列出的金额填写；

4. 计日工应按招标工程量清单中列出的项目根据工程特点和有关计价依据确定综合单价计算；

5. 总承包服务费应根据招标工程量清单列出的内容和要求估算。

6.2.5　其他项目应按下列规定报价：

1. 暂列金额应按招标工程量清单中列出的金额填写；

2. 材料、工程设备暂估价应按招标工程量清单中列出的单价计入综合单价；

3. 专业工程暂估价应按招标工程量清单中列出的金额填写；

4. 计日工应按招标工程量清单中列出的项目和数量，自主确定综合单价并计算日工金额；

5. 总承包服务费应根据招标工程量清单中列出的内容和提出的要求自主确定。

九、审查材料设备暂估价

1. 审查合同对暂估价材料、设备采购程序约定是否清楚明确。

2. 审查合同对暂估价材料、设备单价确定方法是否明确。

3. 审查合同履行过程中，材料、设备暂估价是如何确定的。

实务提示及裁判依据详见本节第八项，此处不再赘述。

十、审查暂列金额

1. 审查案涉工程的工程量清单或预算书中是否有暂列金额。

2. 审查案涉合同是否约定了暂列金额，若约定了，则进一步审查相应金额、使用程序及方法。

3. 审查案涉合同价格形式是否为固定总价合同，若是固定总价合同，是否约定暂列金额。

4. 审查案涉工程招投标文件与施工合同就暂列金额约定是否一致。

5. 审查案涉工程合同履行期内暂列金额实际使用情况。

实务提示

1. 暂列金额的含义。根据《2013 版清单计价规范》2.0.18 的规定，暂列金额是指招标人在工程量清单中暂定并包括在合同价款中的一笔款项。用于工程合同签订时尚未确定或者不可预见的所需材料、工程设备、服务的采购，施工中可能发生的工程变更、合同约定调整因素出现时的合同价款调整以及发生的索赔、现场签证确认等的费用。《2017 版施工合同》"通用合同条款"1.1.5.5 对暂列金额也作出了解释：暂列金额是指发包人在工程量清单或预算书中暂定并包括在合同价格中的一笔款项，用于工程合同签订时尚未确定或者不可预见的所需材料、工程设备、服务的采购，施工中可能发生的工程变更、合同约定调整因素出现时的合同价格调整以及发生的索赔、现场签证确认等的费用。

2. 暂列金额的特征：(1)在清单计价模式下，暂列金额与暂估价、计日工、总承包服务费等，均归类于"其他项目费"；(2)投标文件中的暂列金额应按招标工程量清单中列出的金额填写，投标人无权自行填报或更改金额；(3)暂列金额可以约定明细，也可只列总额；(4)签约合同价包括暂列金额，但暂列金额的实际支出额，应依据实际情况计入结算总额。

3. 暂列金额与暂估价的区别主要在于：(1)预见性不同。暂列金额是在招标时尚未确定或不可预见的预备支出，暂估价是必然会发生但价格尚不确定的支出。(2)性质不同。暂列金额实质是招标人的预备金，是否在招投标文件或施工合同中明确，并不影响施工合同的履行，暂估价的工作内容是除价格外所有内容均已经明确在施工合同中、合同双方不按约定履行可能承担违约责任的具体工作。(3)使用方式不同。暂列金额由招标人自主决定是否使用、如何使用，暂估价应按法律规定及合同约定确定。

4. 暂列金额的使用。暂列金额属于发包人所有，在施工过程中，是否使用暂列金由发包人自主决定。

5. 暂列金额的结算。暂列金额并非建设工程施工合同中的必备条款,即使合同约定了暂列金额也存在部分使用甚至不使用的可能。暂列金额是属于发包人的自有备用资金,在施工合同中并不存在必须完成的对应工作内容。因为发包人没有向承包人支付暂列金额的义务,只有支付暂列金额所对应工作价款的义务,故承包人应以具体明确的工作内容列项而非直接以“暂列金额”列项向发包人申请款项。

裁判依据

《2013 版清单计价规范》

4.4.2 暂列金额应根据工程特点按有关计价规定估算。

5.2.5 其他项目应按下列规定计价:1 暂列金额应按招标工程量清单中列出的金额填写……

6.2.5 其他项目应按下列规定报价:1 暂列金额应按招标工程量清单中列出的金额填写……

9.15.1 已签约合同价中的暂列金额应由发包人掌握使用。

9.15.2 发包人按照本规范第9.1节至第9.14节的规定支付后,暂列金额余额应归发包人所有。

《2017 版施工合同》

1.1.5.5 暂列金额:是指发包人在工程量清单或预算书中暂定并包括在合同价格中的一笔款项,用于工程合同签订时尚未确定或者不可预见的所需材料、工程设备、服务的采购,施工中可能发生的工程变更、合同约定调整因素出现时的合同价格调整以及发生的索赔、现场签证确认等的费用。

10.8 暂列金额 暂列金额应按照发包人的要求使用,发包人的要求应通过监理人发出。合同当事人可以在专用合同条款中协商确定有关事项。

十一、审查涉税条款

1. 审查合同价款中是否包含税金。

2. 审查合同价款中是否明确含税总价、合同价及税款金额。

3. 审查含税价款中是否明确约定发票类型(增值税专票或增值税普票)。

4. 合同价款中如无明确约定视为含税价(增值税及其他所有税费)。

5. 审查合同中是否有明确纳税主体身份、计税方式的条款。

6. 审查合同中是否明确约定开具发票的义务及具体要求。

7. 审查合同是否约定了发票质量条款(具体金额、盖具增值税发票专用章、开具时间、汇总开票具体规定等内容)。

8. 审查合同是否约定了发票开具及送达条款。

9. 审查对于甲供材合同施工企业是否选择了简易计税法。

10. 审查合同中对应税行为种类、范围及适用税率是否有明确约定。

11. 审查合同中是否具有发票遗失的处理条款。

12. 审查合同是否约定税务违约及责任条款。

实务提示

1. 建筑安装工程费用项目组成中的税金,根据《建筑安装工程费用项目组成》的规定,是指国家税法规定的应计入建筑安装工程造价内的营业税、城市维护建设税、教育费附加及地方教育附加。工程造价费用组成中的税金,不包括:(1)应计入企业管理费项下的房产税、车船使用税、土地使用税、印花税;(2)应计入施工机具使用费项下的税费,即施工机械按照国家规定应缴纳的车船使用税、保险费及年检费等。2016年5月1日起实行"营改增",用允许抵扣的"增值税"替代"营业税"但《建筑安装工程费用项目组成》未修订条文中的"营业税",故"营业税"已经不存在,读者应结合"营改增"相关制度理解。

2. "营改增"后的税率调整。财政部、国家税务总局《关于全面推开营业税改征增值税试点的通知》(财税〔2016〕36号)规定,自2016年5月1日起实施"营改增"将营业税改征增值税,同时确定建筑企业一般纳税人税率为11%,小规模纳税人(小额纳税人)税率为3%。同时,依据住房和城乡建设部办公厅《关于做好建筑业营改增建设工程计价依据调整准备工作的通知》(建标办〔2016〕4号)的规定,工程造价=税前工程造价×(1+11%),确定了税、价分离的计价模式。住房和城乡建设部办公厅《关于调整建设工程计价依据增值税税率的通知》(建办标〔2018〕20号)规定,自2018年5月1日起,将建筑服务行业工程造价计价依据中增值税税率由11%调整为10%。2019年3月26日,住房和城乡建设部发布《关于重新调整建设工程计价依据增值税税率的通知》(建办标函〔2019〕193号)规定:"……工程造价计价依据中增值税税率由10%调整为9%。"建筑企业一般纳税人的税率,从3.41%到11%,再到10%,再到9%,虽然多次变动,但对工程造价的影响不大,2016年5月1日"营改增"时,确定老项目(2016年5月1日之前的

项目)老办法(采取简易计税方法计税),新项目按新办法处理的原则。一些大型的在建工程,可能会横跨若干税改时段,但增值税采取价、税分离方式,故保持其他价款不变,仅调整税率,故对工程结算并无实质影响,施工企业注意应缴纳税款与税率变更的时间即可。

3. 城市维护建设税。城市维护建设税应纳税额 = 应纳营业税额 × 适用税率。城市维护建设税的纳税人所在地为市区的,按营业税的 7% 征收;所在地为县镇的,按营业税的 5% 征收;所在地为农村的,按营业税的 1% 征收。

4. 教育费附加。教育费附加税额为营业税的 3% 。计算公式为:应纳税额 = 应纳营业税额 ×3% 。

5. 地方教育附加。地方教育附加税额为营业税的 2% 。计算公式为:应纳税额 = 应纳营业税额 ×2% 。

6. 综合税率。综合税率 = (3% +3% ×7%【城市建设税】+3% ×3%【教育费附加】+3% ×2%,【地方教育附加】)/[1 -(3% +3% ×7%【城市建设税】+3% ×3%【教育费附加】+3% ×2%【地方教育附加】)] = (市区 3.48%/城镇3.41%/农村 3.28%)。

十二、审查是否存在不平衡

1. 审查案涉工程承包人在投标时是否存在不平衡报价。

2. 审查不平衡报价是否会导致结算显失公平。

3. 审查案涉工程是否存在工程量大幅变更情形。

4. 审查案涉工程承包人是否存在恶意不平衡报价。

实务提示

1. 不平衡报价的含义。不平衡报价是指建设工程投标时,承包人对工程量清单内不同的工程内容,在总价基本确定(不变)的前提下,通过调整内部各不同内容的报价,达到既不提高总价,又不影响中标,在结算时还能保证综合效益的一种工程价款报价方法。其目的是承包商根据分项工程完成时间的先后,或根据分项工程在实际施工中对承包商利益的大小,一方面尽早收回工程款,增加效益,增加流动资金,保证工程质量和进度;另一方面获得更多的额外利润。

2. 不平衡报价的表现形式。工程实践中,不平衡报价主要有以下几种表现形式：

第一，时间不平衡报价。时间不平衡报价主要是指投标单位在保持投标总价不变的情况下，通过提高早期施工项目的综合单价和降低后期施工项目的综合单价，以实现早施工、早计量、早支付，从而获取资金时间价值的方法。

第二，工程量不平衡报价。投标单位通过研究地勘文件、招标图纸和招标工程量清单并结合既有工程施工经验，预测施工过程中可能出现实际工程量与招标工程量不一致，则对可能增加工程量的项目，调高其综合单价，对可能减少工程量的项目降低其综合单价，从而实现获取额外利润的方法。

第三，风险不平衡报价。指投标人利用合同工期长的支付价格调整规则，规避通货膨胀风险因素。工程实施过程中充满不确定因素，这些因素的变化都会引起工程造价变动。投标者经常会利用这些不确定因素，具体表现为：(1)通过调高（低）工程中使用资源较多（少）的调价系数和权重，或调高（低）物价上涨较大（稳定或下降）资源的调价系数和权重；(2)通过适当降低材料单价，协同提高人工、机械台班单价的方法，进行不平衡报价，使投标人中标后在合同履行中能规避风险或将风险转嫁给业主，从而获取收益。

3. 不平衡报价的识别。不平衡报价在工程实践中经常被投标人使用，承包人利用这一报价策略往往能获得额外的不法利益，而发包人则为此增加了额外支出，但因这种报价策略具有很强的隐蔽性，法律行政法规层面上既没有禁止性规定，又未给出识别标准。使得发包人无法准确识别而叫苦不迭。近年来这一问题引起地方政府关注，部分省市开始对不平衡报价予以提示、限制或禁止。比如《四川省房屋建筑和市政工程工程量清单招标投标报价评审办法》（川建行规〔2021〕3号）即给出来不平衡报价的识别标准。该办法第24条规定："不平衡报价评审（一）不平衡报价项目的确定　不平衡报价项目包含分部分项工程量清单综合单价项目和措施项目。1. 分部分项工程量清单综合单价项目不平衡报价的确定(1)当投标人的某分部分项工程量清单项目综合单价低于或高于招标控制价相应项目综合单价15～25%时（具体幅度由招标人在招标文件中明确），该项目的报价视为不平衡报价。(2)当综合单价项目的报价与投标人采取的施工方式、方法（如土石方的开挖方式、运输距离，回填土石方的取得方式及运距等类似项目）相关联时，若投标人该类项目的综合单价低于或高于招标控制价相应项目综合单价20～30%时（具体幅度由招标人在招标文件中明确），投标人应在投标报价中对该类综合单价组成作出专门说明，并在施工组织设计中编制相应的施工方式、方法。

该类项目的报价是否视为不平衡报价按下列原则确定:①投标人在投标报价中未作出说明或其作出的说明明显不合理的,视为不平衡报价;②投标人在其施工组织设计中未编制相应施工方式、方法的,视为不平衡报价;③综合单价的组成与其施工组织设计内容不对应或评标委员会经评审认为其综合单价组成不合理的,视为不平衡报价。2. 措施项目不平衡报价的确定　当投标人措施项目(安全文明施工费除外)总价低于或高于招标控制价相应价格 25 ~ 35% 时(对于措施项目费用占工程总造价比例较大的工程项目,上述偏差幅度可适当放宽,具体幅度由招标人在招标文件中明确),该措施项目报价视为不平衡报价。(二)不平衡报价项目金额计算　投标人不平衡报价项目的金额 = ∑(确定为不平衡报价的分部分项工程量清单项目的招标控制价相应综合单价 × 相应工程量) + 确定为不平衡报价的措施项目的招标控制价相应总价(不包括安全文明施工费)。不平衡报价项目金额既有正值也有负值时,不平衡报价项目金额不品迭计算,均以绝对值相加计算。(三)不平衡报价的处理　当投标人不平衡报价项目的金额超过招标控制价的 10 ~ 20%(具体幅度由招标人在招标文件中明确)时,评标委员会应否决其投标。当投标人不平衡报价项目的金额未超过招标控制价的 10 ~ 20%(具体幅度由招标人在招标文件中明确)时,评标委员会应在评标报告中记录,提示招标人在签订合同中的注意事项,并在施工过程中加强风险防范。”

4. 不平衡报价对施工合同效力影响。我国法律法规对施工企业不平衡报价方法没有禁止性规定,《招标投标法》及《招标投标法实施条例》对不平衡报价方法也未予以禁止,对其投标效力也未进行明确规定。实践中虽然部分省市对不平衡报价出台了禁止性规定,但因其不属于法律行政法规,因此不能作为认定合同效力的依据。因此不平衡报价方法并不能影响施工合同效力。虽然不平衡报价对施工合同效力没有影响,但当出现工程量大幅增加,按照不平衡报价方法所报的综合单价计算会导致双方利益严重失衡时,法院也有可能会认为不平衡报价中的项目单价违背诚信原则而对工程价款予以调整。例如,浙江省丽水市中级人民法院(2016)浙 11 民终 585 号认为,案涉工程招标投标时虽然未禁止不平衡报价,但仍应在合理范围内进行。承包人在招标和增加工程量等方面采取量不正当的手段,明显存在恶意。承包人不仅投标单价畸高,而且招投标范围以外增加的工程量比标底增加约 10 倍。上述行为不仅有违民事活动应遵循的诚实信用原则,更有损社会公共利益,扰乱社会经济秩序。据此,法院对超过投标范围 15% 以内工程量按中标价计算工程价款,而对超过投标范围 15% 以外工程量按鉴定机构重

新组建下浮后的造价作为工程价款。

裁判依据

《2013 版清单计价规范》

9.6.2　对于任一招标工程量清单项目,当因本节规定的工程量偏差和第 9.3 节规定的工程变更等原因导致工程量偏差超过 15% 时,可进行调整。当工程量增加 15% 以上时,增加部分的工程量的综合单价应予调低;当工程量减少 15% 以上时,减少后剩余部分的工程量的综合单价应予以调高。

《2017 版施工合同》

10.4.1　除专用合同条款另有约定外,变更估价按照本款约定处理:……

(3)变更导致实际完成的变更工程量与已标价工程量清单或预算书中列明的该项目工程量的变化幅度超过 15% 的,或已标价工程量清单或预算书中无相同项目及类似项目单价的,按照合理的成本与利润构成的原则,由合同当事人按照第 4.4 款【商定或确定】确定变更工作的单价。

第二节　审查案涉工程的变更

根据《工程造价咨询业务操作指导规程》的定义,“工程变更”是指“设计变更、进度计划变更、施工条件变更以及原招标文件和工程量清单中未包括的‘增减工程’”。工程变更会导致工程造价变化,因此在办理涉及工程款纠纷案件时,必须审查案涉工程的工程变更情况。审查时,需从工程变更含义、变更范围、不同变更情形的调价规则及变更程序等角度进行。

一、审查案涉工程的变更

1. 审查案涉合同就工程变更权的约定(通用条款和专用条款)。

2. 审查案涉合同就工程变更范围的约定。

3. 审查案涉合同就工程变更程序的约定(通用条款和专用条款)。

4. 审查案涉合同就变更指示执行的约定。

5. 审查案涉工程实际变更程序是否符合合同约定。

6. 审查案涉工程承包人收到变更指示后是否按照合同约定执行。

实务提示

1. 工程变更的概念。工程项目的复杂性决定了发包人的招投标方案往往存在某方面的不足。随着工程的进展和对工程本身认识的加深，以及其他外部因素的影响，在工程施工过程中常常需要对工程的范围、技术要求等进行修改，形成工程变更。工程变更是指在合同实施过程中，当合同状态改变时，为保证工程顺利实施所采取的对原合同文件的修改补充的一种措施。工程变更在各类规范性文件中有不同的界定和解释。《2013 版清单计价规范》2.0.16 规定，工程变更是指合同工程实施过程中由发包人提出或由承包人提出经发包人批准的合同工程任何一项工作的增、减、取消或施工工艺、顺序、时间的改变；设计图纸的修改；施工条件的改变；招标工程量清单的错、漏从而引起合同条件的改变或工程量的增减变化。

2. 工程变更的范围。更改有关部分的标高、基线、位置和尺寸；增减合同中任一项工作的增减取消；改变有关工程的施工工艺、顺序、时间；设计图纸的修改；施工条件的改变；招标工程量清单错漏从而引起合同条件的改变或工程量的增减发化。

3. 工程变更权。变更权按照权利的分类可以归于请求权。一方面，包括了请求人的权利，如发起变更的主体，提出变更的权利等；另一方面，规定了对于变更的审批，应当严格按照有权批准相关事项的主体完成审核与批准。通常情形下，施工合同中变更的发起包括四种情形：(1)发包人基于对功能的使用、规模标准等方面提出新的调整要求提出变更；(2)设计人基于设计文件的修改提出变更，并以设计变更文件的形式提出；(3)监理人认为施工合同履行过程中有关技术经济事项的处理不合适，提出针对原合同内容的调整；(4)由承包人提出合理化建议，该建议获得监理人和发包人同意后可以变更形式发出。

4. 变更分类。根据变更的内容不同，一般可以分为两类：一类为设计变更，该类变更需要经过设计人审查并出具设计变更文件；另一类为经过监理人和发包人直接审核并批准的其他类变更，即不需要设计人审查，由监理人和发包人审核批准的情形，包括产品型号、规格、工期变化等方面。但无论如何，施工合同所指的变更权的最终决定权仍然集中于发包人，即需要发包人进行批准，只是在向承包人发出指示的环节上表现为均通过监理人向承包人发出书面指示而已。

5. 变更权形成需要注意以下问题：第一，监理人向承包人发出变更指示前需征得发包人同意；第二，变更超过原设计标准或批准的建设规模时，发包人应及时向原设计审批主管部门办理相应的设计变更手续，发包人擅自进行的对设计文件的修改，影响质量安全等方面的，根据《建筑法》第54条的规定，建设单位不得以任何理由，要求建筑设计单位或者建筑施工企业在工程设计或者施工作业中，违反法律、行政法规和建筑工程质量、安全标准，降低工程质量。建筑设计单位和建筑施工企业对建设单位违反前款规定提出的降低工程质量的要求，应当予以拒绝。

6. 工程变更的程序。按照《2017版施工合同》10.3.1、10.3.2的规定，发包人提出变更的，应通过监理人向承包人发出变更指示，变更指示应说明计划变更的工程范围和变更的内容。监理人提出变更建议的，需要向发包人以书面形式提出变更计划，说明计划变更工程范围和变更的内容、理由，以及实施该变更对合同价格和工期的影响。发包人同意变更的，由监理人向承包人发出变更指示。发包人不同意变更的，监理人无权擅自发出变更指示。

7. 变更指示的执行。承包人收到监理人变更指示后，应当立即安排人员认真分析，并作出是否立即执行的决定，如果变更存在不合理性或错误，承包人应立即提出异议，并附加合理化建议或不能执行的技术资料、详细说明等。承诺人接到变更指示且准备执行的，应当及时将与变更有关的估算、工期影响、现场安排、技术措施等内容提交书面报告至监理人和发包人，发包人和监理人收到承包人关于变更估算的报告后，应当及时予以审核批复，并与当前工程款一并予以支付。发包人和监理人逾期不批复变更估算报告的，视为发包人认可估算报告。

裁判依据

《2017版施工合同》

10.1　变更的范围　除专用合同条款另有约定外，合同履行过程中发生以下情形的，应按照本条约定进行变更：(1)增加或减少合同中任何工作，或追加额外的工作；(2)取消合同中任何工作，但转由他人实施的工作除外；(3)改变合同中任何工作的质量标准或其他特性；(4)改变工程的基线、标高、位置和尺寸；(5)改变工程的时间安排或实施顺序。

10.2　变更权　发包人和监理人均可以提出变更。变更指示均通过监理人发出，监理人发出变更指示前应征得发包人同意。承包人收到经发包人签认的变更指示后，方可实施变更。未经许可，承包人不得擅自对工程的任何部分进行变更。涉及设计变更的,应由设计人提供变更后的图纸和说明。如变更超过原设计标准或批准的建设规模时,发包人应及时办理规划、设计变更等审批手续。

10.3 变更程序

10.3.1 发包人提出变更 发包人提出变更的,应通过监理人向承包人发出变更指示,变更指示应说明计划变更的工程范围和变更的内容。

10.3.2 监理人提出变更建议 监理人提出变更建议的,需要向发包人以书面形式提出变更计划,说明计划变更工程范围和变更的内容、理由,以及实施该变更对合同价格和工期的影响。发包人同意变更的,由监理人向承包人发出变更指示。发包人不同意变更的,监理人无权擅自发出变更指示。

10.3.3 变更执行 承包人收到监理人下达的变更指示后,认为不能执行,应立即提出不能执行该变更指示的理由。承包人认为可以执行变更的,应当书面说明实施该变更指示对合同价格和工期的影响,且合同当事人应当按照第10.4款〔变更估价〕约定确定变更估价。

二、审查工程变更范围

1. 审查是否更改了有关部分的标高、基线、位置和尺寸。

2. 审查是否存在增减、取消合同中任意一项工作或追加额外的工作。

3. 审查是否改变有关工程的施工工艺、顺序、时间。

4. 审查是否改变合同中任何工作的质量标准或其他特性。

5. 审查是否存在施工条件的改变。

6. 审查设计图纸是否修改。

7. 审查是否存在因招标工程量清单错漏引起合同条件变化或工程量增减的情形。

8. 审查是否存在因招标工程量清单计量错误的情形。

9. 审查是否存在工程量清单项目特征描述错误情形。

10. 审查是否存在因变更引起项目特征变化的情形。

11. 审查工程变更的原因。

实务提示

关于工程变更范围,上文已经涉及,在此就不再阐述,案件承办人员可以对照

本书所列变更事项和变更范围逐项审查。

三、审查并掌握各种变更情形下调价规则

1. 审查是否因工程变更引起工程量清单项目或其工程数量发生发化。

2. 审查工程变更是否引起施工方案改变并使措施项目发生发化。

3. 审查发包人提出的变更或非承包人原因是否删减了合同中的某项原定工作或工程。

4. 审查是否存在项目特征描述不符引发清单变更的情形。

5. 审查案涉工程工程量清单是否存在缺项或漏项。

6. 审查案涉工程清单工程量是否发生偏差(工程量计算错误)。

实务提示

1. 变更调价规则。工程变更势必会引起工程价款调整,工程价款调整办法和调整程序在施工合同有约定的则按约定办法调整;若施工合同没有约定,则需遵循一定的调整规则和调整程序。为此,《2017 版施工合同》10.4.1 给出了变更估计原则,即除专用合同条款另有约定外,变更估价按照本款约定处理:(1)已标价工程量清单或预算书有相同项目的,按照相同项目单价认定;(2)已标价工程量清单或预算书中无相同项目,但有类似项目的,参照类似项目的单价认定;(3)变更导致实际完成的变更工程量与已标价工程量清单或预算书中列明的该项目工程量的变化幅度超过15%的,或已标价工程量清单或预算书中无相同项目及类似项目单价的,按照合理的成本与利润构成的原则,由合同当事人按照第 4.4 款〔商定或确定〕确定变更工作的单价。同时《2013 版清单计价规范》也有类似规定,该规范 9.3.1 规定:"因工程变更引起已标价工程量清单项目或其工程数量发生变化时,应按照下列规定调整:1. 已标价工程量清单中有适用于变更工程项目的,应采用该项目的单价;但当工程变更导致该清单项目的工程数量发生变化,且工程量偏差超过 15% 时,该项目单价应按照本规范第 9.6.2 条的规定调整。2. 已标价工程量清单中没有适用但有类似于变更工程项目的,可在合理范围内参照类似项目的单价。3. 已标价工程量清单中没有适用也没有类似于变更工程项目的,应由承包人根据变更工程资料、计量规则和计价办法、工程造价管理机构发布的信息价格和承包人报价浮动率提出变更工程项目的单价,并应报发包人确认后调整。承

包人报价浮动率可按下列公式计算：

招标工程：承包人报价浮动率 L＝(1－中标价/招标控制价)×100%（9.3.1－1）

非招标工程：承包人报价浮动率 L＝(1－报价/施工图预算)×100%（9.3.2－2）；4. 已标价工程量清单中没有适用也没有类似于变更工程项目，且工程造价管理机构发布的信息价格缺价的，应由承包人根据变更工程资料、计量规则、计价办法和通过市场调查等取得有合法依据的市场价格提出变更工程项目的单价，并应报发包人确认后调整。”

2.《2017 版施工合同》及《2013 版清单计价规范》规定的即俗称的变更估计三原则，办案律师除了掌握上述原则以外，还须掌握各种具体变更情形下的调价规则：

（1）因工程变更引起工程量清单项目或其工程数量发生变化处理规则，上文中已经涉及，此处略过。

（2）工程变更引起施工方案改变并使措施项目发生变化时，应按照下列规定调整：①安全文明施工费按照实际发生变化的措施项目调整（费率不得竞争）；②采用单价计算的措施项目费，应按照实际发生变化的措施项目调整；③按总价（或系数）计算的措施项目费，按照实际发生变化措施项目调整。

（3）非承包人原因删减了合同中的某项原定工作或工程时应按下列规则调整：当发包人提出的变更或非承包人原因删减了合同中的某项原定工作或工程，致使承包人发生的费用或得到的收益未能被包括在其他已支付或应支付的项目中，也未被包含在其他任何可替代的工作或工程中时，承包人有权提出并得到合理的费用及利润补偿。

（4）项目特征描述不符引发清单变更的计价规则：若在合同履行期间，出现设计图纸（含设计变更）与招标工程量清单任意项目的特征描述不符，且该变化引起该项目的工程造价增减变化的，应根据实际施工的项目特征，按以上工程变更调整的规定重新确定相应工程量清单项目的综合单价，并调整合同价款。施工过程中因变更引起项目特征变化的，按照新项目特征计价。

（5）工程量清单缺项或漏项引发变更的计价规则：①合同履行期间，由于工程量清单中缺项，新增分部分项工程量清单项目的，应按照以上工程变更调整的规定确定单价，并调整合同价款；②新增分部分项工程量清单项目后，引起措施项目发生变化的，应按照本规范工程变更调整的规定，在承包人提交的实施方案被发

包人批准后调整合同价款。

(6)清单工程量发生偏差(工程量计算错误)引发变更的计价规则:①工程量偏差未超过15%的,综合单价不做调整,执行原有综合单价;②工程量减少超过15%以上的,减少后剩余部分的工程量综合单价予以调高,措施项目费调减;③工程量增加超过15%以上,增加部分的工程量综合单价予以调低,措施项目费调增。

3. 变更估计程序。在了解变更估计程序前,需厘清变更估价与变更执行的关系。通常认为,变更构成新的意思表示,在合同当事人就合同履行过程中新的意思表示未达成一致时,新合同尚未生效,无关乎履行。因此,按照一般规则,变更估价与变更执行的关系存在程序上的先后顺序。首先,承包人应确认变更是否可以执行。如果可行,在收到监理人发出的变更指示后14天内,编制变更估价申请,附具有关变更估价的具体资料、向监理人提交变更估价申请。其次,监理人应在收到承包人提交的变更估价申请后7天内审查其合理性,并提出审核意见。如对承包人提交的变更估计申请有异议的,应立即回复承包人进行相应修改后重新提交。最后,发包人应在承包人提交变更估价申请后14天内审核完毕,发包人逾期未完成审批且未提出异议的,《2017版施工合同》即启动默示条文规范,即视为发包人以沉默的方式认可承包人提交的变更估价申请。

裁判依据

《2017版施工合同》

10.4.1　变更估价原则　除专用合同条款另有约定外,变更估价按照本款约定处理:(1)已标价工程量清单或预算书有相同项目的,按照相同项目单价认定;(2)已标价工程量清单或预算书中无相同项目,但有类似项目的,参照类似项目的单价认定;(3)变更导致实际完成的变更工程量与已标价工程量清单或预算书中列明的该项目工程量的变化幅度超过15%的,或已标价工程量清单或预算书中无相同项目及类似项目单价的,按照合理的成本与利润构成的原则,由合同当事人按照第4.4款〔商定或确定〕确定变更工作的单价。

10.4.2　变更估价程序　承包人应在收到变更指示后14天内,向监理人提交变更估价申请。监理人应在收到承包人提交的变更估价申请后7天内审查完毕并报送发包人,监理人对变更估价申请有异议,通知承包人修改后重新提交。发包人应在承包人提交变更估价申请后14天内审批完毕。发包人逾期未完成审批或未提出异议的,视为认可承包人提交的变更估价申请。因变更引起的价格调整应计入最近一期的进度款中支付。

《2013版清单计价规范》

9.3.1　因工程变更引起已标价工程量清单项目或其工程数量发生变化时，应按照下列规定调整:1.已标价工程量清单中有适用于变更工程项目的，应采用该项目的单价;但当工程变更导致该清单项目的工程数量发生变化，且工程量偏差超过15%时，该项目单价应按照本规范第9.6.2条的规定调整。2.已标价工程量清单中没有适用但有类似于变更工程项目的，可在合理范围内参照类似项目的单价。3.已标价工程量清单中没有适用也没有类似于变更工程项目的，应由承包人根据变更工程资料、计量规则和计价办法、工程造价管理机构发布的信息价格和承包人报价浮动率提出变更工程项目的单价，并应报发包人确认后调整。承包人报价浮动率可按下列公式计算:

招标工程:承包人报价浮动率 L=(1-中标价/招标控制价)×100% (9.3.1-1)

非招标工程:承包人报价浮动率 L=(1-报价/施工图预算)×100% (9.3.2-2)

4.已标价工程量清单中没有适用也没有类似于变更工程项目，且工程造价管理机构发布的信息价格缺价的，应由承包人根据变更工程资料、计量规则、计价办法和通过市场调查等取得有合法依据的市场价格提出变更工程项目的单价，并应报发包人确认后调整。

9.3.2　工程变更引起施工方案改变并使措施项目发生变化时，承包人提出调整措施项目费的，应事先将拟实施的方案提交发包人确认，并应详细说明与原方案措施项目相比的变化情况。拟实施的方案经发承包双方确认后执行，并应按照下列规定调整措施项目费:1.安全文明施工费应按照实际发生变化的措施项目依据本规范第3.1.5条的规定计算。2.采用单价计算的措施项目费，应按照实际发生变化的措施项目，按本规范第9.3.1条的规定确定单价。3.按总价(或系数)计算的措施项目费，按照实际发生变化的措施项目调整，但应考虑承包人报价浮动因素，即调整金额按照实际调整金额乘以本规范第9.3.1条规定的承包人报价浮动率计算。如果承包人未事先将拟实施的方案提交给发包人确认，则应视为工程变更不引起措施项目费的调整或承包人放弃调整措施项目费的权利。

9.3.3　当发包人提出的工程变更因非承包人原因删减了合同中的某项原定工作或工程，致使承包人发生的费用或(和)得到的收益不能被包括在其他已支付或应支付的项目中，也未被包含在任何替代的工作或工程中时，承包人有权提出并应得到合理的费用及利润补偿。

9.4　项目特征不符

9.4.1　发包人在招标工程量清单中对项目特征的描述,应被认为是准确的和全面的,并且与实际施工要求相符合。承包人应按照发包人提供的招标工程量清单,根据项目特征描述的内容及有关要求实施合同工程,直到项目被改变为止。

9.4.2　承包人应按照发包人提供的设计图纸实施合同工程,若在合同履行期间出现设计图纸(含设计变更)与招标工程量清单任一项目的特征描述不符,且该变化引起该项目工程造价增减变化的,应按实际施工的项目特征,按本规范第9.3节相关条款的规定重新确定相应工程量清单项目的综合单价,并调整合同价款。

9.5　工程量清单缺项

9.5.1　合同履行期间,由于招标工程量清单中缺项,新增分部分项工程清单项目的,应按照本规范第9.3.1条的规定确定单价,并调整合同价款。

9.5.2　新增分部分项工程清单项目后,引起措施项目发生变化的,应按照本规范第9.3.2条的规定,在承包人提交的实施方案被发包人批准后调整合同价款。

9.5.3　由于招标工程量清单中措施项目缺项,承包人应将新增措施项目实施方案提交发包人批准后,按照本规范第9.3.1条、第9.3.2条的规定调整合同价款。

9.6　工程量偏差

9.6.1　合同履行期间,当应予计算的实际工程量与招标工程量清单出现偏差,且符合本规范第9.6.2条、第9.6.3条规定时,发承包双方应调整合同价款。

9.6.2　对于任一招标工程量清单项目,当因本节规定的工程量偏差和第9.3节规定的工程变更等原因导致工程量偏差超过15%时,可进行调整。当工程量增加15%以上时,增加部分的工程量的综合单价应予调低;当工程量减少15%以上时,减少后剩余部分的工程量的综合单价应予调高。

9.6.3　当工程量出现本规范第9.6.2条的变化,且该变化引起相关措施项目相应发生变化时,按系数或单一总价方式计价的,工程量增加的措施项目费调增,工程量减少的措施项目费调减。

第三节　审查签证资料

工程签证是指按承发包合同约定，一般由承发包双方代表就施工过程中涉及合同价款之外的责任事件所作的签认证明。签证的法律属性为承发包双方协商一致补充协议，对承发包双方具有法律约束力，可以直接作为工程款结算依据，也是索赔依据。在施工过程中形成的签证资料是重要的书证，是索赔的前提，也是确定工程造价的重要支撑。因此在涉及工程款或索赔诉讼中，对签证资料的审查是不可或缺的重要工作。在审查签证资料时，需从签证的主体、签证性质、签证成立条件、签证内容及签证分类等角度进行。

1. 审查案涉合同签证条款。

2. 审查当事人提供的签证资料内容是否属于施工合同内容外的额外工作。

3. 审查签证资料涉及的责任事件是否属于合同价款之外的事件。

4. 审查案涉签证费用是否属于合同价款外的费用。

5. 审查判断客户提供的签证资料是否具有签证的法律性质。

6. 审查案涉现场签证资料双方是否均签字盖章，缺任何一方签字或盖章不具备补充协议的性质。

7. 审查案涉签证资料所涉利益是否确定，能否直接作为结算依据。

8. 审查案涉签证资料是否须依赖其他证据方可作为结算依据。

9. 审查签证单上签字人员是否属于承发包双方现场代表和监理。

10. 审查签证单上签字人员职责和权限，确定是否有权签署案涉签证文件。

11. 若签字人员不是现场代表也无相应授权时，审查是否符合表见代理或职务代理。

12. 签证单若只有监理签字时，审查判断监理签字的效力。

13. 审查签证内容是否涉及工期、费用变化等内容及另一方对此是否同意。

14. 审查签证形式是否属于书面形式。

15. 审查签证单项目是否齐全，是否注明时间、地点、工程部位、事由。

16. 审查签证单是否附计算简图、标明尺寸、注上原始数据，明确结算方式、结算单价。

17. 审查签证单是否系重复签证。

18. 审查签证单与预算定额中规定的签证项目是否重复。

19. 审查签证单内容是计日工程量还是合同工程量。

20. 审查签证单的工程量和单价。

21. 签证单若是零工,则审查单价是否统一。

22. 审查合同约定的签证程序。

23. 审查承包人是否按照合同约定的签证程序办理签证手续。

24. 审查客户提供的合同采用的示范文本类型。

25. 若客户采用的合同文本是2017版示范文本,审查签证资料属于哪类签证。

26. 审查案涉工程中当事人提交的签证是事前签证、事中签证还是事后签证。

27. 审查案涉工程中,当事人提交的签证是管理类签证、经济类签证还是技术类签证。

28. 审查案涉纠纷中当事人提供的签证资料是否同时具有经济签证和技术签证的性质。

29. 审查案涉合同中的签证除斥期间条款,从而判断案涉签证事项是否经过除斥期间。

30. 审查签证内容从而判断案件的影响力。

实务提示

1. 签证的含义。现场签证,是指按承发包合同约定,一般由承发包双方代表就施工过程中涉及合同价款之外的责任事件所作的签认证明,也对发包人要求承包人完成施工合同内容外的额外工作及其产生的费用做出书面签字确认的凭证。

2. 工程签证的性质。准确界定工程签证的法律本质,工程签证的法律本质为:(1)现场签证是甲乙双方协商一致的补充协议,对甲乙双方均具有法律约束力;(2)现场签证涉及的利益已经确定,可直接作为工程结算的依据,具有可执行性;(3)现场签证是工程施工过程中的例行工作,一般不依赖证据。

3. 工程签证成立的条件:(1)签证主体是合同约定的承发包现场代表或授权代表并具有相应的签署权限;(2)签证的内容必须涉及工期顺延、费用变化或从技术角度陈述某一项目的实际情况等内容,双方就以上内容协商一致,通常表示为

双方一致同意；（3）必须书面确认。

4. 工程签证分类。签证是合同履行过程中形成的重要书证，而签证按照不同的分类标准可以分为若干种，而不同的签证对签证时限、签证程序要求不同，对造价影响也不同，因此掌握签证种类并对当事人提供的签证资料审查、辨别归类，应是必经步骤。但不同示范文本的签证类型有所不同，以《2017 版施工合同》为例，通用条款中涉及签证 45 个，需要对各个签证类别准确辨别。按签证发生的顺序，可分为事前签证、事中签证、事后签证；按签证的具体内容，可分为管理签证、技术签证和经济签证。

5. 事前签证是指签证时间发生在签证事项发生之前，签证单所陈述的内容为承包人将进行的工作或者将发生的客观情况。比如《2017 版施工合同》中的 6.1.3条款。事前签证一般会有时间要求，因此施工单位在履约过程中应注意证据取得的时效性，避免因误期导致不能取得证据，而律师在审查事前签证资料时，也应高度关注取得时效性问题，从而分析签证资料能否作为结算依据。经归纳整理，《2017 版施工合同》中涉及的事前签证条款有 22 个。具体为：（1）项目经理更换和下属人员授权签证；（2）承包人人员更换、离场签证；（3）监理人员指示签证；（4）安全文明施工签证（安全生产要求签证、特别安全生产事项签证、安全文明施工费签证）；（5）施工组织设计签证；（6）施工进度计划签证（施工进度计划编制、施工进度计划修订）；（7）开工签证；（8）暂停施工签证（发包人原因引起暂停施工签证、指示暂停施工签证、紧急情况下暂停施工签证、暂停施工持续 56 天以上签证）；（9）提前竣工签证；（10）材料与工程设备的替代签证；（11）施工设备和临时设施的签证；（12）材料与设备专用要求签证；（13）变更权签证；（14）变更程序签证；（15）变更估价签证；（16）承包人的合理化建议签证；（17）变更引起的工期调整签证；（18）工程进度款支付签证（进度款审核和支付的签证、支付分解表的签证）；（19）施工期运行签证；（20）保修签证；（21）发包人违约签证；（22）变更保修通知的签证。

6. 事中签证是指签证时间发生在签证事项发生过程中，签证单所陈述的内容为承包人正在进行的工作或者正在发生的客观情况，要求发包人同意并承担相应费用或工期。事中签证针对具有连续性的工作或客观情况，绝大多数为非终局性的签证，须在工作或客观情况结束后根据事中签证的情况再进行事后签证。事中签证要去施工企业对连续性工作或客观情况进行实时管理跟踪，随时保留证据特别是反映变化的证据。对于事中签证办案律师应当审查是否有相应的事后签证，从而判断该签证的效力。经归类整理,《2017 版施工合同》中涉及的事中签证有 5 个,具体为:(1)不利物质条件签证(同时是事后签证);(2)异常恶劣气候条件签证;(3)计日工签证(事后签证);(4)不可抗力通知的签证;(5)承包人提交索赔资料的签证。

7. 事后签证是指签证时间发生在签证事项发生之后,签证单所陈述的内容为承包人已经完成的工作或已经发生的客观情况,要求发包人同意并承担相应费用或工期。经归类整理,《2017 版施工合同》中涉及的事后签证有 23 个,具体为:(1)图纸和承包人文件审查和接收的签证(图纸提供和交底签证、图纸错误签证、图纸修改和补充签证、承包人文件签证);(2)化石、文物签证;(3)施工现场、施工条件和基础资料的签证(提供施工现场签证,提供基础资料签证,逾期提供责任的签证);(4)隐蔽工程检查签证;(5)测量放线签证;(6)不利物质条件签证(同时是事中签证);(7)异常恶劣的气候条件签证(同时是事中签证);(8)材料与工程设备接收与拒收的签证;(9)禁止使用不合格材料和工程设备;(10)计日工(同时为事中签证);(11)计量(单价合同计量签证、总价合同计量签证);(12)分部分项工程验收签证;(13)竣工验收签证;(14)工程试车;(15)提前交付单位工程的验收;(16)竣工结算申请;(17)竣工结算审核;(18)甩项竣工签证;(19)最终结清签证;(20)缺陷责任期签证;(21)索赔签证;(22)对承包人提交索赔资料的签证;(23)发包人提交索赔资料的签证。

8. 管理类签证是指就工程项目的管理类事由出具的签证。管理类签证虽不涉及项目具体的技术或经济事项,但施工企业也应当按约及时办理存档作为证据材料。律师在审查管理类签证资料时应准确辨别管理类签证对案件的影响及其证明事项。经归纳整理,《2017 版施工合同》中涉及的施工企业管理类签证有 4 个,分别为:(1)项目经理签证;(2)承包人员更换、离场的签证;(3)监理人指示签证;(4)变更保险通知的签证。

9. 技术类签证是指就工程项目的技术事由出具的签证,包括设计变更、工程质量、施工方案、施工工艺、工程验收等。技术类签证如涉及勘察、设计相关事项,施工单位在进行技术签证时除了发包人和监理人外,还应取得勘察、设计单位的书面签章同意。经归纳整理,《2017 版施工合同》中涉及技术签证有 26 个,分别为:(1)图纸和承包人文件接收和审查签证;(2)化石、文物签证;(3)提供施工现场、施工条件和基础资料的签证;(4)监理人指示签证;(5)隐蔽工程检查签证;(6)安全文明施工签证;(7)施工组织设计签证;(8)施工进度计划签证;(9)开工签证;(10)测量放线签证;(11)不利物质条件及异常恶劣气候条件签证;(12)暂停施工签证;(13)提前竣工签证;(14)材料与工程设备的接收与拒收签证;(15)材料与工程设备的替代签证;(16)施工设备和临时设施签证;(17)变更权签证;(18)变更程序签证;(19)承包人合理化建议签证;(20)计量签证;(21)竣工验收签证;(22)工程试车签证;(23)提前交付单位工程的验收签证;(24)施工期运行签证;(25)缺陷责任期签证;(26)保修签证。

10. 经济类签证是指就工程项目的经济事由出具的签证,包括工程量增减、停窝工费用、设备机具闲置、价格变化、材料倒运、计日工等。在工程实践中,很多签证同时具备技术签证和经济签证的双重性质,如工程变更签证,律师在审查该类签证时注意审查签证是否列明费用和工期。同时需注意按照《2017 版施工合同》,经济签证并不能代表业主对技术事项的认可,若没有对技术事项的书面认可证据,该签证不能证明相应的技术部分满足业主要求。经归纳整理,《2017 版施工合同》中涉及经济签证有 31 个。具体为:(1)图纸和承包人文件接收和审查签证;(2)化石、文物签证;(3)提供施工现场、施工条件和经济资料的签证;(4)监理人指示签证;(5)隐蔽工程检查签证;(6)开工签证;(7)不利物质条件签证;(8)异常恶劣气候条件签证;(9)暂停施工签证;(10)提前竣工签证;(11)材料与工程设备的接收与拒收签证;(12)禁止使用不合格材料和工程设备签证;(13)变更程序签证;(14)承包人合理化建议签证;(15)变更引起的工期调整签证;(16)计日工签证;(17)法律变化引起的调整签证;(18)工程进度款签证;(19)工程试车签证;(20)提前交付单位工程的验收签证;(21)竣工决算申请签证;(22)竣工结算审核签证;(23)甩项竣工签证;(24)最终清结签证;(25)保修签证;(26)发包人违约签证;(27)承包人违约签证;(28)不可抗力通知签证;(29)索赔签证;(30)对承包人索赔处理签证;(31)对发包人索赔处理签证。

11. 同时具有经济签证和技术签证的签证资料。《2017 版施工合同》中同时具有经济和技术签证的签证有 16 个,分别为:(1)化石、文物签证;(2)监理人指示签证;(3)隐蔽工程检查签证;(4)安全文明施工签证;(5)开工签证;(6)不利物质条件签证;(7)异常恶劣气候条件签证;(8)提前竣工签证;(9)材料与工程设备的接收与拒收签证;(10)禁止使用不合格材料和工程设备签证;(11)变更程序签证;(12)变更估计签证;(13)承包人合理化建议签证;(14)工程试车签证;(15)提前交付单位工程的验收;(16)保修签证。

12. 签证的除斥期间。签证所涉除斥期间影响的是合同当事人的实体权利,

除斥期间一旦经过对当事人的影响特别大，因此办案律师对当事人提交的签证资料应高度关注，并重点审查。审查应以当事人签订的施工合同为依据，施工合同采用的示范文本不同，所涉签证也不同。以《2017版施工合同》为例，该通用条款中签证基本上有时限要求，这些时限从法律性质上讲大多数属于除斥期间。因此案件承办人员及项目组成员，应掌握《2017版施工合同》所涉签证时限并审查案涉合同的签证期限。《2017版施工合同》中涉及除斥期间的签证条款有：(1)紧急情况下暂停施工签证，除斥期间24小时；(2)材料与工程设备的替代签证，除斥期间14天；(3)变更估计程序签证，除斥期间14天；(4)计量签证，除斥期间7天；(5)进度款审核和支付签证，除斥期间7天；(6)竣工结算审核，除斥期间28天；(7)最终清结证书和支付，除斥期间14天；(8)承包人提出索赔期限，除斥期限28天，对承包人索赔处理，除斥期限28天；(9)发包人提出索赔期限，除斥期限28天，对发包人索赔处理，除斥期限28天。

裁判依据

《2013版清单计价规范》

2.0.24　现场签证　发包人现场代表(或其授权的监理人、工程造价咨询人)与承包人现场代表就施工过程中涉及的责任事件所作的签认证明。

9.14.1　承包人应发包人要求完成合同以外的零星项目、非承包人责任事件等工作的，发包人应及时以书面形式向承包人发出指令，并应提供所需的相关资料；承包人在收到指令后，应及时向发包人提出现场签证要求。

9.14.2　承包人应在收到发包人指令后的7天内向发包人提交现场签证报告，发包人应在收到现场签证报告后的48小时内对报告内容进行核实，予以确认或提出修改意见。发包人在收到承包人现场签报告后的48小时内未确认也未提出修改意见的，应视为承包人提交的现场签证报告已被发包人认可。

9.14.3　现场签证的工作如已有相应的计日工单价，现场签证中应列明完成该类项目所需的人工、材料、工程设备和施工机械台班数量。如现场签证的工作没有相应的计日工单价，应在现场签证报告中列明完成该签证工作所需的人工、材料设备和施工机械台班的数量及单价。

9.14.4　合同工程发生现场签证事项，未经发包人签证确认，承包人便擅自施工的，除非征得发包人书面同意，否则发生的费用应由承包人承担。

9.14.5　现场签证工作完成后的7天内，承包人应按照现场签证内容计算价款，报送发包人确认后，作为增加合同价款，与进度款同期支付。

9.14.6 在施工过程中，当发现合同工程内容因场地条件、地质水文、发包人要求等不一致时，承包人应提供所需的相关资料，并提交发包人签证认可，作为合同价款调整的依据。

《2017 版施工合同》

实务提示部分已经涉及，此处不再重复。

第四节 审 查 调 价

建设工程施工合同调价是指在建设工程合同履行过程中，出现特定事由后对签约合同价进行的调整。这些特定事由有市场价格波动、法律变化、不可抗力、计日工、赶工、工期延误，等等。在出现上述特定事由进行调整价格时，需要考虑签约合同价的价格形式，约定的风险范围，约定的风险费计算方法。因此，在确定是否应该调整合同价格时，应审查调整事由、签约合同价价格形式、风险范围及风险费计算方法等。

一、审查签约合同价的价格形式

1. 审查案涉合同约定的价格形式。
2. 审查案涉合同约定的计量原则与价格形式是否匹配。
3. 审查案涉合同约定的与价格形式对应的价格调整方法。
4. 审查案涉工程是否按合同约定价格形式调整价款。
5. 审查案涉工程实际是否按约定的价格形式进行过程性结算和竣工结算。

实务提示

合同价格是否调整，需要衡量的首要问题是合同当事人约定的价格形式，不同的价格形式，对工程调价的影响不同，因此律师办理造价争议案件时，须掌握价格形式以及不同价格形式的调价规则。比如施工图总价项下的调价和清单总价项下的调价规则就相去甚远。总价合同、单价合同、其他价格形式的合同，调价规则都不相同。因此，掌握价格形式特别是不同价格形式的调价规则，就尤为必要。

1. 总价合同

总价合同是指合同当事人约定以施工图、已标价工程量清单或预算书及有关条件进行合同价格计算、调整和确认的建设工程施工合同，在约定的范围内合同总价不作调整。合同当事人应在专用条款中约定总价包含的风险范围和风险费用的计算方法，并约定风险范围以外的合同价格的调整方法，其中因市场价格波动引起的调整按《2017 版施工合同》11.1〔市场价格波动引起的调整〕约定执行。因法律变化引起的调整按 11.2〔法律变化引起的调整〕约定执行。

总价合同的适用范围。总价合同适用于下列工程：(1) 建设工程规模小；(2)技术相对简单；(3) 工期短；(4)施工图已经审查通过。根据计价方式不同，总价合同一般分为施工图总价合同（定额总价合同）和清单总价合同。

定额总价合同（施工图总价合同）结算原则。定额总价合同结算价 = 签约合同价 + 设计变更价款。定额总价合同除设计变更外，一般情况下签约合同量即为结算量，签约合同价即为结算价。

量价风险均由承包人承担。定额总价合同计价程序和原理是承包人根据发包人提交的施工图纸进行算量、套定额、取费、汇总四个步骤，四个步骤均由承包人自己完成。承包人在完成上述步骤中出现的计量错误风险，计价错误风险自然由承包人自己承担。

清单总价合同结算原则。清单总价合同结算价 = 签约合同价 + 设计变更额 + 清单变更额。清单总价合同实行量价分离原则，即量的风险由发包人承担，价的风险由承包人承担。清单总价合同的结算原则实质上是据实结算原则。工程量清单计价方式下发包人提供工程量清单，对提供的工程量清单的完整性和准确性负责。由于工程量清单是由发包人或其聘用的造价咨询机构编制，根据谁行为谁负责的原则，发包人自然承担编制错误的风险。而已标价工程量清单中价由承包人完成，承包人承担报价错误风险。

2. 单价合同

单价合同是指合同当事人约定以工程量清单及其综合单价进行合同价格计算、调整和确认的建设工程施工合同，在约定的范围内合同单价不作调整。合同当事人应在专用合同条款中约定综合单价包含的风险范围和风险费用的计算方法约定风险范围以外的合同价格的调整方法，其中因市场价格波动引起的调整按《2017 版施工合同》11.1〔市场价格波动引起的调整〕约定执行。

单价合同根据造价方式不同以及费用构成不同分为工料单价、清单综合单价,全费用综合单价。其中,工料单价＝人工费＋材料费＋施工机具使用费。清单综合单价＝人工费＋材料费＋施工机具使用费＋管理费＋利润＋风险费或清单综合单价＝分部分项费＋措施费＋其他项目＋规费＋税金。而全费用综合单价＝人工费＋材料费＋施工机具使用费＋管理费＋利润＋风险费＋规费＋税金。

单价合同结算原则。固定单价合同结算价定而量不定,工程量据实结算。固定单价＝固定价格×工程量。单价合同实行量价分离原则即价的风险承包人承担,量的风险发包人承担。

3. 成本加酬金合同

成本加酬金合同是指发承包双方约定以施工成本再加上合同约定酬金计算、调整和确认工程造价的合同。此种计价方式下,承包人不承担任何价格变化和工程量变化的风险,是承包人最喜欢的一种价格形式,但发包人无法控制造价,因此,发包人一般不愿意接受。其中,酬金既可以约定为一定的比例系数,也可以约定为固定值,俗称费率合同。成本加酬金合同一般适用于:(1)工程特别复杂、工程技术、结构不能预先确定或者虽然可以确定但不可能进行竞争性招标活动并以总价或单价合同的形式确定承包人。(2)时间紧迫、不能进行详细的计划和商谈。(3)救灾、抢险工程,如雷神山、火神山工程。成本加酬金合同结算价＝实际成本×(1＋酬金系数)或实际成本＋固定酬金。

裁判依据

《2013版清单计价规范》

7.1.3　实行工程量清单计价的工程,应采用单价合同;建设规模较小,技术难度较低,工期较短,且施工图设计已审查批准的建设工程可采用总价合同;紧急抢险、救灾以及施工技术特别复杂的建设工程可采用成本加酬金合同。

8.2.1　工程量必须以承包人完成合同工程应予计量的工程量确定。

8.2.2　施工中进行工程计量,当发现招标工程量清单中出现缺项、工程量偏差,或因工程变更引起工程量增减时,应按承包人在履行合同义务中完成的工程量计算。

8.2.3　承包人应当按照合同约定的计量周期和时间向发包人提交当期已完工程量报告。发包人应在收到报告后7天内核实,并将核实计量结果通知承包人。发包人未在约定时间内进行核实的,承包人提交的计量报告中所列的工程量应视为承包人实际完成的工程量。

8.2.4 发包人认为需要进行现场计量核实时,应在计量前24小时通知承包人,承包人应为计量提供便利条件并派人参加。当双方均同意核实结果时,双方应在上述记录上签字确认。承包人收到通知后不派人参加计量,视为认可发包人的计量核实结果。发包人不按照约定时间通知承包人,致使承包人未能派人参加计量,计量核实结果无效。

8.2.5 当承包人认为发包人核实后的计量结果有误时,应在收到计量结果通知后的7天内向发包人提出书面意见,并应附上其认为正确的计量结果和详细的计算资料。发包人收到书面意见后,应在7天内对承包人的计量结果进行复核后通知承包人。承包人对复核计量结果仍有异议的,按照合同约定的争议解决办法处理。

8.2.6 承包人完成已标价工程量清单中每个项目的工程量并经发包人核实无误后,发承包双方应对每个项目的历次计量报表进行汇总,以核实最终结算工程量,并应在汇总表上签字确认。

8.3.1 采用工程量清单方式招标形成的总价合同,其工程量应按照本规范第8.2节的规定计算。

8.3.2 采用经审定批准的施工图纸及其预算方式发包形成的总价合同,除按照工程变更规定的工程量增减外,总价合同各项目的工程量应为承包人用于结算的最终工程量。

8.3.3 总价合同约定的项目计量应以合同工程经审定批准的施工图纸为依据,发承包双方应在合同中约定工程计量的形象目标或时间节点进行计量。

8.3.4 承包人应在合同约定的每个计量周期内对已完成的工程进行计量,并向发包人提交达到工程形象目标完成的工程量和有关计量资料的报告。

8.3.5 发包人应在收到报告后7天内对承包人提交的上述资料进行复核,以确定实际完成的工程量和工程形象目标。对其有异议的,应通知承包人进行共同复核。

《2017版施工合同》

12.1 合同价格形式 发包人和承包人应在合同协议书中选择下列一种合同价格形式:1.单价合同 单价合同是指合同当事人约定以工程量清单及其综合单价进行合同价格计算、调整和确认的建设工程施工合同,在约定的范围内合同单价不作调整。合同当事人应在专用合同条款中约定综合单价包含的风险范围和风险费用的计算方法,并约定风险范围以外的合同价格的调整方法,其中因市场价格波动引起的调整按第11.1款〔市场价格波动引起的调整〕约定执行。2. 总价合同　总价合同是指合同当事人约定以施工图、已标价工程量清单或预算书及有关条件进行合同价格计算、调整和确认的建设工程施工合同,在约定的范围内合同总价不作调整。合同当事人应在专用合同条款中约定总价包含的风险范围和风险费用的计算方法,并约定风险范围以外的合同价格的调整方法,其中因市场价格波动引起的调整按第11.1款〔市场价格波动引起的调整〕、因法律变化引起的调整按第11.2款〔法律变化引起的调整〕约定执行。3. 其它价格形式　合同当事人可在专用合同条款中约定其他合同价格形式。

12.3.3　单价合同的计量　除专用合同条款另有约定外,单价合同的计量按照本项约定执行:(1)承包人应于每月25日向监理人报送上月20日至当月19日已完成的工程量报告,并附具进度付款申请单、已完成工程量报表和有关资料。(2)监理人应在收到承包人提交的工程量报告后7天内完成对承包人提交的工程量报表的审核并报送发包人,以确定当月实际完成的工程量。监理人对工程量有异议的,有权要求承包人进行共同复核或抽样复测。承包人应协助监理人进行复核或抽样复测,并按监理人要求提供补充计量资料。承包人未按监理人要求参加复核或抽样复测的,监理人复核或修正的工程量视为承包人实际完成的工程量。(3)监理人未在收到承包人提交的工程量报表后的7天内完成审核的,承包人报送的工程量报告中的工程量视为承包人实际完成的工程量,据此计算工程价款。

12.3.4　总价合同的计量　除专用合同条款另有约定外,按月计量支付的总价合同,按照本项约定执行:(1)承包人应于每月25日向监理人报送上月20日至当月19日已完成的工程量报告,并附具进度付款申请单、已完成工程量报表和有关资料。(2)监理人应在收到承包人提交的工程量报告后7天内完成对承包人提交的工程量报表的审核并报送发包人,以确定当月实际完成的工程量。监理人对工程量有异议的,有权要求承包人进行共同复核或抽样复测。承包人应协助监理人进行复核或抽样复测并按监理人要求提供补充计量资料。承包人未按监理人要求参加复核或抽样复测的,监理人审核或修正的工程量视为承包人实际完成的工程量。(3)监理人未在收到承包人提交的工程量报表后的7天内完成复核的,承包人提交的工程量报告中的工程量视为承包人实际完成的工程量。

12.3.5　总价合同采用支付分解表计量支付的,可以按照第12.3.4项〔总价合同的计量〕约定进行计量,但合同价款按照支付分解表进行支付。

12.3.6　其他价格形式合同的计量　合同当事人可在专用合同条款中约定

其他价格形式合同的计量方式和程序。

二、审查案涉合同约定的风险范围

1. 审查案涉总价合同的风险范围。

2. 审查案涉单价合同的风险范围。

3. 审查案涉其他价格形式的风险范围。

4. 案涉合同未约定风险范围时，检索《2013 版清单计价规范》及当地省级建设主管部门的相关规定。

5. 在合同没有约定，法律法规、规章及地方省级主管部门没有规定的情况下，检索行业惯例或双方交易惯例。

实务提示

风险范围是出现市场价格波动的情况下，决定是否调整价格的关键，因此，律师在办理案件时，必须审查案涉合同中关于合同价格形式的风险范围约定条款。若合同中约定了风险范围，则进一步确定价格波动是否超出约定范围。超出约定范围原则上应调价，如何调价若合同有约定按约定处理，没有约定按法律规定或行业惯例处理。如果合同中没有约定风险范围，则以法定处理，无法定则以行业惯例，或当事人之间的交易惯例。《2013 版清单计价规范》中明确规定，风险费用是隐含于已标价工程量清单综合单价中，用于化解发承包双方在工程合同中约定内容和范围内的市场价格波动风险的费用。该规范规定，合同价款调整受发包人承担的风险包括国家级法律、法规、规章和政策发生变化，省级或行业建设主管部门发布的人工费调整，由政府定价或政府指导价管理的原材料等价格进行调整这几个方面的影响。承包人使用机械设备、施工技术以及组织管理水平等自身原因造成施工费用增加的，应由承包人全部承担；市场物价波动影响合同价款的，发承包双方应合理分摊；当不可抗力发生影响合同价款时，应根据实际情况合理分摊。

裁判依据

《2013 版清单计价规范》

5.2.2　综合单价中应包括招标文件中划分的应由投标人承担的风险范围及其费用。招标文件中没有明确的，如是工程造价咨询人编制，应提请招标人明确；如是招标人编制，应予明确。

9.8.2 承包人采购材料和工程设备的，应在合同中约定主要材料、工程设备价格变化的范围或幅度；当没有约定，且材料、工程设备单价变化超过5%时，超过部分的价格应按照本规范附录A的方法计算调整材料、工程设备费。

《2017版施工合同》

12.1 合同价格形式 发包人和承包人应在合同协议书中选择下列一种合同价格形式：1. 单价合同 单价合同是指合同当事人约定以工程量清单及其综合单价进行合同价格计算、调整和确认的建设工程施工合同，在约定的范围内合同单价不作调整。合同当事人应在专用合同条款中约定综合单价包含的风险范围和风险费用的计算方法，并约定风险范围以外的合同价格的调整方法，其中因市场价格波动引起的调整按第11.1款〔市场价格波动引起的调整〕约定执行。2. 总价合同 总价合同是指合同当事人约定以施工图、已标价工程量清单或预算书及有关条件进行合同价格计算、调整和确认的建设工程施工合同，在约定的范围内合同总价不作调整。合同当事人应在专用合同条款中约定总价包含的风险范围和风险费用的计算方法，并约定风险范围以外的合同价格的调整方法，其中因市场价格波动引起的调整按第11.1款〔市场价格波动引起的调整〕、因法律变化引起的调整按第11.2款〔法律变化引起的调整〕约定执行。3. 其它价格形式 合同当事人可在专用合同条款中约定其他合同价格形式。

三、审查案涉合同约定的风险费用计算方法

1. 审查案涉总价合同约定的风险费用计算办法。
2. 审查案涉单价合同约定的风险费用计算办法。
3. 合同没有约定时，审查检索当地建设主管部门规定的风险费用计算办法。
4. 审查案涉合同是否约定了风险范围以外的价格调整方法。
5. 审查当事人是否按照约定的价格调整方法调价。

实务提示

综合单价中一定范围内风险及幅度的约定：

1. 风险范围和幅度的确定

采用工程量清单计价的工程，应在招标文件或合同中明确风险内容及其范围、幅度，不得采用无限风险、所有风险或类似语句规定风险范围及幅度。主要材料以及人工和机械风险幅度在±3%～±6%区间内考虑。

2. 风险幅度变化确定的原则

造价信息价格中有上、下限的，以下限为准，造价信息价格中没有的，按发承包人共同确认的市场价格为准。施工期市场价格以发承包人共同确认的价格为准。若发承包人未能就共同确认价格达成一致，可以参考造价信息价格。当投标报价时的单价低于投标报价期对应的造价信息价格时，按施工期确认价格或对应的造价信息价格与投标报价期对应的造价信息价格计算其变化幅度；当投标报价时的单价高于投标报价期对应的造价信息价格时，按施工期确认价格或对应的造价信息价格与投标报价时的价格计算其变化幅度。

3. 超过风险幅度的调整原则

发承包人应当在施工合同中约定市场价格变化幅度超过合同约定幅度的调整办法，可采用加权平均法、算术平均法或其他计算方法。主要材料和机械市场价格的变化幅度小于或等于合同中约定的价格变化幅度时，不做调整；变化幅度大于合同中约定的价格变化幅度时，应当计算超过部分的价差，其价差由发包人承担或受益。人工市场价格的变化幅度小于或等于合同中约定的价格变化幅度时，不做调整；变化幅度大于合同中约定的价格变化幅度时，其价差全部由发包人承担或受益。人工、材料和机械计算后的差价只计取税金。具体投标时报什么费率，要看投标时乙方对市场的判断以及投标决策。

裁判依据

《2013版清单计价规范》

2.0.9　风险费用　隐含于已标价工程量清单综合单价中，用于化解发承包双方在工程合同中约定内容和范围内的市场价格波动风险的费用。

3.4.1　建设工程发承包，必须在招标文件、合同中明确计价中的风险内容及其范围，不得采用无限风险、所有风险或类似语句规定计价中的风险内容及范围。

3.4.2　由于下列因素出现，影响合同价款调整的，应由发包人承担：1 国家法律、法规、规章和政策发生变化；2 省级或行业建设主管部门发布的人工费调整，但承包人对人工费或人工单价的报价高于发布的除外；3 由政府定价或政府指导价管理的原材料等价格进行了调整。因承包人原因导致工期延误的，应按本规范第9.2.2条、第9.8.3条的规定执行。

3.4.3　由于市场物价波动影响合同价款的，应由发承包双方合理分摊，按本规范附录L.2或L.3填写《承包人提供主要材料和工程设备一览表》作为合同附件；当合同中没有约定，发承包双方发生争议时，应按本规范第9.8.1~9.8.3条的规定调整合同价款。

3.4.4 由于承包人使用机械设备、施工技术以及组织管理水平等自身原因造成施工费用增加的，应由承包人全部承担。

3.4.5 当不可抗力发生，影响合同价款时，应按本规范第9.10节的规定执行。

四、审查案涉合同中关于市场价格波动引起调价的约定

1. 审查案涉合同对市场价格波动是否调价有约定。

2. 若案涉合同约定市场价格波动不调价时，则审查撤销期间是否经过，是否可以适用情势变更原则。

3. 审查案涉合同是否约定了风险范围以外的调价方法，有约定按约定处理。

4. 审查案涉合同预算书或已标价工程量清单中的人工、材料、机械设备单价报价。

5. 审查案涉合同签订时人工、材料、机械设备基准信息价。

6. 审查案涉合同约定的风险幅度。

7. 审查案涉合同履行期间物价变化情况。

8. 审查案涉工程是否按合同约定或法定方式调整价格。

实务提示

1. 工程实践中建设工程的工期一般都比较长，在施工过程中经常会出现人工、材料、工程设备和机械台班等市场价格起伏的现象。因为合同价格是承发包双方结合合同签订当时的法律环境、市场动态及预期达成的协议，如出现新的变化，则一般会造成承包人施工成本的增加或减少，因此，当出现市场价格波动超出合同约定的风险幅度时，价格一般会进行调整。《2017版施工合同》给出了两种具体的调整方式，即采用价格指数调整方法和造价信息调整方法，合同当事人可以在专用条款中选择适用。

2. 物价变化调整计价的处理原则双方承担风险。在实际施工中，当物价波动超过一定范围时，如果发包人不允许调价，个别承包人为使自身利益不受损害，就会采取偷工减料或非法分包等手段，给工程建设带来隐患，极大地损害了发包人的利益。因此，为弥补物价波动造成的承包人利益损失，可合理进行调价，这也可

视为对承包人的一种激励措施。

3. 物价变化调整计价依据:《2013 版清单计价规范》附录 A. 2. 1 规定,施工期内,因人工、材料和工程设备、机械台班价格波动影响合同价格时,人工、机械费按照地方造价机构发布的人工成本信息、机械单价或机械使用费系数进行调整;需要进行调差的材料,其单价和采购数应由发包人复核,并作为调整合同价款差额的依据。

4. 调整原则:有约定从约定,无约定按法定(人工属政策调整;材料设备为 5%,机械 10%)。

5. 调整计价方法:人工费调整计价操作(纳入政策性调整处理):(1)人工单价报价大于人工费信息单价的,不予调整;(2)人工单价报价小于人工费信息单价的,应调整。调价差 = 人工费信息单价 - 人工单价报价。材料费调整计价操作:材料价格调整方法应根据材料报价与材料信息价的不同比值以及材料涨跌的不同情况予以调整。情况之一:所报材料单价低于信息基准价。《2013 版清单计价规范》附录 A. 2. 3 规定,材料、工程设备价格变化按照发包人提供的本规范附录 L. 2 的表 -21,由发承包双方约定的风险范围按下列规定调整合同价款:承包人投标报价中材料单价低于基准单价:施工期间材料单价涨幅以基准单价为基础超过合同约定的风险幅度值,或材料单价跌幅以投标报价为基础超过合同约定的风险幅度值时,其超过部分按实调整。也就是说,当承包人投标时的材料单价低于当时信息基准单价的,施工期间:当遇到材料涨价时,计算材料涨价差价的下限时以基准单价为下线,超过下线合同约定的风险幅度以上的给予调高;当遇到材料跌价时,计算材料跌价差价的上限时以投标单价为上限,低于上限合同约定的风险幅度以下的调低;比如某工程合同约定承包人承担 ±5% 钢材价格风险,承包人投标单价 3800 元/吨,当时发布的钢材信息基准单价为 4000 元/吨。开工后钢材平均涨至 4400 元/吨。调整钢材价差计算过程为:4400 元 - (4000 × 0. 05) - (4000 - 3800) = 4000。情况之二:所报材料单价高于信息基准价。《2013 版清单计价规范》附录 A. 2. 3 规定,承包人投标报价中材料单价高于基准单价:施工期间材料单价跌幅以基准单价为基础超过合同约定的风险幅度值,或材料单价涨幅以投标报价为基础超过合同约定的风险幅度值时,其超过部分按实调整。该条规定的意思是:当承包人投标时的材料单价高于当时的基准单价的,施工期间:当遇到材料涨价时,计算材料涨价差价的下限以投标单价为下限,超过下线合同约定的风险幅以上的予以调高。当遇到材料跌价时,计算材料跌价差价的上限以基准单价为上限，低于上限合同约定的风险幅度以下的予以调低。如某工程合同约定承包人承担±5%钢材价格风险，承包人投标报价4100元/吨，而当时地方发布的钢材基准单价为4000元/吨，开工后钢材平均跌至3700元/吨。按上述计算规则，计算结果为(4000－100)。情况之三：所报材料单价等于信息基准价。《2013版清单计价规范》附录A.2.3规定，承包人投标报价中材料单价等于基准单价：施工期间材料单价涨、跌幅以基准单价为基础超过合同约定的风险幅度值时，其超过部分按实调整。即当承包人投标材料单价等于当时地方发布的基准单价的，施工期间：遇到材料涨价或跌价时，材料单价涨、跌幅以基准单价为基线超过合同约定风险幅度值时，超过其以上或以下部分按实体调整。某工程合同约定承包人承担±5%钢材价格风险，承包人投标单价4000元/吨，当时地方发布的钢材单价为4000元/吨，开工后钢材平均跌至3700元/吨。按上述规则调整该钢材价差为(4000－100)。

材料费调整计价的关键点——采购前的申报程序承包人应在采购材料前将采购数量和新的材料单价报发包人核对，发包人应在收到承包人报送的确认资料后3个工作日应予答复，否则视为已经认可，作为调整合同价款的依据。如果承包人未报经发包人核对即自行采购材料，再报发包人确认调整合同价款的，如发包人不同意，则不作调整。

6.因工期延误导致材料费调整计价。《2013版清单计价规范》9.8.3规定，发生合同工程工期延误的，应按照下列规定确定合同履行期的价格调整：(1)因非承包人原因导致工期延误的，计划进度日期后续工程的价格，应采用计划进度日期与实际进度日期两者的较高者。(2)因承包人原因导致工期延误的，计划进度日期后续工程的价格，应采用计划进度日期与实际进度日期两者的较低者。根据上述规定，发生合同工程工期延误的，应按照下列规定确定合同履行期用于调整的价格：因发包人原因导致工期延误的，则计划进度日期后续工程的价格，涨价的予以调高，降价的不予调低；因承包人原因导致工期延误的，则计划进度日期后续工程的价格，涨价的不予调高，降价的予以调低。

7.甲供材料调整计价。《2013版清单计价规范》9.8.4规定，发包人供应材料和工程设备的，不适用本规范第9.8.1条、第9.8.2条规定，应由发包人按照实际变化调整，列入合同工程的工程造价内。9.9.3规定，发包人在工程量清单中给定暂估价的专业工程不属于依法必须招标的，应按照本规范第9.3节相应条款的规定确定专业工程价款，并应以此为依据取代专业工程暂估价，调整合同价款。

裁判依据

《2013 版清单计价规范》

9.8.1　合同履行期间,因人工、材料、工程设备、机械台班价格波动影响合同价款时,应根据合同约定,按本规范附录 A 的方法之一调整合同价款。

9.8.2　承包人采购材料和工程设备的,应在合同中约定主要材料、工程设备价格变化的范围或幅度;当没有约定,且材料、工程设备单价变化超过 5% 时,超过部分的价格应按照本规范附录 A 的方法计算调整材料、工程设备费。

9.8.3　发生合同工程工期延误的,应按照下列规定确定合同履行期的价格调整:1. 因非承包人原因导致工期延误的,计划进度日期后续工程的价格,应采用计划进度日期与实际进度日期两者的较高者。2. 因承包人原因导致工期延误的,计划进度日期后续工程的价格,应采用计划进度日期与实际进度日期两者的较低者。

9.8.4　发包人供应材料和工程设备的,不适用本规范第 9.8.1 条、第 9.8.2 条规定,应由发包人按照实际变化调整,列入合同工程的工程造价内。

《2017 版施工合同》

11.1　市场价格波动引起的调整　除专用合同条款另有约定外,市场价格波动超过合同当事人约定的范围,合同价格应当调整。合同当事人可以在专用合同条款中约定选择以下一种方式对合同价格进行调整:

第 1 种方式:采用价格指数进行价格调整。(1)价格调整公式　因人工、材料和设备等价格波动影响合同价格时,根据专用合同条款中约定的数据,按以下公式计算差额并调整合同价格:

$$\Delta P = P_0\left[A + \left(B_1 \times \frac{F_{t1}}{F_{01}} + B_2 \times \frac{F_{t2}}{F_{02}} + B_3 \times \frac{F_{t3}}{F_{03}} + \cdots + Bn \times \frac{F_{tn}}{F_{0n}}\right) - 1\right]$$

公式中:ΔP——需调整的价格差额;P_0——约定的付款证书中承包人应得到的已完成工程量的金额。此项金额应不包括价格调整、不计质量保证金的扣留和支付、预付款的支付和扣回。约定的变更及其他金额已按现行价格计价的,也不计在内;A——定值权重(不调部分的权重);B_1;B_2;B_3——Bn 各可调因子的变值权重(可调部分的权重),为各可调因子在签约合同价中所占的比例;

F_{t1};F_{t2};F_{t3}…Ftn—— 各可调因子的现行价格指数,指约定的付款证书相关周期最后一天的前 42 天的各可调因子的价格指数;F_{01};F_{02};F_{03}…F_{0n} 各可调因子的基本价格指数,指基准日期的各可调因子的价格指数。以上价格调整公式中的各可调因子、定值和变值权重,以及基本价格指数及其来源在投标函附录价格指数和权重表中约定，非招标订立的合同，由合同当事人在专用合同条款中约定。价格指数应首先采用工程造价管理机构发布的价格指数，无前述价格指数时，可采用工程造价管理机构发布的价格代替。(2)暂时确定调整差额　在计算调整差额时无现行价格指数的，合同当事人同意暂用前次价格指数计算。实际价格指数有调整的，合同当事人进行相应调整。(3)权重的调整　因变更导致合同约定的权重不合理时，按照第4.4款〔商定或确定〕执行。(4)因承包人原因工期延误后的价格调整　因承包人原因未按期竣工的，对合同约定的竣工日期后继续施工的工程，在使用价格调整公式时，应采用计划竣工日期与实际竣工日期的两个价格指数中较低的一个作为现行价格指数。

第2种方式：采用造价信息进行价格调整。合同履行期间，因人工、材料、工程设备和机械台班价格波动影响合同价格时，人工、机械使用费按照国家或省、自治区、直辖市建设行政管理部门、行业建设管理部门或其授权的工程造价管理机构发布的人工、机械使用费系数进行调整；需要进行价格调整的材料，其单价和采购数量应由发包人审批，发包人确认需调整的材料单价及数量，作为调整合同价格的依据。(1)人工单价发生变化且符合省级或行业建设主管部门发布的人工费调整规定，合同当事人应按省级或行业建设主管部门或其授权的工程造价管理机构发布的人工费等文件调整合同价格，但承包人对人工费或人工单价的报价高于发布价格的除外。(2)材料、工程设备价格变化的价款调整按照发包人提供的基准价格，按以下风险范围规定执行：①承包人在已标价工程量清单或预算书中载明材料单价低于基准价格的：除专用合同条款另有约定外，合同履行期间材料单价涨幅以基准价格为基础超过5%时，或材料单价跌幅以在已标价工程量清单或预算书中载明材料单价为基础超过5%时，其超过部分据实调整。②承包人在已标价工程量清单或预算书中载明材料单价高于基准价格的：除专用合同条款另有约定外，合同履行期间材料单价跌幅以基准价格为基础超过5%时，材料单价涨幅以在已标价工程量清单或预算书中载明材料单价为基础超过5%时，其超过部分据实调整。③承包人在已标价工程量清单或预算书中载明材料单价等于基准价格的：除专用合同条款另有约定外，合同履行期间材料单价涨跌幅以基准价格为基础超过±5%时，其超过部分据实调整。④承包人应在采购材料前将采购数量和新的材料单价报发包人核对，发包人确认用于工程时，发包人应确认采购材料的数量和单价。发包人在收到承包人报送的确认资料后5天内不予答复的视为认可，作为调整合同价格的依据。未经发包人事先核对，承包人自行采购材料的，发包人有权不予调整合同价格。发包人同意的，可以调整合同价格。前述基准价格是指由发包人在招标文件或专用合同条款中给定的材料、工程设备的价格，该价格原则上应当按照省级或行业建设主管部门或其授权的工程造价管理机构发布的信息价编制。(3)施工机械台班单价或施工机械使用费发生变化超过省级或行业建设主管部门或其授权的工程造价管理机构规定的范围时，按规定调整合同价格。

第3种方式：专用合同条款约定的其他方式。

五、审查案涉合同法律变化引起价格调整的约定

1. 审查案涉合同对于法律变化是否引起价格调整有无约定。
2. 审查案涉合同是否约定了“法律”范围。
3. 审查并界定“法律法规”调整的范围。
4. 审查地方政府主管部门的规范性文件是否属于国家政策。
5. 审查案涉合同是否约定了法律变化的具体调价方法。
6. 审查法律变化是不是出现在因承包人原因导致工期延误后。
7. 审查法律变化是不是出现在因发包人原因导致工期延误后。
8. 掌握《2013版清单计价规范》关于法律变化引起价格调整的规定。

实务提示

1. 作为价格调整因素的法律变化，适用的是广义上的法律概念，不限于法律、行政法规，也应包括规章、政策。因为按照规定，国务院或国家发展和改革委员会、财政部、省级人民政府或省级财政、物价主管部门在授权范围内，通常以政策文件的方式制定或调整行政事业性收费项目或费率，这些行政事业性收费计入工程造价，当然也应该对合同价款进行调整。《2017版施工合同》通用合同条款1.3约定：“……合同所称法律是指中华人民共和国法律、行政法规、部门规章，以及工程所在地的地方性法规、自治条例、单行条例和地方政府规章等。合同当事人可以在专用合同条款中约定合同适用的其他规范性文件。”在无合同明确约定的情况下，法律变化引起的风险应由发包人承担。《2013版清单计价规范》3.4.2规定：“由于下列因素出现，影响合同价款调整的，应由发包人承担：1 国家法律、法规、规章和政策发生变化；2 省级或行业建设主管部门发布的人工费调整，但承包人对人工费或人工单价的报价高于发布的除外；3 由政府定价或政府指导价管理的原材料等价格进行了调整。”但若因承包人原因导致工期延误的，则应按不利于

承包人的原则调整合同价款。《2013版清单计价规范》9.2.2规定:"因承包人原因导致工期延误的,按本规范9.2.1规定的调整时间,在合同工程原定竣工时间之后,合同价款调增的不予调整,合同价款调减的予以调整。"除了前述关于法律范围的解释以外,实际应用中还涉及法律规范的起算时间问题,因此《2017版施工合同》通用合同条款11.2规定以基准日作为标志,自基准日期以后的法律变化导致承包人在合同履行过程中所需要的费用发生增加时,由发包人承担由此增加的费用;减少时,应从合同中扣减。

2.需要注意的是,对于招标发包的工程,基准日期为投标截止日前28天,直接发包的工程,基准日期为合同签订日前28天。该基准日期的确定综合考虑了招标投标的具体活动或订约前谈判的时间。调整操作:(1)法律法规引发调整的范围:①法律、法规、规章和政策变化的调整;②省级或行业建设主管部门发布的人工费调整;③政府定价或政府指导价管理的原材料等价格的调整。(2)价款调整的基准日:投标截止日前28天(合同签订前28天)。①在基准日之后发生的:调整。②在基准日之前发生的:不调整。(3)政策法律性价款调整的特例操作:因承包人原因导致工期延误引发基准日,在原定竣工日之后,价款调增的不予调整,价款调减的予以调整。

裁判依据

《2013版清单计价规范》

9.2.1 招标工程以投标截止日前28天、非招标工程以合同签订前28天为基准日,其后因国家的法律、法规、规章和政策发生变化引起工程造价增减变化的,发承包双方应按照省级或行业建设主管部门或其授权的工程造价管理机构据此发布的规定调整合同价款。

9.2.2 因承包人原因导致工期延误的,按本规范第9.2.1条规定的调整时间,在合同工程原定竣工时间之后,合同价款调增的不予调整,合同价款调减的予以调整。

《2017版施工合同》

11.2 法律变化引起的调整 基准日期后,法律变化导致承包人在合同履行过程中所需要的费用发生除第11.1款〔市场价格波动引起的调整〕约定以外的增加时,由发包人承担由此增加的费用;减少时,应从合同价格中予以扣减。基准日期后,因法律变化造成工期延误时,工期应予以顺延。因法律变化引起的合同价格和工期调整，合同当事人无法达成一致的，由总监理工程师按第4.4款〔商定或确定〕的约定处理。因承包人原因造成工期延误，在工期延误期间出现法律变化的，由此增加的费用和（或）延误的工期由承包人承担。

六、审查案涉工程施工过程中是否存在计日工情形

1. 审查案涉合同中有关计日工单价及工程量确定的约定。
2. 审查案涉合同履行过程中是否有计日工。
3. 审查案涉纠纷中有关计日工的签证资料。
4. 审查案涉合同是否按约定和签证资料结算计日工费用。

实务提示

1. 计日工的含义。按照《2013版清单计价规范》2.0.20的规定，计日工是指在施工过程中，承包人完成发包人提出的工程合同范围以外的零星项目或工作，按合同中约定的单价计价的一种方式。

2. 计日工的法律性质。计日工是“五外”费用。其法律本质是合同外费用。

3. 计日工计价方式的适用范围。（1）计日工通常用于工程量清单中没有合适项目的额外工作，用于完成在招投标时难以预料的但施工过程中又随时可能发生工作，多属于主体工程的辅助性工程或者零星工作。例如，施工中遇到地下文物或遇到特殊情况时需承包人完成的某一特定任务等。（2）在实际现场，当发生的变更是小型工作，此时可将这些小型变更分解，并分别估算出人工、材料、设备、机械的消耗数量，按计日工形式并根据工程量清单中计日工的有关单价计价。（3）现场签证的工作如已有相应的计日工单价，应在现场签证中列明完成该签证工作所需的人工、材料、设备和施工机械台班的数量。计日工调整计价方法按发包人实际签证确认的数量和合同约定相应单价计算。每个支付期末，承包人应规定向发包人提交本期间所有计日工记录的签证汇总表，说明本期间自己认为有权得到的计日工金额，调整合同价款，列入进度款支付。要做到月月清。

裁判依据

《2013版清单计价规范》

9.7.1　发包人通知承包人以计日工方式实施的零星工作，承包人应予执行。

9.7.2　采用计日工计价的任何一项变更工作，在该项变更的实施过程中，承

包人应按合同约定提交下列报表和有关凭证送发包人复核:1　工作名称、内容和数量;2　投入该工作所有人员的姓名、工种、级别和耗用工时;3　投入该工作的材料名称、类别和数量;4　投入该工作的施工设备型号、台数和耗用台时;5　发包人要求提交的其他资料和凭证。

9.7.3　任一计日工项目持续进行时,承包人应在该项工作实施结束后的24小时内向发包人提交有计日工记录汇总的现场签证报告一式三份。发包人在收到承包人提交现场签证报告后的2天内予以确认并将其中一份返还给承包人,作为计日工计价和支付的依据。发包人逾期未确认也未提出修改意见的,应视为承包人提交的现场签证报告已被发包人认可。

9.7.4　任一计日工项目实施结束后,承包人应按照确认的计日工现场签证报告核实该类项目的工程数量,并应根据核实的工程数量和承包人已标价工程量清单中的计日工单价计算,提出应付价款;已标价工程量清单中没有该类计日工单价的,由发承包双方按本规范第9.3节的规定商定计日工单价计算。

9.7.5　每个支付期末,承包人应按照本规范第10.3节的规定向发包人提交本期间所有计日工记录的签证汇总表,并应说明本期间自己认为有权得到的计日工金额,调整合同价款,列入进度款支付。

七、审查是否存在暂估价引发调整合同价款的情形

1. 审查案涉合同或招投标文件有无设置暂估价项目。

2. 审查案涉合同对材料、工程设备暂估价确定方法的约定。

3. 审查案涉合同专业工程暂估价的确定方法的约定。

4. 审查案涉工程是否按合同约定确定材料、设备暂估价或专业工程暂估价。

实务提示

1. 关于暂估价的含义本书在第9项中已经阐述,此处只讨论暂估价引发的价款调整规则。材料、工程设备暂估价的确定发包人在招标工程量清单中给定暂估价的材料、工程设备属于依法必须招标的,应由发承包双方以招标的方式选择供应商,确定价格,并应以此为依据取代暂估价,调整合同价款。发包人在招标工程量清单中给定暂估价的材料、工程设备不属于依法必须招标的,应由承包人按照合同约定采购,经发包人确认单价后取代暂估价,调整合同价款。

2. 专业工程暂估价的确定。(1)在工程量清单中给定暂估价的专业工程不属

于依法必须招标的，应按照发承包双方商定的专业工程价款取代专业工程暂估价，调整合同价款。(2)发包人在招标工程量清单中给定暂估价的专业工程，属于依法必须招标的，应当由发承包双方依法组织招标选择专业分包人，并接受招投标管理机构的监督，还应符合要求：①除合同另有约定外，总包人不参加专业工程投标，应由总包人作为招标人，但拟定的招标文件、评标工作、评标结果应报送业主批准。不组织招标工作有关的费用应当被认为已经包括在总包人的签约合同价(投标总报价)中。②总包人参加专业工程投标，应由业主作为招标人，与组织招标工作有关的费用由业主承担。同等条件下，应优先选择总包人中标。

八、审查案涉工程是否存在不可抗力情形

1. 审查案涉合同关于不可抗力范围的有关约定。

2. 审查案涉合同就发生不可抗力的风险负担约定。

3. 审查案涉合同就发生不可抗力后的通知时限及程序的约定。

4. 审查案涉工程是否发生了不可抗力事件。

5. 审查案涉合同是否有关于不可抗力的签证资料。

6. 审查承包人遭遇不可抗力时是否按照合同约定的时间及程序履行告知义务。

7. 审查案涉合同中有无逾期通知视为放弃的条款。

8. 审查案涉工程当事人是否按照合同约定处理不可抗力事件所造成的后果和影响。

实务提示

不可抗力是不能预见、不能避免、不能克服的，同时满足这三个条件，才构成不可抗力。不可抗力的两个属性：一是自然性，二是社会性。不可抗力的计价原则：各自损失各自承担，具体指：工程本身的损害、因工程损害导致第三方人员伤亡和财产损失以及运至施工场地用于施工材料和待安装的设备的损害；承包人、发包人人员伤亡，由伤亡人员所在单位负责；停工期间，承包人应发包人要求留在施工场地的必要的管理人员及保卫人员的费用，由发包人承担；工程所需清理、修复费用，由发包人承担。因不可抗力解除后复工的，发包人要求赶工的，赶工费用，由发包人承担。

裁判依据

《2013 版清单计价规范》

9.10.1 因不可抗力事件导致的人员伤亡、财产损失及其费用增加,发承包双方应按下列原则分别承担并调整合同价款和工期:1 合同工程本身的损害、因工程损害导致第三方人员伤亡和财产损失以及运至施工场地用于施工的材料和待安装的设备的损害,应由发包人承担;2 发包人、承包人人员伤亡应由其所在单位负责,并应承担相应费用;3 承包人的施工机械设备损坏及停工损失,应由承包人承担;4 停工期间,承包人应发包人要求留在施工场地的必要的管理人员及保卫人员的费用应由发包人承担;5 工程所需清理、修复费用,应由发包人承担。

9.10.2 不可抗力解除后复工的,若不能按期竣工,应合理延长工期。发包人要求赶工的,赶工费用应由发包人承担。

9.10.3 因不可抗力解除合同的,应按本规范第 12.0.2 条的规定办理。

12.0.2 由于不可抗力致使合同无法履行解除合同的,发包人应向承包人支付合同解除之日前已完工程但尚未支付的合同价款,此外,还应支付下列金额:1 本规范第 9.11.1 条规定的由发包人承担的费用;2 已实施或部分实施的措施项目应付价款;3 承包人为合同工程合理订购且已交付的材料和工程设备货款;4 承包人撤离现场所需的合理费用,包括员工遣送费和临时工程拆除、施工设备运离现场的费用;5 承包人为完成合同工程而预期开支的任何合理费用,且该项费用未包括在本款其他各项支付之内。发承包双方办理结算合同价款时,应扣除合同解除之日前发包人应向承包人收回的价款。当发包人应扣除的金额超过了应支付的金额,承包人应在合同解除后的 56 天内将其差额退还给发包人。

《2017 版施工合同》

17.1 不可抗力的确认 不可抗力是指合同当事人在签订合同时不可预见,在合同履行过程中不可避免且不能克服的自然灾害和社会性突发事件,如地震、海啸、瘟疫、骚乱、戒严、暴动、战争和专用合同条款中约定的其他情形。不可抗力发生后,发包人和承包人应收集证明不可抗力发生及不可抗力造成损失的证据,并及时认真统计所造成的损失。合同当事人对是否属于不可抗力或其损失的意见不一致的,由监理人按第 4.4 款〔商定或确定〕的约定处理。发生争议时,按第 20 条〔争议解决〕的约定处理。

17.2 不可抗力的通知 合同一方当事人遇到不可抗力事件,使其履行合同义务受到阻碍时，应立即通知合同另一方当事人和监理人，书面说明不可抗力和受阻碍的详细情况，并提供必要的证明。不可抗力持续发生的，合同一方当事人应及时向合同另一方当事人和监理人提交中间报告，说明不可抗力和履行合同受阻的情况，并于不可抗力事件结束后28天内提交最终报告及有关资料。

17.3　不可抗力后果的承担

17.3.1　不可抗力引起的后果及造成的损失由合同当事人按照法律规定及合同约定各自承担。不可抗力发生前已完成的工程应当按照合同约定进行计量支付。

17.3.2　不可抗力导致的人员伤亡、财产损失、费用增加和(或)工期延误等后果，由合同当事人按以下原则承担：(1)永久工程、已运至施工现场的材料和工程设备的损坏，以及因工程损坏造成的第三人人员伤亡和财产损失由发包人承担；(2)承包人施工设备的损坏由承包人承担；(3)发包人和承包人承担各自人员伤亡和财产的损失；(4)因不可抗力影响承包人履行合同约定的义务，已经引起或将引起工期延误的，应当顺延工期，由此导致承包人停工的费用损失由发包人和承包人合理分担，停工期间必须支付的工人工资由发包人承担；(5)因不可抗力引起或将引起工期延误，发包人要求赶工的，由此增加的赶工费用由发包人承担；(6)承包人在停工期间按照发包人要求照管、清理和修复工程的费用由发包人承担。不可抗力发生后，合同当事人均应采取措施尽量避免和减少损失的扩大，任何一方当事人没有采取有效措施导致损失扩大的，应对扩大的损失承担责任。因合同一方迟延履行合同义务，在迟延履行期间遭遇不可抗力的，不免除其违约责任。

17.4　因不可抗力解除合同　因不可抗力导致合同无法履行连续超过84天或累计超过140天的，发包人和承包人均有权解除合同。合同解除后，由双方当事人按照第4.4款〔商定或确定〕商定或确定发包人应支付的款项，该款项包括：(1)合同解除前承包人已完成工作的价款；(2)承包人为工程订购的并已交付给承包人，或承包人有责任接受交付的材料、工程设备和其他物品的价款；(3)发包人要求承包人退货或解除订货合同而产生的费用，或因不能退货或解除合同而产生的损失；(4)承包人撤离施工现场以及遣散承包人人员的费用；(5)按照合同约定在合同解除前应支付给承包人的其他款项；(6)扣减承包人按照合同约定应向发包人支付的款项；(7)双方商定或确定的其他款项。除专用合同条款另有约定外，合同解除后，发包人应在商定或确定上述款项后28天内完成上述款项的支付。

九、审查案涉工程是否存在提前竣工情形

1. 审查案涉合同是否有关于提前竣工的约定。

2. 审查案涉合同是否有关于提前竣工调整工程价款的约定。

3. 审查案涉工程是否存在提前竣工情形。

4. 审查案涉工程当事人是否按合同约定计算并支付提前竣工费用。

实务提示

提前竣工费的含义。提前竣工费是指承包人应发包人的要求而采取加快工程进度措施,使合同工程工期缩短,由此产生的应由发包人支付的费用。提前竣工费与赶工补偿不同,赶工补偿是指开工后因发包人提出提前竣工的需求,承包人采取相关措施实施赶工,对此发包人需向承包人支付的合同价款的增加额。赶工补偿是发包人对承包人提前竣工的一种补偿机制。二者的主要区别在于:提前竣工费支付一般需要满足以下几个条件:(1)基于发包人的要求;(2)约定的工期是否少于定额工期的20%;(3)双方事先在合同中对提前竣工费标准即每日历天补偿额已经约定。而赶工补偿则是在开工后,发包人突然要求合同工程提前竣工,对提前竣工的补偿往往没有约定。提前竣工的计价方式:提前竣工费 = 提前的日历天 × 每日历天约定补偿额。

裁判依据

《2013版清单计价规范》

9.11.1 招标人应依据相关工程的工期定额合理计算工期,压缩的工期天数不得超过定额工期的20%,超过者,应在招标文件中明示增加赶工费用。

9.11.2 发包人要求合同工程提前竣工的,应征得承包人同意后与承包人商定采取加快工程进度的措施,并应修订合同工程进度计划。发包人应承担承包人由此增加的提前竣工(赶工补偿)费用。

9.11.3 发承包双方应在合同中约定提前竣工每日历天应补偿额度,此项费用应作为增加合同价款列入竣工结算文件中,应与结算款一并支付。

《2017版施工合同》

7.9.1 发包人要求承包人提前竣工的,发包人应通过监理人向承包人下达提前竣工指示,承包人应向发包人和监理人提交提前竣工建议书,提前竣工建议

书应包括实施的方案、缩短的时间、增加的合同价格等内容。发包人接受该提前竣工建议书的，监理人应与发包人和承包人协商采取加快工程进度的措施，并修订施工进度计划，由此增加的费用由发包人承担。承包人认为提前竣工指示无法执行的，应向监理人和发包人提出书面异议，发包人和监理人应在收到异议后7天内予以答复。任何情况下，发包人不得压缩合理工期。

7.9.2　发包人要求承包人提前竣工，或承包人提出提前竣工的建议能够给发包人带来效益的，合同当事人可以在专用合同条款中约定提前竣工的奖励。

十、审查案涉工程是否存在误期赔偿情形

1. 审查案涉合同对误期赔偿是否有约定。
2. 审查案涉合同是否存在误期情形。
3. 若案涉合同存在误期情形，则进一步审查误期的原因。
4. 审查案涉合同对误期违约责任的约定。

实务提示

1. 误期赔偿费的概念和属性。误期赔偿费是承包人未按照合同工程的计划进行施工，导致实际工期超过合同工期（包括经发包人批准的延长工期），承包人应向发包人赔偿损失的费用。

2. 误期赔偿费的法律属性。误期赔偿费本质上属于业主对承包商的一项索赔。

3. 误期赔偿与罚款的区分。误期赔偿费是承包人应向发包人赔偿损失的实际费用，而罚款则是通过征收一笔罚金来保证合同的履行，带有惩罚性质，通常大于实际损失。但如果误期赔偿费标准明显高于业主的损失，则有可能被法律认定此约定没有效力。

4. 误期赔偿的计价与扣除规则。延误日历天数×每日历天约定的赔偿额，误期赔偿费列入竣工结算文件中，在结算款中扣除。如果在工程竣工之前，合同工程内的某单项（位）工程已通过了竣工验收，且该单项（位）工程接收证书中表明的竣工日期并未延误，而是合同工程的其他部分产生了工期延误，则误期赔偿费应按照已颁发工程接收证书的单项（位）工程造价占合同价款的比例幅度予以扣减。

裁判依据

《2013版清单计价规范》

9.12.1 承包人未按照合同约定施工,导致实际进度迟于计划进度的,承包人应加快进度,实现合同工期。合同工程发生误期,承包人应赔偿发包人由此造成的损失,并应按照合同约定向发包人支付误期赔偿费。即使承包人支付误期赔偿费,也不能免除承包人按照合同约定应承担的任何责任和应履行的任何义务。

9.12.2 发承包双方应在合同中约定误期赔偿费,并应明确每日历天应赔额度。误期赔偿费应列入竣工结算文件中,并应在结算款中扣除。

9.12.3 在工程竣工之前,合同工程内的某单项(位)工程已通过了竣工验收,且该单项(位)工程接收证书中表明的竣工日期并未延误,而是合同工程的其他部分产生了工期延误时,误期赔偿费应按照已颁发工程接收证书的单项(位)工程造价占合同价款的比例幅度予以扣减。

《2017版施工合同》

7.5.2 因承包人原因导致工期延误 因承包人原因造成工期延误的,可以在专用合同条款中约定逾期竣工违约金的计算方法和逾期竣工违约金的上限。承包人支付逾期竣工违约金后,不免除承包人继续完成工程及修补缺陷的义务。

十一、审查案涉工程是否存在暂列金额引发调整合同价款情形

1. 审查案涉合同是否存在暂列金额。

2. 审查案涉工程暂列金额的使用情况。

3. 审查案涉合同暂列金额的计价操作是否符合合同约定和法律规定。

实务提示

1. 暂列金额的含义。暂列金额是招标人在工程量清单中暂定并包括在合同价款中的一笔款项。用于工程合同签订时尚未确定或者不可预见的所需材料、工程设备、服务的采购,施工中可能发生的工程变更、合同约定调整因素出现时的合同价款调整以及发生的索赔、现场签证确认等的费用。

2. 暂列金额的法律属性。发包人用于支付施工中不能预见、不能确定因素引起价款调整的一笔预留金。

3. 暂列金额的计价操作(多退少补)。暂列金额在用于各项价款调整、索赔与

现场签证后，若有余额，则余额归发包人；若出现差额，则由发包人补足并反映在相应的工程价款中。

裁判依据

《2013 版清单计价规范》

9.15.1　已签约合同价中的暂列金额应由发包人掌握使用。

9.15.2　发包人按照本规范第 9.1 节至第 9.14 节的规定支付后，暂列金额余额应归发包人所有。

《2017 版施工合同》

10.8　暂列金额　暂列金额应按照发包人的要求使用，发包人的要求应通过监理人发出。合同当事人可以在专用合同条款中协商确定有关事项。

第五节　审查案涉工程是否存在承包人可向发包人索赔的事件

建设工程施工合同签订和履行过程中，承包人索赔的成因很复杂，既有可归责于发包人的原因引起的索赔事件，也有不可抗力、不利物质条件等不可归责于承包原因引起的事件。经笔者归纳整理，承包人可向发包人索赔的事件共有 51 件。对于这 51 件索赔事件不可能在案涉工程中全部涉及，但案件承办律师仍可以向承包人全部展示，并要求承包人逐一甄别，选择出案涉工程中涉及的事件，然后就涉及的索赔事件结合合同约定的索赔程序进行审查研判。

一、中标后招标人拒绝签订书面的合同情形

1. 审查了解招标人拒绝签订合同的原因。

2. 审查投标人是否存在串标、骗标等情况。

3. 审查后发现不属投标人原因造成，可以要求招标人双倍返还投标保证金。

4. 证明为准备订立合同所造成的损失，如交通费、住宿费、就餐费等。

5. 证明准备履行合同所造成的损失，如中标人和材料供应商签订的合同、中标人违约导致的定金损失、违约金损失等。

6. 若中标人已进场施工，可以主张施工机械、周转材料、人员窝工及进退场损

失并审查相应损失证据。

实务提示

中标通知书发出后,承发包双方基于招投标文件形成的合同已成立并生效,招标人无正当理由拒不签订合同的,构成违约,承包人可以向发包人提出索赔,索赔范围不仅包括中标人的实际损失,还包括逾期利润损失。

裁判依据

《民法典》

第四百六十九条 当事人订立合同,可以采用书面形式、口头形式或者其他形式。书面形式是合同书、信件、电报、电传、传真等可以有形地表现所载内容的形式。以电子数据交换、电子邮件等方式能够有形地表现所载内容,并可以随时调取查用的数据电文,视为书面形式。

第四百九十条 当事人采用合同书形式订立合同的,自当事人均签名、盖章或者按指印时合同成立。在签名、盖章或者按指印之前,当事人一方已经履行主要义务,对方接受时,该合同成立。法律、行政法规规定或者当事人约定合同应当采用书面形式订立,当事人未采用书面形式但是一方已经履行主要义务,对方接受时,该合同成立。

第五百条 当事人在订立合同过程中有下列情形之一,造成对方损失的,应当承担赔偿责任:(一)假借订立合同,恶意进行磋商;(二)故意隐瞒与订立合同有关的重要事实或者提供虚假情况;(三)有其他违背诚信原则的行为。

第五百八十三条 当事人一方不履行合同义务或者履行合同义务不符合约定的,在履行义务或者采取补救措施后,对方还有其他损失的,应当赔偿损失。

第五百八十四条 当事人一方不履行合同义务或者履行合同义务不符合约定,造成对方损失的,损失赔偿额应当相当于因违约所造成的损失,包括合同履行后可以获得的利益;但是,不得超过违约一方订立合同时预见到或者应当预见到的因违约可能造成的损失。

第七百八十九条 建设工程合同应当采用书面形式。

《招标投标法》

第四十六条第一款 招标人和中标人应当自中标通知书发出之日起三十日内,按照招标文件和中标人的投标文件订立书面合同。招标人和中标人不得再行订立背离合同实质性内容的其他协议。

第五十九条 招标人与中标人不按照招标文件和中标人的投标文件订立合同的,或者招标人、中标人订立背离合同实质性内容的协议的,责令改正;可以处中标项目金额千分之五以上千分之十以下的罚款。

《招标投标法实施条例》

第五十七条第一款 招标人和中标人应当依照招标投标法和本条例的规定签订书面合同,合同的标的、价款、质量、履行期限等主要条款应当与招标文件和中标人的投标文件的内容一致。招标人和中标人不得再行订立背离合同实质性内容的其他协议。

第七十三条 依法必须进行招标的项目的招标人有下列情形之一的,由有关行政监督部门责令改正,可以处中标项目金额10‰以下的罚款;给他人造成损失的,依法承担赔偿责任;对单位直接负责的主管人员和其他直接责任人员依法给予处分:……(四)无正当理由不与中标人订立合同……

《工程建设项目施工招标投标办法》

第八十条 依法必须进行招标的项目的招标人有下列情形之一的,由有关行政监督部门责令改正,可以处中标项目金额千分之十以下的罚款;给他人造成损失的,依法承担赔偿责任;对单位直接负责的主管人员和其他直接责任人员依法给予处分:(一)无正当理由不发出中标通知书;(二)不按照规定确定中标人;(三)中标通知书发出后无正当理由改变中标结果;(四)无正当理由不与中标人订立合同;(五)在订立合同时向中标人提出附加条件。

二、中标价低于成本价投标的情形

1. 成本价如何确定,承包人的证据能否证明成本价。

2. 招投标后,确定中标价低于成本价时,审查合同的效力。

3. 如合同无效时,工程竣工验收合格后该如何结算问题。

4. 可索赔的损失为合同价款与成本价之间的差额,但利润不在可索赔的范围内。

实务提示

低于成本价中标虽然为《招标投标法》所禁止,司法实践中对低于成本价中标也予以否定性评价,但这并不意味着承包人完全没有索赔空间,在其提供充分证

据证明工程成本价且工程竣工验收合格的基础上，可以就合同价款与成本价的差额进行索赔，当然在承包人提出索赔时应考量其违法投标在先的过错。

裁判依据

《招标投标法》

第三十三条 投标人不得以低于成本的报价竞标，也不得以他人名义投标或者以其他方式弄虚作假，骗取中标。

第四十一条 中标人的投标应当符合下列条件之一：（一）能够最大限度地满足招标文件中规定的各项综合评价标准；（二）能够满足招标文件的实质性要求，并且经评审的投标价格最低；但是投标价格低于成本的除外。

《招标投标法实施条例》

第五十一条 有下列情形之一的，评标委员会应当否决其投标：（一）投标文件未经投标单位盖章和单位负责人签字；（二）投标联合体没有提交共同投标协议；（三）投标人不符合国家或者招标文件规定的资格条件；（四）同一投标人提交两个以上不同的投标文件或者投标报价，但招标文件要求提交备选投标的除外；（五）投标报价低于成本或者高于招标文件设定的最高投标限价；（六）投标文件没有对招标文件的实质性要求和条件作出响应；（七）投标人有串通投标、弄虚作假、行贿等违法行为。

三、被迫让利的情形

1. 审查被迫让利的事实依据和证据材料。

2. 对于必须招标工程，被迫让利构成对中标合同实质性变更，承包人可以要求发包人按中标合同结算工程款。

3. 对于非必须招标工程，发包人要求承包人履行承包人让利或按与中标合同价款差距较大的协议，难获支持。

实务提示

被迫让利是承包人在激烈竞争中的有效竞争手段，是指承包人在招标过程中对发包人作出的让利承诺或者作出低于中标合同合同价的让利承诺。承包人为尽快回收工程款，在工程竣工结算时表示同意放弃一定数额的工程款并不属于我们所说的被迫让利范畴。被迫让利与低于成本价中标既有联系又有区别。被迫

让利并非出于承包人自愿，而低于成本价中标往往是承包人故意追求的结果。在出现被迫让利的情况下，承包人可以向发包人主张索赔，要求按中标合同、招投标文件结算工程款。

裁判依据

《招标投标法》

第四十六条第一款 招标人和中标人应当自中标通知书发出之日起三十日内，按照招标文件和中标人的投标文件订立书面合同。招标人和中标人不得再行订立背离合同实质性内容的其他协议。

《招标投标法实施条例》

第五十七条第一款 招标人和中标人应当依照招标投标法和本条例的规定签订书面合同，合同的标的、价款、质量、履行期限等主要条款应当与招标文件和中标人的投标文件的内容一致。招标人和中标人不得再行订立背离合同实质性内容的其他协议。

四、案涉合同存在合同缺陷的情形

1. 格式条款与非格式条款不一致的，适用非格式条款。

2. 合同主要条款约定不明的，是否签订了补充协议，如未签订按照合同有关条款或交易习惯履行。

3. 解释合同文件的优先顺序，审查合同专用条款是否有特别约定。

实务提示

合同缺陷是指合同条款设计不周延、不严谨、不完全，导致合同约定存在不明确、模糊、漏洞或者矛盾等情形。比如，合同未就实际可能发生的情况事先作出安排，存在漏洞；合同条款表述不准确、用语不规范，对双方权利义务约定不明确、不具体、不清晰，出现理解歧义；合同条款之间存在矛盾；合同条款存在霸王条款，对承包人明显不公等。存在合同缺陷时，承包人可以要求发包人签订补充协议，在无法签订补充协议时可以按合同约定的解释顺序或目的解释、整体解释交易惯例等方法对条款进行解释。

裁判依据

《民法典》

第四百九十八条 对格式条款的理解发生争议的,应当按照通常理解予以解释。对格式条款有两种以上解释的,应当作出不利于提供格式条款一方的解释。格式条款和非格式条款不一致的,应当采用非格式条款。

第五百一十条 合同生效后,当事人就质量、价款或者报酬、履行地点等内容没有约定或者约定不明确的,可以协议补充;不能达成补充协议的,按照合同相关条款或者交易习惯确定。

第五百一十一条 当事人就有关合同内容约定不明确,依据前条规定仍不能确定的,适用下列规定:(一)质量要求不明确的,按照强制性国家标准履行;没有强制性国家标准的,按照推荐性国家标准履行;没有推荐性国家标准的,按照行业标准履行;没有国家标准、行业标准的,按照通常标准或者符合合同目的的特定标准履行。(二)价款或者报酬不明确的,按照订立合同时履行地的市场价格履行;依法应当执行政府定价或者政府指导价的,依照规定履行。(三)履行地点不明确,给付货币的,在接受货币一方所在地履行;交付不动产的,在不动产所在地履行;其他标的,在履行义务一方所在地履行。(四)履行期限不明确的,债务人可以随时履行,债权人也可以随时请求履行,但是应当给对方必要的准备时间。(五)履行方式不明确的,按照有利于实现合同目的的方式履行。(六)履行费用的负担不明确的,由履行义务一方负担;因债权人原因增加的履行费用,由债权人负担。

第四百六十六条 当事人对合同条款的理解有争议的,应当依据本法第一百四十二条第一款的规定,确定争议条款的含义。合同文本采用两种以上文字订立并约定具有同等效力的,对各文本使用的词句推定具有相同含义。各文本使用的词句不一致的,应当根据合同的相关条款、性质、目的以及诚信原则等予以解释。

《标准施工招标文件》

1.4 合同文件的优先顺序 组成合同的各项文件应互相解释,互为说明。除专用合同条款另有约定外,解释合同文件的优先顺序如下:(1)合同协议书;(2)中标通知书;(3)投标函及投标函附录;(4)专用合同条款;(5)通用合同条款;(6)技术标准和要求;(7)图纸;(8)已标价工程量清单;(9)其他合同文件。

《2017版施工合同》

1.5 合同文件的优先顺序 组成合同的各项文件应互相解释,互为说明。

除专用合同条款另有约定外，解释合同文件的优先顺序如下：(1)合同协议书；(2)中标通知书(如果有)；(3)投标函及其附录(如果有)；(4)专用合同条款及其附件；(5)通用合同条款；(6)技术标准和要求；(7)图纸；(8)已标价工程量清单或预算书；(9)其他合同文件。上述各项合同文件包括合同当事人就该项合同文件所作出的补充和修改，属于同一类内容的文件，应以最新签署的为准。在合同订立及履行过程中形成的与合同有关的文件均构成合同文件组成部分，并根据其性质确定优先解释顺序。

五、发包人未及时办理前期审批手续的情形

1. 审查发包人是否办理了土地使用证、建设用地规划许可证、建设工程规划许可证。

2. 审查发包人取得建设用地规划许可证、建设工程规划许可证等行政审批手续的时间。

3. 审查发包人是否取得施工许可证。

4. 审查是否存在未办理施工许可证提前进场施工的情况。

5. 审查未办理前置审批手续的具体原因。

6. 审查发包人未按约定的期限及时取得合法手续造成工期延误及给承包人造成损失的事实及证据。

实务提示

项目前置审批手续一般包括立项审批或核准、备案文件、施工所需的土地使用证、建设用地规划许可证、建设工程规划许可证，建筑工程施工许可证、临时用地许可证等一般由发包方负责办理。上述前置审批文件的办理对双方权益影响很大，如未办理建设工程规划许可证，施工合同就会被认定无效，而未办理施工许可证，就会导致工期延长或工程被主管部门叫停，给承包人造成停工或窝工等损失。这些损失，承包人可以向发包人进行索赔。

裁判依据

《建筑法》

第七条　建筑工程开工前，建设单位应当按照国家有关规定向工程所在地县级以上人民政府建设行政主管部门申请领取施工许可证；但是，国务院建设行政

主管部门确定的限额以下的小型工程除外。按照国务院规定的权限和程序批准开工报告的建筑工程，不再领取施工许可证。

第八条 申请领取施工许可证，应当具备下列条件：（一）已经办理该建筑工程用地批准手续；（二）依法应当办理建设工程规划许可证的，已经取得建设工程规划许可证；（三）需要拆迁的，其拆迁进度符合施工要求；（四）已经确定建筑施工企业；（五）有满足施工需要的资金安排、施工图纸及技术资料；（六）有保证工程质量和安全的具体措施。建设行政主管部门应当自收到申请之日起15日内，对符合条件的申请颁发施工许可证。

《招标投标法》

第九条 招标项目按照国家有关规定需要履行项目审批手续的，应当先履行审批手续，取得批准。招标人应当有进行招标项目的相应资金或者资金来源已经落实，并应当在招标文件中如实载明。

《建设工程安全生产管理条例》

第四十二条 建设行政主管部门在审核发放施工许可证时，应当对建设工程是否有安全施工措施进行审查，对没有安全施工措施的，不得颁发施工许可证。建设行政主管部门或者其他有关部门对建设工程是否有安全施工措施进行审查时，不得收取费用。

第五十三条 违反本条例的规定，县级以上人民政府建设行政主管部门或者其他有关行政管理部门的工作人员，有下列行为之一的，给予降级或者撤职的行政处分；构成犯罪的，依照刑法有关规定追究刑事责任：（一）对不具备安全生产条件的施工单位颁发资质证书的；（二）对没有安全施工措施的建设工程颁发施工许可证的；（三）发现违法行为不予查处的；（四）不依法履行监督管理职责的其他行为。

《北京高院施工合同解答》

1. 未取得建设审批手续的施工合同的效力如何认定？发包人就尚未取得建设用地规划许可证、建设工程规划许可证等行政审批手续的工程，与承包人签订的建设工程施工合同无效。但在一审法庭辩论终结前发包人取得相应审批手续或者经主管部门批准建设的，应当认定合同有效。发包人未取得建设工程施工许可证的，不影响施工合同的效力。

六、发包人或监理人未按期下达开工通知的情形

1. 审查案涉工程是否下达了书面开工通知。

2. 若案涉工程下达了书面开工通知，则审查开工通知载明的开工时间是否晚于约定的计划开工时间。

3. 若案涉工程未下达书面开工通知，则审查发包人或监理人是否口头下达过开工通知。

4. 审查未下达书面开工通知的具体原因。

5. 经审查，存在因发包人原因造成监理人未在计划开工日期之日起 90 天内发出开工通知的情形的，承包人有权提出价格调整要求或者解除合同并支付合理利润的请求。

6. 审查承包人由于发包人原因导致增加的费用或延误的工期及合理利润的证据资料。

实务提示

开工令或开工通知是指由发包人或监理人签发并下达的要求工程开工的书面指令文件。该指令文件主要记载的是开工日期信息。开工日期是承包人进场施工的法律凭证，对于建设工程工期的确定具有重要意义。对承包人而言明确开工日期，有助于承包人与材料供应商、机械设备出租方、劳动力、分包商及其他有关方面预先签订相关协议，而若发包方不能按照施工合同中计划开工日期下达开工通知或开工令，则将打乱承包人施工计划，造成工期延误或费用增加。因此，对于延误的工期、增加的费用及可能造成承包人其他损失，发包人应当承担。

裁判依据

《建筑法》

第七条　建筑工程开工前，建设单位应当按照国家有关规定向工程所在地县级以上人民政府建设行政主管部门申请领取施工许可证；但是，国务院建设行政主管部门确定的限额以下的小型工程除外。按照国务院规定的权限和程序批准开工报告的建筑工程，不再领取施工许可证。

第六十四条　违反本法规定，未取得施工许可证或者开工报告未经批准擅自施工的，责令改正，对不符合开工条件的责令停止施工，可以处以罚款。

《标准施工招标文件》

11.1.1 监理人应在开工日期7天前向承包人发出开工通知。监理人在发出开工通知前应获得发包人同意。工期自监理人发出的开工通知中载明的开工日期起计算。承包人应在开工日期后尽快施工。

《2017版施工合同》

7.3.2 开工通知 发包人应按照法律规定获得工程施工所需的许可。经发包人同意后监理人发出的开工通知应符合法律规定。监理人应在计划开工日期7天前向承包人发出开工通知,工期自开工通知中载明的开工日期起算。除专用合同条款另有约定外,因发包人原因造成监理人未能在计划开工日期之日起90天内发出开工通知的承包人有权提出价格调整要求,或者解除合同。发包人应当承担由此增加的费用和(或)延误的工期,并向承包人支付合理利润。

7.5.1 因发包人原因导致工期延误 在合同履行过程中,因下列情况导致工期延误和(或)费用增加的,由发包人承担由此延误的工期和(或)增加的费用,且发包人应支付承包人合理的利润:(1)发包人未能按合同约定提供图纸或所提供图纸不符合合同约定的;(2)发包人未能按合同约定提供施工现场、施工条件基础资料、许可、批准等开工条件的;(3)发包人提供的测量基准点、基准线和水准点及其书面资料存在错误或疏漏的;(4)发包人未能在计划开工日期之日起7天内同意下达开工通知的;(5)发包人未能按合同约定日期支付工程预付款、进度款或竣工结算款的;(6)监理人未按合同约定发出指示、批准等文件的;(7)专用合同条款中约定的其他情形。因发包人原因未按计划开工日期开工的,发包人应按实际开工日期顺延竣工日期,确保实际工期不低于合同约定的工期总日历天数。因发包人原因导致工期延误需要修订施工进度计划的,按照第7.2.2项〔施工进度计划的修订〕执行。

16.1.1 发包人违约的情形 在合同履行过程中发生的下列情形,属于发包人违约:(1)因发包人原因未能在计划开工日期前7天内下达开工通知的;(2)因发包人原因未能按合同约定支付合同价款的;(3)发包人违反第10.1.2款〔变更的范围〕第(2)项约定,自行实施被取消的工作或转由他人实施的;(4)发包人提供的材料、工程设备的规格、数量或质量不符合合同约定,或因发包人原因导致交货日期延误或交货地点变更等情况的;(5)因发包人违反合同约定造成暂停施工的;(6)发包人无正当理由没有在约定期限内发出复工指示,导致承包人无法复工的;(7)发包人明确表示或者以其行为表明不履行合同主要义务的;(8)发包人未能按照合同约定履行其他义务的。发包人发生除本项第(7)目以外的违约情况时,承包人可向发包人发出通知,要求发包人采取有效措施纠正违约行为。发包人收到承包人通知后28天内仍不纠正违约行为的,承包人有权暂停相应部位工程施工,并通知监理人。

16.1.2　发包人违约的责任　发包人应承担因其违约给承包人增加的费用和(或)延误的工期并支付承包人合理的利润。此外,合同当事人可在专用合同条款中另行约定发包人违约责任的承担方式和计算方法。

七、发包人未按合同约定提供图纸的情形

1. 审查发包人是否未按合同约定期限向承包人提供图纸。

2. 审查发包人提供的招标图纸与合同约定的施工图纸是否一致。

3. 审查是否存在发包人提供的图纸存在错误导致承包人无法施工或暂停施工情形。

4. 审查是否存在发包人要求变更图纸内容导致承包人暂停施工或返工的情形。

5. 审查发包人未按照合同约定提供的图纸是否在关键线路上,若不在关键线路上将减轻或免除发包人责任。

6. 审查发包人提供的图纸是否经审图机构审查合格。

7. 审查案涉工程因发包人未按合同约定提供图纸造成的工期延误天数、增加费用额及相应证据。

实务提示

图纸是合同文件的组成部分,包括由发包人按照合同约定提供或经发包人批准的设计文件,施工图、鸟瞰图及模型等,图纸应当经主管部门审查合格后方可用于施工。图纸是承包人施工的主要依据,按图施工是施工总承包合同中承包人的天职。因此,发包人不按照合同约定提供图纸,承包人就无法进行施工活动,由此造成的工期延误或费用增加,承包人自然可以向发包人索赔。

裁判依据

《建筑法》

第五十八条　建筑施工企业对工程的施工质量负责。建筑施工企业必须按

照工程设计图纸和施工技术标准施工,不得偷工减料。工程设计的修改由原设计单位负责,建筑施工企业不得擅自修改工程设计。

《建设工程质量管理条例》

第十一条 施工图设计文件审查的具体办法,由国务院建设行政主管部门、国务院其他有关部门制定。施工图设计文件未经审查批准的,不得使用。

《标准施工招标文件》

1.6.1 图纸的提供 除专用合同条款另有约定外,应在合理的期限内按照合同约定的数量提供给承包人。由于发包人未按时提供图纸造成工期延误的,按第11.3款的约定办理。

11.3 发包人的工期延误 在履行合同过程中,由于发包人的下列原因造成工期延误的,承包人有权要求发包人延长工期和(或)增加费用,并支付合理利润。需要修订合同进度计划的,按照第10.2款的约定办理。(1)增加合同工作内容;(2)改变合同中任何一项工作的质量要求或其他特性;(3)发包人迟延提供材料、工程设备或变更交货地点的;(4)因发包人原因导致的暂停施工;(5)提供图纸延误;(6)未按合同约定及时支付预付款、进度款;(7)发包人造成工期延误的其他原因。

《2017版施工合同》

1.6.1 发包人应按照专用合同条款约定的期限、数量和内容向承包人免费提供图纸,并组织承包人、监理人和设计人进行图纸会审和设计交底。发包人至迟不得晚于第7.3.2项〔开工通知〕载明的开工日期前14天向承包人提供图纸。因发包人未按合同约定提供图纸导致承包人费用增加和(或)工期延误的,按照第7.5.1项〔因发包人原因导致工期延误〕约定办理。

7.5.1 因发包人原因导致工期延误 在合同履行过程中,因下列情况导致工期延误和(或)费用增加的,由发包人承担由此延误的工期和(或)增加的费用,且发包人应支付承包人合理的利润:(1)发包人未能按合同约定提供图纸或所提供图纸不符合合同约定的;(2)发包人未能按合同约定提供施工现场、施工条件、基础资料、许可、批准等开工条件的;(3)发包人提供的测量基准点、基准线和水准点及其书面资料存在错误或疏漏的;(4)发包人未能在计划开工日期之日起7天内同意下达开工通知的;(5)发包人未能按合同约定日期支付工程预付款、进度款或竣工结算款的;(6)监理人未按合同约定发出指示、批准等文件的;(7)专用合同条款中约定的其他情形。因发包人原因未按计划开工日期开工的,发包人应按实际开工日期，顺延竣工日期，确保实际工期不低于合同约定的工期总日历天数。因发包人原因导致工期延误需要修订施工进度计划的，按照7.2.2项〔施工进度计划的修订〕执行。

八、发包人拖延提供施工现场、条件及资料的情形

1. 审查合同约定提供施工现场、条件及资料的时间。

2. 审查发包人实际提供施工现场、条件及资料的时间。

3. 审查判断发包人是否存在拖延提供。

4. 发包人未按照约定的时间和要求提供原材料、设备、场地、资金、技术资料的，承包人可以顺延工程日期，并有权要求赔偿停工、窝工等损失。

5. 发包人的上述行为应当达到承包人无法施工的程度，造成停工的，承包人才可以要求发包人赔偿工期拖延费用、合理利润损失等费用。

6. 承包人在提出停工、窝工损失，要求索赔时，必须有相应证据证明自己的所遭受的损失。

7. 发包人拖延提供施工现场、施工条件及基础资料，承包人是否根据合同约定及时提出异议，并就增加的费用或延误的工期责任按照合同约定及时提出索赔。

8. 承包人是否对基础资料的明显问题予以审查，虽发包人对基础资料的完整性、准确性、真实性承担责任，但对资料显而易见的问题未及时提出异议，未及时停止施工进行止损，则承担由此造成的损失并承担其他不利后果。

9. 发包人提供的施工现场、施工条件、基础资料能够满足一部分施工需要，但需要承包人调整施工组织设计时，由此增加的费用或延误的工期应由发包人承担。

10. 审查承包人延误工期和增加费用的相应证据。

实务提示

1. 施工现场是指用于工程施工的场所，以及保证施工需要的其他场地，包括用于建设永久工程和临时工程的工程用地。

2. 施工条件指为保证承包人完成工程而由发包人提供的基本条件，一般情况下包括但不限于以下几个方面：(1)施工用水、电力、通信线路等施工所需的条件；(2)施工设备和工程设备、材料及车辆等所需要进入施工现场所需的交通条件；

(3)施工现场周围地下管线和邻近建筑物、构筑物、古树名木的保护;(4)根据工程特点及施工现场环境所需提供的其他设施和条件。

3. 基础资料是指施工现场及工程所必需的毗邻区域内供水、排水、供电、供气、供热、通讯、广播电视等地下管线资料,气象和水文观测资料,地质勘察资料、相邻建筑物、构筑物的地下工程等有关基础资料。

4. 施工现场、施工条件、基础资料均为承包人进入施工现场的前提条件,关系到承包人施工能否顺利进行,如果发包人不能按照合同约定的时间及标准向承包人提供施工现场、施工条件及基础资料,由发包人承担由此增加的费用(或)延误的工期,承包人应按合同约定或法律规定及时提出索赔。

裁判依据

《民法典》

第八百零三条 发包人未按照约定的时间和要求提供原材料、设备、场地、资金、技术资料的,承包人可以顺延工程日期,并有权请求赔偿停工、窝工等损失。

《建筑法》

第四十条 建设单位应当向建筑施工企业提供与施工现场相关的地下管线资料,建筑施工企业应当采取措施加以保护。

《建设工程安全生产管理条例》

第六条 建设单位应当向施工单位提供施工现场及毗邻区域内供水、排水、供电、供气、供热、通信、广播电视等地下管线资料,气象和水文观测资料,相邻建筑物和构筑物、地下工程的有关资料,并保证资料的真实、准确、完整。建设单位因建设工程需要,向有关部门或者单位查询前款规定的资料时,有关部门或者单位应当及时提供。

《标准施工招标文件》

4.10.1 发包人应将其持有的现场地质勘探资料、水文气象资料提供给承包人,并对其准确性负责。但承包人应对其阅读上述有关资料后所作出的解释和推断负责。

《2017 版施工合同》

2.4.1 提供施工现场 除专用合同条款另有约定外,发包人应最迟于开工日期7天前向承包人移交施工现场。

2.4.2 提供施工条件 除专用合同条款另有约定外,发包人应负责提供施工所需要的条件，包括：(1)将施工用水、电力、通讯线路等施工所必需的条件接至施工现场内；(2)保证向承包人提供正常施工所需要的进入施工现场的交通条件；(3)协调处理施工现场周围地下管线和邻近建筑物、构筑物、古树名木的保护工作，并承担相关费用；(4)按照专用合同条款约定应提供的其他设施和条件。

2.4.3　提供基础资料　发包人应当在移交施工现场前向承包人提供施工现场及工程施工所必需的毗邻区域内供水、排水、供电、供气、供热、通信、广播电视等地下管线资料，气象和水文观测资料，地质勘察资料，相邻建筑物、构筑物和地下工程等有关基础资料，并对所提供资料的真实性、准确性和完整性负责。按照法律规定确需在开工后方能提供的基础资料，发包人应尽其努力及时地在相应工程施工前的合理期限内提供，合理期限应以不影响承包人的正常施工为限。

2.4.4　逾期提供的责任　因发包人原因未能按合同约定及时向承包人提供施工现场、施工条件、基础资料的，由发包人承担由此增加的费用和(或)延误的工期。

7.5.1　因发包人原因导致工期延误　在合同履行过程中，因下列情况导致工期延误和(或)费用增加的，由发包人承担由此延误的工期和(或)增加的费用，且发包人应支付承包人合理的利润：(1)发包人未能按合同约定提供图纸或所提供图纸不符合合同约定的；(2)发包人未能按合同约定提供施工现场、施工条件、基础资料、许可、批准等开工条件的；(3)发包人提供的测量基准点、基准线和水准点及其书面资料存在错误或疏漏的；(4)发包人未能在计划开工日期之日起7天内同意下达开工通知的；(5)发包人未能按合同约定日期支付工程预付款、进度款或竣工结算款的；(6)监理人未按合同约定发出指示、批准等文件的；(7)专用合同条款中约定的其他情形。因发包人原因未按计划开工日期开工的，发包人应按实际开工日期顺延竣工日期，确保实际工期不低于合同约定的工期总日历天数。因发包人原因导致工期延误需要修订施工进度计划的，按照第7.2.2项〔施工进度计划的修订〕执行。

九、发包人提供的工程基准、水准资料存在错误

1. 发包人提供的工程基准、水准资料是否存在错误。

2. 承包人发现发包人提供资料错误后，是否及时向监理人或发包人提出。

3. 承包人作为专业施工单位，根据一般经验能够发现发包人提供的工程基准、水准资料存在错误，应通过监理人或向发包人要求核实。

4. 因发包人上述错误，是否导致延误工期及延误工期天数及证据。

5. 因发包人上述错误，是否导致承包费用增加、增加费用额及证据。

实务提示

测量放线的目的是将图纸上设计的建筑物的位置、形状和高程标定在施工现场的地面上，并在施工过程中指导施工，使工程严格按照设计的要求进行建设。建设工程施工测量工作不仅是工程建设的前提，而且直接决定了工程质量。发包人应向承包人提供测量基准点、基准线和水准点及书面材料，发包人对其提供的测量基准点、基准线和水准点的准确性、完整性负责。因发包人提供上述基准资料错误导致承包人测量放线工作的返工或造成工程损失的，发包人应当承担由此增加的费用和（或）工期延误，并向承包人支付合理利润。

裁判依据

《标准施工招标文件》

8.3 基准资料错误的责任 发包人应对其提供的测量基准点、基准线和水准点及其书面资料的真实性、准确性和完整性负责。发包人提供上述基准资料错误导致承包人测量放线工作的返工或造成工程损失的，发包人应当承担由此增加的费用和（或）工期延误，并向承包人支付合理利润。承包人发现发包人提供的上述基准资料存在明显错误或疏忽的，应及时通知监理人。

《2017 版施工合同》

7.4.1 除专用合同条款另有约定外，发包人应在至迟不得晚于第 7.3.2 项〔开过通知〕载明的开工日期前 7 天通过监理人向承包人提供测量基准点、基准线和水准点及其书面资料。发包人应对其提供的测量基准点、基准线和水准点及其书面资料的真实性、准确性和完整性负责。承包人发现发包人提供的测量基准点、基准线和水准点及其书面资料存在错误或疏漏的，应及时通知监理人。监理人应及时报告发包人，并会同发包人和承包人予以核实。发包人应就如何处理和是否继续施工作出决定，并通知监理人和承包人。

7.5.1 因发包人原因导致工期延误 在合同履行过程中，因下列情况导致工期延误和（或）费用增加的，由发包人承担由此延误的工期和（或）增加的费用，且发包人应支付承包人合理的利润：(1) 发包人未能按合同约定提供图纸或所提供图纸不符合合同约定的；(2) 发包人未能按合同约定提供施工现场、施工条件、基础资料、许可、批准等开工条件的；(3) 发包人提供的测量基准点、基准线和水准点及其书面资料存在错误或疏漏的；(4)发包人未能在计划开工日期之日起7天内同意下达开工通知的；(5)发包人未能按合同约定日期支付工程预付款、进度款或竣工结算款的；(6)监理人未按合同约定发出指示、批准等文件的；(7)专用合同条款中约定的其他情形。因发包人原因未按计划开工日期开工的，发包人应按实际开工日期顺延竣工日期，确保实际工期不低于合同约定的工期总日历天数。因发包人原因导致工期延误需要修订施工进度计划的，按照第7.2.2项〔施工进度计划的修订〕执行。

十、发包人或监理人拖延审批施工方案或进度计划

1. 审查承包人提交施工方案或施工进度的时间或发包人收到时间。
2. 审查发包人审批或确认施工方案或施工进度具体时间。
3. 审查发包人迟延审批施工方案或施工进度计划是否导致工期延误。
4. 审查发包人迟延审批施工方案或施工进度计划是否导致费用增加。
5. 审查导致工期延误天数及费用增加额。
6. 审查延误天数及费用增加的相应证据。

实务提示

施工方案和施工进度计划都是施工组织设计的重要组成部分，发包人或监理人按期审查施工方案，施工进度计划等均为承包人正常施工的必要条件。及时、全面完成对施工方案、施工进度计划的审批也是法律及合同对发包人的基本要求及承包人按计划完成施工任务的重要保证。若由于发包人或监理人拖延审批施工方案或进度计划导致工期延误，费用增加的，承包人可以向发包人索赔，发包人应予以赔偿。

裁判依据

《标准施工招标文件》

10.1　合同进度计划　承包人应按专用合同条款约定的内容和期限，编制详细的施工进度计划和施工方案说明报送监理人。监理人应在专用合同条款约定的期限内批复或提出修改意见，否则该进度计划视为已得到批准。经监理人批准的施工进度计划也称合同进度计划，是控制合同工程进度的依据。承包人还应根据合同进度计划，编制更为详细的分阶段或分项进度计划，报监理人审批。

《2017版施工合同》

7.1.2　施工组织设计的提交和修改　除专用合同条款另有约定外，承包人应在合同签订后14天内，但至迟不得晚于第7.3.2项〔开工通知〕载明的开工日期前7天，向监理人提交详细的施工组织设计，并由监理人报送发包人。除专用合同条款另有约定外，发包人和监理人应在监理人收到施工组织设计后7天内确认或提出修改意见。对发包人和监理人提出的合理意见和要求，承包人应自费修改完善。根据工程实际情况需要修改施工组织设计的，承包人应向发包人和监理人提交修改后的施工组织设计。施工进度计划的编制和修改按照第7.2款〔施工进度计划〕执行。

7.2.2　施工进度计划的修订　施工进度计划不符合合同要求或与工程的实际进度不一致的，承包人应向监理人提交修订的施工进度计划，并附具有关措施和相关资料，由监理人报送发包人。除专用合同条款另有约定外，发包人和监理人应在收到修订的施工进度计划后7天内完成审核和批准或提出修改意见。发包人和监理人对承包人提交的施工进度计划的确认，不能减轻或免除承包人根据法律规定和合同约定应承担的任何责任或义务。

十一、承包人代办工程有关保险

1. 审查承发包双方在施工合同中就各方应当投保的保险险种、保险范围等事项作出具体明确的约定。

2. 审查承包人代发包人办理相应保险后，应保存保险单据、保险凭证及缴费单据等。

实务提示

在建设工程合同项下，发包人与承包人均负有投保保险的义务，具体应投保的险种有工程保修、工伤保险、其他保险等，如果发包人未按照合同约定或法律规定进行投保的，不仅是一种违约行为，而且会导致发生保修事故时无法向保险公司索赔，进而造成承包人损失，该种损失承包人可以向发包人索赔。

裁判依据

《标准施工招标文件》

20.1　工程保险　除专用合同条款另有约定外，承包人应以发包人和承包人的共同名义向双方同意的保险人投保建筑工程一切险、安装工程一切险。其具体的投保内容、保险金额、保险费率、保险期限等有关内容在专用合同条款中约定。

20.6.5 未按约定投保的补救 (1)由于负有投保义务的一方当事人未按合同约定办理保险,或未能使保险持续有效的,另一方当事人可代为办理,所需费用由对方当事人承担。(2)由于负有投保义务的一方当事人未按合同约定办理某项保险,导致受益人未能得到保险人的赔偿,原应从该项保险得到的保险金应由负有投保义务的一方当事人支付。

《2017版施工合同》

18.1 工程保险

除专用合同条款另有约定外,发包人应投保建筑工程一切险或安装工程一切险;发包人委托承包人投保的,因投保产生的保险费和其他相关费用由发包人承担。

18.2 工伤保险

18.2.1 发包人应依照法律规定参加工伤保险,并为在施工现场的全部员工办理工伤保险,缴纳工伤保险费,并要求监理人及由发包人为履行合同聘请的第三方依法参加工伤保险。

18.2.2 承包人应依照法律规定参加工伤保险,并为其履行合同的全部员工办理工伤保险,缴纳工伤保险费,并要求分包人及由承包人为履行合同聘请的第三方依法参加工伤保险。

18.3 其他保险

发包人和承包人可以为其施工现场的全部人员办理意外伤害保险并支付保险费,包括其员工及为履行合同聘请的第三方的人员,具体事项由合同当事人在专用合同条款约定。

除专用合同条款另有约定外,承包人应为其施工设备等办理财产保险。

18.4 持续保险

合同当事人应与保险人保持联系,使保险人能够随时了解工程实施中的变动,并确保按保险合同条款要求持续保险。

18.5 保险凭证

合同当事人应及时向另一方当事人提交其已投保的各项保险的凭证和保险单复印件。

18.6 未按约定投保的补救

18.6.1 发包人未按合同约定办理保险,或未能使保险持续有效的,则承包人可代为办理,所需费用由发包人承担。发包人未按合同约定办理保险,导致未能得到足额赔偿的,由发包人负责补足。

18.6.2 承包人未按合同约定办理保险,或未能使保险持续有效的,则发包人可代为办理,所需费用由承包人承担。承包人未按合同约定办理保险,导致未能得到足额赔偿的,由承包人负责补足。

18.7 通知义务

除专用合同条款另有约定外,发包人变更除工伤保险之外的保险合同时,应事先征得承包人同意,并通知监理人;承包人变更除工伤保险之外的保险合同时,应事先征得发包人同意,并通知监理人。

保险事故发生时,投保人应按照保险合同规定的条件和期限及时向保险人报告。发包人和承包人应当在知道保险事故发生后及时通知对方。

十二、发包人或监理人发布指示延误或不当

1. 审查发包人或监理人是否在法律规定及合同约定的权限范围内按照约定的程序向承包人发布指示。

2. 审查发包人或监理人的指示是否迟延。

3. 审查证明指示迟延、指示错误的证据。

4. 审查承包是否就发包人或监理人指示迟延、指示错误及时提出异议。

5. 审查监理人是否按照发包人的授权发出监理指示。

6. 审查监理人的指示是否采用书面形式,是否经其授权的监理人员签字。

7. 若存在口头形式的指示,审查是否在口头指示发出的 24 小时内补发书面的监理指示,补发的书面监理指示与口头指示内容是否一致。

8. 审查发包人、监理人指示迟延或指示错误是否造成工期延误或费用增加。

9. 若造成工期延误则进一步审查延误天数及相应证据。

10. 若指示错误、指示延迟造成费用增加,则审查造成增加的费用额及相应证据。

11. 审查承包人主张利润额及相应证据。

实务提示

发包人和监理人都应在法律规定和合同约定的权限内按照约定的程序向承包人发布指示,若发包人或监理人没有按照合同约定的程序发布指示或发布指示

迟延、发布指示错误导致承包人费用增加及(或)工期延误的,均属于发包人及监理人的过错。发包人应对增加的费用及延误的工期承担责任,并支付承包人合理利润。

裁判依据

《建设工程质量管理条例》

第三十七条　工程监理单位应当选派具备相应资格的总监理工程师和监理工程师进驻施工现场。未经监理工程师签字,建筑材料、建筑构配件和设备不得在工程上使用或者安装,施工单位不得进行下一道工序的施工。未经总监理工程师签字,建设单位不拨付工程款,不进行竣工验收。

《标准施工招标文件》

3.4.5　由于监理人未能按合同约定发出指示、指示延误或指示错误而导致承包人费用增加和(或)工期延误的,由发包人承担赔偿责任。

《2017 版施工合同》

4.3　监理人的指示　监理人应按照发包人的授权发出监理指示。监理人的指示应采用书面形式,并经其授权的监理人员签字。紧急情况下,为了保证施工人员的安全或避免工程受损,监理人员可以口头形式发出指示,该指示与书面形式的指示具有同等法律效力,但必须在发出口头指示后 24 小时内补发书面监理指示,补发的书面监理指示应与口头指示一致。监理人发出的指示应送达承包人项目经理或经项目经理授权接收的人员。因监理人未能按合同约定发出指示、指示延误或发出了错误指示而导致承包人费用增加和(或)工期延误的,由发包人承担赔偿责任。除专用合同条款另有约定外,总监理工程师不应将第 4.4 款〔商定或确定〕约定应由总监理工程师作出确定的权力授权或委托给其他监理人员。承包人对监理人发出的指示有疑问的,应向监理人提出书面异议,监理人应在 48 小时内对该指示予以确认、更改或撤销,监理人逾期未回复的,承包人有权拒绝执行上述指示。监理人对承包人的任何工作、工程或其采用的材料和工程设备未在约定的或合理期限内提出意见的,视为批准,但不免除或减轻承包人对该工作、工程、材料、工程设备等应承担的责任和义务。

7.5.1　因发包人原因导致工期延误　在合同履行过程中,因下列情况导致工期延误和(或)费用增加的,由发包人承担由此延误的工期和(或)增加的费用,且发包人应支付承包人合理的利润:(1)发包人未能按合同约定提供图纸或所提供图纸不符合合同约定的;(2)发包人未能按合同约定提供施工现场、施工条件、基础资料、许可、批准等开工条件的;(3)发包人提供的测量基准点、基准线和水准点及其书面资料存在错误或疏漏的;(4)发包人未能在计划开工日期之日起7天内同意下达开工通知的;(5)发包人未能按合同约定日期支付工程预付款、进度款或竣工结算款的;(6)监理人未按合同约定发出指示、批准等文件的;(7)专用合同条款中约定的其他情形。因发包人原因未按计划开工日期开工的,发包人应按实际开工日期顺延竣工日期,确保实际工期不低于合同约定的工期总日历天数。因发包人原因导致工期延误需要修订施工进度计划的,按照第7.2.2项〔施工进度计划的修订〕执行。

十三、工程变更

1. 审查并确定案涉工程变更的范围。

2. 审查变更是否引起工程量清单项目或其工程数量发生发化。

3. 若变更引起工程量清单项目或工程量发生变化的,则按变更估价原则处理。

4. 审查工程变更是否引起施工方案改变并使措施项目发生变化。

5. 经审查工程变更引起施工方案发生变化并使措施项目发生变化的,则按规定计算安全文明施工费及总价措施项目费、单价措施项目费。

6. 审查案涉合同发包人是否删减了合同中原定工作或工程。

7. 审查案涉工程发包人是否将删减了的合同原定工作或工程交付第三人,若交付第三人则不属于工程变更而属于违约。

8. 审查案涉工程是否存在项目特征描述不符情形。

9. 经审查若存在项目特征描述不符情形,则按实际施工的项目特征调整工程价款。

10. 审查案涉工程是否存在工程量清单缺项情形。

11. 经审查若存在工程量清单缺陷的情形,新增加的工程量清单项目按照本规范工程变更调整的规定,措施项目按调整后经发包人批准的施工方案确定。

12. 审查案涉工程是否存在工程量清单偏差的情形。

13. 经审查案涉工程存在工程量清单偏差时,则进一步审查减少或增加的工程量是否超过15%。减少超过15%的,剩余部分工程量单价调高、措施费调低;增加超过15%的,增加部分的单价调低、措施费调低。

14. 审查发包人在施工中对原工程设计变更，是否提前14天以书面形式向承包人发出书面通知。

15. 审查发包人变更超过原设计标准或批准的建设规模时，是否要报规划管理部门和其他相关部门重新审查批准，原设计单位是否提供变更的相应图纸和说明。

16. 审查承发包双方在施工合同中关于索赔约定的程序。

实务提示

1. 工程变更的含义。工程变更是指在合同实施过程中，合同状态改变时，为保证工程顺利实施所采取的对原合同文件的修改补充的一种措施，即合同工程实施过程中由发包人提出或由承包人提出经发包人批准的合同工程任何一项工作的增、减、取消或施工工艺、顺序、时间的改变，设计图纸的修改，施工条件的改变，招标工程量清单的错漏从而引发合同条件变化或工程量的增减变化。工程变更实质上是合同条件变更。造成工程变更的原因多是设计变更。设计变更是指设计人依据发包人要求调整或对原设计内容进行修改、完善、优化，设计变更需要经过设计人审查并提供变更后的图纸和说明。

2. 工程变更的范围。更改有关部分的标高、基线、位置和尺寸；增减合同中任一项工作的增减取消；改变有关工程的施工工艺、顺序、时间；设计图纸的修改；施工条件的改变；招标工程量清单错漏从而引起合同条件的改变或工程量的增减变化。

3. 工程变更引起合同价款调整：

（1）变更引起分部分项工程价款调整：因工程变更引起工程量清单项目或其工程数量发生变化，应按照下列规定调整：①已标价工程量清单中有适用变更工程项目的，应采用该项目的单价。②已标价工程量清单中没有适用但有类似于变更项目的，可参照类似项目的单价。③已标价工程量清单中没有适用也没有类似于变更工程项目的，应由承包人根据变更工程资料、计量规则和计价办法、工程造价管理机构发布的信息价格和承包人报价浮动率提出变更工程项目的单价，并应报发包人确认后调整。

招标工程：报价浮动率 L＝（1－中标价/招标控制价）×100%

非招标工程：报价浮动率 L＝（1－报价/施工图预算）×100%

（2）工程变更引起施工方案改变并使措施项目发生变化时，应按照下列规定

调整:①安全文明施工费按照实际发生变化的措施项目调整(费率不得竞争)。②采用单价计算的措施项目费,应按照实际发生变化的措施项目调整。③按总价(或系数)计算的措施项目费,按照实际发生变化措施项目调整。

(3)当发包人提出的变更或非承包人原因删减了合同中的某项原定工作或工程,致使承包人发生的费用或得到的收益不能被包括在其他已支付或应支付的项目中,也未被包含在任何替代的工作或工程中时,承包人有权提出并得到合理的费用及利润补偿。

(4)项目特征描述不符引发价款调整:项目特征描述不符实质是变更工程,具体包括两种情形,即工程量清单与实际施工要求不符和工程量清单与设计图纸不符。项目特征描述不符引起价款调整的依据:发包人在招标工程量清单中对项目特征的描述,应被认为是准确的和全面的,并且与实际施工要求相符合。承包人应按照发包人提供的招标工程量清单,根据其项目特征描述的内容及有关要求实施合同工程,直到项目被改变为止。承包人应按照发包人提供的设计图纸实施合同工程,若在合同履行期间,出现设计图纸(含设计变更)与招标工程量清单任一项目的特征描述不符,且该变化引起该项目的工程造价增减变化的,应按照实际施工的项目特征,按本规范工程变更调整的相关条款的规定重新确定相应工程量清单项目的综合单价,并调整合同价款。

(5)工程量清单缺项引发价款调整:工程量清单缺项实质是工程变更,具体有两种表现形式,即工程量清单中分部分项清单子目缺项和工程量清单中措施项目缺项。工程量清单缺项引发价款调整的具体操作:合同履行期间,由于招标工程量清单中缺项,新增分部分项工程量清单项目的,新增的工程量按图纸和规则计算。单价按照本规范工程变更调整的规定确定单价,并调整合同价款。新增分部分项工程量清单项目后,引起措施项目发生变化的,应按照《2013版清单计价规范》变更调整的规定,在承包人提交的实施方案被发包人批准后调整合同价款。由于招标工程量清单中措施项目缺项,承包人应将新增措施项目实施方案提交发包人批准后,按照《2013版清单计价规范》相应规定调整合同价款。

(6)工程量偏差引起价款调整工程量清单偏差引发价款调整原则:工程量清单偏差未超过15%的,综合单价不予调整。工程量清单偏差超过15%的,工程量减少的,剩余工程量综合单价予以调高,措施费予以调减;工程量增加的,增加工程量综合单价调低,措施费调增。

裁判依据

《民法典》

第八百零四条　因发包人的原因致使工程中途停建、缓建的，发包人应当采取措施弥补或者减少损失，赔偿承包人因此造成的停工、窝工、倒运、机械设备调迁、材料和构件积压等损失和实际费用。

十四、发包人调整承包人工作内容及工作量的情形

1. 审查案涉工程发包人是否增加了承包人额外工作。

2. 审查案涉工程发包人是否减少了承包人原合同约定的工作。

3. 审查案涉工程就增加或减少的工程引起的费用变化是否形成洽商签证文件。

4. 承包人应妥善保管发包人增加、减少合同中工作或追加额外工作或设计变更或要求修改图纸，进而导致工程量增加或减少的书面证据。

5. 承包人应及时核算相应变更、修改事项可能对工程造价、工期及承包人利润产生的影响。

6. 如果施工合同对相应利益诉求的追索时限有约定，承包人应按照合同约定及时向发包人提出自身的利益诉求，即使合同未有相应约定，承包人也应在合理期限内提出。

实务提示

一般而言，发包人如果增加或减少合同中的工作，承包人应在收到相应的变更指令后，及时向发包人申报洽商变更费用，这里面既可能包括增项洽商导致工程价款增加，也可能包括减项洽商导致的单价调增和利润损失补偿要求。在合同约定明确或承发包双方协商一致的情况下，此类事项通常以工程签证的方式解决。但如果发包人执意拒绝补偿相应费用的，承包人就可以向发包人提出索赔。

裁判依据

《标准施工招标文件》

15.2　变更权　在履行合同过程中，经发包人同意，监理人可按第 15.3 款约定的变更程序向承包人作出变更指示，承包人应遵照执行。没有监理人的变更指示，承包人不得擅自变更。

15.3.2 变更估价 (1)除专用合同条款对期限另有约定外,承包人应在收到变更指示或变更意向书后的14天内,向监理人提交变更报价书,报价内容应根据第15.4款约定的估价原则,详细开列变更工作的价格组成及其依据,并附必要的施工方法说明和有关图纸。(2)变更工作影响工期的,承包人应提出调整工期的具体细节。监理人认为有必要时,可要求承包人提交要求提前或延长工期的施工进度计划及相应施工措施等详细资料。(3)除专用合同条款对期限另有约定外,监理人收到承包人变更报价书后的14天内,根据第15.4款约定的估价原则,按照第3.5款商定或确定变更价格。

《2017版施工合同》

10.2 变更权 发包人和监理人均可以提出变更。变更指示均通过监理人发出,监理人发出变更指示前应征得发包人同意。承包人收到经发包人签认的变更指示后,方可实施变更。未经许可,承包人不得擅自对工程的任何部分进行变更。涉及设计变更的,应由设计人提供变更后的图纸和说明。如变更超过原设计标准或批准的建设规模时,发包人应及时办理规划、设计变更等审批手续。

10.4.2 变更估价程序 承包人应在收到变更指示后14天内,向监理人提交变更估价申请。监理人应在收到承包人提交的变更估价申请后7天内审查完毕并报送发包人,监理人对变更估价申请有异议,通知承包人修改后重新提交。发包人应在承包人提交变更估价后7天内审批完毕。发包人逾期未完成审批或未提出异议的,视为认可承包人提交的变更估价申请。因变更引起的价格调整应计入最近一期的进度款中支付。

十五、工程量减少导致合同单价变更的情形

1. 审查案涉工程发包人是否减少了工程量。

2. 审查案涉工程减少的工程是否交给第三人。

3. 审查案涉工程就减少的工程引起的费用变化,双方是否形成洽商签证文件。

4. 审查承发包双方约定的价格形式。

5. 审查合同中有无对工程量的大幅度变化作为价格的调整因素。

实务提示

详见本节第十三、十四部分的实务提示。

裁判依据

《2017版施工合同》

10.4.1 变更估价原则 除专用合同条款另有约定外，变更估价按照本款约定处理：(1)已标价工程量清单或预算书有相同项目的，按照相同项目单价认定；(2)已标价工程量清单或预算书中无相同项目，但有类似项目的，参照类似项目的单价认定；(3)变更导致实际完成的变更工程量与已标价工程量清单或预算书中列明的该项目工程量的变化幅度超过15%的，或已标价工程量清单或预算书中无相同项目及类似项目单价的，按照合理的成本与利润构成的原则，由合同当事人按照第4.4款〔商定或确定〕确定变更工作的单价。

十六、发包人提出超出原合同约定的设计、施工、材料质量要求

1. 审查合同原约定的设计、施工、材料质量具体要求。

2. 审查在施工过程中发包人对施工、材料质量提出的新要求。

3. 审查新要求的材料、施工质量标准是否高于原施工、材料的质量标准。

4. 审查新要求是否会造成承包人工期延误或费用增加及相应证据。

5. 审查承发包对建设工程的计价标准或者计价方法是否有约定。

6. 审查对于发包人提出的超出合同约定的质量要求，承包人是否留证并记录发函。

实务提示

一般而言，建设工程施工需要发包人提供符合施工要求的设计图纸，并对可能影响工程施工质量、建设标准的设计、材料、工艺提出明确具体的要求。在前述设计、材料、工艺确定后，如果发包人在施工过程中提出超出原合同约定的要求，就有可能导致承包人工期延误和费用增加，发包人就由此造成的工期延误和费用增加承担责任，若发包人不承担，承包人就可以提出索赔。

裁判依据

《建设工程司法解释(一)》

第十九条 当事人对建设工程的计价标准或者计价方法有约定的，按照约定结算工程价款。因设计变更导致建设工程的工程量或者质量标准发生变化，当事人对该部分工程价款不能协商一致的，可以参照签订建设工程施工合同时当地建

设行政主管部门发布的计价方法或者计价标准结算工程价款。建设工程施工合同有效,但建设工程经竣工验收不合格的,参照民法典第五百七十七条规定处理。

《标准施工招标文件》

15.1　变更的范围和内容　除专用合同条款另有约定外,在履行合同中发生以下情形之一,应按照本条规定进行变更。(1)取消合同中任何一项工作,但被取消的工作不能转由发包人或其他人实施;(2)改变合同中任何一项工作的质量或其他特性;(3)改变合同工程的基线、标高、位置或尺寸;(4)改变合同中任何一项工作的施工时间或改变已批准的施工工艺或顺序;(5)为完成工程需要追加的额外工作。

《2017 版施工合同》

10.1　变更范围　除专用合同条款另有约定外,合同履行过程中发生以下情形的,应按照条约定进行变更:(1)增加或减少合同中任何工作,或追加额外的工作;(2)取消合同中任何工作,但转由他人实施的工作除外;(3)改变合同中任何工作的质量标准或其他特性;(4)改变工程的基线、标高、位置和尺寸;(5)改变工程的时间安排或实施顺序。

十七、发包人违约指定材料、设备生产厂家或供应商的情形

1. 审查施工合同中是否约定由承包人提供材料、设备。

2. 审查发包人指定材料、设备生产厂家或供应商具体事实及相应证据。

3. 审查发包人违反合同约定指定生产厂家或供应商时承包人是否拒绝。

4. 审查发包人指定生产厂家或供应商供应的材料是否符合合同约定的质量标准或强制性标准。

5. 审查承包人对于甲指供材是否进行检验、检查。

6. 查承包人是否存在对甲指供材未经检验、检查即使用或经检验、检查发现不符合强制性标准仍然使用的情形。

7. 审查是否因甲指供材而引发工期延误或费用增加。

8. 审查工期延误或费用增加的相应证据。

实务提示

合同约定由承包人负责采购的材料、工程设备,承包人应当严格按照设计和有关标准及合同约定采购,并提供产品合格证及出厂证明,并对材料、工程质量负

责。如果发包方指定生产厂家和供应商，承包人有权拒绝，并由发包人承担由此增加的费用和延误的工期；如果承包人明知且继续履行的，不免除承包人应对材料和工程设备质量承担的责任。

裁判依据

《建筑法》

第二十五条　按照合同约定，建筑材料、建筑构配件和设备由工程承包单位采购的，发包单位不得指定承包单位购入用于工程的建筑材料、建筑构配件和设备或者指定生产厂、供应商。

《建设工程司法解释(一)》

第十三条　发包人具有下列情形之一，造成建设工程质量缺陷，应当承担过错责任：(一)提供的设计有缺陷；(二)提供或者指定购买的建筑材料、建筑构配件、设备不符合强制性标准；(三)直接指定分包人分包专业工程。承包人有过错的，也应当承担相应的过错责任。

《2017版施工合同》

8.2　承包人采购材料与工程设备　承包人负责采购材料、工程设备的，应按照设计和有关标准要求采购，并提供产品合格证明及出厂证明，对材料、工程设备质量负责。合同约定由承包人采购的材料、工程设备，发包人不得指定生产厂家或供应商，发包人违反本款约定指定生产厂家或供应商的，承包人有权拒绝，并由发包人承担相应责任。

十八、甲供材料存在供应时间延误或地点变更

1. 审查合同对于发包人提供材料、设备的时间与地点是否有明确约定。

2. 审查合同是否约定承包人应事先向发包人提出具体的甲供材料使用时间、地点及数量。

3. 如承包人有相应的义务，在提出索赔前核实承包人是否已经按约定执行。

4. 审查合同是否约定承包人在发包人出现或可能出现甲供材料提供逾期或地点变更应予提示，若有，审查承包人是否尽到提示义务。

5. 审查承包人提出的费用索赔是否有充分的费用标准及支出依据。

实务提示

合同约定发包人供应材料、设备的，发包人应按约定的时间及地点供应材料、设备。因发包人原因导致交货日期延误或交货地点变更，给承包人造成工期延误或费用增加的，发包人应予以承担，并支付承包人合理利润。

裁判依据

《民法典》

第八百零三条 发包人未按照约定的时间和要求提供原材料、设备、场地、资金、技术资料的，承包人可以顺延工程日期，并有权请求赔偿停工、窝工等损失。

第八百零六条 承包人将建设工程转包、违法分包的，发包人可以解除合同。发包人提供的主要建筑材料、建筑构配件和设备不符合强制性标准或者不履行协助义务，致使承包人无法施工，经催告后在合理期限内仍未履行相应义务的，承包人可以解除合同。合同解除后，已经完成的建设工程质量合格的，发包人应当按照约定支付相应的工程价款；已经完成的建设工程质量不合格的，参照本法第七百九十三条的规定处理。

《标准施工招标文件》

5.2.2 承包人应根据合同进度计划的安排，向监理人报送要求发包人交货的日期计划。发包人应按照监理人与合同双方当事人商定的交货日期，向承包人提交材料和工程设备。

5.2.6 发包人提供的材料和工程设备的规格、数量或质量不符合合同要求，或由于发包人原因发生交货日期延误及交货地点变更等情况的，发包人应承担由此增加的费用和(或)工期延误，并向承包人支付合理利润。

《2017 版施工合同》

8.3.1 发包人应按《发包人供应材料设备一览表》约定的内容提供材料和工程设备，并向承包人提供产品合格证明及出厂证明，对其质量负责。发包人应提前 24 小时以书面形式通知承包人、监理人材料和工程设备到货时间，承包人负责材料和工程设备的清点、检验和接收。发包人提供的材料和工程设备的规格、数量或质量不符合合同约定的，或因发包人原因导致交货日期延误或交货地点变更等情况的，按照第 16.1 款〔发包人违约〕约定办理。

16.1.1 发包人违约的情形 在合同履行过程中发生的下列情形，属于发包人违约:(1)因发包人原因未能在计划开工日期前7天内下达开工通知的;(2)因发包人原因未能按合同约定支付合同价款的;(3)发包人违反第10.1款〔变更的范围〕第(2)项约定,自行实施被取消的工作或转由他人实施的;(4)发包人提供的材料、工程设备的规格、数量或质量不符合合同约定,或因发包人原因导致交货日期延误或交货地点变更等情况的;(5)因发包人违反合同约定造成暂停施工的;(6)发包人无正当理由没有在约定期限内发出复工指示,导致承包人无法复工的;(7)发包人明确表示或者以其行为表明不履行合同主要义务的;(8)发包人未能按照合同约定履行其他义务的。发包人发生除本项第(7)目以外的违约情况时,承包人可向发包人发出通知,要求发包人采取有效措施纠正违约行为。发包人收到承包人通知后28天内仍不纠正违约行为的,承包人有权暂停相应部位工程施工,并通知监理人。

16.1.2　发包人违约的责任　发包人应承担因其违约给承包人增加的费用和(或)延误的工期,并支付承包人合理的利润。此外,合同当事人可在专用合同条款中另行约定发包人违约责任的承担方式和计算方法。

十九、发包人原因导致承包人供应材料、设备交货时间或地点变更的情形

1. 审查合同对于承包人提供材料的时间与地点是否有明确约定。
2. 审查案涉合同承包人实际供货时间与地点是否与合同约定一致。
3. 审查承包人实际供货时间与供货地点变更是否可归责于发包人。
4. 审查承包人供货时间或地点变更是否造成工期延误或费用增加。
5. 审查承包人的费用索赔是否有充分的费用标准及支出依据。
6. 审查承包人的顺延工期索赔是否有具体的延误天数及相应证据。

实务提示

建设工程施工合同约定由发包人提供材料和工程设备的,发包人应按合同约定的时间及地点供应材料,否则承担材料、设备供货延误的相应责任。建设工程合同约定由承包人供应材料、设备的,承包人亦应按照合同和《承包人供应材料一览表》,提供与合同和一览表所列内容一致的材料、工程设备。承包人交货时间和地点与一览表不符的,承包人应承担相应责任。但因发包人原因导致承包人供货时间或地点变更的除外。例如,发包人要求承包人提早或推迟供货,发包人原定

的供货地点无法满足材料、设备的存放与保管需求导致承包人不得不改变供货地点，或发包人临时授意承包人更换供货地点，由此给承包人造成的运输、保管、停窝工等损失的应由发包人承担。

裁判依据

《民法典》

第八百零三条 发包人未按照约定的时间和要求提供原材料、设备、场地、资金、技术资料的，承包人可以顺延工程日期，并有权请求赔偿停工、窝工等损失。

第八百零六条 承包人将建设工程转包、违法分包的，发包人可以解除合同。发包人提供的主要建筑材料、建筑构配件和设备不符合强制性标准或者不履行协助义务，致使承包人无法施工，经催告后在合理期限内仍未履行相应义务的，承包人可以解除合同。合同解除后，已经完成的建设工程质量合格的，发包人应当按照约定支付相应的工程价款；已经完成的建设工程质量不合格的，参照本法第七百九十三条的规定处理。

《标准施工招标文件》

5.2.2 承包人应根据合同进度计划的安排，向监理人报送要求发包人交货的日期计划。发包人应按照监理人与合同双方当事人商定的交货日期，向承包人提交材料和工程设备。

5.2.6 发包人提供的材料和工程设备的规格、数量或质量不符合合同要求，或由于发包人原因发生交货日期延误及交货地点变更等情况的，发包人应承担由此增加的费用和（或）工期延误，并向承包人支付合理利润。

《2017 版施工合同》

8.3.1 发包人应按《发包人供应材料设备一览表》约定的内容提供材料和工程设备，并向承包人提供产品合格证明及出厂证明，对其质量负责。发包人应提前24小时以书面形式通知承包人、监理人材料和工程设备到货时间，承包人负责材料和工程设备的清点、检验和接收。发包人提供的材料和工程设备的规格、数量或质量不符合合同约定的，或因发包人原因导致交货日期延误或交货地点变更等情况的，按照第16.1款〔发包人违约〕约定办理。

16.1.1 发包人违约的情形 在合同履行过程中发生的下列情形，属于发包人违约：(1)因发包人原因未能在计划开工日期前7天内下达开工通知的；(2)因发包人原因未能按合同约定支付合同价款的；(3)发包人违反第10.1款〔变更的范围〕第(2)项约定,自行实施被取消的工作或转由他人实施的;(4)发包人提供的材料、工程设备的规格、数量或质量不符合合同约定,或因发包人原因导致交货日期延误或交货地点变更等情况的;(5)因发包人违反合同约定造成暂停施工的;(6)发包人无正当理由没有在约定期限内发出复工指示,导致承包人无法复工的;(7)发包人明确表示或者以其行为表明不履行合同主要义务的;(8)发包人未能按照合同约定履行其他义务的。发包人发生除本项第(7)目以外的违约情况时,承包人可向发包人发出通知,要求发包人采取有效措施纠正违约行为。发包人收到承包人通知后28天内仍不纠正违约行为的,承包人有权暂停相应部位工程施工,并通知监理人。

16.1.2　发包人违约的责任　发包人应承担因其违约给承包人增加的费用和(或)延误的工期,并支付承包人合理的利润。此外,合同当事人可在专用合同条款中另行约定发包人违约责任的承担方式和计算方法。

二十、甲供材料质量存在缺陷

1. 审查合同是否约定了甲供材。

2. 审查合同约定的甲供材质量标准。

3. 审查发包人供应材料是否存在质量缺陷。

4. 审查承包人在发现甲供材料存在质量缺陷时,是否拒绝接收缺陷材料并根据施工合同的相关规定要求缺陷甲供材料退场。

5. 承包人是否妥善留存证明甲供材料存在质量缺陷的证据,如照相、录像、要求发包人驻场代表或承运人员签字等证据。

6. 承包人应及时向发包人发函,明确向其告知甲供材料质量存在缺陷的情况,并再次向发包人明确相应甲供材料的使用时间,提示发包人按合同和承包人要求的时间及质量标准进行材料替换。

7. 审查发包人提供材料质量缺陷是否造成承包人工期延误、费用增加、利润损失。

8. 审查承包人费用索赔和工期索赔、利润索赔的证据是否确实充分。

实务提示

施工合同中约定发包人供应材料、设备的,发包人就应当按照合同约定和国家强制性标准提供材料、设备,对其提供的材料质量负责。若发包人提供的材料

或设备质量存在缺陷,就应禁止其用于工程建设。该种质量不合格的情形包括材料性能指标、规格指标、试验指标、保管方式、运输破损等方面。提供不合格材料或设备的,属于违约行为,该种违约行为产生损失的,发包人应向承包人承担相应违约责任,如工期延误、费用增加直至合理利润。

裁判依据

《民法典》

第八百零六条 承包人将建设工程转包、违法分包的,发包人可以解除合同。发包人提供的主要建筑材料、建筑构配件和设备不符合强制性标准或者不履行协助义务,致使承包人无法施工,经催告后在合理期限内仍未履行相应义务的,承包人可以解除合同。合同解除后,已经完成的建设工程质量合格的,发包人应当按照约定支付相应的工程价款;已经完成的建设工程质量不合格的,参照本法第七百九十三条的规定处理。

《建设工程质量管理条例》

第十四条 按照合同约定,由建设单位采购建筑材料、建筑构配件和设备的,建设单位应当保证建筑材料、建筑构配件和设备符合设计文件和合同要求。

《标准施工招标文件》

5.2.6 发包人提供的材料和工程设备的规格、数量或质量不符合合同要求,或由于发包人原因发生交货日期延误及交货地点变更等情况的,发包人应承担由此增加的费用和(或)工期延误,并向承包人支付合理利润。

5.4.3 发包人提供的材料或工程设备不符合合同要求的,承包人有权拒绝,并可要求发包人更换,由此增加的费用和(或)工期延误由发包人承担。

《2017版施工合同》

8.3.1 发包人应按《发包人供应材料设备一览表》约定的内容提供材料和工程设备,并向承包人提供产品合格证明及出厂证明,对其质量负责。发包人应提前24小时以书面形式通知承包人、监理人材料和工程设备到货时间,承包人负责材料和工程设备的清点、检验和接收。发包人提供的材料和工程设备的规格、数量或质量不符合合同约定的,或因发包人原因导致交货日期延误或交货地点变更等情况的,按照第16.1款〔发包人违约〕约定办理。

8.5.3 发包人违约 发包人提供的材料或工程设备不符合合同要求的,承包人有权拒绝,并可要求发包人更换,由此增加的费用和(或)延误的工期由发包人承担,并支付承包人合理的利润。

16.1.1　发包人违约的情形　在合同履行过程中发生的下列情形,属于发包人违约:

(1)因发包人原因未能在计划开工日期前7天内下达开工通知的;

(2)因发包人原因未能按合同约定支付合同价款的;

(3)发包人违反第10.1款〔变更的范围〕第(2)项约定,自行实施被取消的工作或转由他人实施的;

(4)发包人提供的材料、工程设备的规格、数量或质量不符合合同约定,或因发包人原因导致交货日期延误或交货地点变更等情况的;

(5)因发包人违反合同约定造成暂停施工的;

(6)发包人无正当理由没有在约定期限内发出复工指示,导致承包人无法复工的;

(7)发包人明确表示或者以其行为表明不履行合同主要义务的;

(8)发包人未能按照合同约定履行其他义务的。

发包人发生除本项第(7)目以外的违约情况时,承包人可向发包人发出通知,要求发包人采取有效措施纠正违约行为。发包人收到承包人通知后28天内仍不纠正违约行为的,承包人有权暂停相应部位工程施工,并通知监理人。

16.1.2　发包人违约的责任　发包人应承担因其违约给承包人增加的费用和(或)延误的工期,并支付承包人合理的利润……

16.1.3　因发包人违约解除合同　除专用合同条款另有约定外,承包人按第16.1.1项〔发包人违约的情形〕约定暂停施工满28天后,发包人仍不纠正其违约行为并致使合同目的不能实现的,或出现第16.1.1项〔发包人违约的情形〕第(7)目约定的违约情况,承包人有权解除合同,发包人应承担由此增加的费用,并支付承包人合理的利润。

二十一、发包人拖延支付工程款

1. 审查案涉合同就预付款、进度款、结算款支付期限的约定。

2. 发包人是否按合同约定预付款比例及支付时间支付了预付款。

3. 审查承包人是否按合同约定向发包人申请进度款支付。

4. 审查监理人是否在收到承包人进度付款申请单以及相应的支持性证明文件后的7天内完成核查。

5. 审查发包人是否在监理人收到进度付款申请单后的 7 天内完成审批并签发进度款支付证书。

6. 审查承包人是否提交了修正后的进度付款申请单。

7. 审查监理人是否在收到承包人修正后的进度付款申请单及相关资料后 7 天内并报送发包人。

8. 审查发包人是否在收到监理人报送的进度付款申请单及相关资料后 7 天内，向承包人签发无异议部分的临时进度款支付证书。

9. 审查发包人是否在进度款支付证书或临时进度款支付证书签发后 14 天内完成支付。

10. 审查案涉工程是否已竣工结算。

11. 审查发包人是否按照合同约定支付结算款。

12. 审查发包人是否按合同约定释放了质保金。

实务提示

建设工程合同中通常会约定预付款、进度款、结算款、保修款的支付时间及支付数额。在发包人拖延支付前述几种款项的情况下，有可能造成承包人资金压力，被迫停工进而影响工期，也有可能造成承包人损失，引起承包人索赔。承包人索赔的，发包人应承担由此造成的费用增加和工期延误，并支付承包人合理利润。

裁判依据

《建设工程司法解释(一)》

第二十六条 当事人对欠付工程价款利息计付标准有约定的，按照约定处理。没有约定的，按照同期同类贷款利率或者同期贷款市场报价利率计息。

《建设工程价款结算暂行办法》

第十二条 工程预付款结算应符合下列规定：(一)包工包料工程的预付款按合同约定拨付，原则上预付比例不低于合同金额的 10%，不高于合同金额的 30%，对重大工程项目，按年度工程计划逐年预付。计价执行《建设工程工程量清单计价规范》(GB 50500—2003)的工程，实体性消耗和非实体性消耗部分应在合同中分别约定预付款比例。(二)在具备施工条件的前提下，发包人应在双方签订合同后的一个月内或不迟于约定的开工日期前的 7 天内预付工程款，发包人不按约定预付，承包人应在预付时间到期后 10 天内向发包人发出要求预付的通知，发包人收到通知后仍不按要求预付，承包人可在发出通知 14 天后停止施工，发包人应从约定应付之日起向承包人支付应付款的利息（利率按同期银行贷款利率计），并承担违约责任。（三）预付的工程款必须在合同中约定抵扣方式，并在工程进度款中进行抵扣。（四）凡是没有签订合同或不具备施工条件的工程，发包人不得预付工程款，不得以预付款为名转移资金。

第十六条　发包人收到竣工结算报告及完整的结算资料后，在本办法规定或合同约定期限内，对结算报告及资料没有提出意见，则视同认可。承包人如未在规定时间内提供完整的工程竣工结算资料，经发包人催促后 14 天内仍未提供或没有明确答复，发包人有权根据已有资料进行审查，责任由承包人自负。根据确认的竣工结算报告，承包人向发包人申请支付工程竣工结算款。发包人应在收到申请后 15 天内支付结算款，到期没有支付的应承担违约责任。承包人可以催告发包人支付结算价款，如达成延期支付协议，承包人应按同期银行贷款利率支付拖欠工程价款的利息。如未达成延期支付协议，承包人可以与发包人协商将该工程折价，或申请人民法院将该工程依法拍卖，承包人就该工程折价或者拍卖的价款优先受偿。

《标准施工招标文件》

17.3.3　进度付款证书和支付时间　（1）监理人在收到承包人进度付款申请单以及相应的支持性证明文件后的 14 天内完成核查，提出发包人到期应支付给承包人的金额以及相应的支持性材料，经发包人审查同意后，由监理人向承包人出具经发包人签认的进度付款证书。监理人有权扣发承包人未能按照合同要求履行任何工作或义务的相应金额。（2）发包人应在监理人收到进度付款申请单后的 28 天内，将进度应付款支付给承包人。发包人不按期支付的，按专用合同条款的约定支付逾期付款违约金。（3）监理人出具进度付款证书，不应视为监理人已同意、批准或接受了承包人完成的该部分工作。（4）进度付款涉及政府投资资金的，按照国库集中支付等国家相关规定和专用合同条款的约定办理。

17.5.2　竣工付款证书及支付时间　（1）监理人在收到承包人提交的竣工付款申请单后的 14 天内完成核查，提出发包人到期应支付给承包人的价款送发包人审核并抄送承包人。发包人应在收到后 14 天内审核完毕，由监理人向承包人出具经发包人签认的竣工付款证书。监理人未在约定时间内核查，又未提出具体意见的，视为承包人提交的竣工付款申请单已经监理人核查同意；发包人未在约定时间内审核又未提出具体意见的，监理人提出发包人到期应支付给承包人的价款视为已经发包人同意。(2)发包人应在监理人出具竣工付款证书后的14天内，将应支付款支付给承包人。发包人不按期支付的，按第17.3.3(2)目的约定，将逾期付款违约金支付给承包人。(3)承包人对发包人签认的竣工付款证书有异议的，发包人可出具竣工付款申请单中承包人已同意部分的临时付款证书。存在争议的部分，按第24条的约定办理。(4)竣工付款涉及政府投资资金的，按第17.3.3(4)目的约定办理。

《2017版施工合同》

7.5.1 因发包人原因导致工期延误 在合同履行过程中，因下列情况导致工期延误和(或)费用增加的，由发包人承担由此延误的工期和(或)增加的费用，且发包人应支付承包人合理的利润：(1)发包人未能按合同约定提供图纸或所提供图纸不符合合同约定的；(2)发包人未能按合同约定提供施工现场、施工条件、基础资料、许可、批准等开工条件的；(3)发包人提供的测量基准点、基准线和水准点及其书面资料存在错误或疏漏的；(4)发包人未能在计划开工日期之日起7天内同意下达开工通知的；(5)发包人未能按合同约定日期支付工程预付款、进度款或竣工结算款的；(6)监理人未按合同约定发出指示、批准等文件的；(7)专用合同条款中约定的其他情形。因发包人原因未按计划开工日期开工的，发包人应按实际开工日期顺延竣工日期，确保实际工期不低于合同约定的工期总日历天数。因发包人原因导致工期延误需要修订施工进度计划的，按照第7.2.2项〔施工进度计划的修订〕执行。

12.2.1 预付款的支付 预付款的支付按照专用合同条款约定执行，但至迟应在开工通知载明的开工日期7天前支付。预付款应当用于材料、工程设备、施工设备的采购及修建临时工程、组织施工队伍进场等。除专用合同条款另有约定外，预付款在进度付款中同比例扣回。在颁发工程接收证书前，提前解除合同的，尚未扣完的预付款应与合同价款一并结算。发包人逾期支付预付款超过7天的，承包人有权向发包人发出要求预付的催告通知，发包人收到通知后7天内仍未支付的，承包人有权暂停施工，并按第16.1.1项〔发包人违约的情形〕执行。

12.4.4 进度款审核和支付 (1)除专用合同条款另有约定外，监理人应在收到承包人进度付款申请单以及相关资料后7天内完成审查并报送发包人，发包人应在收到后7天内完成审批并签发进度款支付证书。发包人逾期未完成审批且未提出异议的，视为已签发进度款支付证书。发包人和监理人对承包人的进度付款申请单有异议的，有权要求承包人修正和提供补充资料，承包人应提交修正后的进度付款申请单。监理人应在收到承包人修正后的进度付款申请单及相关资料后7天内完成审查并报送发包人,发包人应在收到监理人报送的进度付款申请单及相关资料后7天内,向承包人签发无异议部分的临时进度款支付证书。存在争议的部分,按照第20条〔争议解决〕的约定处理。(2)除专用合同条款另有约定外,发包人应在进度款支付证书或临时进度款支付证书签发后14天内完成支付,发包人逾期支付进度款的,应按照中国人民银行发布的同期同类贷款基准利率支付违约金。(3)发包人签发进度款支付证书或临时进度款支付证书,不表明发包人已同意、批准或接受了承包人完成的相应部分的工作。

二十二、发包人指定的分包人违约或延误工期的情形

1. 审查证明发包人指定分包人的相应证据。
2. 审查发包人指定分包人是否存在违约情形。
3. 审查发包人指定分包人违约是否给承包人造成费用增加或影响工程质量。
4. 审查发包人指定分包人是否存在工期延误情形。
5. 审查发包人对指定分包人工期延误是否同意顺延相应工期。
6. 审查承包人是否督促指定分包人按合同约定的质量标准及工期施工。
7. 审查承包人在指定分包人违法或违约时是否及时通知发包人。
8. 审查发包人指定分包人违约或延误工期的相应证据。
9. 审查承包人费用索赔或工期索赔的相应证据。

实务提示

发包人指定分包是指与承包人或与发包人、承包人共同签订分包合同的分包人是由发包人指定、选定的。指定分包具有以下特征:第一,指定分包人是由发包人选定的;第二,指定分包人分包工程必须是总承包合同范围内的专业工程;第三,分包合同由总承包人与指定分包人签订或由发包人、承包人与指定分包人三方签订。发包人指定分包人违约或延误工期,影响工程质量或工期延误的,总承包人可以向发包人索赔。

裁判依据

《建设工程司法解释(一)》

第十三条　发包人具有下列情形之一,造成建设工程质量缺陷,应当承担过

错责任:(一)提供的设计有缺陷;(二)提供或者指定购买的建筑材料、建筑构配件、设备不符合强制性标准;(三)直接指定分包人分包专业工程。承包人有过错的,也应当承担相应的过错责任。

二十三、发包人原因导致暂估价合同订立或履行迟延情形

1. 审查案涉工程合同是否约定了材料、设备,专业工程暂估价。
2. 审查案涉工程对暂估价材料、设备价格的确定是否进行了约定。
3. 审查暂估价材料、设备合同订立和履行是否迟延。
4. 审查造成迟延的原因是否可归责于发包人。
5. 审查迟延事实及可归责于发包人原因的相应证据。
6. 审查案涉工程合同对专业工程暂估价分包商的确定是否进行约定。
7. 审查案涉工程暂估价专业工程合同订立、履行是否迟延。
8. 审查订立、履行迟延的原因是否可归责于发包人。
9. 审查承包人在提出索赔前是否已尽到了合同约定的义务。
10. 审查承包人费用、工期索赔相应证据。

实务提示

暂估价是指发包人在工程量清单或预算书中提供的用于支付必然发生但暂时不能确定价格的材料、工程设备的单价、专业工程以及服务工作的金额。因暂估价项目纳入总承包工程招标范围有助于缩短招标周期、降低招投标难度,被使用工程量清单计价的项目大量应用。由于发包人对承包人缺乏信任,在将部分专业工程及材料、工程设备作为暂估价后,仍然深度介入材料、设备供应商和专业工程分包商的选定并加以干涉。发包人对此类招标或认质认价事项的参与和干涉,容易造成暂估价合同订立迟延或履行迟延,由此造成的费用增加或工期延误,承包人可以提出索赔。

裁判依据

《招标投标法实施条例》

第二十九条 招标人可以依法对工程以及与工程建设有关的货物、服务全部或者部分实行总承包招标。以暂估价形式包括在总承包范围内的工程、货物、服务属于依法必须进行招标的项目范围且达到国家规定规模标准的,应当依法进行

招标。前款所称暂估价，是指总承包招标时不能确定价格而由招标人在招标文件中暂时估定的工程、货物、服务的金额。

《2013 版清单计价规范》

2.0.19　暂估价　招标人在工程量清单中提供的用于支付必然发生但暂时不能确定价格的材料、工程设备的单价以及专业工程的金额。

《标准施工招标文件》

1.1.5.5　暂估价：指发包人在工程量清单中给定的用于支付必然发生但暂时不能确定价格的材料、设备以及专业工程的金额。

15.8.1　发包人在工程量清单中给定暂估价的材料、工程设备和专业工程属于依法必须招标的范围并达到规定的规模标准的，由发包人和承包人以招标的方式选择供应商或分包人。发包人和承包人的权利义务关系在专用合同条款中约定。中标金额与工程量清单中所列的暂估价的金额差以及相应的税金等其他费用列入合同价格。

15.8.2　发包人在工程量清单中给定暂估价的材料和工程设备不属于依法必须招标的范围或未达到规定的规模标准的，应由承包人按第 5.1 款的约定提供。经监理人确认的材料、工程设备的价格与工程量清单中所列的暂估价的金额差以及相应的税金等其他费用列入合同价格。

15.8.3　发包人在工程量清单中给定暂估价的专业工程不属于依法必须招标的范围或未达到规定的规模标准的，由监理人按照第 15.4 款进行估价，但专用合同条款另有约定的除外。经估价的专业工程与工程量清单中所列的暂估价的金额差以及相应的税金等其他费用列入合同价格。

《2017 版施工合同》

1.1.5.4　暂估价：是指发包人在工程量清单或预算书中提供的用于支付必然发生但暂时不能确定价格的材料、工程设备的单价、专业工程以及服务工作的金额。

10.7　暂估价专业分包工程、服务、材料和工程设备的明细由合同当事人在专用合同条款中约定。

10.7.1　依法必须招标的暂估价项目　对于依法必须招标的暂估价项目，采取以下第 1 种方式确定。合同当事人也可以在专用合同条款中选择其他招标方式。第 1 种方式：对于依法必须招标的暂估价项目，由承包人招标，对该暂估价项目的确认和批准按照以下约定执行：(1) 承包人应当根据施工进度计划，在招标工作启动前14天将招标方案通过监理人报送发包人审查，发包人应当在收到承包人报送的招标方案后7天内批准或提出修改意见。承包人应当按照经过发包人批准的招标方案开展招标工作。(2)承包人应当根据施工进度计划，提前14天将招标文件通过监理人报送发包人审批，发包人应当在收到承包人报送的相关文件后7天内完成审批或提出修改意见；发包人有权确定招标控制价并按照法律规定参加评标。(3)承包人与供应商、分包人在签订暂估价合同前，应当提前7天将确定的中标候选供应商或中标候选分包人的资料报送发包人，发包人应在收到资料后3天内与承包人共同确定中标人；承包人应当在签订合同后7天内，将暂估价合同副本报送发包人留存。第2种方式：对于依法必须招标的暂估价项目，由发包人和承包人共同招标确定暂估价供应商或分包人的，承包人应按照施工进度计划，在招标工作启动前14天通知发包人，并提交暂估价招标方案和工作分工。发包人应在收到后7天内确认。确定中标人后，由发包人、承包人与中标人共同签订暂估价合同。

10.7.2　不属于依法必须招标的暂估价项目　除专用合同条款另有约定外，对于不属于依法必须招标的暂估价项目，采取以下第1种方式确定：第1种方式：对于不属于依法必须招标的暂估价项目，按本项约定确认和批准：(1)承包人应根据施工进度计划，在签订暂估价项目的采购合同、分包合同前28天向监理人提出书面申请。监理人应当在收到申请后3天内报送发包人，发包人应当在收到申请后14天内给予批准或提出修改意见，发包人逾期未予批准或提出修改意见的，视为该书面申请已获得同意。(2)发包人认为承包人确定的供应商、分包人无法满足工程质量或合同要求的，发包人可以要求承包人重新确定暂估价项目的供应商、分包人。(3)承包人应当在签订暂估价合同后7天内，将暂估价合同副本报送发包人留存。第2种方式：承包人按照第10.7.1项〔依法必须招标的暂估价项目〕约定的第1种方式确定暂估价项目。第3种方式：承包人直接实施的暂估价项目　承包人具备实施暂估价项目的资格和条件的，经发包人和承包人协商一致后，可由承包人自行实施暂估价项目，合同当事人可以在专用合同条款约定具体事项。

10.7.3　因发包人原因导致暂估价合同订立和履行迟延的，由此增加的费用和(或)延误的工期由发包人承担，并支付承包人合理的利润。因承包人原因导致暂估价合同订立和履行迟延的，由此增加的费用和(或)延误的工期由承包人承担。

二十四、发包人拖延关键线路上工序的验收

1. 审查发包人或监理单位是否按合同约定的程序及时间进行验收。

2. 审查发包人拖延验收的项目是否处在关键线路上。

3. 审查发包人拖延检查、确认、验收的相应证据。

4. 审查发包人拖延验收是否造成费用增加或工期延误。

5. 审查费用增加或工期延误的相应证据。

6. 审查承包人是否按合同约定程序和时间对隐蔽工程进行自检。

7. 审查承包人是否按合同约定要求监理人或发包人检查、确认、验收。

实务提示

1. 关键线路指在工期网络计划中从起点开始，沿箭线方向通过一系列箭线与节点，最后到达终点节点为止所形成的通路上所有工作持续时间总和最大的线路。在关键线路上的工作被称为关键工作，关键工作上各项工作持续时间总和即为网络计划的工期，关键工作的进度将直接影响网络计划的工期。关键线路的特征为：(1)关键线路上的活动时间、持续时间决定了项目的工期，关键线路上所有活动的持续时间总和就是项目的工期。(2)关键线路上的关键工作一旦延迟将导致整个项目完工时间的延迟。(3)关键线路上的耗时是可以完工的最短时间量，若缩短关键线路的总耗时，则有可能缩短项目工期；反之，则会延长整个项目的总工期。

2. 基于关键线路在建设工程施工组织中的特殊地位，当处于关键线路上的工序出现延误时，就导致工程整体进度拖延。比如，在建设工程施工过程中，部分工程可能需要隐蔽覆盖，因此等完工后即需要发包人、监理单位予以确认，即进行阶段性验收，若发包人或监理单位拖延验收，承包人无法正常开始下一道工序，就得处于停工待批状态。由此造成的工期延误、费用增加及合理利润，承包人可以向发包人索赔。

裁判依据

《民法典》

第七百九十八条　隐蔽工程在隐蔽以前，承包人应当通知发包人检查。发包人没有及时检查的，承包人可以顺延工程日期，并有权请求赔偿停工、窝工等损失。

《建设工程质量管理条例》

第三十条 施工单位必须建立、健全施工质量的检验制度，严格工序管理，作好隐蔽工程的质量检查和记录。隐蔽工程在隐蔽前，施工单位应当通知建设单位和建设工程质量监督机构。

《标准施工招标文件》

13.5.1 通知监理人检查 经承包人自检确认的工程隐蔽部位具备覆盖条件后，承包人应通知监理人在约定的期限内检查。承包人的通知应附有自检记录和必要的检查资料。监理人应按时到场检查。经监理人检查确认质量符合隐蔽要求，并在检查记录上签字后，承包人才能进行覆盖。监理人检查确认质量不合格的，承包人应在监理人指示的时间内修整返工后，由监理人重新检查。

13.5.2 监理人未到场检查 监理人未按第13.5.1项约定的时间进行检查的，除监理人另有指示外，承包人可自行完成覆盖工作，并作相应记录报送监理人，监理人应签字确认。监理人事后对检查记录有疑问的，可按第13.5.3项的约定重新检查。

13.5.3 监理人重新检查 承包人按第13.5.1项或第13.5.2项覆盖工程隐蔽部位后，监理人对质量有疑问的，可要求承包人对已覆盖的部位进行钻孔探测或揭开重新检验，承包人应遵照执行，并在检验后重新覆盖恢复原状。经检验证明工程质量符合合同要求的，由发包人承担由此增加的费用和(或)工期延误，并支付承包人合理利润；经检验证明工程质量不符合合同要求的，由此增加的费用和(或)工期延误由承包人承担。

14.1.1 承包人应按合同约定进行材料、工程设备和工程的试验和检验，并为监理人对上述材料、工程设备和工程的质量检查提供必要的试验资料和原始记录。按合同约定应由监理人与承包人共同进行试验和检验的，由承包人负责提供必要的试验资料和原始记录。

14.1.2 监理人未按合同约定派员参加试验和检验的，除监理人另有指示外，承包人可自行试验和检验，并应立即将试验和检验结果报送监理人，监理人应签字确认。

14.1.3 监理人对承包人的试验和检验结果有疑问的，或为查清承包人试验和检验成果的可靠性要求承包人重新试验和检验的，可按合同约定由监理人与承包人共同进行重新试验和检验的结果证明该项材料、工程设备或工程的质量不符合合同要求的，由此增加的费用和(或)工期延误由承包人承担；重新试验和检验结果证明该项材料、工程设备和工程符合合同要求，由发包人承担由此增加的费用和（或）工期延误，并支付承包人合理利润。

《2017版施工合同》

5.3.2　检查程序　除专用合同条款另有约定外，工程隐蔽部位经承包人自检确认具备覆盖条件的，承包人应在共同检查前48小时书面通知监理人检查，通知中应载明隐蔽检查的内容、时间和地点，并应附有自检记录和必要的检查资料。监理人应按时到场并对隐蔽工程及其施工工艺、材料和工程设备进行检查。经监理人检查确认质量符合隐蔽要求，并在验收记录上签字后，承包人才能进行覆盖。经监理人检查质量不合格的，承包人应在监理人指示的时间内完成修复，并由监理人重新检查，由此增加的费用和（或）延误的工期由承包人承担。除专用合同条款另有约定外，监理人不能按时进行检查的，应在检查前24小时向承包人提交书面延期要求，但延期不能超过48小时，由此导致工期延误的，工期应予以顺延。监理人未按时进行检查，也未提出延期要求的，视为隐蔽工程检查合格，承包人可自行完成覆盖工作，并作相应记录报送监理人，监理人应签字确认。监理人事后对检查记录有疑问的，可按第5.3.3项〔重新检查〕的约定重新检查。

5.3.3　重新检查　承包人覆盖工程隐蔽部位后，发包人或监理人对质量有疑问的，可要求承包人对已覆盖的部位进行钻孔探测或揭开重新检查，承包人应遵照执行，并在检查后重新覆盖恢复原状。经检查证明工程质量符合合同要求的，由发包人承担由此增加的费用和（或）延误的工期，并支付承包人合理的利润；经检查证明工程质量不符合合同要求的，由此增加的费用和（或）延误的工期由承包人承担。

13.1.2　除专用合同条款另有约定外，分部分项工程经承包人自检合格并具备验收条件的，承包人应提前48小时通知监理人进行验收。监理人不能按时进行验收的，应在验收前24小时向承包人提交书面延期要求，但延期不能超过48小时。监理人未按时进行验收，也未提出延期要求的，承包人有权自行验收，监理人应认可验收结果。分部分项工程未经验收的，不得进入下一道工序施工。分部分项工程的验收资料应当作为竣工资料的组成部分。

二十五、发包人要求加速施工

1. 审查施工合同中对加速施工是否有明确约定。

2. 审查加速施工是发包人要求还是承包人主动建议。

3. 审查发包人要求加速施工是否通过监理人向承包人下达加速施工指令。

4. 审查发包人要求加速施工时,是否同意承担增加的费用并给予奖励。

5. 审查发包人要求加速施工是否压缩了合理工期。

6. 审查承包人对发包人压缩合理工期而要求加速施工的指令是否明确拒绝。

7. 审查承包人对于不合理的或可能影响工程质量的加速施工指令是否明确拒绝。

8. 审查承包人主动提出加速施工时,发包人是否同意。

9. 审查承包人主动加速施工是否给发包人带来利益。

10. 审查发包人对承包人主动加速施工增加的费用是否同意承担并同意支付奖励。

11. 承包人对于不合理的或可能影响工程质量的抢工指令是否明确拒绝。

12. 审查加速施工是否可归责于承包人,比如承包人前期拖延工期。

13. 审查发包人要求加速施工并同意承担增加费用的相应证据。

14. 审查承包人费用索赔的合理性、必要性及相应证据。

实务提示

加速施工又称提前竣工。提前竣工有两种情形:一是发包人要求承包人提前竣工;二是承包人主动提出提前竣工建议。无论哪种情形,承包人往往都要投入更多人力、材料、机械设备,要加强现场的管理、优化施工工序等,所以提前竣工往往会增加费用。一般而言,发包人要求加速施工、提前竣工的,由此增加的费用应由发包人承担;承包人主动提出加速施工建议的,如发包人同意且给发包人带来利益的,由此增加的费用应由合同当事人合理分担。如果未经发包人同意,承包人提前竣工增加了发包人负担的,应由承包人承担由此增加的费用,合同专用条款另有约定的除外。因此,因发包人原因导致工程需要加速施工的,承包人可以向发包人要求索赔。但因承包人前期拖延了工期,发包人据此要求加速施工的,承包人无权索赔。另外承包人发现发包人加速施工的指令会导致压缩合理工期的,承包人应拒绝发包人的指令。

裁判依据

《标准施工招标文件》

11.6　工期提前　发包人要求承包人提前竣工,或承包人提出提前竣工的建议能够给发包人带来效益的，应由监理人与承包人共同协商采取加快工程进度的措施和修订合同进度计划。发包人应承担承包人由此增加的费用，并向承包人支付专用合同条款约定的相应奖金。

《2017 版施工合同》

7.9.1　发包人要求承包人提前竣工的，发包人应通过监理人向承包人下达提前竣工指示，承包人应向发包人和监理人提交提前竣工建议书，提前竣工建议书应包括实施的方案、缩短的时间、增加的合同价格等内容。发包人接受该提前竣工建议书的，监理人应与发包人和承包人协商采取加快工程进度的措施，并修订施工进度计划，由此增加的费用由发包人承担。承包人认为提前竣工指示无法执行的，应向监理人和发包人提出书面异议，发包人和监理人应在收到异议后 7 天内予以答复。任何情况下，发包人不得压缩合理工期。

7.9.2　发包人要求承包人提前竣工，或承包人提出提前竣工的建议能够给发包人带来效益的，合同当事人可以在专用合同条款中约定提前竣工的奖励。

二十六、发包人原因导致暂停施工

1. 审查案涉合同对暂停施工的条件、程序及暂停施工后增加费用和延误的工期承担是否有约定。

2. 审查暂停施工的原因，是发包人违法、发包人违约，还是发包人提出变更等。

3. 审查案涉工程是否出现需紧急暂停施工的情形。

4. 审查因发包人原因暂停施工时监理人是否按合同约定程序发出暂停施工指令。

5. 审查暂停施工持续时间。

6. 审查承包人是否向发包人提交过书面通知，要求发包人在收到书面通知后 28 天内准许暂停施工的部分复工。

7. 审查复工前，承包人是否在监理人或其他见证方在场的情况下对受影响的工程、设备和材料进行检查和确认，以确定损失。

8. 审查暂停施工期间承包人是否采取了防止损失进一步扩大的措施。

9. 审查承包人费用索赔、工期索赔及利润索赔的合理性、必要性及相应证据。

实务提示

暂停施工又称中止施工。引起暂停施工的原因很多，一般可分为因发包人原因导致的暂停施工，因承包人原因导致的暂停施工，因不可抗力、不利物质条件、恶劣气候条件等不可归责于合同当事人的原因导致的暂停施工。因发包人原因导致的暂停施工，通常包括因发包人违法、发包人违约、发包人提出变更等情形，如因发包人原因导致暂停施工，承包人可就因此遭受的损失向发包人提前索赔，承包人可能产生的损失包括停、窝工损失、机械台班损失、额外支出的维护费用、可能产生的冬雨季施工费、后期赶工所支出的赶工费、人工、材料、机械市场价格波动损失，对于上述损失发包人应予以赔偿。但承包人具体计算上述损失时应受减损规则限制，对其未经减损义务导致损失扩大部分，发包人不予赔偿。停工期间费用的计算通常以承包人投标报价作为计算标准，但由于停工期间设备和人员仅是闲置，并未实际投入工作，发包人一般不同意按照实际工作时的费率来支付闲置费。为了能保证停工期间的损失能够得到最终确认，承包人应做好停工期间人工、材料、机械等各项资源投入的实际数量、价格和实际支出记录，并争取得到监理人或发包人的确认，作为将来索赔依据。

裁判依据

《民法典》

第五百二十五条 当事人互负债务，没有先后履行顺序的，应当同时履行。一方在对方履行之前有权拒绝其履行请求。一方在对方履行债务不符合约定时，有权拒绝其相应的履行请求。

第五百二十六条 当事人互负债务，有先后履行顺序，应当先履行债务一方未履行的，后履行一方有权拒绝其履行请求。先履行一方履行债务不符合约定的，后履行一方有权拒绝其相应的履行请求。

第五百二十七条 应当先履行债务的当事人，有确切证据证明对方有下列情形之一的，可以中止履行：（一）经营状况严重恶化；（二）转移财产、抽逃资金，以逃避债务；（三）丧失商业信誉；（四）有丧失或者可能丧失履行债务能力的其他情形。当事人没有确切证据中止履行的，应当承担违约责任。

《标准施工招标文件》

12.2 发包人暂停施工的责任 由于发包人原因引起的暂停施工造成工期

延误的，承包人有权要求发包人延长工期和(或)增加费用，并支付合理利润。

《2017 版施工合同》

7.8.1　发包人原因引起的暂停施工　因发包人原因引起暂停施工的，监理人经发包人同意后，应及时下达暂停施工指示。情况紧急且监理人未及时下达暂停施工指示的，按照第 7.8.4 项〔紧急情况下的暂停施工〕执行。因发包人原因引起的暂停施工，发包人应承担由此增加的费用和(或)延误的工期，并支付承包人合理的利润。

二十七、发包人原因导致无法按时复工

1. 审查暂停施工后，合同当事人是否积极采取有效措施消除暂停施工影响。

2. 审查是否具备了复工条件。

3. 审查具备复工条件后监理人是否发出复工通知。

4. 审查是否存在因发包人原因导致无法复工。

5. 审查停工 56 天以上后，承包人是否书面要求发包人在 28 天之内复工。

6. 审查复工前，承包人是否在监理人或其他见证方在场的情况下对受影响的工程、设备和材料进行检查和确认，以确定损失。

7. 审查承包人关于增加费用、延误工期及利润索赔的相应证据。

实务提示

暂停施工后，合同当事人应积极采取有效措施消除暂停施工的影响。具备复工条件的，监理人应发出复工通知。工程复工前，发包人、承包人、监理人应共同确定停工期间的损失和复工条件。复工通知书发出后，因发包人原因导致无法复工的，发包人应顺延工期并赔偿承包人费用和利润损失。暂停施工持续 56 天以上的，如该长期停工事件因发包人引起，无论是发包人违约引起，还是发包人自主决定，承包人均有权以书面形式通知发包人在收到通知书之日起 28 天内准许复工，发包人逾期不批准，承包人有权取消受影响部分的工作。若停工影响到整个工程，承包人有权提出价格调整或解约。

裁判依据

《民法典》

第五百二十五条　当事人互负债务，没有先后履行顺序的，应当同时履行。一方在对方履行之前有权拒绝其履行请求。一方在对方履行债务不符合约定时，

有权拒绝其相应的履行请求。

第五百二十六条 当事人互负债务，有先后履行顺序，应当先履行债务一方未履行的，后履行一方有权拒绝其履行请求。先履行一方履行债务不符合约定的，后履行一方有权拒绝其相应的履行请求。

第五百二十七条 应当先履行债务的当事人，有确切证据证明对方有下列情形之一的，可以中止履行：(一)经营状况严重恶化；(二)转移财产、抽逃资金，以逃避债务；(三)丧失商业信誉；(四)有丧失或者可能丧失履行债务能力的其他情形。当事人没有确切证据中止履行的，应当承担违约责任。

《标准施工招标文件》

12.4.1 暂停施工后，监理人应与发包人和承包人协商，采取有效措施积极消除暂停施工的影响。当工程具备复工条件时，监理人应立即向承包人发出复工通知，承包人收到复工通知后，应在监理人指定的期限内复工。

12.4.2 承包人无故拖延和拒绝复工的，由此增加的费用和工期延误由承包人承担；因发包人原因无法按时复工的，承包人有权要求发包人延长工期和(或)增加费用，并支付合理利润。

《2017版施工合同》

7.8.5 暂停施工后的复工 暂停施工后，发包人和承包人应采取有效措施积极消除暂停施工的影响。在工程复工前，监理人会同发包人和承包人确定因暂停施工造成的损失，并确定工程复工条件。当工程具备复工条件时，监理人应经发包人批准后向承包人发出复工通知，承包人应按照复工通知要求复工。承包人无故拖延和拒绝复工的，承包人承担由此增加的费用和(或)延误的工期；因发包人原因无法按时复工的，按照第7.5.1项〔因发包人原因导致工期延误〕约定办理。

7.8.6 暂停施工持续56天以上 监理人发出暂停施工指示后56天内未向承包人发出复工通知，除该项停工属于第7.8.2项〔承包人原因引起的暂停施工〕及第17条〔不可抗力〕约定的情形外，承包人可向发包人提交书面通知，要求发包人在收到书面通知后28天内准许已暂停施工的部分或全部工程继续施工。发包人逾期不予批准的，则承包人可以通知发包人，将工程受影响的部分视为按第10.1款〔变更的范围〕第(2)项的可取消工作。暂停施工持续84天以上不复工的，且不属于第7.8.2项〔承包人原因引起的暂停施工〕及第17条〔不可抗力〕约定的情形，并影响到整个工程以及合同目的实现的，承包人有权提出价格调整要求，或者解除合同。解除合同的，按照第 16.1.3 项〔因发包人违约解除合同〕执行。

二十八、发包人要求承包人提前交付单位工程

1. 审查发包人是否要求承包人提前交付单位工程。
2. 审查发包人要求承包人在竣工前交付单位工程的相应事实。
3. 审查发包人要求承包人提前交付单位工程的相应证据。
4. 审查发包人要求承包人提前交付工程是否引起费用增加或工期延误。
5. 审查承包人提出费用增加或工期延误及合理利润索赔的相应证据。

实务提示

根据《工程造价术语标准》规定，单位工程是指具有独立的设计文件，建成后能够独立发挥生产能力或使用功能的工程项目，是单项工程的组成部分，其最大特征是具有独立的设计文件和能够独立组织施工，单位工程可以是一个建筑工程或者是一个设备与安装工程。如主体建筑工程、精装修工程、设备安装工程、窑炉安装工程、电气安装工程等。在工程竣工前发包人若要求承包人提前交付单位工程，承包人提前交付单位工程往往会造成费用增加或工期延误，对此发包人应予以承担，并支付承包人合理利润。

裁判依据

《民法典》

第七百九十九条　建设工程竣工后，发包人应当根据施工图纸及说明书、国家颁发的施工验收规范和质量检验标准及时进行验收。验收合格的，发包人应当按照约定支付价款，并接收该建设工程。建设工程竣工经验收合格后，方可交付使用；未经验收或者验收不合格的，不得交付使用。

《建筑法》

第六十一条　交付竣工验收的建筑工程，必须符合规定的建筑工程质量标准，有完整的工程技术经济资料和经签署的工程保修书，并具备国家规定的其他竣工条件。建筑工程竣工经验收合格后，方可交付使用；未经验收或者验收不合格的，不得交付使用。

《城市房地产管理法》

第二十七条　房地产开发项目的设计、施工，必须符合国家的有关标准和规

范。房地产开发项目竣工,经验收合格后,方可交付使用。

《建设工程质量管理条例》

第十六条 建设单位收到建设工程竣工报告后,应当组织设计、施工、工程监理等有关单位进行竣工验收。建设工程竣工验收应当具备下列条件:(一)完成建设工程设计和合同约定的各项内容;(二)有完整的技术档案和施工管理资料;(三)有工程使用的主要建筑材料、建筑构配件和设备的进场试验报告;(四)有勘察、设计、施工、工程监理等单位分别签署的质量合格文件;(五)有施工单位签署的工程保修书。建设工程经验收合格的,方可交付使用。

《建设工程司法解释(一)》

第九条 当事人对建设工程实际竣工日期有争议的,人民法院应当分别按照以下情形予以认定:(一)建设工程经竣工验收合格的,以竣工验收合格之日为竣工日期;(二)承包人已经提交竣工验收报告,发包人拖延验收的,以承包人提交验收报告之日为竣工日期;(三)建设工程未经竣工验收,发包人擅自使用的,以转移占有建设工程之日为竣工日期。

第十四条 建设工程未经竣工验收,发包人擅自使用后,又以使用部分质量不符合约定为由主张权利的,人民法院不予支持;但是承包人应当在建设工程的合理使用寿命内对地基基础工程和主体结构质量承担民事责任。

《标准施工招标文件》

18.4.2 发包人在全部工程竣工前,使用已接收的单位工程导致承包人费用增加的,发包人应承担由此增加的费用和(或)工期延误,并支付承包人合理利润。

《2017 版施工合同》

13.4.2 发包人要求在工程竣工前交付单位工程,由此导致承包人费用增加和(或)工期延误的,由发包人承担由此增加的费用和(或)延误的工期,并支付承包人合理的利润。

二十九、因发包人原因造成承包人人员伤亡及财产损失的情形

1. 审查发包人是否履行了安全生产义务。

2. 审查是否存在承包人的人员伤亡和财产损失的情况。

3. 审查承包人的人员伤亡和财产损失是否可归责于发包人。

4. 审查承包人关于人员伤亡或财产损失索赔的相应证据。

实务提示

发包人承担赔偿责任的情形有两种:(1)工程或工程的任何部分对土地的占用所造成的第三者财产损失。这是依据发包人对工程享有所有权进行工程建设而造成第三人人身或财产损失的赔偿责任,该责任系无过错责任。(2)因发包人原因造成承包人、自身人员、监理人、第三人的人员伤亡及财产损失的赔偿责任。该责任适用侵权责任法的过错责任。对于发包人的原因造成承包人人员伤亡或财产损失的,承包人可以索赔。

裁判依据

《民法典》

第一千一百八十四条　侵害他人财产的,财产损失按照损失发生时的市场价格或者其他合理方式计算。

第一千一百八十二条　侵害他人人身权益造成财产损失的,按照被侵权人因此受到的损失或者侵权人因此获得的利益赔偿;被侵权人因此受到的损失以及侵权人因此获得的利益难以确定,被侵权人和侵权人就赔偿数额协商不一致,向人民法院提起诉讼的,由人民法院根据实际情况确定赔偿数额。

《建设工程安全生产管理条例》

第五十四条　违反本条例的规定,建设单位未提供建设工程安全生产作业环境及安全施工措施所需费用的,责令限期改正;逾期未改正的,责令该建设工程停止施工。建设单位未将保证安全施工的措施或者拆除工程的有关资料报送有关部门备案的,责令限期改正,给予警告。

第五十五条　违反本条例的规定,建设单位有下列行为之一的,责令限期改正,处20万元以上50万元以下的罚款;造成重大安全事故,构成犯罪的,对直接责任人员,依照刑法有关规定追究刑事责任;造成损失的,依法承担赔偿责任:(一)对勘察、设计、施工、工程监理等单位提出不符合安全生产法律、法规和强制性标准规定的要求的;(二)要求施工单位压缩合同约定的工期的;(三)将拆除工程发包给不具有相应资质等级的施工单位的。

《2017版施工合同》

6.1.9.1　发包人的安全责任　发包人应负责赔偿以下各种情况造成的损失:(1)工程或工程的任何部分对土地的占用所造成的第三者财产损失;(2)由于

发包人原因在施工场地及其毗邻地带造成的第三者人身伤亡和财产损失；(3)由于发包人原因对承包人、监理人造成的人员人身伤亡和财产损失；(4)由于发包人原因造成的发包人自身人员的人身伤害以及财产损失。

三十、监理人检查检验影响了施工正常进行

1. 审查承发包双方在施工合同条款中对监理人检查和检验、重新试验和检验的约定。

2. 审查监理人是否按合同约定或法律规定行使检查和检验权、重新试验和检验权。

3. 审查监理人检查和检验、重新试验或检验是否影响了正常施工。

4. 审查监理人检查和检验、重新试验和检验是否造成工期延误和费用增加。

5. 审查监理人检查、检验的结果是否合格。

6. 审查承包人费用和工期索赔的证据。

实务提示

监理人可以根据法律规定或发包人授权行使质量检查和检验的权利，也可以根据法律规定或发包人授权行使重新试验和检验的权利，但监理人不得滥用权利，监理人的检查或检验、重新试验和检验不得影响正常施工，影响正常施工的，且经检查和检验质量合格的，由此增加的费用或延误的工期由发包人承担。另外，重新检验或实验后质量合格的，由此造成的费用增加或工期延误亦由发包人承担。承包人可以提出索赔。但经检查和检验，重新试验或检验质量不合格或不符合合同约定的，由此增加的费用或延误的工期由承包人自行承担，无权提起索赔。

裁判依据

《建筑法》

第三十二条 建筑工程监理应当依照法律、行政法规及有关的技术标准、设计文件和建筑工程承包合同，对承包单位在施工质量、建设工期和建设资金使用等方面，代表建设单位实施监督。工程监理人员认为工程施工不符合工程设计要求、施工技术标准和合同约定的，有权要求建筑施工企业改正。工程监理人员发现工程设计不符合建筑工程质量标准或者合同约定的质量要求的，应当报告建设

单位要求设计单位改正。

第六十九条　工程监理单位与建设单位或者建筑施工企业串通，弄虚作假、降低工程质量的，责令改正，处以罚款，降低资质等级或者吊销资质证书；有违法所得的，予以没收；造成损失的，承担连带赔偿责任；构成犯罪的，依法追究刑事责任。工程监理单位转让监理业务的，责令改正，没收违法所得，可以责令停业整顿，降低资质等级；情节严重的，吊销资质证书。

《建设工程质量管理条例》

第三十六条　工程监理单位应当依照法律、法规以及有关技术标准、设计文件和建设工程承包合同，代表建设单位对施工质量实施监理，并对施工质量承担监理责任。

第三十八条　监理工程师应当按照工程监理规范的要求，采取旁站、巡视和平行检验等形式，对建设工程实施监理。

第六十七条　工程监理单位有下列行为之一的，责令改正，处50万元以上100万元以下的罚款，降低资质等级或者吊销资质证书；有违法所得的，予以没收；造成损失的，承担连带赔偿责任：（一）与建设单位或者施工单位串通，弄虚作假、降低工程质量的；（二）将不合格的建设工程、建筑材料、建筑构配件和设备按照合格签字的。

《标准施工招标文件》

14.1.3　监理人对承包人的试验和检验结果有疑问的，或为查清承包人试验和检验成果的可靠性要求承包人重新试验和检验的，可按合同约定由监理人与承包人共同进行。重新试验和检验的结果证明该项材料、工程设备或工程的质量不符合合同要求的，由此增加的费用和（或）工期延误由承包人承担；重新试验和检验结果证明该项材料、工程设备和工程符合合同要求，由发包人承担由此增加的费用和（或）工期延误，并支付承包人合理利润。

《2017版施工合同》

5.2.3　监理人的质量检查和检验　监理人按照法律规定和发包人授权对工程的所有部位及其施工工艺、材料和工程设备进行检查和检验。承包人应为监理人的检查和检验提供方便，包括监理人到施工现场，或制造、加工地点，或合同约定的其他地方进行察看和查阅施工原始记录。监理人为此进行的检查和检验，不免除或减轻承包人按照合同约定应当承担的责任。监理人的检查和检验不应影响施工正常进行。监理人的检查和检验影响施工正常进行的，且经检查检验不合格的，影响正常施工的费用由承包人承担，工期不予顺延；经检查、检验合格的，由此增加的费用和（或）延误的工期由发包人承担。

9.3.3 监理人对承包人的试验和检验结果有异议的，或为查清承包人试验和检验成果的可靠性要求承包人重新试验和检验的，由监理人与承包人共同进行。重新试验和检验的结果证明该项材料、工程设备或工程的质量不符合合同要求的，由此增加的费用和（或）延误的工期由承包人承担；重新试验和检验结果证明该项材料、工程设备和工程符合合同要求的，由此增加的费用和（或）延误的工期由发包人承担。

三十一、监理人延期检查隐蔽工程或重新检查已覆盖隐蔽工程

1. 审查在隐蔽工程隐蔽前，承包人是否通知发包人检查。

2. 审查承包人是否做好隐蔽工程的质量检查和记录。

3. 审查承包人自检确认的工程隐蔽部位具备覆盖条件后，是否通知监理人在约定的期限内检查，通知是否附有自检记录和必要的检查资料。

4. 审查监理人未按约定的时间进行检查，承包人自行完成覆盖工作后是否作相应记录报送监理人，监理人是否签字确认。

5. 审查经监理人检验后的隐蔽工程质量是否符合合同要求。

6. 经检验质量符合合同要求的，增加的费用应由发包人承担。

7. 经检验质量不符合合同要求的，增加的费用由承包人承担。

实务提示

隐蔽工程是指施工后被下一道工序覆盖、表面上无法看到的施工项目，包括地基基础工程、钢筋工程、防水工程、部分装饰与设备工程、建筑物的地基、供水、供气、供电、供热、电气管线等工程均属隐蔽工程。隐蔽工程的质量对工程整体而言至关重要，监理人应勤勉尽责地对隐蔽工程进行检查。但在施工过程中，监理人有时会出现迟延检查隐蔽工程及会提出对已覆盖的工程重新检查的要求。监理人延期检查隐蔽工程属监理人不当履行监理义务，由此造成的工期延误或费用增加或停工、窝工损失的，由发包人承担。若监理人要求对已覆盖的工程重新检查，承包人必须配合，但经重新检查、检验质量合格的，由此造成的工期延误或费用增加或停工、窝工损失的，由发包人承担，承包人可以索赔。

裁判依据

《民法典》

第七百九十八条　隐蔽工程在隐蔽以前，承包人应当通知发包人检查。发包人没有及时检查的，承包人可以顺延工程日期，并有权请求赔偿停工、窝工等损失。

《建设工程质量管理条例》

第三十条　施工单位必须建立、健全施工质量的检验制度，严格工序管理，作好隐蔽工程的质量检查和记录。隐蔽工程在隐蔽前，施工单位应当通知建设单位和建设工程质量监督机构。

《标准施工招标文件》

13.5.1　通知监理人检查　经承包人自检确认的工程隐蔽部位具备覆盖条件后，承包人应通知监理人在约定的期限内检查。承包人的通知应附有自检记录和必要的检查资料。监理人应按时到场检查。经监理人检查确认质量符合隐蔽要求，并在检查记录上签字后，承包人才能进行覆盖。监理人检查确认质量不合格的，承包人应在监理人指示的时间内修整返工后，由监理人重新检查。

13.5.2　监理人未到场检查　监理人未按第13.5.1项约定的时间进行检查的，除监理人另有指示外，承包人可自行完成覆盖工作，并作相应记录报送监理人，监理人应签字确认。监理人事后对检查记录有疑问的，可按第13.5.3项的约定重新检查。

13.5.3　监理人重新检查　承包人按第13.5.1项或第13.5.2项覆盖工程隐蔽部位后，监理人对质量有疑问的，可要求承包人对已覆盖的部位进行钻孔探测或揭开重新检验，承包人应遵照执行，并在检验后重新覆盖恢复原状。经检验证明工程质量符合合同要求的，由发包人承担由此增加的费用和（或）工期延误，并支付承包人合理利润；经检验证明工程质量不符合合同要求的，由此增加的费用和（或）工期延误由承包人承担。

13.5.4　承包人私自覆盖　承包人未通知监理人到场检查，私自将工程隐蔽部位覆盖的，监理人有权指示承包人钻孔探测或揭开检查，由此增加的费用和（或）工期延误由承包人承担。

三十二、监理人重新试验和检验材料、设备及工程

1.审查监理人是否进行了重新试验或检验。

2. 审查监理人重新试验或检验后质量是否符合合同要求。

3. 审查监理人重新检验和试验是否造成工期延误或费用增加。

4. 审查承包人费用或工期索赔的相应证据。

5. 帮助承包人提出索赔请求。

实务提示

除承包人应对建筑材料、工程设备及工程进行检验和试验外，监理人也有义务进行检验。监理人对承包人检验和试验有异议的，监理人也可以要求重新试验或检验，但监理人应按合同约定的程序或时间及时检验，因承包人未按时检验或不按合同约定检验，由此造成承包人工期延误或费用增加的，发包人应承担相应责任。

裁判依据

《建筑法》

第五十九条 建筑施工企业必须按照工程设计要求、施工技术标准和合同的约定，对建筑材料、建筑构配件和设备进行检验，不合格的不得使用。

《建设工程质量管理条例》

第二十九条 施工单位必须按照工程设计要求、施工技术标准和合同约定，对建筑材料建筑构配件、设备和商品混凝土进行检验，检验应当有书面记录和专人签字；未经检验或者检验不合格的，不得使用。

第三十一条 施工人员对涉及结构安全的试块、试件以及有关材料，应当在建设单位或者工程监理单位监督下现场取样，并送具有相应资质等级的质量检测单位进行检测。

《标准施工招标文件》

13.5.3 监理人重新检查 承包人按第13.5.1项或第13.5.2项覆盖工程隐蔽部位后，监理人对质量有疑问的，可要求承包人对已覆盖的部位进行钻孔探测或揭开重新检验，承包人应遵照执行，并在检验后重新覆盖恢复原状。经检验证明工程质量符合合同要求的，由发包人承担由此增加的费用和（或）工期延误，并支付承包人合理利润；经检验证明工程质量不符合合同要求的，由此增加的费用和（或）工期延误由承包人承担。

14.1.3 监理人对承包人的试验和检验结果有疑问的，或为查清承包人试验和检验成果的可靠性要求承包人重新试验和检验的，可按合同约定由监理人与承包人共同进行。重新试验和检验的结果证明该项材料、工程设备或工程的质量不符合合同要求的，由此增加的费用和（或）工期延误由承包人承担；重新试验和检验结果证明该项材料、工程设备和工程符合合同要求，由发包人承担由此增加的费用和（或）工期延误，并支付承包人合理利润。

《2017 版施工合同》

5.3.3　重新检查　承包人覆盖工程隐蔽部位后，发包人或监理人对质量有疑问的，可要求承包人对已覆盖的部位进行钻孔探测或揭开重新检查，承包人应遵照执行，并在检查后重新覆盖恢复原状。经检查证明工程质量符合合同要求的，由发包人承担由此增加的费用和（或）延误的工期，并支付承包人合理的利润；经检查证明工程质量不符合合同要求的，由此增加的费用和（或）延误的工期由承包人承担。

9.3.3　监理人对承包人的试验和检验结果有异议的，或为查清承包人试验和检验成果的可靠性要求承包人重新试验和检验的，可由监理人与承包人共同进行。重新试验和检验的结果证明该项材料、工程设备或工程的质量不符合合同要求的，由此增加的费用和（或）延误的工期由承包人承担；重新试验和检验结果证明该项材料、工程设备和工程符合合同要求的，由此增加的费用和（或）延误的工期由发包人承担。

三十三、非承包人原因导致工程试车费用增加和（或）工期延误

1. 审查承发包双方在专用合同条款中对此是否进行明确详细的约定。

2. 审查案涉工程试车类型是单机无负荷试车还是无负荷联动试车条件。

3. 对于单机无负荷试车审查承包人是否在试车前 48 小时将试车内容、时间、地点通知监理人。

4. 对于无负荷联动试车审查发包人是否在 48 小时前通知承包人。

5. 审查试车是否合格。

6. 审查试车不合格是不是设计原因所致。

7. 审查承包人按修改后的设计重新施工安装时是否增加费用或延误工期。

8. 审查试车不合格是不是设备质量问题。

9. 审查监理人是否按时参加试车。

10. 审查监理人未按时参加试车又未提出延期要求的是否造成工期延误。

11. 审查设计原因或工程设备原因造成试车不合格的相应证据。

12. 审查监理人未按时参加试车造成工期延误的相应证据。

13. 审查当事人提出费用增加或工期延误的证据及请求。

实务提示

工程试车是指工程在分部分项验收和竣工验收时对设备、电路、管线等系统的试运行,以判断是否运转正常,是否满足设计及规范的要求,是否满足合同约定的要求。工程试车是验证建设工程是否能够达到设计和规范要求的性能与稳定性、安全性的重要方法。工程试车能否成功,除与施工质量、工程设备质量密切相关外,设计质量也至关重要。如试车无法满足验收要求系设计原因所致,发包人应就设计单位的过错向承包人承担责任。设计单位修改后,承包人按修改后的设计重新施工安装而增加的全部费用及由此延误的工期,可以向发包人索赔,发包人应追加承包人的工程价款并顺延工期。除上述承包人可索赔情况外,如监理人在合同约定期限内未按时参加工程试车,又未提出延期要求拖延验收的,承包人可就此造成的工期延误向发包人索赔,要求顺延工期。

裁判依据

《2017 版施工合同》

13.3.1 试车程序 工程需要试车的,除专用合同条款另有约定外,试车内容应与承包人承包范围相一致,试车费用由承包人承担。工程试车应按如下程序进行:(1)具备单机无负荷试车条件,承包人组织试车,并在试车前 48 小时书面通知监理人,通知中应载明试车内容、时间、地点。承包人准备试车记录,发包人根据承包人要求为试车提供必要条件。试车合格的,监理人在试车记录上签字。监理人在试车合格后不在试车记录上签字,自试车结束满 24 小时后视为监理人已经认可试车记录,承包人可继续施工或办理竣工验收手续。监理人不能按时参加试车,应在试车前 24 小时以书面形式向承包人提出延期要求,但延期不能超过 48 小时,由此导致工期延误的,工期应予以顺延。监理人未能在前述期限内提出延期要求,又不参加试车的,视为认可试车记录。(2)具备无负荷联动试车条件,发包人组织试车,并在试车前 48 小时以书面形式通知承包人。通知中应载明试车内容、时间、地点和对承包人的要求,承包人按要求做好准备工作。试车合格,合同当事人在试车记录上签字。承包人无正当理由不参加试车的,视为认可试车记录。

13.3.2　试车中的责任　因设计原因导致试车达不到验收要求，发包人应要求设计人修改设计，承包人按修改后的设计重新安装。发包人承担修改设计、拆除及重新安装的全部费用，工期相应顺延。因承包人原因导致试车达不到验收要求，承包人按监理人要求重新安装和试车，并承担重新安装和试车的费用，工期不予顺延。因工程设备制造原因导致试车达不到验收要求的，由采购该工程设备的合同当事人负责重新购置或修理，承包人负责拆除和重新安装，由此增加的修理、重新购置、拆除及重新安装的费用及延误的工期由采购该工程设备的合同当事人承担。

三十四、非承包人原因导致投料试车不合格的情形

1. 审查投料试车是否合格。

2. 审查投料试车不合格的原因。

3. 若不合格是非承包人原因造成时，则进一步审查承包人是否按发包人要求整改。

4. 若承包人已经按发包人要求进行了整改，则进一步审查整改是否增加了费用和延误了工期。

5. 审查费用增加和工期延误的相应证据是否充分。

实务提示

工程项目的投料试车，是指在土建和设备安装工程完成后，要进行分段分部试运行。在全部运转正常后，整条生产线要进行整体试运行，加入生产原料后整条生产线的试运行称为投料试车，是验证生产线可以正常投产的最后一个步骤。投料试车通常在工程竣工验收后由发包人组织实施。投料试车合格的，费用由发包人承担；因承包人原因造成投料试车不合格的，承包人应按照发包人的要求进行整改，由此产生的整改费用由承包人承担；非因承包人原因导致投料试车不合格的承包人按照发包人要求进行整改，但由此产生的费用和延误的工期由发包人承担，承包人可以提出索赔。

裁判依据

《2017 版施工合同》

13.3.3　投料试车　如需进行投料试车的，发包人应在工程竣工验收后组织

投料试车。发包人要求在工程竣工验收前进行或需要承包人配合时，应征得承包人同意，并在专用合同条款中约定有关事项。投料试车合格的，费用由发包人承担；因承包人原因造成投料试车不合格的，承包人应按照发包人要求进行整改，由此产生的整改费用由承包人承担；非因承包人原因导致投料试车不合格的，如发包人要求承包人进行整改的，由此产生的费用由发包人承担。

三十五、非因承包人原因导致工期延长、承包人继续提供履约担保

1. 审查案涉合同是否要求承包人提供履约担保。

2. 若案涉合同要求承包人提供履约担保，则审查专业条款对履约担保的方式有无特别约定。

3. 审查案涉合同承包人是否按约定提供了履约担保。

4. 审查案涉工程是否存在工期延误及延误的原因。

5. 若非因承包人原因造成工期延误，则审查承包人继续提供履约担保是否增加了费用。

6. 若增加了费用，审查增加的费用额、计算标准及相应证据。

实务提示

在建设工程施工实践中，发包人签订施工合同、将工程发包给承包人施工的目的在于获得质量合格的建设工程，故对发包人而言，风险主要在于承包人是否具有相应的履约能力。解决该风险的途径之一是由承包人向发包人提供履约担保。若合同要求承包人提供履约担保，则承包人应保证履约担保在工程接收证书颁发之前继续有效。在专用条款对履约担保方式没有特别约定的情况下，履约担保可以采用银行保函或担保公司担保等形式。关于履约担保期限，因承包人原因导致工期延长的，继续提供履约担保所增加的费用由承包人承担；非因承包人原因导致工期延长的；继续提供履约担保所增加的费用由发包人承担。

裁判依据

《标准施工招标文件》

4.2　履约担保　承包人应保证其履约担保在发包人颁发工程接收证书前一直有效。发包人应在工程接收证书颁发后28天内把履约担保退还给承包人。

《2017版施工合同》

3.7 履约担保 发包人需要承包人提供履约担保的，由合同当事人在专用合同条款中约定履约担保的方式、金额及期限等。履约担保可以采用银行保函或担保公司担保等形式，具体由合同当事人在专用合同条款中约定。因承包人原因导致工期延长的，继续提供履约担保所增加的费用由承包人承担；非因承包人原因导致工期延长的，继续提供履约担保所增加的费用由发包人承担。

三十六、承包人是否提出了合理化建议

1. 审查承包人是否提出合理化建议。

2. 审查承包人合理化建议是否被发包人批准。

3. 审查合理化建议被发包人批准后，监理人是否下达变更指示。

4. 审查承包人合理化建议是否降低了合同价格或者提高了工程经济效益。

5. 审查合同专用条款是否降低了合同价格或者提高了工程经济效益，合理化建议是否约定奖励办法和奖励金额。

6. 审查发包人在合理化建议降低了合同价格或者提高了工程经济效益的情况下是否按合同兑现了奖励。

7. 审查承包人合理化建议是否引起费用增加、工期延误及停工、窝工损失。

8. 审查承包人费用增加、工期延误及停工、窝工损失索赔的相应证据。

实务提示

承包人合理化建议指承包人在工程设计、施工方案、进度安排等诸多方面就如何优化调整以全面合理实现施工合同目的向业主提出的改进办法和措施。该建议具有进步性、可行性、效益性等特点。承包人作为具备专业技能的施工单位比发包人更有经验。合理化建议往往对发包人缩短建设周期、提高工程质量、降低建设成本、保证生产安全等方面有重要贡献。一旦承包人合理化建议被发包人接受，且该建议最终达成预期目的，如达到了降低合同价格、提高工程经济效益、弥补工程缺陷或规避相应施工风险等提升合同工程价值的效果，承包人通常有权向发包人提出相应奖励请求。

裁判依据

《标准施工招标文件》

15.5.1 在履行合同过程中,承包人对发包人提供的图纸、技术要求以及其他方面提出的合理化建议,均应以书面形式提交监理人。合理化建议书的内容应包括建议工作的详细说明、进度计划和效益以及与其他工作的协调等,并附必要的设计文件。监理人应与发包人协商是否采纳建议。建议被采纳并构成变更的,应按第15.3.3项约定向承包人发出变更指示。

15.5.2 承包人提出的合理化建议降低了合同价格、缩短了工期或者提高了工程经济效益的,发包人可按国家有关规定在专用合同条款中约定给予奖励。

《2017版施工合同》

10.5 承包人的合理化建议 承包人提出合理化建议的,应向监理人提交合理化建议说明,说明建议的内容和理由,以及实施该建议对合同价格和工期的影响。除专用合同条款另有约定外,监理人应在收到承包人提交的合理化建议后7天内审查完毕并报送发包人,发现其中存在技术上的缺陷,应通知承包人修改。发包人应在收到监理人报送的合理化建议后7天内审批完毕。合理化建议经发包人批准的,监理人应及时发出变更指示,由此引起的合同价格调整按照第10.4款〔变更估价〕约定执行。发包人不同意变更的,监理人应书面通知承包人。合理化建议降低了合同价格或者提高了工程经济效益的,发包人可对承包人给予奖励,奖励的方法和金额在专用合同条款中约定。

三十七、承包人是否采用合同约定外的必要安全措施

1. 审查案涉工程在施工过程中是否遇到紧急情况。

2. 审查承包人遇到紧急情况时是否采取了合同约定以外的安全措施。

3. 审查承包人遇到紧急情况时是否存在无法与监理人和发包人代表联系的情形。

4. 审查承包人在采取合同约定以外的安全措施后是否在48小时内向总监理工程师或发包人代表书面报告。

5. 审查发包人是否同意承包人采取合同约定以外的安全措施,若同意则采取合同约定以外的措施产生费用由发包人承担。

6. 若采取合同约定以外的安全措施未经发包人同意,则进一步审查采取的措施是否避免了发包人损失,避免了发包人损失的,由发包人在避免损失额度内承

担责任。

7. 若采取合同约定以外的安全措施未经发包人同意，则审查该措施是否避免了承包人的损失，避免了承包人损失的，由承包人承担该措施费。

8. 经审查，对于下列承包人在未征得发包人同意的情况下产生的损失，应由承包人自行承担，具体包括：

（1）承包人采取的安全措施不仅维护了发包人的利益，还维护了自身利益，发包人无须承担承包人为维护自身利益所产生的费用；

（2）承包人虽然为避免发包人的利益损失产生了费用，但对于该费用中因承包人处分不当所增加的费用，发包人无须承担；

（3）因承包人责任发生危及工程安全的事件，承包人进行抢救和抢修所产生的费用，发包人无须承担。

实务提示

在承包人施工过程中，可能遇到突发的如地质变动等事先未知的地下施工障碍、恶劣气候等影响施工安全的紧急情况。对于突发紧急情况，承包人可能采取合同约定以外的安全措施。若承包人因保证安全施工发生了合同约定以外的安全措施费的，应就安全施工方案及费用等事前征得发包人同意，费用应由发包人承担。即使承包人未征得发包人同意，该安全措施是为了避免发包人损失的，发包人也应在避免损失的范围内承担费用。

裁判依据

《建设工程安全生产管理条例》

第八条 建设单位在编制工程概算时，应当确定建设工程安全作业环境及安全施工措施所需费用。

第二十二条 施工单位对列入建设工程概算的安全作业环境及安全施工措施所需费用，应当用于施工安全防护用具及设施的采购和更新、安全施工措施的落实、安全生产条件的改善，不得挪作他用。

《建筑工程安全防护、文明施工措施费用及使用管理规定》

第三条 本规定所称安全防护、文明施工措施费用，是指按照国家现行的建筑施工安全、施工现场环境与卫生标准和有关规定，购置和更新施工安全防护用具及设施、改善安全生产条件和作业环境所需要的费用。安全防护、文明施工措施项目清单详见附表。建设单位对建筑工程安全防护、文明施工措施有其他要求的,所发生费用一并计入安全防护、文明施工措施费。

《标准施工招标文件》

4.5.2　承包人项目经理应按合同约定以及监理人按第3.4款作出的指示,负责组织合同工程的实施。在情况紧急且无法与监理人取得联系时,可采取保证工程和人员生命财产安全的紧急措施,并在采取措施后24小时内向监理人提交书面报告。

9.2.5　合同约定的安全作业环境及安全施工措施所需费用应遵守有关规定,并包括在相关工作的合同价格中。因采取合同未约定的安全作业环境及安全施工措施增加的费用,由监理人按第3.5款商定或确定。

《2017版施工合同》

3.2.2　项目经理按合同约定组织工程实施。在紧急情况下为确保施工安全和人员安全,在无法与发包人代表和总监理工程师及时取得联系时,项目经理有权采取必要的措施保证与工程有关的人身、财产和工程的安全,但应在48小时内向发包人代表和总监理工程师提交书面报告。

6.1.6　安全文明施工费　安全文明施工费由发包人承担,发包人不得以任何形式扣减该部分费用。因基准日期后合同所适用的法律或政府有关规定发生变化,增加的安全文明施工费由发包人承担。承包人经发包人同意采取合同约定以外的安全措施所产生的费用,由发包人承担。未经发包人同意的,如果该措施避免了发包人的损失,则发包人在避免损失的额度内承担该措施费。如果该措施避免了承包人的损失,由承包人承担该措施费。除专用合同条款另有约定外,发包人应在开工后28天内预付安全文明施工费总额的50%,其余部分与进度款同期支付。发包人逾期支付安全文明施工费超过7天的,承包人有权向发包人发出要求预付的催告通知,发包人收到通知后7天内仍未支付的,承包人有权暂停施工,并按第16.1.1项〔发包人违约的情形〕执行。承包人对安全文明施工费应专款专用,承包人应在财务账目中单独列项备查,不得挪作他用,否则发包人有权责令其限期改正;逾期未改正的,可以责令其暂停施工,由此增加的费用和(或)延误的工期由承包人承担。

三十八、不利物质条件

1. 不利物质条件的发生应当是承包人所不可预见的。

2. 审查承包人采取的克服不利物质条件的措施是否合理。

3. 审查承包人是否及时通知发包人和监理人。

4. 审查承包人是否采取合理措施保证施工的连续性。

实务提示

1. 不利物质条件是指有经验的承包人在施工现场遇到的不可预见的自然物质条件、非自然的物质障碍和污染物，包括地表以下物质条件和水文条件以及专用合同条款约定的其他情形，但不包括气候条件。关于不利物质条件的认定应把握两个标准：一是不利物质条件在客观上属于承包人在施工现场遭遇到的不利自然物质条件、非自然的物质障碍和污染物，包括地表以下物质条件和水文条件等。二是不利物质条件在主观上是承包人在签订合同时无法预见的，判断承包人是否能够预见应以“有经验的承包人”作为标准。需要强调的是对于异常恶劣的气候条件，并不属于《2017 版施工合同》第 7.6 款的不利物质条件，应按第 7.7 款〔异常恶劣的气候条件〕的约定执行。

2. 虽然不利物质条件与不可抗力均属于承包人在签订合同时所无法预见的，但两者存在根本的区别，不可抗力是不能预见、不能避免且不能克服的事件，而不利物质条件通常是可以克服的，只是需付出额外的费用和时间。基于承包人没有条件事先预见该风险，发包人负责施工前的勘察、设计等工作并为工程最终的所有人和受益人，根据平衡分担风险的原则，发包人承担该风险更为合理，《2017 版施工合同》第 7.6 款将克服不利物质条件而增加费用和延误的工期的风险规定由发包人负担。尽管如此，当不利物质条件出现时，承包人负有采取积极、有效措施克服障碍继续施工的义务，考虑到不利物质条件属于客观情况，发包人对此并无过错，所以承包人索赔的事项为处理不利物质条件而增加的费用和工期，发包人无须支付承包人的利润。另外，当不利物质条件发生时，承包人具有以下义务：一是采取合理措施继续施工，若承包人未履行减损义务，则无权就损失扩大部分获得补偿；二是及时通知监理人和发包人，并在通知中明确描述不利物质条件的内容，以及其他无法预见的理由，若发包人采纳承包人意见，则监理人可发出合同变更指令，若发包人不认可承包人意见，则按《2017 版施工合同》第 20 条〔争议解决〕约定处理。

裁判依据

《标准施工招标文件》

4.11.1 不利物质条件,除专用合同条款另有约定外,是指承包人在施工场地遇到的不可预见的自然物质条件、非自然的物质障碍和污染物,包括地下和水文条件,但不包括气候条件。

4.11.2 承包人遇到不利物质条件时,应采取适应不利物质条件的合理措施继续施工,并及时通知监理人。监理人应当及时发出指示,指示构成变更的,按第15条约定办理。监理人没有发出指示的,承包人因采取合理措施而增加的费用和(或)工期延误,由发包人承担。

《2017版施工合同》

7.6 不利物质条件 不利物质条件是指有经验的承包人在施工现场遇到的不可预见的自然物质条件、非自然的物质障碍和污染物,包括地表以下物质条件和水文条件以及专用合同条款约定的其他情形,但不包括气候条件。承包人遇到不利物质条件时,应采取克服不利物质条件的合理措施继续施工,并及时通知发包人和监理人。通知应载明不利物质条件的内容以及承包人认为不可预见的理由。监理人经发包人同意后应当及时发出指示,指示构成变更的,按第10条〔变更〕约定执行。承包人因采取合理措施而增加的费用和(或)延误的工期由发包人承担。

三十九、文物及地下障碍物

1. 审查承发包双方在合同中对此情形的约定及报告程序。
2. 审查承包人是否严格按照合同的相关约定及相关法律规定履行申报程序。
3. 审查承包人是否积极地采取保护措施。
4. 审查出现文物后承包人采取必要保护措施是否引起费用增加和工期延误。
5. 审查费用增加和工期延误的相应证据。

实务提示

施工现场的化石、文物通常无法通过地勘报告加以甄别,往往在土方开挖后才能发现和确认。为妥善处理化石、文物往往会造成较长时间的停工,甚至导致工程的变更乃至取消。因此,从保护化石、文物以及平衡合同当事人权利义务的

角度出发,《2017版施工合同》第1.9款〔化石、文物〕约定在工程建设过程中遇到化石、文物时的处理程序和责任承担。承包人发现化石、文物后若立即采取保护措施并报告了发包人和监理人,由此增加的费用和延误的工期应由发包人承担。

裁判依据

《文物保护法》

第三十二条 在进行建设工程或者在农业生产中,任何单位或者个人发现文物,应当保护现场,立即报告当地文物行政部门,文物行政部门接到报告后,如无特殊情况,应当在二十四小时内赶赴现场,并在七日内提出处理意见。文物行政部门可以报请当地人民政府通知公安机关协助保护现场;发现重要文物的,应当立即上报国务院文物行政部门,国务院文物行政部门应当在接到报告后十五日内提出处理意见。依照前款规定发现的文物属于国家所有,任何单位或者个人不得哄抢私分藏匿。

《文物保护法实施条例》

第十五条 承担文物保护单位的修缮、迁移、重建工程的单位,应当同时取得文物行政主管部门发给的相应等级的文物保护工程资质证书和建设行政主管部门发给的相应等级的资质证书。其中,不涉及建筑活动的文物保护单位的修缮、迁移、重建,应当由取得文物行政主管部门发给的相应等级的文物保护工程资质证书的单位承担。

《古生物化石保护条例》

第十八条 单位和个人在生产、建设等活动中发现古生物化石的,应当保护好现场,并立即报告所在地县级以上地方人民政府自然资源主管部门。县级以上地方人民政府自然资源主管部门接到报告后,应当在24小时内赶赴现场,并在7日内提出处理意见。确有必要的,可以报请当地人民政府通知公安机关协助保护现场。发现重点保护古生物化石的,应当逐级上报至国务院自然资源主管部门,由国务院自然资源主管部门提出处理意见。生产、建设等活动中发现的古生物化石需要进行抢救性发掘的,由提出处理意见的自然资源主管部门组织符合本条例第十一条第二款规定条件的单位发掘。

第十九条 县级以上人民政府自然资源主管部门应当加强对古生物化石发掘活动的监督检查,发现未经依法批准擅自发掘古生物化石,或者不按照批准的发掘方案发掘古生物化石的,应当依法予以处理。

《2017 版施工合同》

1.9 化石、文物 在施工现场发掘的所有文物、古迹以及具有地质研究或考古价值的其他遗迹、化石、钱币或物品属于国家所有。一旦发现上述文物,承包人应采取合理有效的保护措施,防止任何人员移动或损坏上述物品,并立即报告有关政府行政管理部门,同时通知监理人。发包人、监理人和承包人应按有关政府行政管理部门要求采取妥善的保护措施,由此增加的费用和(或)延误的工期由发包人承担。承包人发现文物后不及时报告或隐瞒不报,致使文物丢失或损坏的,应赔偿损失,并承担相应的法律责任。

四十、不可抗力导致的延误

1. 审查导致延误的事件是否属于不可抗力:主观上不能预见,客观上不能避免且不能克服。

2. 审查承发包人在施工合同中就不可抗力导致的损失分担是否作出明确具体的约定。

3. 审查承包人主张的免责或索赔事件是否符合法律和合同对不可抗力的界定。

4. 审查该事件发生的时间是否在合同约定工期或非因承包人过错而调整的工期内。

5. 审查不可抗力发生后,承包人是否积极采取措施,避免损失进一步扩大。

6. 审查承包人是否收集该事件的发生及造成损失的证据,并及时履行通知义务。

实务提示

不可抗力是指承包人和发包人在订立合同时不可预见,在工程施工过程中不可避免发生并不能克服的自然灾害和社会性突发事件,如地震、海啸、瘟疫、水灾、骚乱、暴动、战争和专用合同条款约定的其他情形。发生不可抗力后就损失的处理基本上是遵循所有者负担原则,即各自损失各自承担。

裁判依据

《民法典》

第五百六十三条 有下列情形之一的,当事人可以解除合同:(一)因不可抗力致使不能实现合同目的;(二)在履行期限届满前,当事人一方明确表示或者以自己的行为表明不履行主要债务;(三)当事人一方迟延履行主要债务,经催告后在合理期限内仍未履行;(四)当事人一方迟延履行债务或者有其他违约行为致使不能实现合同目的;(五)法律规定的其他情形。以持续履行的债务为内容的不定期合同,当事人可以随时解除合同,但是应当在合理期限之前通知对方。

第五百九十条 当事人一方因不可抗力不能履行合同的,根据不可抗力的影响,部分或者全部免除责任,但是法律另有规定的除外。因不可抗力不能履行合同的,应当及时通知对方,以减轻可能给对方造成的损失,并应当在合理期限内提供证明。当事人迟延履行后发生不可抗力的,不免除其违约责任。

《标准施工招标文件》

21.1.1 不可抗力是指承包人和发包人在订立合同时不可预见,在工程施工过程中不可避免发生并不能克服的自然灾害和社会性突发事件,如地震、海啸、瘟疫、水灾、骚乱、暴动、战争和专用合同条款约定的其他情形。

21.3.1 不可抗力造成损害的责任 除专用合同条款另有约定外,不可抗力导致的人员伤亡、财产损失、费用增加和(或)工期延误等后果,由合同双方按以下原则承担:(1)永久工程,包括已运至施工场地的材料和工程设备的损害,以及因工程损害造成的第三者人员伤亡和财产损失由发包人承担;(2)承包人设备的损坏由承包人承担;(3)发包人和承包人各自承担其人员伤亡和其他财产损失及其相关费用;(4)承包人的停工损失由承包人承担,但停工期间应监理人要求照管工程和清理、修复工程的金额由发包人承担;(5)不能按期竣工的,应合理延长工期,承包人不需支付逾期竣工违约金。发包人要求赶工的,承包人应采取赶工措施,赶工费用由发包人承担。

21.3.2 迟延履行期间发生的不可抗力 合同一方当事人延迟履行,在延迟履行期间发生不可抗力的,不免除其责任。

21.3.3 避免和减少不可抗力损失 不可抗力发生后,发包人和承包人均应采取措施尽量避免和减少损失的扩大,任何一方没有采取有效措施导致损失扩大的,应对扩大的损失承担责任。

21.3.4 因不可抗力解除合同 合同一方当事人因不可抗力不能履行合同的,应当及时通知对方解除合同。合同解除后,承包人应按照第22.2.5项约定撤离施工场地。已经订货的材料、设备由订货方负责退货或解除订货合同,不能退还的货款和因退货、解除订货合同发生的费用,由发包人承担,因未及时退货造成的损失由责任方承担。合同解除后的付款,参照第22.2.4项约定,由监理人按第3.5款商定或确定。

四十一、遭遇不可抗力期间的工程照管、清理、修复

1. 审查不可抗力发生期间,发包人是否要求承包人履行照管、清理和修复工程义务。

2. 审查承包人是否按照发包人要求履行了照管、清理和修复工程义务。

3. 审查承包人履行照管、清理和修复工程义务时产生的费用额。

4. 审查承包人是否保存发包人通知承包人要求其照管、清理和修复工程的通知、函件以及费用的支出证明。

实务提示

不可抗力是指不能预见、不能避免且不能克服的客观情况。根据《民法典》的规定,当事人一方因不可抗力不能履行合同的,应当及时通知对方,以减轻可能给对方造成的损失,并应当在合理期限内提供证明。在遭遇不可抗力事件时,当事人有义务采取有效措施尽量避免损失的扩大,若该方不采取措施导致损失扩大的,其应对扩大的损失承担责任。参照此原理,在不可抗力期间,若承包人按照发包人的要求履行照管、清理和修复工程义务,依照权利义务相对等原则,考虑到不可抗力的发生不涉及合同各方当事人的过错一般应由受益人即发包人承担。

裁判依据

《民法典》

第一百八十条 因不可抗力不能履行民事义务的,不承担民事责任。法律另有规定的,依照其规定。不可抗力是不能预见、不能避免且不能克服的客观情况。

第五百六十三条 有下列情形之一的,当事人可以解除合同:(一)因不可抗力致使不能实现合同目的;(二)在履行期限届满前,当事人一方明确表示或者以自己的行为表明不履行主要债务;(三)当事人一方迟延履行主要债务,经催告后在合理期限内仍未履行;(四)当事人一方迟延履行债务或者有其他违约行为致使不能实现合同目的;(五)法律规定的其他情形。以持续履行的债务为内容的不定期合同,当事人可以随时解除合同,但是应当在合理期限之前通知对方。

第五百九十条 当事人一方因不可抗力不能履行合同的,根据不可抗力的影

响,部分或者全部免除责任,但是法律另有规定的除外。因不可抗力不能履行合同的,应当及时通知对方,以减轻可能给对方造成的损失,并应当在合理期限内提供证明。当事人迟延履行后发生不可抗力的,不免除其违约责任。

《2013 版清单计价规范》

9.10.1 因不可抗力事件导致的人员伤亡、财产损失及其费用增加,发承包双方应按下列原则分别承担并调整合同价款和工期:1 合同工程本身的损害、因工程损害导致第三方人员伤亡和财产损失以及运至施工场地用于施工的材料和待安装的设备的损害,应由发包人承担;2 发包人、承包人人员伤亡应由其所在单位负责,并应承担相应费用;3 承包人的施工机械设备损坏及停工损失,应由承包人承担;4 停工期间,承包人应发包人要求留在施工场地的必要的管理人员及保卫人员的费用应由发包人承担;5 工程所需清理、修复费用,应由发包人承担。

《标准施工招标文件》

21.1.1 不可抗力是指承包人和发包人在订立合同时不可预见,在工程施工过程中不可避免发生并不能克服的自然灾害和社会性突发事件,如地震、海啸、瘟疫、水灾、骚乱、暴动、战争和专用合同条款约定的其他情形。

21.3.1 不可抗力造成损害的责任 除专用合同条款另有约定外,不可抗力导致的人员伤亡、财产损失、费用增加和(或)工期延误等后果,由合同双方按以下原则承担:(1)永久工程,包括已运至施工场地的材料和工程设备的损害,以及因工程损害造成的第三者人员伤亡和财产损失由发包人承担;(2)承包人设备的损坏由承包人承担;(3)发包人和承包人各自承担其人员伤亡和其他财产损失及其相关费用;(4)承包人的停工损失由承包人承担,但停工期间应监理人要求照管工程和清理、修复工程的金额由发包人承担;(5)不能按期竣工的,应合理延长工期,承包人不需支付逾期竣工违约金。发包人要求赶工的,承包人应采取赶工措施,赶工费用由发包人承担。

21.3.2 迟延履行期间发生的不可抗力 合同一方当事人延迟履行,在延迟履行期间发生不可抗力的,不免除其责任。

21.3.3 避免和减少不可抗力损失 不可抗力发生后,发包人和承包人均应采取措施尽量避免和减少损失的扩大,任何一方没有采取有效措施导致损失扩大的,应对扩大的损失承担责任。

21.3.4 因不可抗力解除合同 合同一方当事人因不可抗力不能履行合同

的，应当及时通知对方解除合同。合同解除后，承包人应按照第22.2.5项约定撤离施工场地。已经订货的材料、设备由订货方负责退货或解除订货合同，不能退还的货款和因退货、解除订货合同发生的费用，由发包人承担，因未及时退货造成的损失由责任方承担。合同解除后的付款，参照第22.2.4项约定，由监理人按第3.5款商定或确定。

四十二、基准日期后法律变化

1. 审查承发包双方在合同中是否有法律变化后调价的相关约定。
2. 审查合同对基准日期有无界定。
3. 审查案涉合同是否存在基准日期后法律法规变化的情形。
4. 审查案涉合同基础日期后法律变化是否引起费用增加或工期延误。
5. 审查承包人是否收集了基准日前的相关法律法规及文件资料。
6. 审查法律变化是否非承包人原因造成。
7. 审查承包人有关费用、工期索赔的相应证据。

实务提示

基准日期是合同当事人在开标或合同签订前划定的合理时间节点，该时间节点能够作为判定承发包双方在投标截止或合同签订时是否应考虑到某种风险的依据。基准日期是指招标发包的工程投标截止日前28天的日期或直接发包的工程合同签订前28天的日期。自基准日期以后的法律变化导致承包人在合同履行过程中所需要的费用发生增加时，由发包人承担增加的费用；减少时，应从合同价格中予以扣减。承包人以基准日期后法律变化作为索赔事由是必须把握以下几点：(1)看合同对“法律”的概念有无明确界定，如果合同专用条款对“法律”的概念没有特别约定，则法律即指中华人民共和国法律、行政法规、部门规章，以及工程所在地地方性法规、自治条例、单行条例和地方政府规章。(2)对基准日期的界定。(3)如果合同对法律变化是否可以调整价款没有约定，通常情况下构成索赔依据的法律变化应达到超越商业风险的程度。商业风险属于从事商业活动所固有的风险，只要施工合同成立基础之客观情况的变化未达到异常程度，如一般的市场供求变化、价格涨落等，则不足以构成向发包人索赔的基础，而能够据以提出索赔请求的法律变化应达到构成异常变动的程度。法律变化经常还会对工期造成影响，非因承包人原因造成工期延误的，承包人还可以提出工期索赔。

裁判依据

《建设工程价款结算暂行办法》

第八条　发承包人在签订合同时对于工程价款的约定,可选用下列一种约定方式:(一)固定总价。合同工期较短且工程合同总价较低的工程,可以采用固定总价合同方式。(二)固定单价。双方在合同中约定综合单价包含的风险范围和风险费用的计算方法,在约定的风险范围内综合单价不再调整。风险范围以外的综合单价调整方法,应当在合同中约定。(三)可调价格。可调价格包括可调综合单价和措施费等,双方应在合同中约定综合单价和措施费的调整方法,调整因素包括:1. 法律、行政法规和国家有关政策变化影响合同价款;2. 工程造价管理机构的价格调整;3. 经批准的设计变更;4. 发包人更改经审定批准的施工组织设计(修正错误除外)造成费用增加;5. 双方约定的其他因素。

《2013 版清单计价规范》

3.4.1　建设工程发包承包,必须在招标文件、合同中明确计价中的风险内容及其范围,不得采用无限风险、所有风险或类似语句规定计价中的风险内容及范围。

9.2.1　招标工程以投标截止日前28 天、非招标工程以合同签订前28 天为基准日,其后因国家的法律、法规、规章和政策发生变化引起工程造价增减变化的,发承包双方应按照省级或行业建设主管部门或其授权的工程造价管理机构据此发布的规定调整合同价款。

《标准施工招标文件》

16.2　法律变化引起的价格调整　在基准日后,因法律变化导致承包人在合同履行中所需要的工程费用发生除第 16.1 款约定以外的增减时,监理人应根据法律、国家或省、自治区、直辖市有关部门的规定,按第 3.5 款商定或确定需调整的合同价款。

《2017 版施工合同》

11.2　法律变化引起的调整　基准日期后,法律变化导致承包人在合同履行过程中所需要的费用发生除第 11.1 款〔市场价格波动引起的调整〕约定以外的增加时,由发包人承担由此增加的费用;减少时,应从合同价格中予以扣减。基准日期后,因法律变化造成工期延误时,工期应予以顺延。因法律变化引起的合同价格和工期调整,合同当事人无法达成一致的,由总监理工程师按第 4.4 款〔商定或确定〕的约定处理。因承包人原因造成工期延误,在工期延误期间出现法律变化的，由此增加的费用和(或)延误的工期由承包人承担。

四十三、情势变更

1. 审查案涉工程是否出现了情势变更的情形。

2. 审查出现的情形是否符合情势变更的特征。

3. 审查据以认定为情势变更情形的相应证据。

4. 审查情势变更索赔的主张是否合理合法且有证据支持。

实务提示

所谓情势变更，是指合同生效后，因不可归责于合同当事人的原因发生了其在订立合同时无法预见的、不属于商业风险的重大变化，致使合同之基础动摇或丧失，继续履行合同会明显不公平甚至导致合同目的无法实现，当事人可通过司法途径请求变更或解除合同的情形。承包人以合同履行期内出现情势变更为由提起索赔时，必须符合以下条件：(1)客观上要有情势变更的事由，而非一般商业风险；(2)主观上无法预见且不可避免；(3)发生在合同有效成立之后履行期间；(4)在法律后果上，继续履行合同或造成显失公平或合同目的不得实现的结果。

裁判依据

《民法典》

第五百三十三条 【情势变更】合同成立后，合同的基础条件发生了当事人在订立合同时无法预见的、不属于商业风险的重大变化，继续履行合同对于当事人一方明显不公平的，受不利影响的当事人可以与对方重新协商；在合理期限内协商不成的，当事人可以请求人民法院或者仲裁机构变更或者解除合同。人民法院或者仲裁机构应当结合案件的实际情况，根据公平原则变更或者解除合同。

最高人民法院《关于当前形势下审理民商事合同纠纷案件若干问题的指导意见》

一、慎重适用情势变更原则，合理调整双方利益关系 1. 当前市场主体之间的产品交易、资金流转因原料价格剧烈波动、市场需求关系的变化、流动资金不足等诸多因素的影响而产生大量纠纷，对于部分当事人在诉讼中提出适用情势变更原则变更或者解除合同的请求，人民法院应当依据公平原则和情势变更原则严格审查。2. 人民法院在适用情势变更原则时，应当充分注意到全球性金融危机和国内宏观经济形势变化并非完全是一个令所有市场主体猝不及防的突变过程，而是一个逐步演变的过程。在演变过程中，市场主体应当对于市场风险存在一定程度的预见和判断。人民法院应当依法把握情势变更原则的适用条件，严格审查当事人提出的“无法预见”的主张，对于涉及石油、焦炭、有色金属等市场属性活泼、长期以来价格波动较大的大宗商品标的物以及股票、期货等风险投资型金融产品标的物的合同，更要慎重适用情势变更原则。3. 人民法院要合理区分情势变更与商业风险。商业风险属于从事商业活动的固有风险，诸如尚未达到异常变动程度的供求关系变化、价格涨跌等。情势变更是当事人在缔约时无法预见的非市场系统固有的风险。人民法院在判断某种重大客观变化是否属于情势变更时，应当注意衡量风险类型是否属于社会一般观念上的事先无法预见、风险程度是否远远超出正常人的合理预期、风险是否可以防范和控制、交易性质是否属于通常的“高风险高收益”范围等因素，并结合市场的具体情况，在个案中识别情势变更和商业风险。4. 在调整尺度的价值取向把握上，人民法院仍应遵循侧重于保护守约方的原则。适用情势变更原则并非简单地豁免债务人的义务而使债权人承受不利后果，而是要充分注意利益均衡，公平合理地调整双方利益关系。在诉讼过程中，人民法院要积极引导当事人重新协商，改订合同；重新协商不成的，争取调解解决。为防止情势变更原则被滥用而影响市场正常的交易秩序，人民法院决定适用情势变更原则作出判决的，应当按照最高人民法院《关于正确适用〈中华人民共和国合同法〉若干问题的解释（二）服务党和国家工作大局的通知》（法〔2009〕165 号）的要求，严格履行适用情势变更的相关审核程序。

四十四、案涉工程是否存在成本变动的情形

1. 审查案涉合同约定的价格形式。

2. 查承包人在签订合同时有没有与发包人约定成本变动风险范围。

3. 审查对工程整体影响较大的主要材料，如钢筋、砼等价格的调整是否有明确约定。

4. 审查合同是否约定成本变动导致的价格调整模式以及价格调整公式的计算方法。

5. 审查案涉合同履行期间是否出现成本变动情形。

6. 审查发包人是否按照合同约定调整价格。

7. 审查承包人因成本变动要求调整价格的相应证据。

实务提示

成本变动实际上是指施工合同履行期间出现的人工、材料、工程设备和机械台班等市场价格起伏或法律变化引起价格波动的现象，该种变化一般会造成承包人施工成本的增加或减少，进而影响到合同价格调整。施工合同履行期间生产要素的价格发生变动，将引起施工成本的增减变动。对于承包人而言，将面临如何主张合同价格调整的问题；对于发包人而言，则面临是否必须进行合同价格调整或如何进行合同价格调整的问题。承包人是否可以成本变动为由向发包人主张调整合同价格，需要衡量的首要问题是合同当事人约定的合同价格形式。各类合同的价格形式不同，决定了不同的价格调整机制。合同当事人可以依据《2017版施工合同》的通用条款进行调整。

裁判依据

《北京高院施工合同解答》

12. 固定价合同履行过程中，主要建筑材料价格发生重大变化，当事人要求对工程价款予以调整的，如何处理？建设工程施工合同约定工程价款实行固定价结算，在实际履行过程中，钢材、木材、水泥、混凝土等对工程造价影响较大的主要建筑材料价格发生重大变化，超出了正常市场风险的范围，合同对建材价格变动风险负担有约定的，原则上依照其约定处理；没有约定或约定不明，该当事人要求调整工程价款的，可在市场风险范围和幅度之外酌情予以支持；具体数额可以委托鉴定机构参照施工地建设行政主管部门关于处理建材差价问题的意见予以确定。因一方当事人原因导致工期延误或建筑材料供应时间延误的，在此期间的建材差价部分工程款，由过错方予以承担。

《标准施工招标文件》

16.1.2　采用造价信息调整价格差额　施工期内，因人工、材料、设备和机械台班价格波动影响合同价格时，人工、机械使用费按照国家或省、自治区、直辖市建设行政管理部门、行业建设管理部门或其授权的工程造价管理机构发布的人工成本信息、机械台班单价或机械使用费系数进行调整；需要进行价格调整的材料，其单价和采购数应由监理人复核，监理人确认需调整的材料单价及数量，作为调整工程合同价格差额的依据。

《2017版施工合同》

11.1　市场价格波动引起的调整　除专用合同条款另有约定外,市场价格波动超过合同当事人约定的范围,合同价格应当调整。合同当事人可以在专用合同条款中约定选择以下一种方式对合同价格进行调整:第1种方式:采用价格指数进行价格调整。(1)价格调整公式　因人工、材料和设备等价格波动影响合同价格时,根据专用合同条款中约定的数据,按以下公式计算差额并调整合同价格:

$$\Delta P = P_0\left[A + \left(B_1 \times \frac{F_{t1}}{F_{01}} + B_2 \times \frac{F_{t2}}{F_{02}} + B_3 \times \frac{F_{t3}}{F_{03}} + \cdots + Bn \times \frac{F_{tn}}{F_{0n}}\right) - 1\right]$$

公式中:ΔP——需调整的价格差额;

P_0——约定的付款证书中承包人应得到的已完成工程量的金额。此项金额应不包括价格调整、不计质量保证金的扣留和支付、预付款的支付和扣回。约定的变更及其他金额已按现行价格计价的,也不计在内;

A——定值权重(即不调部分的权重);

B_1;B_2;B_3…Bn——各可调因子的变值权重(即可调部分的权重),为各可调因子在签约合同价中所占的比例;

F_{t1};F_{t2};F_{t3}…F_{tn}——各可调因子的现行价格指数,指约定的付款证书相关周期最后一天的前42天的各可调因子的价格指数;

F_{01};F_{02};F_{03}…F_{0n}——各可调因子的基本价格指数,指基准日期的各可调因子的价格指数。

以上价格调整公式中的各可调因子、定值和变值权重,以及基本价格指数及其来源在投标函附录价格指数和权重表中约定,非招标订立的合同,由合同当事人在专用合同条款中约定。价格指数应首先采用工程造价管理机构发布的价格指数,无前述价格指数时,可采用工程造价管理机构发布的价格代替。(2)暂时确定调整差额在计算调整差额时无现行价格指数的,合同当事人同意暂用前次价格指数计算。实际价格指数有调整的,合同当事人进行相应调整。(3)权重的调整因变更导致合同约定的权重不合理时,按照第4.4款〔商定或确定〕执行。(4)因承包人原因工期延误后的价格调整因承包人原因未按期竣工的,对合同约定的竣工日期后继续施工的工程,在使用价格调整公式时,应采用计划竣工日期与实际竣工日期的两个价格指数中较低的一个作为现行价格指数。第2种方式:采用造价信息进行价格调整合同履行期间,因人工、材料、工程设备和机械台班价格波动影响合同价格时,人工、机械使用费按照国家或省、自治区、直辖市建设行政管理部门、行业建设管理部门或其授权的工程造价管理机构发布的人工、机械使用费系数进行调整;需要进行价格调整的材料,其单价和采购数量应由发包人审批,发包人确认需调整的材料单价及数量,作为调整合同价格的依据。(1)人工单价发生变化且符合省级或行业建设主管部门发布的人工费调整规定,合同当事人应按省级或行业建设主管部门或其授权的工程造价管理机构发布的人工费等文件调整合同价格,但承包人对人工费或人工单价的报价高于发布价格的除外。(2)材料、工程设备价格变化的价款调整按照发包人提供的基准价格,按以下风险范围规定执行:①承包人在已标价工程量清单或预算书中载明材料单价低于基准价格的:除专用合同条款另有约定外,合同履行期间材料单价涨幅以基准价格为基础超过5%时,或材料单价跌幅以在已标价工程量清单或预算书中载明材料单价为基础超过5%时,其超过部分据实调整。②承包人在已标价工程量清单或预算书中载明材料单价高于基准价格的:除专用合同条款另有约定外,合同履行期间材料单价跌幅以基准价格为基础超过5%时,材料单价涨幅以在已标价工程量清单或预算书中载明材料单价为基础超过5%时,其超过部分据实调整。③承包人在已标价工程量清单或预算书中载明材料单价等于基准价格的:除专用合同条款另有约定外,合同履行期间材料单价涨跌幅以基准价格为基础超过±5%时,其超过部分据实调整。④承包人应在采购材料前将采购数量和新的材料单价报发包人核对,发包人确认用于工程时,发包人应确认采购材料的数量和单价。发包人在收到承包人报送的确认资料后5天内不予答复的视为认可,作为调整合同价格的依据。未经发包人事先核对,承包人自行采购材料的,发包人有权不予调整合同价格。发包人同意的,可以调整合同价格。前述基准价格是指由发包人在招标文件或专用合同条款中给定的材料、工程设备的价格,该价格原则上应当按照省级或行业建设主管部门或其授权的工程造价管理机构发布的信息价编制。(3)施工机械台班单价或施工机械使用费发生变化超过省级或行业建设主管部门或其授权的工程造价管理机构规定的范围时,按规定调整合同价格。第3种方式:专用合同条款约定的其他方式。

四十五、合同履行期内是否出现通货膨胀及货币贬值的情形

1. 审查承发包方在合同中对通货膨胀或货币贬值是否有约定。

2. 若合同没有约定或约定不明的,审查是否发生严重的通货膨胀、货币贬值或者汇率的异常波动。

3. 审查承包人是否因严重的通货膨胀或货币贬值遭受重大损失。

4. 审查承包人是否多地收集相应证据。

5. 审查承包人收集的证据证明力是否充分。

实务提示

通货膨胀是指在纸币流通条件下,因货币供给大于货币实际需求,也即现实购买力大于产出供给,导致货币贬值,而引起的一段时间内物价持续而普遍地上涨现象。其实质是社会总需求大于社会总供给。在工程项目的建设过程中,由于总要涉及资金的使用问题,因此不可避免地要受到通货膨胀的影响,而一旦通货膨胀较为严重,则承包人的利益可能受到极大的损害。因此,承包人应在承建工程前对施工期间的经济形势和走向作出充分预估,尽量避免或减少因经济形势急剧变化而造成的损失。而如果巨额损失发生,承包人也可考虑向发包人提出相应的索赔请求。需要说明的是,由于现实中通货膨胀和货币贬值发生的情形较为普遍,故人民法院或仲裁委员会对于承包人该项索赔能否成立的判断标准也是极为严苛的。如合同没有约定或者约定不明的,只有在发生严重的通货膨胀、货币贬值或者汇率的异常波动,且承包人为此遭严重大损失时,其索赔请求才有可能得到支持。因此在索赔的过程中,承包人应注意尽可能收集本地相应证据,使自己的主张得到支持。

裁判依据

《民法典》

第五百三十三条 合同成立后,合同的基础条件发生了当事人在订立合同时无法预见的、不属于商业风险的重大变化,继续履行合同对于当事人一方明显不公平的,受不利影响的当事人可以与对方重新协商;在合理期限内协商不成的,当事人可以请求人民法院或者仲裁机构变更或者解除合同。人民法院或者仲裁机构应当结合案件的实际情况,根据公平原则变更或者解除合同。

四十六、工程延期造成承包人机会利润损失

1. 审查案涉工程是否存在工程延期。

2. 审查案涉工程延期是否因发包人原因造成。

3. 审查工程延期是否给承包人造成机会利润损失。

实务提示

1. 所谓机会损失，是指当事人获取特定利益或避免特定损害的可能性降低或者丧失。机会利润损失在工程领域中往往体现为承包人机会利润损失。而所谓承包人机会利润损失，是指因发包人原因造成工期延误导致承包人本来可以承揽其他新工程获取利润的可能性丧失而遭受的损失。在因发包人原因导致工期延长的情况下，一般情况下承包人不得不继续在本工程项目上保留相当数量的机械设备、人员和流动资金，而不能按照原计划把这些资源转移到其他工程项目上，因而失去创造更多利润的机会，对此，承包人可以向发包人索赔。

2. 机会利润损失相对于直接损失而言存在未来性、期待性和不确定性的特点，因此，机会利润损失承包人很难精确计算，工程实践中，最常见的计算方法为Hudson公式法，其基本原理为正常情况下承包人可完成的计划工作量所对应工程价款中可获得的利润，计算公式为：机会利润额＝机会利润率×合同额÷原合同工期×延误时间。其中机会利润额＝（合同额－直接成本）÷合同总额。上述计算公式在适用时受到严格限制，其必须满足以下两个假设条件：(1)有良好的市场背景且承包人有良好的成功的业绩，承包人凭借其定价的能力获得有一定利润的工程项目；(2)承包人资源有限，即在未脱离延误的项目前，不能同时供其他新项目使用。

3. 机会利润索赔不是以额外工作的数量或直接损失的程度为依据，而是以承包人潜在盈利能力为依据，而潜在盈利能力又难以准确计算，因此司法实践中，较难获得法院支持。

裁判依据

《民法典》

第五百八十三条 当事人一方不履行合同义务或者履行合同义务不符合约定的，在履行义务或者采取补救措施后，对方还有其他损失的，应当赔偿损失。

四十七、合同终止造成承包人预期利润损失

1. 审查合同终止是否系发包人过错所致。

2. 审查合同终止系发包人过错所致的证据。

3. 审查承包人索赔的预期利润损失，是否包括了人工费、材料费、机械费、措

施费、管理费等,若包括则建议承包人去掉。

4. 审查工程造价中的风险费是否计入承包人预期利润中,若计入则建议承包人剔除。

5. 承包人是否完成了预期利润损失的举证义务。

实务提示

承包人预期利润索赔是指因为发包人不履行或不适当履行施工合同致使承包人本可以实现和取得的财产增值的利益不能实现和取得,承包人就此可以向发包人提出索赔。承包人要求发包人赔偿其预期利润损失的前提是合同终止系发包人过错所致。合同终止是因不可抗力、承包人违约等其他终止条件成就而不再履行的,承包人无权提出预期利润索赔。

裁判依据

《民法典》

第五百八十三条　当事人一方不履行合同义务或者履行合同义务不符合约定的,在履行义务或者采取补救措施后,对方还有其他损失的,应当赔偿损失。

第八百零六条　承包人将建设工程转包、违法分包的,发包人可以解除合同。发包人提供的主要建筑材料、建筑构配件和设备不符合强制性标准或者不履行协助义务,致使承包人无法施工,经催告后在合理期限内仍未履行相应义务的,承包人可以解除合同。合同解除后,已经完成的建设工程质量合格的,发包人应当按照约定支付相应的工程价款;已经完成的建设工程质量不合格的,参照本法第七百九十三条的规定处理。

《标准施工招标文件》

22.2.4　解除合同后的付款　因发包人违约解除合同的,发包人应在解除合同后28天内向承包人支付下列金额,承包人应在此期限内及时向发包人提交要求支付下列金额的有关资料和凭证:(1)合同解除日以前所完成工作的价款;(2)承包人为该工程施工订购并已付款的材料、工程设备和其他物品的金额。发包人付还后,该材料、工程设备和其他物品归发包人所有;(3)承包人为完成工程所发生的,而发包人未支付的金额;(4)承包人撤离施工场地以及遣散承包人人员的金额;(5)由于解除合同应赔偿的承包人损失;(6)按合同约定在合同解除日前应支付给承包人的其他金额。发包人应按本项约定支付上述金额并退还质量保证金和履约担保,但有权要求承包人支付应偿还给发包人的各项金额。

《2017 版施工合同》

16.1.3　因发包人违约解除合同　除专用合同条款另有约定外,承包人按第 16.1.1 项〔发包人违约的情形〕约定暂停施工满 28 天后,发包人仍不纠正其违约行为并致使合同目的不能实现的,或出现第 16.1.1 项〔发包人违约的情形〕第(7)目约定的违约情况,承包人有权解除合同,发包人应承担由此增加的费用,并支付承包人合理的利润。

四十八、发包人拖延竣工验收

1. 审查工程是否具备工程竣工验收条件。

2. 审查案涉合同就工程竣工验收的条件、程序、时间有无明确约定。

3. 审查案涉合同对于承包人提交竣工验收申请及发包人、监理人提出整改意见、审批时限等是否有明确约定。

4. 审查承包人在具备工程竣工验收条件后是否按合同约定时间及程序递交了竣工验收申请。

5. 审查监理人或发包人是否按合同约定提出整改意见,是否按合同约定时限对承包人验收申请予以了审批。

6. 审查发包人是否有要求监理人拒绝接收或阻碍监理人接收承包人递交的竣工验收申请报告的情形,若有,则属发包人拖延验收。

7. 审查发包人是否存在拖延验收的情形。

8. 审查发包人拖延验收是否给承包人造成费用增加或工期延误。

9. 审查承包人索赔证据是否充分。

实务提示

按合同约定及时组织竣工验收既是发包人的合同义务,也是法定义务,如果发包人不按照合同约定及时组织竣工验收,承包人可能面临承担工程毁损灭失风险、承包人结算支付期限无法确定、工程人员无法及时撤离施工现场等一系列不确定等问题。这些问题无疑会给承包人造成损失,损害承包人利益,承包人就增加的费用或延误的工期有权向发包人索赔。

裁判依据

《民法典》

第七百九十九条　建设工程竣工后，发包人应当根据施工图纸及说明书、国家颁发的施工验收规范和质量检验标准及时进行验收。验收合格的，发包人应当按照约定支付价款，并接收该建设工程。建设工程竣工经验收合格后，方可交付使用；未经验收或者验收不合格的，不得交付使用。

《建设工程质量管理条例》

第十六条　建设单位收到建设工程竣工报告后，应当组织设计、施工、工程监理等有关单位进行竣工验收。建设工程竣工验收应当具备下列条件：（一）完成建设工程设计和合同约定的各项内容；（二）有完整的技术档案和施工管理资料；（三）有工程使用的主要建筑材料、建筑构配件和设备的进场试验报告；（四）有勘察、设计、施工、工程监理等单位分别签署的质量合格文件；（五）有施工单位签署的工程保修书。建设工程经验收合格的，方可交付使用。

《施工合同司法解释（一）》

第九条　当事人对建设工程实际竣工日期有争议的，人民法院应当分别按照以下情形予以认定：（一）建设工程经竣工验收合格的，以竣工验收合格之日为竣工日期；（二）承包人已经提交竣工验收报告，发包人拖延验收的，以承包人提交验收报告之日为竣工日期；（三）建设工程未经竣工验收，发包人擅自使用的，以转移占有建设工程之日为竣工日期。

《标准施工招标文件》

2.7　组织竣工验收　发包人应按合同约定及时组织竣工验收。

18.3.6　发包人在收到承包人竣工验收申请报告56天后未进行验收的，视为验收合格，实际竣工日期以提交竣工验收申请报告的日期为准，但发包人由于不可抗力不能进行验收的除外。

《2017版施工合同》

2.7　组织竣工验收　发包人应按合同约定及时组织竣工验收。

13.2.2　除专用合同条款另有约定外，承包人申请竣工验收的，应当按照以下程序进行：(1)承包人向监理人报送竣工验收申请报告，监理人应在收到竣工验收申请报告后14天内完成审查并报送发包人。监理人审查后认为尚不具备验收条件的，应通知承包人在竣工验收前承包人还需完成的工作内容，承包人应在完成监理人通知的全部工作内容后，再次提交竣工验收申请报告。(2)监理人审查后认为已具备竣工验收条件的，应将竣工验收申请报告提交发包人，发包人应在收到经监理人审核的竣工验收申请报告后28天内审核完毕并组织监理人、承包人、设计人等相关单位完成竣工验收。(3)竣工验收合格的，发包人应在验收合格后14天内向承包人签发工程接收证书。发包人无正当理由逾期不颁发工程接收证书的，自验收合格后第15天起视为已颁发工程接收证书。(4)竣工验收不合格的，监理人应按照验收意见发出指示，要求承包人对不合格工程返工、修复或采取其他补救措施，由此增加的费用和(或)延误的工期由承包人承担。承包人在完成不合格工程的返工、修复或采取其他补救措施后，应重新提交竣工验收申请报告，并按本项约定的程序重新进行验收。(5)工程未经验收或验收不合格，发包人擅自使用的，应在转移占有工程后7天内向承包人颁发工程接收证书；发包人无正当理由逾期不颁发工程接收证书的，自转移占有后第15天起视为已颁发工程接收证书。除专用合同条款另有约定外，发包人不按照本项约定组织竣工验收、颁发工程接收证书的，每逾期一天，应以签约合同价为基数，按照中国人民银行发布的同期同类贷款基准利率支付违约金。

四十九、审查是否存在发包人无正当理由拒绝接收工程的情形

1. 审查案涉合同当事人在专用合同条款中是否就工程移交与接收的具体流程、承包人的相关义务、发包人的审批期限进行约定。

2. 审查案涉合同当事人在专用合同条款中就“正当理由”的范围以及发包人无正当理由拒绝接收工程的违约责任等内容作出明确的约定。

3. 审查案涉工程是否已具备移交的条件。

4. 审查承包人是否按合同约定履行通知义务。

5. 发包人不接收工程的理由是否正当。

6. 审查发包人是否按合同约定承担工程照管、成品保护、保管等与工程有关的各项费用。

7. 审查承包人据此索赔的证据是否充分。

实务提示

工程移交和接收意味着工程风险转移，工程的移交即是建设工程标的物的转移。随着工程移交的完成，工程的照管责任和工程风险也随之由承包人转移给发包人。发包人在工程竣工验收合格后，承包人移交工程时应接收工程。发包人无

正当理由不接收工程的，发包人自应当接收工程之日起，承担工程照管、成品保护、保管等与工程有关的各项费用，并承担合同约定的违约责任。

裁判依据

《民法典》

第七百九十九条　建设工程竣工后，发包人应当根据施工图纸及说明书、国家颁发的施工验收规范和质量检验标准及时进行验收。验收合格的，发包人应当按照约定支付价款，并接收该建设工程。建设工程竣工经验收合格后，方可交付使用；未经验收或者验收不合格的，不得交付使用。

《建筑法》

第六十一条　交付竣工验收的建筑工程，必须符合规定的建筑工程质量标准，有完整的工程技术经济资料和经签署的工程保修书，并具备国家规定的其他竣工条件。建筑工程竣工经验收合格后，方可交付使用；未经验收或者验收不合格的，不得交付使用。

《2017 版施工合同》

13.2.5　移交、接收全部与部分工程　除专用合同条款另有约定外，合同当事人应当在颁发工程接收证书后 7 天内完成工程的移交。发包人无正当理由不接收工程的，发包人自应当接收工程之日起，承担工程照管、成品保护、保管等与工程有关的各项费用，合同当事人可以在专用合同条款中另行约定发包人逾期接收工程的违约责任。承包人无正当理由不移交工程的，承包人应承担工程照管、成品保护、保管等与工程有关的各项费用，合同当事人可以在专用合同条款中另行约定承包人无正当理由不移交工程的违约责任。

五十、保修期内因发包人原因造成的承包人修复费用

1. 审查承发包双方在建设工程施工合同及工程保修文件中对保修期的约定。保修期限不得低于法定最低保修年限。

2. 审查出现的质量缺陷是否在保修期限和保修范围内。

3. 审查造成缺陷的原因及责任，是否可归责于发包人。

4. 审查案涉合同是否因其他原因造成工程的缺陷、损坏及是否委托承包人修复。

5. 审查案涉合同因发包人或其他原因造成缺陷，发包人是否承担费用并支付

合理利润。

6. 审查承包人在进行质量修复前是否进行了证据保全工作。

实务提示

承包人只对保修期内属于保修范围且在正常使用情况下造成的缺陷或损坏承担保修责任，并非只要在保修期内工程出现缺陷或损坏的责任均一概由承包人承担。因此，出现质量缺陷后应首先界定是否在保修期限和保修范围内，其次需根据具体情况认定责任人，继而由其承担相关费用。如质量缺陷由发包人原因所致，发包人委托承包人修复的，发包人应向承包人支付修复费用。

裁判依据

《民法典》

第八百零六条 承包人将建设工程转包、违法分包的，发包人可以解除合同。发包人提供的主要建筑材料、建筑构配件和设备不符合强制性标准或者不履行协助义务，致使承包人无法施工，经催告后在合理期限内仍未履行相应义务的，承包人可以解除合同。合同解除后，已经完成的建设工程质量合格的，发包人应当按照约定支付相应的工程价款；已经完成的建设工程质量不合格的，参照本法第七百九十三条的规定处理。

《建设工程质量管理条例》

第三十九条 建设工程实行质量保修制度。建设工程承包单位在向建设单位提交工程竣工验收报告时，应当向建设单位出具质量保修书。质量保修书中应当明确建设工程的保修范围、保修期限和保修责任等。

第四十条 在正常使用条件下，建设工程的最低保修期限为：（一）基础设施工程、房屋建筑的地基基础工程和主体结构工程，为设计文件规定的该工程的合理使用年限；（二）屋面防水工程、有防水要求的卫生间、房间和外墙面的防渗漏，为5年；（三）供热与供冷系统，为2个采暖期、供冷期；（四）电气管线、给排水管道、设备安装和装修工程，为2年。其他项目的保修期限由发包方与承包方约定。建设工程的保修期，自竣工验收合格之日起计算。

第四十一条 建设工程在保修范围和保修期限内发生质量问题的，施工单位应当履行保修义务，并对造成的损失承担赔偿责任。

《房屋建筑工程质量保修办法》

第四条　房屋建筑工程在保修范围和保修期限内出现质量缺陷，施工单位应当履行保修义务。

第七条　在正常使用条件下，房屋建筑工程的最低保修期限为：（一）地基基础工程和主体结构工程，为设计文件规定的该工程的合理使用年限；（二）屋面防水工程、有防水要求的卫生间、房间和外墙面的防渗漏，为5年；（三）供热与供冷系统，为2个采暖期、供冷期；（四）电气管线、给排水管道、设备安装为2年；（五）装修工程为2年。其他项目的保修期限由建设单位和施工单位约定。

第十三条　保修费用由质量缺陷的责任方承担。

第十七条　下列情况不属于本办法规定的保修范围：（一）因使用不当或者第三方造成的质量缺陷；（二）不可抗力造成的质量缺陷。

《标准施工招标文件》

19.2.3　监理人和承包人应共同查清缺陷和（或）损坏的原因。经查明属承包人原因造成的，应由承包人承担修复和查验的费用。经查验属发包人原因造成的，发包人应承担修复和查验的费用，并支付承包人合理利润。

《2017版施工合同》

15.4.2　修复费用　保修期内，修复的费用按照以下约定处理：(1)保修期内，因承包人原因造成工程的缺陷、损坏，承包人应负责修复，并承担修复的费用以及因工程的缺陷、损坏造成的人身伤害和财产损失；(2)保修期内，因发包人使用不当造成工程的缺陷、损坏，可以委托承包人修复，但发包人应承担修复的费用，并支付承包人合理利润；(3)因其他原因造成工程的缺陷、损坏，可以委托承包人修复，发包人应承担修复的费用，并支付承包人合理的利润，因工程的缺陷、损坏造成的人身伤害和财产损失由责任方承担。

五十一、审查承包人索赔的程序是否符合合同约定

1. 审查案涉合同是否约定了索赔程序及不符合索赔程序的法律后果。

2. 审查承包人索赔是否符合合同约定程序。

3. 审查承包人是否在知道或应当知道索赔事件发生后的28天内向监理人发出索赔异议通知书并说明发生索赔事件的事由。

4. 审查承包人是否在发出索赔意向通知书后的28天内向监理人递交索赔报告。

5. 审查监理人是否具有审查索赔报告的权限。

6. 审查索赔事件是否具有持续影响。

7. 审查对于具有持续影响的索赔事件,承包人是否在合理的间隔时间内递交延续索赔通知。

8. 审查承包人递交索赔报告时是否必要的记录和证明材料。

实务提示

在施工合同履行过程中,出现上述承包人可向发包人所赔的50个事项时,承包人虽可以向发包人索赔,但承包人的索赔不是任何时候都可以提出。承包人必须按照合同约定的时限及程序向发包人提出,否则丧失索赔权利。《2017版施工合同》对承包人索赔程序进行约定。承包人应在知道或应当知道索赔事件发生后28天内向监理人递交索赔意向通知书,并说明索赔事件的事由,承包人未在上述期限内发出索赔意向通知书的,则视为承包人放弃索赔,丧失要求发包人追加付款和(或)延长工期的权利。承包人还应在发出索赔意向通知书后28天内向监理人正式递交索赔报告。承包人应注意索赔报告应翔实具体,说明索赔要求和理由的同时需一并附上详细的证明材料。对于具有持续影响的索赔事件,承包人需按照合理的时间间隔递交索赔通知,其中合理的时间间隔应结合具体索赔事件的特点确定,一般而言,应以有利于准确确认索赔事件的影响和承包人的索赔为前提。但为便于发包人查明索赔事件,及时、准确处理以维护承包人合法权益,建议承包人在最短时间内递交索赔报告。承包人还应在索赔事件影响结束后28天内递交最终索赔报告,对因该索赔事件要求追加付款的金额和延长的工期进行确认。索赔意向通知书和索赔报告在内容上存在区别,承包人还应在发出索赔意向通知书后28天内向监理人正式递交索赔报告。这里的索赔意向通知书和索赔报告在内容上有所不同,通常递交索赔意向通知书无须提交准确的数据和完整证明资料,仅需说明索赔事件的基本情况、有可能造成的后果承包人索赔的意思表示即可;而索赔报告除了详细说明索赔事件的发生过程和实际所造的影响外,还应详细列明承包人索赔的具体项目及依据,如索赔事件给承包人造成的损失总额、构成明细、计算依据以及相应的证明资料,必要时候还应附具影音资料。需要注意的是前述28天性质上属于除斥期间,不存在中断、延长的情形,期限内不行使即丧失索赔权利。

裁判依据

《2017 版施工合同》

19.1 承包人的索赔 根据合同约定,承包人认为有权得到追加付款和(或)延长工期的,应按以下程序向发包人提出索赔:(1)承包人应在知道或应当知道索赔事件发生后28天内,向监理人递交索赔意向通知书,并说明发生索赔事件的事由;承包人未在前述28天内发出索赔意向通知书的,丧失要求追加付款和(或)延长工期的权利。(2)承包人应在发出索赔意向通知书后28天内,向监理人正式递交索赔报告;索赔报告应详细说明索赔理由以及要求追加的付款金额和(或)延长的工期,并附必要的记录和证明材料。(3)索赔事件具有持续影响的,承包人应按合理时间间隔继续递交延续索赔通知,说明持续影响的实际情况和记录,列出累计的追加付款金额和(或)工期延长天数。(4)在索赔事件影响结束后28天内,承包人应向监理人递交最终索赔报告,说明最终要求索赔的追加付款金额和(或)延长的工期,并附必要的记录和证明材料。

《2013 版清单计价规范》

9.13.2 根据合同约定,承包人认为非承包人原因发生的事件造成了承包人的损失,应按下列程序向发包人提出索赔:1 承包人应在知道或应当知道索赔事件发生后28天内,向发包人提交索赔意向通知书,说明发生索赔事件的事由。承包人逾期未发出索赔意向通知书的,丧失索赔的权利。2 承包人应在发出索赔意向通知书后28天内,向发包人正式提交索赔通知书。索赔通知书应详细说明索赔理由和要求,并应附必要的记录和证明材料。3 索赔事件具有连续影响的,承包人应继续提交延续索赔通知,说明连续影响的实际情况和记录。4 在索赔事件影响结束后的28天内,承包人应向发包人提交最终索赔通知书,说明最终索赔要求,并应附必要的记录和证明材料。

第六节 审查案涉工程中发包人可向承包人索赔的事项

发包人的索赔原因比承包人索赔的原因简单,一般均为可归责于承包的事件,如因中标后承包人拒绝签订合同、承包人资质不足、承包人延误工期等46个事件。这些事件发生后,发包人均可向承包人索赔。发包人主张索赔时,案件承办人可以将上述索赔事件全部向发包人展示并帮助发包人对号入座的选择出案涉工程中涉及的索赔事项,然后进行针对性的审查。

一、中标后中标人拒绝签订合同

1. 审查中标人拒绝签订合同的原因。

2. 审查确认中标人拒绝签订合同的理由是否正当。

3. 审查若中标人在收到中标通知书后拒绝签订施工合同的,招标人是否可根据招标文件的约定没收中标人投标保证金。

4. 审查若招标人因中标人拒绝签订施工合同产生损失的,可否要求中标人承担违约责任、赔偿其损失。

5. 审查发包人主张损失的证据是否充分。

实务提示

中标通知书发出后,承发包双方基于招投标文件形成的合同已成立并生效,投标人无正当理由拒绝签订合同的,构成违约,招标人可以向中标人提出索赔,索赔范围包括没收质量保证金,赔偿损失。

裁判依据

《民法典》

第四百六十九条 当事人订立合同,可以采用书面形式、口头形式或者其他形式。书面形式是合同书、信件、电报、电传、传真等可以有形地表现所载内容的形式。以电子数据交换、电子邮件等方式能够有形地表现所载内容,并可以随时调取查用的数据电文,视为书面形式。

第四百九十条 当事人采用合同书形式订立合同的,自当事人均签名、盖章或者按指印时合同成立。在签名、盖章或者按指印之前,当事人一方已经履行主要义务,对方接受时,该合同成立。法律、行政法规规定或者当事人约定合同应当采用书面形式订立,当事人未采用书面形式但是一方已经履行主要义务,对方接受时,该合同成立。

第五百条 当事人在订立合同过程中有下列情形之一,造成对方损失的,应当承担赔偿责任:(一)假借订立合同,恶意进行磋商;(二)故意隐瞒与订立合同有关的重要事实或者提供虚假情况;(三)有其他违背诚信原则的行为。

第五百八十二条　履行不符合约定的，应当按照当事人的约定承担违约责任。对违约责任没有约定或者约定不明确，依据本法第五百一十条的规定仍不能确定的，受损害方根据标的的性质以及损失的大小，可以合理选择请求对方承担修理、重作、更换、退货、减少价款或者报酬等违约责任。

第五百八十三条　当事人一方不履行合同义务或者履行合同义务不符合约定的，在履行义务或者采取补救措施后，对方还有其他损失的，应当赔偿损失。

第七百八十九条　建设工程合同应当采用书面形式。

《招标投标法》

第四十六条第一款　招标人和中标人应当自中标通知书发出之日起三十日内，按照招标文件和中标人的投标文件订立书面合同。招标人和中标人不得再行订立背离合同实质性内容的其他协议。

第五十九条　招标人与中标人不按照招标文件和中标人的投标文件订立合同的，或者招标人、中标人订立背离合同实质性内容的协议的，责令改正；可以处中标项目金额千分之五以上千分之十以下的罚款。

《招标投标法实施条例》

第五十七条第一款　招标人和中标人应当依照招标投标法和本条例的规定签订书面合同，合同的标的、价款、质量、履行期限等主要条款应当与招标文件和中标人的投标文件的内容一致。招标人和中标人不得再行订立背离合同实质性内容的其他协议。

第七十三条　依法必须进行招标的项目的招标人有下列情形之一的，由有关行政监督部门责令改正，可以处中标项目金额10‰以下的罚款；给他人造成损失的，依法承担赔偿责任；对单位直接负责的主管人员和其他直接责任人员依法给予处分：……（四）无正当理由不与中标人订立合同……

《工程建设项目施工招标投标办法》

第八十一条　中标通知书发出后，中标人放弃中标项目的，无正当理由不与招标人签订合同的，在签订合同时向招标人提出附加条件或者更改合同实质性内容的，或者拒不提交所要求的履约保证金的，取消其中标资格，投标保证金不予退还；给招标人的损失超过投标保证金数额的，中标人应当对超过部分予以赔偿；没有提交投标保证金的，应当对招标人的损失承担赔偿责任。对依法必须进行施工招标的项目的中标人，由有关行政监督部门责令改正，可以处中标金额千分之十以下罚款。

二、承包人资质不足

1. 审查承包人资质不足属于承包人无资质、承包人资质低于要求、承包人借用资质的哪种情况。

2. 审查发包人签订合同时是否明知承包人资质不足。

3. 审查发包人是否在施工过程中发现承包人资质不足。

4. 审查案涉工程是否竣工验收合格。

5. 若工程未竣工，则审查已完工程质量是否合格。

6. 若已完工程质量不合格，则审查承包人是否进行修复。若修复，则审查修复后的工程是否合格。

7. 若修复后的工程仍不合格，则审查发包人已付工程款数额。

8. 审查发包人是否通过招投标程序或直接发包方式重新选定承包人。

9. 若发包人重新选定承包人完成后续工作是否增加了费用。

10. 审查发包人费用索赔主张的相应证据是否充分。

实务提示

承包人资质不足是指承包人没有资质、承包人资质低于建设项目资质要求或承包人借用资质的情形。承包人资质不足所签订的施工合同按照《建设工程司法解释（一）》规定应属无效合同。因合同无效给发包人造成损失的，发包人可以向承包人索赔。可以索赔的损失范围包括：因承包人资质不足造成的工期延误费用；发包人重新履行招标程序选定合法承包人进行后续工程建设增加的费用；承包人已完工程虽经修复但仍不能达到质量标准要求的，已付工程款的返还；因质量不合格导致的拆除费用、修复费用、工期延误等费用。但发包人在签订合同时明知承包人资质不足仍然签订合同的，无权主张索赔。

裁判依据

《建筑法》

第二十六条 承包建筑工程的单位应当持有依法取得的资质证书，并在其资质等级许可的业务范围内承揽工程。禁止建筑施工企业超越本企业资质等级许可的业务范围内或者以任何形式用其他建筑施工企业的名义承揽工程。禁止建筑施工企业以任何形式允许其他单位或者个人使用本企业的资质证书、营业执照,以本企业的名义承揽工程。

《建设工程质量管理条例》

第二十五条　施工单位应当依法取得相应等级的资质证书,并在其资质等级许可的范围内承揽工程。禁止施工单位超越本单位资质等级许可的业务范围或者以其他施工单位的名义承揽工程。禁止施工单位允许其他单位或者个人以本单位的名义承揽工程。施工单位不得转包或者违法分包工程。

《建设工程司法解释(一)》

第一条　建设工程施工合同具有下列情形之一的,应当依据民法典第一百五十三条第一款的规定,认定无效:(一)承包人未取得建筑业企业资质或者超越资质等级的;(二)没有资质的实际施工人借用有资质的建筑施工企业名义的;(三)建设工程必须进行招标而未招标或者中标无效的。承包人因转包、违法分包建设工程与他人签订的建设工程施工合同,应当依据民法典第一百五十三条第一款及第七百九十一条第二款、第三款的规定,认定无效。

第四条　承包人超越资质等级许可的业务范围签订建设工程施工合同,在建设工程竣工前取得相应资质等级,当事人请求按照无效合同处理的,人民法院不予支持。

《认定查处管理办法》

第十条　存在下列情形之一的,属于挂靠:(一)没有资质的单位或个人借用其他施工单位的资质承揽工程的;(二)有资质的施工单位相互借用资质承揽工程的,包括资质等级低的借用资质等级高的,资质等级高的借用资质等级低的,相同资质等级相互借用的;(三)本办法第八条第一款第(三)至(九)项规定的情形,有证据证明属于挂靠的。

第八条　存在下列情形之一的,应当认定为转包,但有证据证明属于挂靠或者其他违法行为的除外:……(三)施工总承包单位或专业承包单位未派驻项目负责人、技术负责人、质量管理负责人、安全管理负责人等主要管理人员,或派驻的项目负责人、技术负责人、质量管理负责人、安全管理负责人中一人及以上与施工单位没有订立劳动合同且没有建立劳动工资和社会养老保险关系,或派驻的项目负责人未对该工程的施工活动进行组织管理,又不能进行合理解释并提供相应证明的;(四)合同约定由承包单位负责采购的主要建筑材料、构配件及工程设备或租赁的施工机械设备,由其他单位或个人采购、租赁,或施工单位不能提供有关采购、租赁合同及发票等证明,又不能进行合理解释并提供相应证明的;(五)专业作业承包人承包的范围是承包单位承包的全部工程，专业作业承包人计取的是除上缴给承包单位“管理费”之外的全部工程价款的；（六）承包单位通过采取合作、联营、个人承包等形式或名义，直接或变相将其承包的全部工程转给其他单位或个人施工的；（七）专业工程的发包单位不是该工程的施工总承包或专业承包单位的，但建设单位依约作为发包单位的除外；（八）专业作业的发包单位不是该工程承包单位的；（九）施工合同主体之间没有工程款收付关系，或者承包单位收到款项后又将款项转拨给其他单位和个人，又不能进行合理解释并提供材料证明的。两个以上的单位组成联合体承包工程，在联合体分工协议中约定或者在项目实际实施过程中，联合体一方不进行施工也未对施工活动进行组织管理的，并且向联合体其他方收取管理费或者其他类似费用的，视为联合体一方将承包的工程转包给联合体其他方。

三、承包人测量放线不当

1. 审查双方是否对测量放线的具体工作及保护工作另有约定。

2. 审查承包人是否对发包人提供资料的准确性进行审查。

3. 审查是否因为发包人提供的基准材料存在缺陷，承包人在施工放线过程中未能察觉到错误造成返工。

4. 审查是否因为承包人定位放线人员缺少必要的资质或技能不合格、工作失误等原因出现差错，造成工期延误。

5. 审查承包人在施工过程中是否未对施工现场内水准点等测量标志物进行妥善保护，造成水准点、水准线偏离，致使工期延误。

6. 审查工期延误及费用增加的相应证据。

实务提示

1. 测量放线的目的是将图纸上设计的建筑物的平面位置、形状和高程标定在施工现场地面上，并在施工过程中指导施工，使工程严格按照设计的要求进行建设。建设工程施工测量工作不仅是工程建设的前提，也直接决定了工程质量。承包人应配备具有相应资质的人员，配置合格的仪器、设备和其他物品，按照建设工程测量规范完成施工过程中的全部施工测量放线工作，并对测量放线的准确性负责。另外，施工过程中对施工现场内水准点等测量标志物的保护工作由承包人负责，因未尽到合理的保护义务导致水准点等测量标志物毁损的，由承包人承担责

任。对于发包人提供的测量基准点、基准线和水准点存在错误，承包人应当发现而未发现或虽然发现但没有及时指出的，承包人也应承担相应责任。

2. 因测量放线可能造成工程延期，发包人向承包人索赔的情况通常包括以下几类：第一，发包人提供的基准资料存在缺陷，承包人在施工放线过程中未能察觉到基准资料的错误，造成返工。第二，发包人提供的基准资料无误，承包人因定位放线人员缺少必要的资质或技能不合格、工作失误等原因出现差错，造成工期延误。第三，承包人在施工过程中未能对施工现场内水准点等测量标志物进行妥善维护，造成水准点、水准线偏离，致使工期延误。基于造成工程延期及返工的具体情况，承发包双方通常应按各自的过错比例承担由此产生的责任。在前述第一种情况下，由于发包人提供的资料本身存在缺陷，通常应由承发包双方分担工期及经济损失。第二、三种情况下，由于完全是承包人的责任，则产生的返工费用全部由承包人负担，造成工期延误的，承包人还要承担相应的工期违约责任。

裁判依据

《标准施工招标文件》

8.2.1　承包人应负责施工过程中的全部施工测量放线工作，并配置合格的人员、仪器、设备和其他物品。

8.3　基准资料错误的责任　发包人应对其提供的测量基准点、基准线和水准点及其书面资料的真实性、准确性和完整性负责。发包人提供上述基准资料错误导致承包人测量放线工作的返工或造成工程损失的，发包人应当承担由此增加的费用和(或)工期延误，并向承包人支付合理的利润。承包人发现发包人提供的上述基准资料存在明显错误或疏忽的，应及时通知监理人。

《2017 版施工合同》

7.4.1　除专用合同条款另有约定外，发包人应在至迟不得晚于第 7.3.2 项〔开工通知〕载明的开工日期前 7 天通过监理人向承包人提供测量基准点、基准线和水准点及其书面资料。发包人应对其提供的测量基准点、基准线和水准点及其书面资料的真实性、准确性和完整性负责。承包人发现发包人提供的测量基准点、基准线和水准点及其书面资料存在错误或疏漏的，应及时通知监理人。监理人应及时报告发包人，并会同发包人和承包人予以核实。发包人应就如何处理和是否继续施工作出决定，并通知监理人和承包人。

7.4.2　承包人负责施工过程中的全部施工测量放线工作，并配置具有相应资质的人员、合格的仪器、设备和其他物品。承包人应矫正工程的位置、标高、尺寸或准线中出现的任何差错，并对工程各部分的定位负责。施工过程中对施工现场内水准点等测量标志物的保护工作由承包人负责。

四、承包人未合理预见进出施工现场的方式、手段、路径

1. 审查案涉合同专用条款是否另有约定。

2. 承包人在签订施工合同前是否对施工现场进行仔细查勘。

3. 审查承包人是否审查工作规模及技术参数。

4. 审查承包人是否根据项目工程自身特点合理预估进出施工现场的方式、手段、路线等，并形成预备性方案。

5. 审查在施工合同签订后，承包人是否根据施工的具体情况从专业角度给予发包人协助。

6. 审查承包人是否提供进场通路的所有必需的标志或方向指示。

7. 审查承包人在投标报价时是否合理考虑进出现场方案所需费用及对工期的影响。

8. 审查承包人未合理预见进出施工现场的方式、手段、路径是否造成费用增加或延误了工期。

实务提示

1. 在工程建设过程中，由于机械设备、建筑材料、人员需要进出施工现场，承包人应根据需要修建连接施工现场与公共道路的临时道路、桥梁及其他基础设施，满足进出施工现场所需的通行条件，以正确的方式、手段、路径进出施工现场。

2. 承包人作为专业的施工单位，在与发包人签订施工合同前应仔细查勘施工现场，审查工程规模及技术参数，根据项目工程自身特点合理预估进出施工现场的方式、手段、路线等，并形成预备性方案。承包人应在投标报价时充分考虑该进出现场方案所需费用及对工期的影响。在施工合同签订后，发包人一般应根据施工需要，负责办理修建临时设施的相关审批手续，承包人应根据施工的具体情况从专业角度给予发包人协助。在实际施工过程中，承包人应负责保障场内外交通运输高效、有序进行并满足施工所需。因承包人自身原因未以合理的方式、手段、路径进出施工现场，包括但不限于未尽合理努力防止道路或桥梁的损坏、未正确使用适宜的车辆和通行道路、未提供进场通路的所有必需的标志或方向指示等，

导致费用增加和(或)工期延误的,发包人有权向承包人提出索赔请求。

3. **需要提醒发包人注意的是,向承包人提起本项索赔的前提是发包人向承包人提供的工程施工条件、技术参数等信息真实、准确、全面,否则承包人因获得与实际情况存在偏差的信息导致未合理预见进出施工现场方式并造成工期延误或费用增加的,发包人可能会面临索赔的风险(参见本书第三章第五节第八项)。**

裁判依据

《标准施工招标文件》

7.4　超大件和超重件的运输　由承包人负责运输的超大件或超重件,应由承包人负责向交通管理部门办理申请手续,发包人给予协助。运输超大件或超重件所需的道路和桥梁临时加固改造费用和其他有关费用,由承包人承担,但专用合同条款另有约定除外。

《2017 版施工合同》

1.10.1　出入现场的权利　除专用合同条款另有约定外,发包人应根据施工需要,负责取得出入施工现场所需的批准手续和全部权利,以及取得因施工所需修建道路、桥梁以及其他基础设施的权利,并承担相关手续费用和建设费用。承包人应协助发包人办理修建场内外道路、桥梁以及其他基础设施的手续。承包人应在订立合同前查勘施工现场,并根据工程规模及技术参数合理预见工程施工所需的进出施工现场的方式、手段、路径等。因承包人未合理预见所增加的费用和(或)延误的工期由承包人承担。

五、承包人未投相应保险

1. 审查承包人未投的保险是国家法律、法规强制要求的险种还是双方根据合同约定进行的投保。

2. 审查双方是否对有关工程保险即建筑工程一切险或安装工程一切险进行约定。

3. 审查承包人应投保险费用是否已包含在承包人的投标报价内。

4. 审查承包人未投保的险种是否导致发包人未能足额赔偿。

实务提示

除专业条款另有约定外，承包人投保的险种一般包括工伤保险、意外伤害保险、施工机械设备险。建筑工程一切险、安装工程一切险如果合同专用条款约定由承包人负责投保的，承包人应按合同约定履行投保义务。如果未能按照合同约定投保最为直接的影响是发包人处于承担责任的风险之中，会导致发生保险事故时无法向保险公司理赔，造成损失。对此，发包人可以向承包人索赔。

裁判依据

《民法典》

第五百七十七条 当事人一方不履行合同义务或者履行合同义务不符合约定的，应当承担继续履行、采取补救措施或者赔偿损失等违约责任。

《建筑法》

第四十八条 建筑施工企业应当依法为职工参加工伤保险缴纳工伤保险费。鼓励企业为从事危险作业的职工办理意外伤害保险，支付保险费。

《工伤保险条例》

第二条 中华人民共和国境内的企业、事业单位、社会团体、民办非企业单位、基金会、律师事务所、会计师事务所等组织和有雇工的个体工商户（以下称用人单位）应当依照本条例规定参加工伤保险，为本单位全部职工或者雇工（以下称职工）缴纳工伤保险费。中华人民共和国境内的企业、事业单位、社会团体民办非企业单位、基金会、律师事务所、会计师事务所等组织的职工和个体工商户的雇工，均有依照本条例的规定享受工伤保险待遇的权利。

《标准施工招标文件》

20.1 工程保险 除专用合同条款另有约定外，承包人应以发包人和承包人的共同名义向双方同意的保险人投保建筑工程一切险、安装工程一切险。其具体的投保内容、保险金额、保险费率、保险期限等有关内容在专用合同条款中约定。

20.6.5 未按约定投保的补救 (1)由于负有投保义务的一方当事人未按合同约定办理保险，或未能使保险持续有效的，另一方当事人可代为办理，所需费用由对方当事人承担……

《2017 版施工合同》

18.1 工伤保险 除专用合同条款另有约定外，发包人应投保建筑工程一切险或安装工程一切险;发包人委托承包人投保的,因投保产生的保险费和其他相关费用由发包人承担。

18.2.2 承包人应依照法律规定参加工伤保险,并为其履行合同的全部员工办理工伤保险,缴纳工伤保险费,并要求分包人及由承包人为履行合同聘请的第三方依法参加工伤保险。

18.3 其他保险 发包人和承包人可以为其施工现场的全部人员办理意外伤害保险并支付保险费,包括其员工及为履行合同聘请的第三方的人员,具体事项由合同当事人在专用合同条款约定。除专用合同条款另有约定外,承包人应为其施工设备等办理财产保险。

18.6.1 发包人未按合同约定办理保险,或未能使保险持续有效的,则承包人可代头办理,所需费用由发包人承担。发包人未按合同约定办理保险,导致未能得到足额赔偿的,由发包人负责补足。

18.6.2 承包人未按合同约定办理保险,或未能使保险持续有效的,则发包人可代为办理,所需费用由承包人承担。承包人未按合同约定办理保险,导致未能得到足额赔偿的,由承包人负责补足。

六、承包人怠于或拒不执行工程师或监理人指令

1. 审查工程师下发指令的程序是否符合法律规定和合同约定。

2. 审查指令的内容是否符合工程施工实际。

3. 审查书面指令已切实传达到承包人。

4. 审查是否留存相应指令已发出并送达承包人的相关凭证。

5. 审查是否有准确证据证明承包人怠于执行或拒不执行指令的事实。

6. 审查工程的延误或费用增加是否由承包人怠于执行或拒不执行指令的行为所致。

7. 审查发包人是否妥善保存与该等事项有关的双方往来记录文件、会议纪要等及其他证据。

实务提示

工程师发出指令后,应及时送达承包人并监督其执行。工程师的指令具有严肃性和强制性,除非工程师发出的指令违反法律规定或合同约定,承包人在收到工程师作出的指令后都应遵照执行。承包人不执行或怠于执行工程师指令,造成

工期延误、费用增加甚至影响工程质量的,承包人应予以承担。发包人就此事项索赔时应注意的是,工程师下发指令的程序应符合法律规定和合同约定,指令的内容应符合工程施工实际,且应确保书面指令已切实传达到承包人,如遇到承包人员怠于执行或拒不执行指令的情形时,应留存相应指令已发出并送达承包人的相关凭证,同时应有准确证据证明承包人怠于执行或拒不执行指令的事实,以及工程的延误是由承包人怠于执行或拒不执行指令的行为所致,并妥善保存与该等事项有关的双方往来记录文件、会议纪要等,以便顺利索赔。

裁判依据

《2017 版施工合同》

1.1.2.9 总监理工程师:是指由监理人任命并派驻施工现场进行工程监理的总负责人。

4.3 监理人指示 监理人应按照发包人的授权发出监理指示。监理人的指示应采用书面形式,并经其授权的监理人员签字。紧急情况下,为了保证施工人员的安全或避免工程受损,监理人员可以口头形式发出指示,该指示与书面形式的指示具有同等的法律效力,但必须在发出口头指示后24小时内补发书面监理指示,补发的书面监理指示应与口头指示一致。监理人发出的指示应送达承包人项目经理或经项目经理授权接收的人员。因监理人未能按合同约定发出指示、指示延误或发出了错误指示而导致费用增加和(或)工期延误的,由发包人承担相应责任。除专用合同条款另有约定外,总监理工程师不应将第4.4款〔商定或确定〕约定应由总监理工程师作出确定的权力授权或委托给其他监理人员。承包人对监理人发出的指示有疑问的,应向监理人提出书面异议,监理人应在48小时内对该指示予以确认、更改或撤销,监理人逾期未回复的,承包人有权拒绝执行上述指示。监理人对承包人的任何工作、工程或其采用的材料和工程设备未在约定的或合理期限内提出意见的,视为批准,但不免除或减轻承包人对该工作、工程、材料、工程设备等应承担的责任和义务。

4.4 商定或确定 合同当事人进行商定或确定时,总监理工程师应当会同合同当事人尽量通过协商达成一致,不能达成一致的,由总监理工程师按照合同约定审慎做出公正的确定。总监理工程师应将确定以书面形式通知发包人和承包人,并附详细依据。合同当事人对总监理工程师的确定没有异议的,按照总监理工程师的确定执行。任何一方合同当事人有异议,按照第20条〔争议解决〕约定处理。争议解决前,合同当事人暂按总监理工程师的确定执行;争议解决后,争议解决的结果与总监理工程师的确定不一致的,按照争议解决的结果执行,由此造成的损失由责任人承担。

七、承包人违约导致项目经理更换

1. 审查项目经理是否具有满足项目需要的建造师执业资格。

2. 审查案涉合同是否对项目经理的任职资格、管理能力及经验作出约定。

3. 审查项目经理是否与承包人存在合法的劳动关系。

4. 审查承包人是否为项目经理缴纳社会保险。

5. 审查是否存在挂靠、转包或违法分包的情形。

6. 审查承包人是否在合同约定期限内向发包人提供与项目经理有劳动关系的有效证明。

7. 审查发包人要求承包人更换项目经理是否导致工期延误或费用增加。

8. 若更换项目经理延误了工期或增加了费用,则审查相关证据是否充分。

实务提示

1. 项目经理是由承包人任命并派驻施工现场,在承包人授权范围内代表承包人负责合同履行且按照法律规定具有相应资格的项目负责人。项目经理的专业水平、管理能力、职业素养及行为品质对实现工程建设的质量、安全、工期及成本控制目标有重大影响。因此,实践中,项目经理的专业能力和任职资格通常是发包人选择承包人的重要参考因素之一。

2. 虽然我国已经取消了项目经理资质,但是项目经理责任制依然存在,大中型工程的项目经理应由取得建造师执业资格的人员担任。为了顺利实现合同约定的工程质量、安全、进度、成本管理等各项目标,保证工程的顺利实施,发包人往往会对项目经理的任职资格、管理能力及经验作出严格要求。发包人与承包人一般会在施工合同专用条款中明确承包人项目经理的姓名、职称、注册执业证书编号、联系方式等事项。项目经理应具有满足项目需要的建造师执业资格,发包人对项目经理任职资格严格限定也是防止承包人转包工程的一项重要措施。此外,为了保证项目经理的稳定性和工程实施的连续性,防止挂靠、转包或违法分包的情形出现,保证工程质量和安全,项目经理应是承包人正式聘用的员工,两者存在劳动关系,即项目经理与承包人签订了合法有效的劳动合同且承包人为该项目经

理缴纳了社会保险。

3. 项目经理不仅应具备满足项目需要的相应资格,还必须与承包人存在合法的劳动关系。发包人通常仅在合同中对项目经理的姓名、职称等事项进行约定,并不对项目经理的劳动关系进行约定,因此,实践中,承包人借用项目经理资质的情况大量存在。为防止承包人借用项目经理资质,非法转包工程,发包人可在施工合同中约定承包人应在一定期限内提交其与项目经理签订的劳动合同及其为项目经理缴纳社会保险的有效证明等文件,承包人不提交上述文件的,属于违约行为,项目经理无权履行职责,发包人有权要求更换项目经理,由此增加的费用和(或)延误的工期由承包人承担。如承包人未在合同约定期限内提交其与项目经理的劳动合同及其为项目经理缴纳社会保险的有效证明文件的,发包人可依据合同约定向承包人提起索赔。

裁判依据

《2017 版施工合同》

3.2.1　项目经理应为合同当事人所确认的人选,并在专用合同条款中明确项目经理的姓名、职称、注册执业证书编号、联系方式及授权范围等事项,项目经理经承包人授权后代表承包人负责履行合同。项目经理应是承包人正式聘用的员工,承包人应向发包人提交项目经理与承包人之间的劳动合同,以及承包人为项目经理缴纳社会保险的有效证明。承包人不提交上述文件的,项目经理无权履行职责,发包人有权要求更换项目经理,由此增加的费用和(或)延误的工期由承包人承担。项目经理应常驻施工现场,且每月在施工现场时间不得少于专用合同条款约定的天数。项目经理不得同时担任其他项目的项目经理。项目经理确需离开施工现场时,应事先通知监理人,并取得发包人的书面同意。项目经理的通知中应当载明临时代行其职责的人员的注册执业资格、管理经验等资料,该人员应具备履行相应职责的能力。

承包人违反上述约定的,应按照专用合同条款的约定,承担违约责任。

八、承包人擅自变更工程范围、内容

1. 审查招标人与中标人签订的施工合同与中标人的投标文件的内容是否一致。

2. 审查承包人与发包人在施工合同中对工程范围和内容是否有明确的约定。

3. 监理人发出的工程范围变更指示是否征得发包人的批准。

4. 承包人收到的工程范围变更指示是否有发包人的签认。

5. 承包人擅自变更工程范围是否由于遇到不可抗力的事件,如是,承包人是否有向发包人提出合理化建议或变更申请,是否得到批准。

6. 承包人擅自变更是否属于情况紧急且实施该变更措施系避免发包人损失进一步扩大的情形。

7. 承包人的擅自变更工程范围是否造成工期延误或者费用增加。

实务提示

施工过程中,工程变更经常发生,但不论是设计变更还是其他变更,变更的最终决定权均在发包人。虽然工程变更指示通常由监理人发出,但其发出变更指示应征得发包人批准。承包人在收到经发包人签认的变更指示后方可实施变更。未经许可,承包人不得擅自实施。否则承包人因此造成工期延误或费用增加的,发包人有权要求发包人赔偿。如遇不可抗力事件,承包人在客观上无法按照施工合同设计图纸等文件中载明的工程范围、内容施工时承包人应向发包人、监理人提出合理化建议或变更申请,于获准后再执行工程变更。在前述情况下,承包人不宜未经许可擅自变更工程范围内容,除非情况紧急且实施该变更措施系以避免发包人损失进一步扩大为目的。

综上所述,工程范围、内容的变更一般由发包人提出或由承包人提出经发包人批准后进行。承包人擅自变更建设工程施工合同中约定的工程范围、内容导致发包人蒙受损失的,发包人有权以此为由向承包人提出索赔请求。

裁判依据

《2017 版施工合同》

10.1　变更的范围　除专用合同条款另有约定外,合同履行过程中发生以下情形的,应按照本条约定进行变更:(1)增加或减少合同中任何工作,或追加额外的工作;(2)取消合同中任何工作,但转由他人实施的工作除外;(3)改变合同中任何工作的质量标准或其他特性;(4)改变工程的基线、标高、位置和尺寸;(5)改变工程的时间安排或实施顺序。

10.2　变更权　发包人和监理人均可以提出变更。变更指示均通过监理人发出,监理人发出变更指示前应征得发包人同意。承包人收到经发包人签认的变更指示后，方可实施变更。未经许可，承包人不得擅自对工程的任何部分进行变更。涉及设计变更的，应由设计人提供变更后的图纸和说明。如变更超过原设计标准或批准的建设规模时，发包人应及时办理规划、设计变更等审批手续。

九、工程量增加导致合同单价变更

1. 审查案涉工程计价模式。

2. 审查合同中是否有工程量变动达到一定程度，承发包人可重新调整价格的约定。

3. 审查案涉工程工程量是否增加，增加的幅度是否超过约定或法定幅度。

4. 审查发包人是否就增加工程量要求承包人调整合同价格。

实务提示

关于工程变更的含义、范围、变更引起的价款调整详见本书承包人可向发包人索赔事项中的第15项。在该第15项中，承包人在工程量减少超过15%时可以要求发包人将单价调高；同理，在工程量增加超过15%时，发包人也可以主张突破原有的单价，要求承包人调低原有单价。

裁判依据

《2017版施工合同》

10.4.1 变更估价原则 除专用合同条款另有约定外，变更估价按照本款约定处理：(1)已标价工程量清单或预算书有相同项目的，按照相同项目单价认定；(2)已标价工程量清单或预算书中无相同项目，但有类似项目的，参照类似项目的单价认定；(3)变更导致实际完成的变更工程量与已标价工程量清单或预算书中列明的该项目工程量的变化幅度超过15%的，或已标价工程量清单或预算书中无相同项目及类似项目单价的，按照合理的成本与利润构成的原则，由合同当事人按照第4.4款〔商定或确定〕确定变更工作的单价。

十、承包人挪用安全文明施工费

1. 审查安全文明施工费是否专款专用。

2. 审查是否在财务账目中单独列项备查。

3. 审查承包人挪用安全文明施工费后，发包人是否要求其限期改正。

4. 若承包人拒不改正时，审查发包人是否责令承包人暂停施工。

5. 暂停施工增加的费用额及延误的工期天数是否合理。

6. 审查费用增加和延误工期的证据是否充分。

实务提示

1. 根据《2013版清单计价规范》第2.0.22条的规定，安全文明施工费是指合同履行过程中，承包人按照国家法律、法规、标准等规定，为保证安全施工、文明施工、保护现场内外环境和搭拆临时设施等所采用的措施而发生的费用。安全文明施工措施费由文明施工费、环境保护费、临时设施费、安全施工费组成。安全文明施工措施包括安全警示标志牌、现场围栏、“五板一图”（“五板”是指在进门处悬挂工程概况、管理人员名单及监督电话、安全生产规定、文明施工、消防保卫，“一图”是指施工现场总平面图）、企业标志、场容场貌、材料堆放、垃圾清运、现场防火、现场办公生活设施、配电线路、配电箱、开关箱、接地保护装置、楼板、屋面、阳台等临边防护、通道口、预留洞口、电梯井口、楼梯边、垂直交叉作业、高空作业的防护、应急救援预案等项目。

2. 安全文明施工措施费必须专款专用。承包人对列入建设工程概算或合同约定的安全作业环境及安全施工措施所需费用，应当用于施工人员安全防护用具及设施的采购、设备的更新、安全生产条件的改善，且应在财务账目中单独列项备查，严禁挪作他用。承包人出现挪用安全防护、文明施工措施费用的，发包人有权向承包人提起索赔。

裁判依据

《建筑工程安全生产管理条例》

第二十二条 施工单位对列入建设工程概算的安全作业环境及安全施工措施所需费用，应当用于施工安全防护用具及设施的采购和更新、安全施工措施的落实、安全生产条件的改善，不得挪作他用。

第六十三条 违反本条例的规定，施工单位挪用列入建设工程概算的安全生产作业环境及安全施工措施所需费用的，责令限期改正，处挪用费用20%以上50%以下的罚款；造成损失的，依法承担赔偿责任。

《建筑工程安全防护、文明施工措施费用及使用管理规定》

第十一条 施工单位应当确保安全防护、文明施工措施费专款专用，在财务管理中单独列出安全防护、文明施工措施项目费用清单备查。施工单位安全生产管理机构和专职安全生产管理人员负责对建筑工程安全防护、文明施工措施的组织实施进行现场监督检查,并有权向建设主管部门反映情况。工程总承包单位对建筑工程安全防护、文明施工措施费用的使用负总责。总承包单位应当按照本规定及合同约定及时向分包单位支付安全防护、文明施工措施费用。总承包单位不按本规定和合同约定支付费用,造成分包单位不能及时落实安全防护措施导致发生事故的,由总承包单位负主要责任。

《标准施工招标文件》

9.2.5　合同约定的安全作业环境及安全施工措施所需费用应遵守有关规定,并包括在相关工作的合同价格中。因采取合同未约定的安全作业环境及安全施工措施增加的费用,由监理人按第3.5款商定或确定。

《2017版施工合同》

6.1.6　安全文明施工费　安全文明施工费由发包人承担,发包人不得以任何形式扣减该部分费用。因基准日期后合同所适用的法律或政府有关规定发生变化,增加的安全文明施工费由发包人承担。承包人经发包人同意采取合同约定以外的安全措施所产生的费用,由发包人承担。未经发包人同意的,如果该措施避免了发包人的损失,则发包人在避免损失的额度内承担该措施费。如果该措施避免了承包人的损失,由承包人承担该措施费。除专用合同条款另有约定外,发包人应在开工后28天内预付安全文明施工费总额的50%,其余部分与进度款同期支付。发包人逾期支付安全文明施工费超过7天的,承包人有权向发包人发出要求预付的催告通知,发包人收到通知后7天内仍未支付的,承包人有权暂停施工,并按第16.1.1项〔发包人违约的情形〕执行。承包人对安全文明施工费应专款专用,承包人应在财务账目中单独列项备查,不得挪作他用,否则发包人有权责令其限期改正;逾期未改正的,可以责令其暂停施工,由此增加的费用和(或)延误的工期由承包人承担。

十一、承包人造成场内道路、交通设施损坏

1. 审查发包人就场内道路、交通设施损坏的结果不存在主观过错。

2. 审查发包人在招标文件中是否未向承包人准确地提供场内交通设施的技术参数与具体状况。

3. 审查发包人提供的场外交通设施的技术参数和具体条件是否存在错漏。

4. 审查发包人向承包人提供的场内道路与设施是否根本不符合施工条件。

5. 审查发包人是否发布错误指令导致承包人损坏场内道路或交通设施。

6. 审查承包人是否尽到合理使用与善管义务。

7. 审查承包人是否因违规施工、施工专业水平差等造成场内道理、交通设施损坏。

8. 审查道路、交通设施损失情况。

9. 审查道路、交通设施损失的相关证据。

实务提示

1. 在工程建设过程中，因承包人运输造成施工场地外道路和桥梁损坏的情况较为常见且往往因此产生纠纷。但在工程实践中，受损害第三方往往要求发包人和承包人就损害承担连带赔偿责任，给发包人造成较大的困扰。解决该困扰的办法在于合同当事人应通过合同约定明确承包人作为运输主体的责任，明确因承包人运输造成施工场地外公共道路和桥梁损坏的责任承担主体。承包人在使用施工场地内外公共道路和桥梁时，应合理善意使用并尽到合理注意的义务。尤其是在运输超大件、超重件或重型施工设备进出施工现场的情况下，应做好道路和桥梁的加固、改造工作，避免对道路、桥梁造成损害。因承包人未合理使用道路和桥梁，造成施工场地外公共道路和桥梁损坏的，承包人作为实际使用人和受益人，应按照法律规定承担损害赔偿责任。

2. 发包人提起该项索赔的前提是发包人就道路、交通设施损坏不存在主观过错，如发包人发布错误指令导致承包人损坏场内道路或交通设施，或发包人在招标文件中未向承包人准确地提供场内交通设施的技术参数与具体状况导致承包人采用错误的施工方案进行施工并造成损坏结果，抑或发包人向承包人提供的场内道路与设施根本不符合施工条件的，发包人即部分或全部丧失了向承包人提出场内道路及交通设施等物件损害赔偿的权利，有时甚至会面临被承包人提起反索赔的风险。

裁判依据

《标准施工招标文件》

7.2.1 除专用合同条款另有约定外，承包人应负责修建、维修、养护和管理施工所需的临时道路和交通设施，包括维修、养护和管理发包人提供的道路和交通设施,并承担相应费用。

《2017 版施工合同》

1.10.3 场内交通 发包人应提供场内交通设施的技术参数和具体条件,并应按照专用合同条款的约定向承包人免费提供满足工程施工所需的场内道路和交通设施。因承包人原因造成上述道路或交通设施损坏的,承包人负责修复并承担由此增加的费用。除发包人按照合同约定提供的场内道路和交通设施外,承包人负责修建、维修、养护和管理施工所需的其他场内临时道路和交通设施。发包人和监理人可以为实现合同目的使用承包人修建的场内临时道路和交通设施。场外交通和场内交通的边界由合同当事人在专用合同条款中约定。

1.10.5 道路和桥梁的损坏责任 因承包人运输造成施工场地内外公共道路和桥梁损坏的,由承包人承担修复损坏的全部费用和可能引起的赔偿。

十二、承包人违规覆盖隐蔽工程

1. 审查案涉合同是否就隐蔽工程检查的程序(包括各种时间、期限)作出具体明确、可操作性强的约定。

2. 在合同有明确约定的情况下,承包人和发包人是否按照合同约定进行隐蔽工程检查工作。

3. 审查隐蔽工程在覆盖前是否符合隐蔽条件。

4. 审查案涉隐蔽工程覆盖前承包人是否进行自检并保留自检记录。

5. 审查案涉隐蔽工程覆盖前承包人是否按合同约定书面通知工程师或监理人。

6. 审查案涉隐蔽工程在覆盖前是否经监理人验收合格。

7. 审查监理人是否重新检查已覆盖的隐蔽工程及检查的结果。

8. 审查承包人未通知监理人验收检查,擅自将隐蔽工程覆盖的,是否由此增加了费用和(或)延误了工期。

9. 审查发包人费用或工期索赔的相应证据。

实务提示

1. 隐蔽工程因其在隐蔽覆盖之后即不再具备对其质量状况进行检查的条件,故在工程实施过程中,合同当事人务必要做好隐蔽工程检查工作。首先,合同当

事人应当在合同中对隐蔽工程检查的程序（包括各种时间、期限）作出具体明确、可操作性强的约定。其次，在合同中已对隐蔽工程检查的程序作出约定的情况下，承包人和发包人都应当按照合同约定进行隐蔽工程检查工作并保留好相应证据。

2. 对发包人而言，承包人通知其对隐蔽工程进行检查时，应当按照合同约定及时进行检查。发包人应避免因自己或工程师的原因未能在约定期限内对隐蔽工程进行检查而导致根据合同约定产生“视为隐蔽工程检查合格，承包人可自行完成覆盖工作”的法律后果。虽然工程师在隐蔽工程覆盖之后仍可要求重新检查，但如果经重新检查证明工程质量符合合同要求，则由此增加的费用和（或）延误的工期需要由发包人承担。如发包人或工程师经检查隐蔽工程发现其质量不合格的，应当及时通知承包人进行修复或整改，并保留好相应证据。

3. 对承包人而言，在工程隐蔽部位具备覆盖条件之后，承包人需要进行自检，确保隐蔽工程质量合格具备覆盖条件，并形成自检记录，之后按合同约定期限书面通知工程师在约定期限内进行检查；工程师检查合格之后，及时取得工程师签字的验收记录；工程师提出延期检查要求而导致工期延误和（或）费用增加的，及时向工程师或发包人提出并取得相应签认手续；工程师未按时检查等导致按合同约定视为隐蔽工程检查合格的，承包人在自行完成覆盖工作之后，应当及时将相应记录报送工程师并取得工程师的签字确认。承包人需要注意以下两点：(1)承包人是隐蔽工程质量合格的直接责任人，承包人在隐蔽工程覆盖之前必须要确保隐蔽工程质量合格，否则，即便隐蔽工程经工程师检查确认合格（或者视为隐蔽工程检查合格），承包人予以覆盖，但发包人或工程师享有进行重新检验检查的权利，只要工程师对隐蔽工程质量有疑问，即可要求进行重新检查，而承包人应遵照执行，不得拒绝，不得以工程师之前已经检查确认合格或者视为检查合格为由拒绝重新检查。而经重新检查，如果证明工程质量不符合合同要求，则承包人需承担由此增加的费用和（或）延误的工期。(2)在隐蔽工程检查过程中，承包人切忌未经通知工程师到场检查、即私自将工程隐蔽部位进行覆盖，因为在此情况下，工程师有权要求承包人钻孔探测或揭开检查，而无论经检查工程隐蔽部位质量是否合格，因此而导致的增加费用和（或）延误工期均由承包人承担，发包人可以据此提出索赔。

裁判依据

《民法典》

第七百九十八条 隐蔽工程在隐蔽以前，承包人应当通知发包人检查。发包人没有及时检查的，承包人可以顺延工程日期，并有权请求赔偿停工、窝工等损失。

《2017版施工合同》

5.3.2 检查程序 除专用合同条款另有约定外，工程隐蔽部位经承包人自检确认具备覆盖条件的，承包人应在共同检查前48小时书面通知监理人检查，通知中应载明隐蔽检查的内容、时间和地点，并应附有自检记录和必要的检查资料。监理人应按时到场并对隐蔽工程及其施工工艺、材料和工程设备进行检查。经监理人检查确认质量符合隐蔽要求，并在验收记录上签字后，承包人才能进行覆盖。经监理人检查质量不合格的，承包人应在监理人指示的时间内完成修复，并由监理人重新检查，由此增加的费用和(或)延误的工期由承包人承担。除专用合同条款另有约定外，监理人不能按时进行检查的，应在检查前24小时向承包人提交书面延期要求，但延期不能超过48小时，由此导致工期延误的，工期应予以顺延。监理人未按时进行检查，也未提出延期要求的，视为隐蔽工程检查合格，承包人可自行完成覆盖工作，并作相应记录报送监理人，监理人应签字确认。监理人事后对检查记录有疑问的，可按第5.3.3项〔重新检查〕的约定重新检查。

5.3.4 承包人私自覆盖 承包人未通知监理人到场检查，私自将工程隐蔽部位覆盖的，监理人有权指示承包人钻孔探测或揭开检查，无论工程隐蔽部位质量是否合格，由此增加的费用和(或)延误的工期均由承包人承担。

十三、承包人私自将材料、设备撤离施工现场

1. 审查双方在施工合同中对运入施工现场的材料、设备是否有明确约定。

2. 审查承包人运入施工现场的材料设备是否专用于工程。

3. 审查承包人是否未经发包人同意私自将材料、设备撤离施工现场。

4. 审查承包人根据施工进度计划撤走闲置的施工设备和其他物品时是否经发包人同意。

实务提示

《2017版施工合同》对于承包人运入施工现场的材料、工程设备、施工设备以及在施工场地建设的临时设施，包括备品备件、安装工具与资料等，尽管未直接规定其物权所属，但是作出了必须专用于工程的规定，以保证按合同约定进度计划实施工程的需要。基于材料和设备专用要求，未经发包人批准，承包人不得将前述已经运入施工现场的材料、工程设备、施工设备以及在施工场地建设的临时设施等运出施工现场或挪作他用。对于闲置或工程建设不再需要的施工设备或其他物品，承包人可以根据施工进度计划向发包人申请撤走，但未经发包人批准，承包人不得擅自将其运离现场。如果承包人未经发包人同意私自将材料、设备撤离施工现场，发包人可要求承包人返还原物或赔偿损失。

裁判依据

《标准施工招标文件》

5.3.1　运入施工场地的材料、工程设备，包括备品备件、安装专用工器具与随机资料，必须专用于合同工程，未经监理人同意，承包人不得运出施工场地或挪作他用。

《2017版施工合同》

8.9　材料与设备专用要求　承包人运入施工现场的材料、工程设备、施工设备以及在施工场地建设的临时设施，包括备品备件、安装工具与资料，必须专用于工程。未经发包人批准，承包人不得运出施工现场或挪作他用；经发包人批准，承包人可以根据施工进度计划撤走闲置的施工设备和其他物品。

十四、承包人违反安全施工及管理义务

1. 审查案涉合同就承包人的安全施工义务和管理义务是否有明确约定，专用条款是否有另外安排。

2. 审查承包人是否按照合同约定和法律规定履行了安全施工义务和管理义务。

3. 审查承包人未履行安全施工义务和管理义务的理由是否正当，是否存在因发包人未按约定支付安全文明施工费等导致无法履行义务的情形。

4. 审查承包人违反安全施工及管理义务的具体情形。

5. 审查承包人违反安全施工及管理义务是否造成费用增加和(或)工期延误。

6. 审查承包人违反安全施工及管理义务是否给发包人造成人员伤亡或财产损失。

7. 审查承包人违反安全施工及管理义务的证据是否充分。

8. 审查发包人费用、损失或工期延误索赔是否合理、是否有充分的证据支持。

实务提示

1. 保证工程质量和安全施工及管理既是承包人的合同义务，也是承包人的法定义务。承包人的安全施工义务主要是指承包人在履行合同过程中，应采取相关安全施工保障措施，就生产安全事故编制应急救援预案，配备必要的紧急处置设备，针对特殊的建筑材料、施工工艺、技术标准要求与施工环境等建立项目安全管理体系，保障施工现场人员生命及材料、机械设备等财产安全。承包人在突发治安事件中未采取合理措施避免人员伤亡或财产损失进一步扩大的，发包人有权要求承包人在其职责范围内承担赔偿责任。在施工过程中，承包人违反有关安全管理规定或者强令施工人员违章冒险作业，导致发生重大伤亡事故或者造成其他严重后果的，还会因涉嫌构成重大安全责任事故罪而面临刑事处罚。承包人的安全施工义务不仅包括施工现场人员的生命财产安全，还应及于毗邻地带的第三方。在施工期间，因承包人或承包人雇佣的工作人员造成第三人人身伤亡或财产损失，且发包人为此承担连带责任的，其有权向承包人予以追偿。

承包人应尽的管理义务主要有根据工程所在地建设行政主管部门对文明施工的要求及项目工程自身特点确保工程建设顺利进行。如承包人因未保持施工现场平整、物料堆放整齐、有多余垃圾等被有权机关处以行政处罚，并对工程施工造成负面影响，其应承担相应责任。

2. 承包人履行上述安全施工义务和管理义务，都收取了相应的安全文明施工费，发包人支付了相应对价。因此，在实际施工过程中，承包人在治安保卫、文明施工等方面未尽管理义务或未采取保证安全生产的必要措施，违章作业、冒险施工引发安全生产责任事故，造成发包人费用增加和（或）工期延误的，发包人有权提出索赔请求。

裁判依据

《建筑法》

第三十八条 建筑施工企业在编制施工组织设计时，应当根据建筑工程的特点制定相应的安全技术措施;对专业性较强的工程项目,应当编制专项安全施工组织设计,并采取安全技术措施。

第四十四条　建筑施工企业必须依法加强对建筑安全生产的管理,执行安全生产责任制度,采取有效措施,防止伤亡和其他安全生产事故的发生。建筑施工企业的法定代表人对本企业的安全生产负责。

第四十五条　施工现场安全由建筑施工企业负责。实行施工总承包的,由总承包单位负责。分包单位向总承包单位负责,服从总承包单位对施工现场的安全生产管理。

第七十一条　建筑施工企业违反本法规定,对建筑安全事故隐患不采取措施予以消除的,责令改正,可以处以罚款;情节严重的,责令停业整顿,降低资质等级或者吊销资质证书;构成犯罪的,依法追究刑事责任。建筑施工企业的管理人员违章指挥、强令职工冒险作业,因而发生重大伤亡事故或者造成其他严重后果的,依法追究刑事责任。

《刑法》

第一百三十四条　在生产、作业中违反有关安全管理的规定,因而发生重大伤亡事故或者造成其他严重后果的,处三年以下有期徒刑或者拘役;情节特别恶劣的,处三年以上七年以下有期徒刑。强令他人违章冒险作业,或者明知存在重大事故隐患而不排除,仍冒险组织作业,因而发生重大伤亡事故或者造成其他严重后果的,处五年以下有期徒刑或者拘役;情节特别恶劣的,处五年以上有期徒刑。

《建设工程质量管理条例》

第七十四条　建设单位、设计单位、施工单位、工程监理单位违反国家规定,降低工程质量标准,造成重大安全事故,构成犯罪的,对直接责任人员依法追究刑事责任。

《建设工程安全生产管理条例》

第十四条　工程监理单位应当审查施工组织设计中的安全技术措施或者专项施工方案是否符合工程建设强制性标准。工程监理单位在实施监理过程中,发现存在安全事故隐患的,应当要求施工单位整改;情况严重的,应当要求施工单位暂时停止施工,并及时报告建设单位。施工单位拒不整改或者不停止施工的,工程监理单位应当及时向有关主管部门报告。工程监理单位和监理工程师应当按照法律、法规和工程建设强制性标准实施监理,并对建设工程安全生产承担监理责任。

第二十一条 施工单位主要负责人依法对本单位的安全生产工作全面负责。施工单位应当建立健全安全生产责任制度和安全生产教育培训制度,制定安全生产规章制度和操作规程,保证本单位安全生产条件所需资金的投入,对所承担的建设工程进行定期和专项安全检查,并做好安全检查记录。施工单位的项目负责人应当由取得相应执业资格的人员担任,对建设工程项目的安全施工负责,落实安全生产责任制度、安全生产规章制度和操作规程,确保安全生产费用的有效使用,并根据工程的特点组织制定安全施工措施,消除安全事故隐患,及时、如实报告生产安全事故。

第二十二条 施工单位对列入建设工程概算的安全作业环境及安全施工措施所需费用,应当用于施工安全防护用具及设施的采购和更新、安全施工措施的落实、安全生产条件的改善,不得挪作他用。

第二十五条 垂直运输机械作业人员、安装拆卸工、爆破作业人员、起重信号工、登高架设作业人员等特种作业人员,必须按照国家有关规定经过专门的安全作业培训,并取得特种作业操作资格证书后,方可上岗作业。

第二十六条 施工单位应当在施工组织设计中编制安全技术措施和施工现场临时用电方案,对下列达到一定规模的危险性较大的分部分项工程编制专项施工方案,并附具安全验算结果,经施工单位技术负责人、总监理工程师签字后实施,由专职安全生产管理人员进行现场监督:(一)基坑支护与降水工程;(二)土方开挖工程;(三)模板工程;(四)起重吊装工程;(五)脚手架工程;(六)拆除、爆破工程;(七)国务院建设行政主管部门或者其他有关部门规定的其他危险性较大的工程。对前款所列工程中涉及深基坑、地下暗挖工程、高大模板工程的专项施工方案,施工单位还应当组织专家进行论证、审查……

《2017 版施工合同》

6.1.1 安全生产要求 合同履行期间,合同当事人均应当遵守国家和工程所在地有关安全生产的要求,合同当事人有特别要求的,应在专用合同条款中明确施工项目安全生产标准化达标目标及相应事项。承包人有权拒绝发包人及监理人强令承包人违章作业、冒险施工的任何指示。在施工过程中,如遇到突发的地质变动、事先未知的地下施工障碍等影响施工安全的紧急情况,承包人应及时报告监理人和发包人,发包人应当及时下令停工并报政府有关行政管理部门采取应急措施。因安全生产需要暂停施工的,按照第 7.8 款〔暂停施工〕的约定执行。

6.1.2 安全生产保证措施 承包人应当按照有关规定编制安全技术措施或者专项施工方案，建立安全生产责任制度、治安保卫制度及安全生产教育培训制度，并按安全生产法律规定及合同约定履行安全职责，如实编制工程安全生产的有关记录，接受发包人、监理人及政府安全监督部门的检查与监督。

6.1.3 特别安全生产事项 承包人应按照法律规定进行施工，开工前做好安全技术交底工作，施工过程中做好各项安全防护措施。承包人为实施合同而雇用的特殊工种的人员应受过专门的培训并已取得政府有关管理机构颁发的上岗证书。承包人在动力设备、输电线路、地下管道、密封防震车间、易燃易爆地段以及临街交通要道附近施工时，施工开始前应向发包人和监理人提出安全防护措施，经发包人认可后实施。实施爆破作业，在放射、毒害性环境中施工（含储存、运输、使用）及使用毒害性、腐蚀性物品施工时，承包人应在施工前7天以书面通知发包人和监理人，并报送相应的安全防护措施，经发包人认可后实施。需单独编制危险性较大分部分项专项工程施工方案的，及要求进行专家论证的超过一定规模的危险性较大的分部分项工程，承包人应及时编制和组织论证。

6.1.4 治安保卫 除专用合同条款另有约定外，发包人应与当地公安部门协商，在现场建立治安管理机构或联防组织，统一管理施工场地的治安保卫事项，履行合同工程的治安保卫职责。发包人和承包人除应协助现场治安管理机构或联防组织维护施工场地的社会治安外，还应做好包括生活区在内的各自管辖区的治安保卫工作。除专用合同条款另有约定外，发包人和承包人应在工程开工后7天内共同编制施工场地治安管理计划，并制定应对突发治安事件的紧急预案。在工程施工过程中，发生暴乱、爆炸等恐怖事件，以及群殴、械斗等群体性突发治安事件的，发包人和承包人应立即向当地政府报告。发包人和承包人应积极协助当地有关部门采取措施平息事态，防止事态扩大，尽量避免人员伤亡和财产损失。

6.1.5 文明施工 承包人在工程施工期间，应当采取措施保持施工现场平整，物料堆放整齐。工程所在地有关政府行政管理部门有特殊要求的，按照其要求执行。合同当事人对文明施工有其他要求的，可以在专用合同条款中明确。在工程移交之前，承包人应当从施工现场清除承包人的全部工程设备、多余材料、垃圾和各种临时工程，并保持施工现场清洁整齐。经发包人书面同意，承包人可在发包人指定的地点保留承包人履行保修期内的各项义务所需要的材料、施工设备和临时工程。

6.1.6 安全文明施工 安全文明施工费由发包人承担，发包人不得以任何形式扣减该部分费用。因基准日期后合同所适用的法律或政府有关规定发生变化,增加的安全文明施工费由发包人承担。承包人经发包人同意采取合同约定以外的安全措施所产生的费用,由发包人承担。未经发包人同意的,如果该措施避免了发包人的损失,则发包人在避免损失的额度内承担该措施费。如果该措施避免了承包人的损失,由承包人承担该措施费。除专用合同条款另有约定外,发包人应在开工后28天内预付安全文明施工费总额的50%,其余部分与进度款同期支付。发包人逾期支付安全文明施工费超过7天的,承包人有权向发包人发出要求预付的催告通知,发包人收到通知后7天内仍未支付的,承包人有权暂停施工,并按第16.1.1项〔发包人违约的情形〕执行。承包人对安全文明施工费应专款专用,承包人应在财务账目中单独列项备查,不得挪作他用,否则发包人有权责令其限期改正;逾期未改正的,可以责令其暂停施工,由此增加的费用和(或)延误的工期由承包人承担。

6.1.7 紧急情况处理 在工程实施期间或缺陷责任期内发生危及工程安全的事件,监理人通知承包人进行抢救,承包人声明无能力或不愿立即执行的,发包人有权雇佣其他人员进行抢救。此类抢救按合同约定属于承包人义务的,由此增加的费用和(或)延误的工期由承包人承担。

6.1.8 事故处理 工程施工过程中发生事故的,承包人应立即通知监理人,监理人应立即通知发包人。发包人和承包人应立即组织人员和设备进行紧急抢救和抢修,减少人员伤亡和财产损失,防止事故扩大,并保护事故现场。需要移动现场物品时,应作出标记和书面记录,妥善保管有关证据。发包人和承包人应按国家有关规定,及时如实地向有关部门报告事故发生的情况,以及正在采取的紧急措施等。

6.1.9.1 发包人的安全责任 发包人应负责赔偿以下各种情况造成的损失:(1)工程或工程的任何部分对土地的占用所造成的第三者财产损失;(2)由于发包人原因在施工场地及其毗邻地带造成的第三者人身伤亡和财产损失;(3)由于发包人原因对承包人、监理人造成的人员人身伤亡和财产损失;(4)由于发包人原因造成的发包人自身人员的人身伤害以及财产损失。

6.1.9.2 承包人的安全责任 由于承包人原因在施工场地内及其毗邻地带造成的发包人、监理人以及第三者人员伤亡和财产损失,由承包人负责赔偿。

十五、承包人违反环保法律法规

1. 审查承包人是否违反了相关环保法律法规。

2. 审查承包人是否未采取合理措施保护施工现场环境。

3. 审查承包人是否引起民事索赔、行政处罚，或造成工程暂停施工。

4. 审查发包人损失、费用增加和(或)工期延误的相应证据。

实务提示

随着相关环境保护法律法规的完善和人民群众对环境保护的逐步重视，工程环境保护、环保评估越来越受到社会的关注。做好施工期间的环境保护是承包人的法定义务，也是承包人应尽的社会义务。承包人在施工时应当遵守有关环境保护和安全生产的法律、法规的规定，采取控制和处理施工现场的各种粉尘、废气、废水、固体废物以及噪声、振动对环境的污染和危害的措施。对于可能引起大气、水、噪声以及固体废物污染的施工作业要事先做好具体可行的防范措施。承包人作为污染者，应对其引起的环境污染承担侵权损害赔偿责任，由此导致的暂停施工，承包人承担增加的费用和延误的工期。因环境污染而产生的周边群众不满等群体性事件，承包人和发包人都应高度重视、积极处理，承包人承担由此发生的费用和延误的工期。

裁判依据

《建筑法》

第四十一条　建筑施工企业应当遵守有关环境保护和安全生产的法律、法规的规定，采取控制和处理施工现场的各种粉尘、废气、废水、固体废物以及噪声、振动对环境的污染和危害的措施。

《建设工程安全生产管理条例》

第三十条　施工单位对因建设工程施工可能造成损害的毗邻建筑物、构筑物和地下管线等，应当采取专项防护措施。施工单位应当遵守有关环境保护法律、法规的规定，在施工现场采取措施，防止或者减少粉尘、废气、废水、固体废物、噪声、振动和施工照明对人和环境的危害和污染。在城市市区内的建设工程，施工单位应当对施工现场实行封闭围挡。

《标准施工招标文件》

9.4.1 承包人在施工过程中，应遵守有关环境保护的法律，履行合同约定的环境保护义务，并对违反法律和合同约定义务所造成的环境破坏、人身伤害和财产损失负责。

9.4.3 承包人应按照批准的施工环保措施计划有序地堆放和处理施工废弃物，避免对环境造成破坏。因承包人任意堆放或弃置施工废弃物造成妨碍公共交通、影响城镇居民生活、降低河流行洪能力、危及居民安全、破坏周边环境，或者影响其他承包人施工等后果的，承包人应承担责任。

《2017版施工合同》

6.3 环境保护 承包人应在施工组织设计中列明环境保护的具体措施。在合同履行期间，承包人应采取合理措施保护施工现场环境。对施工作业过程中可能引起的大气、水、噪音以及固体废物污染采取具体可行的防范措施。承包人应当承担因其原因引起的环境污染侵权损害赔偿责任，因上述环境污染引起纠纷而导致暂停施工的，由此增加的费用和(或)延误的工期由承包人承担

十六、承包人未尽工程照管义务

1. 审查案涉合同专用条款是否就工程照管责任另有约定。

2. 审查在承包人照管期间是否存在因承包人原因造成工程、材料、工程设备损坏的情形。

3. 审查是否存在因承包人原因造成成品或半成品损坏的情形。

4. 审查承包人负责修复或更换时是否增加了费用和(或)延误了工期。

5. 审查发包人索赔主张的相应证据是否充分、确实。

裁判依据

《标准施工招标文件》

4.1.9 工程的维护和照管 工程接收证书颁发前，承包人应负责照管和维护工程。工程接收证书颁发时尚有部分未竣工工程的，承包人还应负责该未竣工工程的照管和维护工作，直至竣工后移交给发包人为止。

《2017版施工合同》

3.6 工程照管与成品、半成品保护 (1)除专用合同条款另有约定外，自发包人向承包人移交施工现场之日起，承包人应负责照管工程及工程相关的材料、

工程设备,直到颁发工程接收证书之日止。(2)在承包人负责照管期间,因承包人原因造成工程、材料、工程设备损坏的,由承包人负责修复或更换,并承担由此增加的费用和(或)延误的工期。(3)对合同内分期完成的成品和半成品,在工程接收证书颁发前,由承包人承担保护责任。因承包人原因造成成品或半成品损坏的,由承包人负责修复或更换,并承担由此增加的费用和(或)延误的工期。

7.8.7 暂停施工期间的工程照管 暂停施工期间,承包人应负责妥善照管工程并提供安全保障,由此增加的费用由责任方承担。

十七、承包人资源配置不足

1. 审查案涉工程承包人资源配置是否充足。
2. 审查案涉工程是否因承包人资源配置不足而延误了工期。
3. 审查案涉工程因资源配置不足延误工期是否造成了其他损失。
4. 审查发包人工期索赔的相应证据是否充分,索赔数额是否合理。

实务提示

承包人资源配置不足是指承包人的劳动力不足、机械设备不先进、数量不足、管理能力弱、管理水平低下,流动资金短缺等。承包人资源配置不足很容易造成劳动生产率低下,进而可能导致延误工期。因承包人资源配置不足造成工期延误的,发包人可以据此索赔因工期延误造成的损失。

裁判依据

《标准施工招标文件》

11.5 承包人的工期延误 由于承包人原因,未能按合同进度计划完成工作,或监理人认为承包人施工进度不能满足合同工期要求的,承包人应采取措施加快进度,并承担加快进度所增加的费用。由于承包人原因造成工期延误,承包人应支付逾期竣工违约金。逾期竣工违约金的计算方法在专用合同条款中约定。承包人支付逾期竣工违约金,不免除承包人完成工程及修补缺陷的义务。

《2017版施工合同》

7.5.2 因承包人原因导致工期延误 因承包人原因造成工期延误的,可以在专用合同条款中约定逾期竣工违约金的计算方法和逾期竣工违约金的上限。承包人支付逾期竣工违约金后,不免除承包人继续完成工程及修补缺陷的义务。

11.2 法律变化引起的调整 基准日期后,法律变化导致承包人在合同履行过程中所需要的费用发生除第11.1款〔市场价格波动引起的调整〕约定以外的增加时,由发包人承担由此增加的费用;减少时,应从合同价格中予以扣减。基准日期后,因法律变化造成工期延误时,在工期应予以顺延。因法律变化引起的合同价格和工期调整,合同当事人无法达成一致的,由总监理工程师按第4.4款〔商定或确定〕的约定处理。因承包人原因造成工期延误,在工期延误期间出现法律变化的,由此增加的费用和(或)延误的工期由承包人承担。

16.2.1 承包人违约的情形 在合同履行过程中发生的下列情形,属于承包人违约:……(8)承包人未能按照合同约定履行其他义务的……

16.2.2 承包人违约的责任 承包人应承担因其违约行为而增加的费用和(或)延误的工期。此外,合同当事人可在专用合同条款中另行约定承包人违约责任的承担方式和计算方法。

十八、施工组织不当

1. 审查承包人是否编制了施工组织设计。

2. 审查承包人是否制订详细的施工进度计划。

3. 施工进度计划是否提交监理人和发包人审批。

4. 审查承包人是否严格执行发包人审批同意的施工进度计划。

5. 审查发包人在施工合同中对承包人施工组织不当所致后果的责任界定及赔偿标准是否进行明确约定。

6. 审查案涉合同是否存在因承包人施工组织不当而造成工期延误或费用增加的情况。

7. 审查发包人或监理人在出现窝工或停工待料等现象时是否与承包人进行协商谈判并形成会议纪要、备忘录等书面文件。

8. 审查发包人工期或费用索赔的相应证据。

实务提示

1. 施工组织设计根据《建筑施工组织设计规范》中的规定,是指以施工项目为对象编制的,用以指导施工的技术、经济和管理的综合性文件。施工组织设计应根据法律法规规定、工程规模、结构特点、技术复杂程度和施工条件进行编制,以满足不同工程实施需要,根据《建筑施工组织设计规范》和有关法律规定,《2017

版施工合同》中将施工方案、施工现场平面布置图、施工进度计划和保证措施、劳动力及材料供应计划、施工机械设备的选用、质量保证体系、安全生产和文明施工措施、环境保护和成本控制措施以及合同当事人约定的其他内容等列入了施工组织设计文件的范畴。其中施工进度计划是施工组织设计中很重要的法律文件。根据《建筑施工组织设计规范》，施工进度计划是指为实现项目认定的工期目标，对各项施工过程中的施工顺序、起止时间和相互衔接关系所作的统筹策划和安排。施工进度计划要保证拟建工程在规定期限内完成，保证施工的连续性和均衡性，节约施工费用。编制施工进度计划需要依据建筑工程施工的客观规律和施工条件，参考工期定额，综合考虑资金、材料、设备、劳动力等资源的投入。编制施工进度计划同时应依据法律规定、施工方案、工程的实践惯例、项目性质、当地的市场资源配置情况以及工程相关的技术经济资料编制，其内容主要包括编制说明、进度计划图，资源需要量计划、风险分析及控制措施等。施工进度计划是施工组织设计的重要组成部分，应符合合同对于工期或节点工期的约定，随同施工组织设计提交发包人和监理人审核。

2. 经发包人批准的施工进度计划，对发包人和承包人具有合同约束力，是控制合同进度及工期的重要依据，发包人和承包人应重视施工进度计划的合理性和可行性。在工程建设过程中，因承包人施工组织不当导致窝工或停工待料的，全部或部分劳动力会丧失使用功效，投入施工现场的机械设备亦会被闲置，因此极有可能引发劳动生产率低的问题不仅可能导致工期的延误，还会产生额外支出的人工费用以及机械设备租赁、养护、折旧费用，就上述延误的工期和增加的费用，发包人有权向承包人提起索赔。为避免上述情形的出现，承包人应当与发包人及监理人保持密切的沟通，定期向发包人及监理人报告工程进展情况，对发包人及监理人提出的变更指令和赶工要求及时作出反应和处理，监督各分包单位的工作，及时协调各分包单位的施工配合，合理地调配人力、施工材料、设备和资金，并确保严格完善的管理。

3. 作为发包人而言，因承包人施工组织不当造成工期延误、费用增加而提起索赔时，为维护自身的合法权益，应特别注意以下几点：首先，发包人应在建设工程施工合同中对承包人施工组织不当所致后果的责任界定及赔偿标准进行明确约定。其次，在工程施工过程中，发包人或监理人可通过核对施工进度计划与实际进度的差别来发现承包人是否存在施工组织不当的情形，并尽量保存与承包人之间的往来文件以及监理工程师现场记录作为索赔的依据。最后，发包人或监理

人应当与承包人针对施工组织不当所产生的不利后果，如出现窝工或停工待料现象的，应在项目或工作面明确的情况下，就停窝工时段、设备、人员进行协商和谈判，最终就上述停窝工事实达成协议或者形成会议纪要、备忘录等书面性证明文件，对停窝工时间、损失等事实和相应赔偿责任归属进行确认，以便于最终工期、费用索赔的顺利进行。

裁判依据

《标准施工招标文件》

6.1.1 承包人应按合同进度计划的要求，及时配置施工设备和修建临时设施。进入施工场地的承包人设备需经监理人核查后才能投入使用。承包人更换合同约定的承包人设备的，应报监理人批准。

6.3 要求承包人增加或更换施工设备 承包人使用的施工设备不能满足合同进度计划和(或)质量要求时，监理人有权要求承包人增加或更换施工设备，承包人应及时增加或更换，由此增加的费用和(或)工期延误由承包人承担。

12.1 承包人暂停施工的责任 因下列暂停施工增加的费用和(或)工期延误由承包人承担：(1)承包人违约引起的暂停施工；(2)由于承包人原因为工程合理施工和安全保障所必需的暂停施工；(3)承包人擅自暂停施工；(4)承包人其他原因引起的暂停施工；(5)专用合同条款约定由承包人承担的其他暂停施工。

13.6.1 承包人使用不合格材料、工程设备，或采用不适当的施工工艺，或施工不当，造成工程不合格的，监理人可以随时发出指示，要求承包人立即采取措施进行补救，直至达到合同要求的质量标准，由此增加的费用和(或)工期延误由承包人承担。

《2017版施工合同》

7.1.1 施工组织设计的内容 施工组织设计应包含以下内容：(1)施工方案；(2)施工现场平面布置图；(3)施工进度计划和保证措施；(4)劳动力及材料供应计划；(5)施工机械设备的选用；(6)质量保证体系及措施；(7)安全生产、文明施工措施；(8)环境保护、成本控制措施；(9)合同当事人约定的其他内容。

7.1.2 施工组织设计的提交和修改 除专用合同条款另有约定外，承包人应在合同签订后14天内，但至迟不得晚于第7.3.2项〔开工通知〕载明的开工日期前7天，向监理人提交详细的施工组织设计，并由监理人报送发包人。除专用合同条款另有约定外，发包人和监理人应在监理人收到施工组织设计后7天内确认或提出修改意见。对发包人和监理人提出的合理意见和要求,承包人应自费修改完善。根据工程实际情况需要修改施工组织设计的,承包人应向发包人和监理人提交修改后的施工组织设计。施工进度计划的编制和修改按照第7.2款〔施工进度计划〕执行。

7.2.1 施工进度计划的编制 承包人应按照第7.1款〔施工组织设计〕约定提交详细的施工进度计划,施工进度计划的编制应当符合国家法律规定和一般工程实践惯例,施工进度计划经发包人批准后实施。施工进度计划是控制工程进度的依据,发包人和监理人有权按照施工进度计划检查工程进度情况。

7.2.2 施工进度计划的修订 施工进度计划不符合合同要求或与工程的实际进度不一致的,承包人应向监理人提交修订的施工进度计划,并附具有关措施和相关资料,由监理人报送发包人。除专用合同条款另有约定外,发包人和监理人应在收到修订的施工进度计划后7天内完成审核和批准或提出修改意见。发包人和监理人对承包人提交的施工进度计划的确认,不能减轻或免除承包人根据法律规定和合同约定应承担的任何责任或义务。

7.3.1 开工准备 除专用合同条款另有约定外,承包人应按照第7.1款〔施工组织设计〕约定的期限,向监理人提交工程开工报审表,经监理人报发包人批准后执行。开工报审表应详细说明按施工进度计划正常施工所需的施工道路、临时设施、材料、工程设备、施工设备、施工人员等落实情况以及工程的进度安排。除专用合同条款另有约定外,合同当事人应按约定完成开工准备工作。

7.5.2 因承包人原因导致工期延误 因承包人原因造成工期延误的,可以在专用合同条款中约定逾期竣工违约金的计算方法和逾期竣工违约金的上限。承包人支付逾期竣工违约金后,不免除承包人继续完成工程及修补缺陷的义务。

8.8.1 承包人提供的施工设备和临时设施 承包人应按合同进度计划的要求,及时配置施工设备和修建临时设施。进入施工场地的承包人设备需经监理人核查后才能投入使用。承包人更换合同约定的承包人设备的,应报监理人批准。除专用合同条款另有约定外,承包人应自行承担修建临时设施的费用,需要临时占地的,应由发包人办理申请手续并承担相应费用。

8.8.3 要求承包人增加或更换施工设备 承包人使用的施工设备不能满足合同进度计划和(或)质量要求时,监理人有权要求承包人增加或更换施工设备,承包人应及时增加或更换,由此增加的费用和(或)延误的工期由承包人承担。

十九、劳动生产率低

1. 审查承包人是否主观上故意拖延开工或故意拖延施工进度。

2. 审查承包人在工程建设中使用的施工方案是否合理。

3. 审查承包人是否存在对施工人员管理不善或组织不当导致施工人员执行或协作能力差,增加了施工成本或延误工期的情形。

4. 审查承包人是否对其他可能降低劳动生产率的因素缺乏有效的风险规避措施。

5. 审查是否存在因承包人劳动生产率低导致工期延误或质量缺陷。

6. 审查因承包人劳动生产率低导致工期延误或质量缺陷的相应证据。

实务提示

建筑业劳动生产率是指建筑业劳动者在报告期内生产出建筑业产品的效率。它以建筑产品产量或价值和其相适应的劳动消耗建筑业劳动生产率量的比值来表示,是考核建筑业企业生产效率的提高和劳动节约情况的重要指标。在投入劳动力相同的情况下,企业创造的价值越多,劳动生产率越高;反之则低。建筑业企业常用的劳动生产率指标有以建筑业总产值、建筑业增加值计算的劳动生产率。因承包人原因导致劳动生产率低的情形主要有:承包人主观上故意拖延开工或故意拖延施工进度;承包人在工程建设过程中使用的施工方案不合理,造成资源浪费或资源配置不足;对施工人员管理不善或施工组织不当导致施工人员执行或协作能力差,增加了施工成本或延误了工期;承包人对其他可能降低劳动生产率的因素缺乏有效的风险规避措施。因承包人劳动生产率低导致工期延误或质量缺陷的,发包人有权向承包人提出索赔,承包人应承担违约责任。

裁判依据

《2017 版施工合同》

7.5.2　因承包人原因导致工期延误　因承包人原因造成工期延误的,可以在专用合同条款中约定逾期竣工违约金的计算方法和逾期竣工违约金的上限。承包人支付逾期竣工违约金后,不免除承包人继续完成工程及修补缺陷的义务。

二十、承包人选定的分包人、供应商引起的延误

1. 审查施工合同中是否对分包有约定。

2. 审查是否因承包人选定的分包人、供应商引起工期延误。

3. 审查工期延误天数及相应证据。

4. 审查发包人工期索赔的相应证据。

实务提示

工程分包后，承包人仍应当对分包工程负责，承包人和分包人就分包工程向承包人承担连带责任。当承包人选定的分包人造成工期延误时，承包人应承担工期延误的相应责任，发包人可以向承包人提起索赔。当承包人选定的供应商未按要求供应建筑构配件、建筑材料、工程设备导致工期延误时，发包人也可以向承包人索赔。

裁判依据

《2017 版施工合同》

3.5.2 分包的确定 承包人应按专用合同条款的约定进行分包，确定分包人。已标价工程量清单或预算书中给定暂估价的专业工程，按照第 10.7 款〔暂估价〕确定分包人。按照合同约定进行分包的，承包人应确保分包人具有相应的资质和能力。工程分包不减轻或免除承包人的责任和义务，承包人和分包人就分包工程向发包人承担连带责任。除合同另有约定外，承包人应在分包合同签订后 7 天内向发包人和监理人提交分包合同副本。

二十一、承包人原因导致暂估价合同订立或履行迟延

1. 审查承包人是否按照工程施工进度与分包人或材料供应商等签署并履行暂估价合同的义务。

2. 审查暂估价项目招标程序是否规范。

3. 审查在专用合同条款中约定的暂估价项目明细是否符合法律、法规及当地建设行政主管部门规定。

4. 审查是否约定了暂估价项目的具体实施以及责任和风险承担方式。

5. 审查发包人自身是否尽到了合同约定的确认和批准义务，避免出现承包人可向发包人提起索赔的情形。

6. 审查发包人掌握的因承包人原因导致暂估价合同订立和履行迟延的证据是否充分，以增加索赔成功的概率。

实务提示

暂估价含义见本书第三章第五节第二十三点。一般而言,承包人作为暂估价项目合同订立和履行的主体负有按照工程施工进度与分包人或材料供应商等签署并履行暂估价合同的义务。因承包人原因导致暂估价合同订立或履行迟延进而造成工期延误、费用增加的,承包人应当承担相应责任。前述承包人原因包括但不限于暂估价项目招标程序不规范使得中标无效或引致纠纷承包人因缔约过失或违约等原因导致与暂估价分包人产生争议、暂估价合同缺陷等。

裁判依据

《2017 版施工合同》

1.1.5.4 暂估价:是指发包人在工程量清单或预算书中提供的用于支付必然发生但暂时不能确定价格的材料、工程设备的单价、专业工程以及服务工作的金额。

10.7 暂估价 暂估价专业分包工程、服务、材料和工程设备的明细由合同当事人在专用合同条款中约定。

10.7.1 依法必须招标的暂估价项目 对于依法必须招标的暂估价项目,采取以下第 1 种方式确定。合同当事人也可以在专用合同条款中选择其他招标方式。第 1 种方式:对于依法必须招标的暂估价项目,由承包人招标,对该暂估价项目的确认和批准按照以下约定执行:(1)承包人应当根据施工进度计划,在招标工作启动前 14 天将招标方案通过监理人报送发包人审查,发包人应当在收到承包人报送的招标方案后 7 天内批准或提出修改意见。承包人应当按照经过发包人批准的招标方案开展招标工作;(2)承包人应当根据施工进度计划,提前 14 天将招标文件通过监理人报送发包人审批,发包人应当在收到承包人报送的相关文件后 7 天内完成审批或提出修改意见;发包人有权确定招标控制价并按照法律规定参加评标;(3)承包人与供应商、分包人在签订暂估价合同前,应当提前 7 天将确定的中标候选供应商或中标候选分包人的资料报送发包人,发包人应在收到资料后 3 天内与承包人共同确定中标人;承包人应当在签订合同后 7 天内,将暂估价合同副本报送发包人留存。第 2 种方式:对于依法必须招标的暂估价项目,由发包人和承包人共同招标确定暂估价供应商或分包人的,承包人应按照施工进度计划,在招标工作启动前 14 天通知发包人,并提交暂估价招标方案和工作分工。发包人应在收到后7天内确认。确定中标人后,由发包人、承包人与中标人共同签订暂估价合同。

10.7.2　不属于依法必须招标的暂估价项目　除专用合同条款另有约定外,对于不属于依法必须招标的暂估价项目,采取以下第1种方式确定:第1种方式:对于不属于依法必须招标的暂估价项目,按本项约定确认和批准:(1)承包人应根据施工进度计划,在签订暂估价项目的采购合同、分包合同前28天向监理人提出书面申请。监理人应当在收到申请后3天内报送发包人,发包人应当在收到申请后14天内给予批准或提出修改意见,发包人逾期未予批准或提出修改意见的,视为该书面申请已获得同意;(2)发包人认为承包人确定的供应商、分包人无法满足工程质量或合同要求的,发包人可以要求承包人重新确定暂估价项目的供应商、分包人;(3)承包人应当在签订暂估价合同后7天内,将暂估价合同副本报送发包人留存。第2种方式:承包人按照第10.7.1项〔依法必须招标的暂估价项目〕约定的第1种方式确定暂估价项目。第3种方式:承包人直接实施的暂估价项目　承包人具备实施暂估价项目的资格和条件的,经发包人和承包人协商一致后,可由承包人自行实施暂估价项目,合同当事人可以在专用合同条款约定具体事项。

10.7.3　因发包人原因导致暂估价合同订立和履行迟延的,由此增加的费用和(或)延误的工期由发包人承担,并支付承包人合理的利润。因承包人原因导致暂估价合同订立和履行迟延的,由此增加的费用和(或)延误的工期由承包人承担。

二十二、承包人原因导致工程试车不合格

1. 审查发包人在专用合同条款中对工程试车义务划分是否进行明确详细的约定。

2. 审查是否因承包人原因导致工程试车不合格。

3. 审查是否存在其他因素导致试车不合格。

4. 审查因承包人原因造成试车不合格的相应证据。

5. 审查是否因试车不合格造成损失。

6. 审查投料试车不适合造成损失的相应证据。

实务提示

工程试车在本书承包人可向发包人索赔的项目中已经提到,在此不再赘述,

工程实践中引起工程试车不合格的原因既可能是发包人的原因也可能是承包人的原因,因承包人原因导致工程试车不合格,主要是指承包人在施工安装过程中的过失,由此造成的检测、拆除、重新安装和重新试车等工作必然会产生相应费用,对此,发包人可以提出索赔。

裁判依据

《2017版施工合同》

13.3.1 试车程序 工程需要试车的,除专用合同条款另有约定外,试车内容应与承包人承包范围相一致,试车费用由承包人承担。工程试车应按如下程序进行:(1)具备单机无负荷试车条件,承包人组织试车,并在试车前48小时书面通知监理人,通知中应载明试车内容、时间、地点。承包人准备试车记录,发包人根据承包人要求为试车提供必要条件。试车合格的,监理人在试车记录上签字。监理人在试车合格后不在试车记录上签字,自试车结束满24小时后视为监理人已经认可试车记录,承包人可继续施工或办理竣工验收手续。监理人不能按时参加试车,应在试车前24小时以书面形式向承包人提出延期要求,但延期不能超过48小时,由此导致工期延误的,工期应予以顺延。监理人未能在前述期限内提出延期要求,又不参加试车的,视为认可试车记录。(2)具备无负荷联动试车条件,发包人组织试车并在试车前48小时以书面形式通知承包人。通知中应载明试车内容、时间、地点和对承包人的要求,承包人按要求做好准备工作。试车合格,合同当事人在试车记录上签字。承包人无正当理由不参加试车的,视为认可试车记录。

13.3.2 试车中的责任 因设计原因导致试车达不到验收要求,发包人应要求设计人修改设计,承包人按修改后的设计重新安装。发包人承担修改设计、拆除及重新安装的全部费用,工期相应顺延。因承包人原因导致试车达不到验收要求,承包人按监理人要求重新安装和试车,并承担重新安装和试车的费用,工期不予顺延。因工程设备制造原因导致试车达不到验收要求的,由采购该工程设备的合同当事人负责重新购置或修理,承包人负责拆除和重新安装,由此增加的修理、重新购置、拆除及重新安装的费用及延误的工期由采购该工程设备的合同当事人承担。

13.3.3 投料试车 如需进行投料试车的,发包人应在工程竣工验收后组织投料试车。发包人要求在工程竣工验收前进行或需要承包人配合时,应征得承包人同意,并在专用合同条款中约定有关事项。投料试车合格的,费用由发包人承担;因承包人原因造成投料试车不合格的,承包人应按照发包人要求进行整改,由此产生的整改费用由承包人承担；非因承包人原因导致投料试车不合格的，如发包人要求承包人进行整改的，由此产生的费用由发包人承担。

二十三、承包人原因导致投料试车不合格

1. 审查承包人如期交付的工程质量是否合格。

2. 审查案涉合同专用条款中是否就工程竣工前投料试车的时间和费用承担有明确约定。

3. 审查案涉工程发包人是否按合同约定的时间在竣工验收前组织了投料试车。

4. 若在竣工验收前发包人组织投料试车是否征得承包人同意。

5. 若承包人同意在竣工验收前投料试车，投料试车是否合格。

6. 若竣工前投料试车不合格，则审查是否承包人原因导致。

7. 审查竣工验收后发包人是否组织了投料试车。

8. 若组织了投料试车，则审查投料试车是否合格。

9. 若投料试车不合格，审查是否因承包人的原因引起。

10. 审查承包人原因导致投料试车不合格产生费用的相应证据。

实务提示

对于投料试车的含义及因发包人原因造成的投料试车不合格的责任承担本书在承包人向发包人索赔项目中已经阐述，在此只就承包人原因导致投料试车不合格的责任承担予以说明。一般情形下，投料试车是工程竣工验收后由发包人自行组织实施的，投料试车合格的，由此产生的费用由发包人承担，若因投保人的原因导致投料试车不合格的，承包人应按照发包人的要求整改，由此产生的整改费用由承包人承担，发包人可以提出索赔。

裁判依据

《民法典》

第五百七十七条　当事人一方不履行合同义务或者履行合同义务不符合约定的，应当承担继续履行、采取补救措施或者赔偿损失等违约责任。

第七百八十一条　承揽人交付的工作成果不符合质量要求的，定作人可以合理选择请求承揽人承担修理、重作、减少报酬、赔偿损失等违约责任。

《标准施工招标文件》

14.1.1　承包人应按合同约定进行材料、工程设备和工程的试验和检验，并为监理人对上述材料、工程设备和工程的质量检查提供必要的试验资料和原始记录。按合同约定应由监理人与承包人共同进行试验和检验的，由承包人负责提供必要的试验资料和原始记录。

14.1.3　监理人对承包人的试验和检验结果有疑问的，或为查清承包人试验和检验成果的可靠性要求承包人重新试验和检验的，可按合同约定由监理人与承包人共同进行。重新试验和检验的结果证明该项材料、工程设备或工程的质量不符合合同要求的，由此增加的费用和（或）工期延误由承包人承担；重新试验和检验结果证明该项材料、工程设备和工程符合合同要求，由发包人承担由此增加的费用和（或）工期延误，并支付承包人合理利润。

《2017版施工合同》

13.3.3　投料试车　如需进行投料试车的，发包人应在工程竣工验收后组织投料试车。发包人要求在工程竣工验收前进行或需要承包人配合时，应征得承包人同意，并在专用合同条款中约定有关事项。投料试车合格的，费用由发包人承担；因承包人原因造成投料试车不合格的，承包人应按照发包人要求进行整改，由此产生的整改费用由承包人承担；非因承包人原因导致投料试车不合格的，如发包人要求承包人进行整改的，由此产生的费用由发包人承担。

二十四、因承包人原因造成发包人直接分包人损失

1. 结合法律规定及当地关于发包人分包工程的规定，审查发包人直接分包，分包工程是否合法。

2. 审查发包人直接分包人施工工程是否与总承包人施工工程存在交叉。

3. 审查总承包人是否拒绝与发包人直接分包人配合施工。

4. 审查是否存在总承包人拖延施工导致发包人直接分包人损失。

5. 审查发包人在合同履行过程中是否收集、留存了其向直接分包人支付赔偿款项的相关证据及其证据是否形成完整的证据链条。

实务提示

发包人直接分包是指是由发包人直接选定特定的承包人，与其进行直接协商谈判，对工程建设达成一致协议后，与其签订建筑工程承包合同的发包方式。发

包人直接分包的工程应当是总承包合同范围外的部分专业工程或附属工程或配套设施工程或零星工程。发包人直接分包人施工工程可能与总承包人施工工程存在交叉，也可能在总承包人施工工程之后，如总承包人拒绝与发包人直接分包人配合施工或总承包人拖延施工的，发包人直接分包人均可能遭受损失。因分包合同由发包人与直接分包人签订，直接分包人因总承包人原因产生的损失只能要求作为合同相对方的发包人赔偿而无法要求合同外的总承包人承担。发包人承担赔偿责任后可向总承包人提起索赔。需要强调指出的是，发包人将总承包合同以外的工程交给总承包人以外的人施工并与施工单位直接签订合同，是平行发包还是直接分包存在争议，且平行发包或直接分包是否符合法律规定，需结合工程所在地省级以上建设主管部门的关于分包的规范性文件予以认定。但不管平行发包还是直接分包，总承包人均有配合施工的义务。因总承包人的原因造成直接分包人损失的，直接分包人可以要求发包人赔偿，发包人赔偿后有权向总承包人追偿。

裁判依据

《民法典》

第五百七十七条　当事人一方不履行合同义务或者履行合同义务不符合约定的，应当承担继续履行、采取补救措施或者赔偿损失等违约责任。

《2017 版施工合同》

16.2.2　承包人违约的责任　承包人应承担因其违约行为而增加的费用和(或)延误的工期。此外，合同当事人可在专用合同条款中另行约定承包人违约责任的承担方式和计算方法。

二十五、承包人施工对第三人利益造成损害

1. 审查承包人是否严格按照安全标准组织施工。
2. 审查承包人是否采取合理、必要措施防止人员伤亡、财产损失的发生。
3. 审查是否因承包人原因造成第三人利益受损。
4. 审查第三人利益受损情况及相应证据。

实务提示

承包人作为施工人应加强安全生产管理，采取有效措施，防止人员伤亡、财产

损失等安全事故的发生。承包人造成第三人利益损害的,应当承担赔偿责任。承包人对第三人利益造成损害的情形一般包括:承包人违反工程建设安全生产管理规定施工造成第三人人身或财产损害;未设置安全生产管理机构或设置不健全造成第三人人身伤亡或财产损害;安全防护用具、机械设备质量不合格造成第三人人身伤害或财产损失等。因承包人原因造成第三人利益损害由此导致发包人损失的,发包人承担责任后有权提出索赔。

裁判依据

《建设工程安全生产管理条例》

第四条 建设单位、勘察单位、设计单位、施工单位、工程监理单位及其他与建设工程安全生产有关的单位,必须遵守安全生产法律、法规的规定,保证建设工程安全生产,依法承担建设工程安全生产责任。

第二十四条 建设工程实行施工总承包的,由总承包单位对施工现场的安全生产负总责。总承包单位应当自行完成建设工程主体结构的施工。总承包单位依法将建设工程分包给其他单位的,分包合同中应当明确各自的安全生产方面的权利、义务。总承包单位和分包单位对分包工程的安全生产承担连带责任。分包单位应当服从总承包单位的安全生产管理,分包单位不服从管理导致生产安全事故的,由分包单位承担主要责任。

《标准施工招标文件》

4.1.7 避免施工对公众与他人的利益造成损害 承包人在进行合同约定的各项工作时,不得侵害发包人与他人使用公用道路、水源、市政管网等公共设施的权利,避免对邻近的公共设施产生干扰。承包人占用或使用他人的施工场地,影响他人作业或生活的,应承担相应责任。

9.2.7 由于承包人原因在施工场地内及其毗邻地带造成的第三者人员伤亡和财产损失,由承包人负责赔偿。

《2017 版施工合同》

6.1.9.2 承包人的安全责任 由于承包人原因在施工场地内及其毗邻地带造成的发包人、监理人以及第三者人员伤亡和财产损失,由承包人负责赔偿。

二十六、承包人场外交通及运输对第三人利益造成损害

1. 审查在项目工程建设中,承发包双方就场外交通及运输事宜是否有约定。

2. 审查承包人负责的运输行为是否满足场外交通运输条件。

3. 审查承包人在运输超大件或超重件的情况下，是否提前办妥相关的申请手续。

4. 发包人在向承包人提出索赔前应以发包人向承包人提供的场外交通设施等技术参数准确为前提。

5. 审查承包人是否为执行发包人发布的工期加速等指令而违反关于限速、限行、禁止超载等交通法规并造成严重后果。

6. 审查承包人交通及运输时是否造成第三人损害。

7. 审查发保人是否就第三人损失进行了赔偿。

8. 审查发包人追偿的相应证据。

实务提示

在工程建设中，因承包人运输造成施工场地外第三人利益损害特别是场地外道路及桥梁损毁的情况特别多见，实践中，第三方往往要求发包人和承包人承担连带赔偿责任，发包人在承担责任后有权依据合同约定向承包人索赔。

裁判依据

《标准施工招标文件》

4.1.7 避免施工对公众与他人的利益造成损害 承包人在进行合同约定的各项工作时，不得侵害发包人与他人使用公用道路、水源、市政管网等公共设施的权利，避免对邻近的公共设施产生干扰。承包人占用或使用他人的施工场地，影响他人作业或生活的，应承担相应责任。

7.3.1 承包人车辆外出行驶所需的场外公共道路的通行费养路费和税款等由承包人承担。

7.3.2 承包人应遵守有关交通法规，严格按照道路和桥梁的限制荷重安全行驶，并服从交通管理部门的检查和监督。

《2017版施工合同》

1.10.2 场外交通 发包人应提供场外交通设施的技术参数和具体条件，承包人应遵守有关交通法规，严格按照道路和桥梁的限制荷载行驶，执行有关道路限速、限行、禁止超载的规定，并配合交通管理部门的监督和检查。场外交通设施无法满足工程施工需要的，由发包人负责完善并承担相关费用。

1.10.5 道路和桥梁的损坏责任 因承包人运输造成施工场地内外公共道路和桥梁损坏的,由承包人承担修复损坏的全部费用和可能引起的赔偿。

二十七、承包人原因导致暂停施工

1. 审查案涉合同是否就暂停施工的情形进行了约定。

2. 若合同约定了暂停施工情形,则审查案涉工程暂停施工情形是否符合合同约定。

3. 审查案涉工程暂停施工是否由承包人违约引起。

4. 审查案涉工程暂停施工是否为工程合理施工和安全保障所必须。

5. 审查案涉工程是否存在承包人擅自停工的情形。

6. 审查是否出现工程质量事故、安全事故,施工作业方法是否可能危及现场或毗邻地区建筑物或人身安全等。

7. 审查承包人收到监理人通知后是否在限定期限内复工。

8. 审查因暂停施工造成的工期延误和(或)费用增加的相应证据。

实务提示

工程建设过程中导致暂停施工的原因很多,一般包括因发包人原因导致暂停施工,因承包人原因导致的暂停施工以及因不可抗力等不可归责于合同当事人的原因导致的暂停施工,关于因发包人原因导致的暂停施工一般有:承包人违约导致暂停施工;由于承包人原因为工程合理施工和安全保障所必须的暂停施工;承包人擅自暂停施工;承包人其他原因引起的暂停施工,如出现工程质量事故、安全事故、施工作业方法可能危及现场或毗邻地区建筑物或人身安全等;合同约定由承包人承担的其他暂停施工情形。因承包人原因引起的暂停施工承包人应承担由此增加的费用和(或)延误的工期。

裁判依据

《标准施工招标文件》

12.1 承包人暂停施工的责任 因下列暂停施工增加的费用和(或)工期延误由承包人承担:(1)承包人违约引起的暂停施工;(2)由于承包人原因为工程合理施工和安全保障所必需的暂停施工;(3)承包人擅自暂停施工;(4)承包人其他原因引起的暂停施工;(5)专用合同条款约定由承包人承担的其他暂停施工。

《2017 版施工合同》

7.8.2 承包人原因引起的暂停施工 因承包人原因引起的暂停施工，承包人应承担由此增加的费用和（或）延误的工期，且承包人在收到监理人复工指示后84天内仍未复工的，视为第16.2.1项〔承包人违约的情形〕第（7）目约定的承包人无法继续履行合同的情形。

二十八、暂停施工期间承包人未确保工程质量及安全

1. 审查暂停施工期间，承包人是否采取必要的措施确保工程质量及安全，防止因暂停施工扩大损失。

2. 审查在发现安全风险时承包人是否及时通知监理人和发包人，并在三方的讨论下作出风险评估和预防。

3. 审查发包人在提出索赔前是否确保在暂停施工期间已尽到己方应尽的义务并采取必要的措施积极配合承包人对工程的看护管理工作。

4. 审查发包人是否及时就承包人提出的复工意见进行审核批复，是否定期安排专人就工程质量及安全进行考察。

5. 审查承包人是否存在擅离职守或不合理的看护行为。

6. 审查发包人对承包人存在的擅离职守或不合理的看护行为以及其他安全隐患是否做好提醒、配合解决以及取证备案等工作。

7. 审查承包人未确保暂停施工期间工程质量安全及安全是否扩大了损失。

8. 审查扩大损失情况及相应证据。

实务提示

暂停施工在工程建设过程中时有发生，引起暂停施工的原因既有发包人的原因，也有承包人的原因，还可能因为不可抗力等非承发包双方的原因引起，但不论以何种原因引起暂停施工，暂停施工期间承包人都有妥善保护工程并提供安全保障的义务。若承包人拒绝或怠于采取必要措施确保工程质量及安全的，由此扩大损失的，承包人应承担责任。

裁判依据

《标准施工招标文件》

12.3.1 监理人认为有必要时，可向承包人作出暂停施工的指示，承包人应

按监理人指示暂停施工。不论由于何种原因引起的暂停施工，暂停施工期间承包人应负责妥善保护工程并提供安全保障。

《2017 版施工合同》

7.8.7 暂停施工期间的工程照管 暂停施工期间，承包人应负责妥善照管工程并提供安全保障，由此增加的费用由责任方承担。

7.8.8 暂停施工的措施 暂停施工期间，发包人和承包人均应采取必要的措施确保工程质量及安全，防止因暂停施工扩大损失。

二十九、承包人无故拖延或拒绝复工

1. 审查监理人是否向承包人发出复工通知。
2. 审查承包人是否无故拖延和拒绝复工。
3. 审查承包人无故拖延或拒绝复工的相应证据。
4. 审查承包人无故拖延或拒绝复工造成的费用增加或工期延误的相应证据。

实务提示

暂停施工后，承包人与发包人均应积极采取有效措施消除暂停施工的影响，努力为复工创造条件。当具备复工条件时，发包人应通过监理人向承包人发出复工通知。承包人收到复工通知后，无故拖延或拒绝复工的，由此增加的费用或延误的工期由承包人承担，发包人可据此提出索赔。

裁判依据

《标准施工招标文件》

12.4.1 暂停施工后，监理人应与发包人和承包人协商，采取有效措施积极消除暂停施工的影响。当工程具备复工条件时，监理人应立即向承包人发出复工通知。承包人收到复工通知后，应在监理人指定的期限内复工。

12.4.2 承包人无故拖延和拒绝复工的，由此增加的费用和工期延误由承包人承担；因发包人原因无法按时复工的，承包人有权要求发包人延长工期和（或）增加费用，并支付合理利润。

12.5.2 由于承包人责任引起的暂停施工，如承包人在收到监理人暂停施工指示后 56 天内不认真采取有效的复工措施，造成工期延误，可视为承包人违约，应按第 22.1 款的规定办理。

《2017 版施工合同》

7.8.2　承包人原因引起的暂停施工　因承包人原因引起的暂停施工，承包人应承担由此增加的费用和(或)延误的工期，且承包人在收到监理人复工指示后84天内仍未复工的，视为第16.2.1项〔承包人违约的情形〕第(7)目约定的承包人无法继续履行合同的情形。

7.8.5　暂停施工后的复工　暂停施工后，发包人和承包人应采取有效措施积极消除暂停施工的影响。在工程复工前，监理人会同发包人和承包人确定因暂停施工造成的损失，并确定工程复工条件。当工程具备复工条件时，监理人应经发包人批准后向承包人发出复工通知，承包人应按照复工通知要求复工。承包人无故拖延和拒绝复工的，承包人承担由此增加的费用和(或)延误的工期；因发包人原因无法按时复工的，按照第7.5.1项〔因发包人原因导致工期延误〕约定办理。

三十、承包人原因导致工期延误

1. 审查承发包双方在建设工程施工合同、补充合同及其他相关协议中对工期的约定及是否约定逾期竣工违约金计算办法或赔偿金计算办法。

2. 审查有关开工日期、竣工日期及工期顺延情形。

3. 审查是否存在因承包人原因导致工期延误的情况。

4. 审查案涉工程导致工期延误的具体情形。

5. 针对工期延误的具体情形审查相应证据。

6. 审查工期延误天数。

7. 审查工期延误是否给发包人造成损失。

8. 若给发包人造成损失，则审查损失情况及相应证据。

实务提示

按合同约定的期限向发包人交付经竣工验收的合格工程是承包人的基本义务，但承包人在履行该义务时却常常因可归责于自身的原因而延误了工期。比如，因承包人原因导致工程质量不合格而返工造成工期延误；承包人隐蔽工程未通知监理人，监理人重新检验、检查造成的工期延误；承包人施工组织不当造成的工期延误；等等。因上述原因导致工期延误的，承包人应支付逾期竣工违约金或赔偿金。逾期竣工违约金的计算方法应按专用合同约定计算，赔偿金根据发包人损失予以确定。

裁判依据

《2017 版施工合同》

5.1.3 因承包人原因造成工程质量未达到合同约定标准的,发包人有权要求承包人返工直至工程质量达到合同约定的标准为止,并由承包人承担由此增加的费用和(或)延误的工期。

5.2.3 监理人的质量检查和检验 监理人按照法律规定和发包人授权对工程的所有部位及其施工工艺、材料和工程设备进行检查和检验。承包人应为监理人的检查和检验提供方便,包括监理人到施工现场,或制造、加工地点,或合同约定的其他地方进行察看和查阅施工原始记录。监理人为此进行的检查和检验,不免除或减轻承包人按照合同约定应当承担的责任。监理人的检查和检验不应影响施工正常进行。监理人的检查和检验影响施工正常进行的,且经检查检验不合格的,影响正常施工的费用由承包人承担,工期不予顺延;经检查检验合格的,由此增加的费用和(或)延误的工期由发包人承担。

5.3.2 检查程序 除专用合同条款另有约定外,工程隐蔽部位经承包人自检确认具备覆盖条件的,承包人应在共同检查前48 小时书面通知监理人检查,通知中应载明隐蔽检查的内容、时间和地点,并应附有自检记录和必要的检查资料。监理人应按时到场并对隐蔽工程及其施工工艺、材料和工程设备进行检查。经监理人检查确认质量符合隐蔽要求,并在验收记录上签字后,承包人才能进行覆盖。经监理人检查质量不合格的,承包人应在监理人指示的时间内完成修复,并由监理人重新检查,由此增加的费用和(或)延误的工期由承包人承担。除专用合同条款另有约定外,监理人不能按时进行检查的,应在检查前24 小时向承包人提交书面延期要求,但延期不能超过48 小时,由此导致工期延误的,工期应予以顺延。监理人未按时进行检查,也未提出延期要求的,视为隐蔽工程检查合格,承包人可自行完成覆盖工作,并作相应记录报送监理人,监理人应签字确认。监理人事后对检查记录有疑问的,可按第5.3.3 项〔重新检查〕的约定重新检查。

5.3.3 重新检查 承包人覆盖工程隐蔽部位后,发包人或监理人对质量有疑问的,可要求承包人对已覆盖的部位进行钻孔探测或揭开重新检查,承包人应遵照执行,并在检查后重新覆盖恢复原状。经检查,证明工程质量符合合同要求的,由发包人承担由此增加的费用和(或)延误的工期,并支付承包人合理的利润;经检查证明工程质量不符合合同要求的,由此增加的费用和(或)延误的工期由承包人承担。

5.3.4　承包人私自覆盖　承包人未通知监理人到场检查,私自将工程隐蔽部位覆盖的,监理人有权指示承包人钻孔探测或揭开检查,无论工程隐蔽部位质量是否合格,由此增加的费用和(或)延误的工期均由承包人承担。

6.1.6　安全文明施工费　安全文明施工费由发包人承担,发包人不得以任何形式扣减该部分费用。因基准日期后合同所适用的法律或政府有关规定发生变化,增加的安全文明施工费由发包人承担。

承包人经发包人同意采取合同约定以外的安全措施所产生的费用,由发包人承担。未经发包人同意的,如果该措施避免了发包人的损失,则发包人在避免损失的额度内承担该措施费。如果该措施避免了承包人的损失,由承包人承担该措施费。

除专用合同条款另有约定外,发包人应在开工后28天内预付安全文明施工费总额的50%,其余部分与进度款同期支付。发包人逾期支付安全文明施工费超过7天的,承包人有权向发包人发出要求预付的催告通知,发包人收到通知后7天内仍未支付的,承包人有权暂停施工,并按第16.1.1项〔发包人违约的情形〕执行。

承包人对安全文明施工费应专款专用,承包人应在财务账目中单独列项备查,不得挪作他用,否则发包人有权责令其限期改正;逾期未改正的,可以责令其暂停施工,由此增加的费用和(或)延误的工期由承包人承担。

6.1.7　紧急情况处理　在工程实施期间或缺陷责任期内发生危及工程安全的事件,监理人通知承包人进行抢救,承包人声明无能力或不愿立即执行的,发包人有权雇佣其他人员进行抢救。此类抢救按合同约定属于承包人义务的,由此增加的费用和(或)延误的工期由承包人承担。

6.3　环境保护　承包人应在施工组织设计中列明环境保护的具体措施。在合同履行期间,承包人应采取合理措施保护施工现场环境。对施工作业过程中可能引起的大气、水、噪音以及固体废物污染采取具体可行的防范措施。承包人应当承担因其原因引起的环境污染侵权损害赔偿责任,因上述环境污染引起纠纷而导致暂停施工的,由此增加的费用和(或)延误的工期由承包人承担。

7.5.2　因承包人原因导致工期延误　因承包人原因造成工期延误的,可以在专用合同条款中约定逾期竣工违约金的计算方法和逾期竣工违约金的上限。承包人支付逾期竣工违约金后,不免除承包人继续完成工程及修补缺陷的义务。

7.8.2　承包人原因引起的暂停施工　因承包人原因引起的暂停施工,承包人应承担由此增加的费用和(或)延误的工期,且承包人在收到监理人复工指示后84天内仍未复工的,视为第16.2.1项〔承包人违约的情形〕第(7)目约定的承包人无法继续履行合同的情形。

8.3.2　承包人采购的材料和工程设备,应保证产品质量合格,承包人应在材料和工程设备到货前24小时通知监理人检验。承包人进行永久设备、材料的制造和生产的,应符合相关质量标准,并向监理人提交材料的样本以及有关资料,并应在使用该材料或工程设备之前获得监理人同意。承包人采购的材料和工程设备不符合设计或有关标准要求时,承包人应在监理人要求的合理期限内将不符合设计或有关标准要求的材料、工程设备运出施工现场,并重新采购符合要求的材料、工程设备,由此增加的费用和(或)延误的工期,由承包人承担。

8.4.2　承包人采购材料与工程设备的保管与使用　承包人采购的材料和工程设备由承包人妥善保管,保管费用由承包人承担。法律规定材料和工程设备使用前必须进行检验或试验的,承包人应按监理人的要求进行检验或试验,检验或试验费用由承包人承担,不合格的不得使用。发包人或监理人发现承包人使用不符合设计或有关标准要求的材料和工程设备时,有权要求承包人进行修复、拆除或重新采购,由此增加的费用和(或)延误的工期,由承包人承担。

8.5.1　监理人有权拒绝承包人提供的不合格材料或工程设备,并要求承包人立即进行更换。监理人应在更换后再次进行检查和检验,由此增加的费用和(或)延误的工期由承包人承担。

8.8.3　要求承包人增加或更换施工设备　承包人使用的施工设备不能满足合同进度计划和(或)质量要求时,监理人有权要求承包人增加或更换施工设备,承包人应及时增加或更换,由此增加的费用和(或)延误的工期由承包人承担。

9.3.3　监理人对承包人的试验和检验结果有异议的,或为查清承包人试验和检验成果的可靠性要求承包人重新试验和检验的,可由监理人与承包人共同进行。重新试验和检验的结果证明该项材料、工程设备或工程的质量不符合合同要求的,由此增加的费用和(或)延误的工期由承包人承担;重新试验和检验结果证明该项材料、工程设备和工程符合合同要求的,由此增加的费用和(或)延误的工期由发包人承担。

10.7.3　因发包人原因导致暂估价合同订立和履行迟延的,由此增加的费用和(或)延误的工期由发包人承担,并支付承包人合理的利润。因承包人原因导致暂估价合同订立和履行迟延的,由此增加的费用和(或)延误的工期由承包人承担。

13.2.4 拒绝接收全部或部分工程对于竣工验收不合格的工程,承包人完成整改后,应当重新进行竣工验收,经重新组织验收仍不合格的且无法采取措施补救的,则发包人可以拒绝接收不合格工程,因不合格工程导致其他工程不能正常使用的,承包人应采取措施确保相关工程的正常使用,由此增加的费用和(或)延误的工期由承包人承担。

13.3.2 试车中的责任 因设计原因导致试车达不到验收要求,发包人应要求设计人修改设计,承包人按修改后的设计重新安装。发包人承担修改设计、拆除及重新安装的全部费用,工期相应顺延。因承包人原因导致试车达不到验收要求,承包人按监理人要求重新安装和试车,并承担重新安装和试车的费用,工期不予顺延。因工程设备制造原因导致试车达不到验收要求的,由采购该工程设备的合同当事人负责重新购置或修理,承包人负责拆除和重新安装,由此增加的修理、重新购置、拆除及重新安装的费用及延误的工期由采购该工程设备的合同当事人承担。

三十一、工期延误造成发包人担保费用损失

1. 审查案涉合同是否有发包人向承包人提供支付担保的约定。
2. 若约定提供支付担保则进一步审查支付担保期限。
3. 审查案涉工程发包人是否按合同约定提供了支付担保。
4. 审查案涉工程是否存在因承包人原因延误了工期。
5. 若存在因承包人原因延误工期,则审查是否因工期延误而延长了支付担保期限。
6. 审查是否因延长支付担保期限而增加了费用。
7. 审查发包人因为工期延误支付担保期限延长增加费用的证据。

实务提示

支付担保是指担保人为发包人提供的,保证发包人按照合同约定支付工程款的担保,较为常见的支付担保包括银行或担保公司的保函,也有母公司为其子公司提供的担保以其他第三人提供的担保。根据《工程建设项目施工招标投标办法》第62条第2款的规定,招标人要求中标人提供履约保证金或其他形式履约担保的,招标人应当同时向中标人提供工程款支付担保。如果发包人需要承包人提

供履约保函,则与之相对应,发包人也应当向承包人提供支付担保。但在实践中发包人往往利用其优势地位,要求承包人提供履约担保而不向承包人提供支付担保。《2017版施工合同》对此进行明确,除专用合同条款约定外,发包人要求承包人提供履约担保的,发包人应当向承包人提供支付担保。支付担保的期限与承包人完成工程建设的期限相关,承包人迟延竣工的,支付担保期限相应延长。期限延长往往会导致费用增加,发包人可就增加的费用向承包人提起索赔。

裁判依据

《标准施工招标文件》

11.5 承包人的工期顺延 由于承包人原因,未能按合同进度计划完成工作,或监理人认为承包人施工进度不能满足合同工期要求的,承包人应采取措施加快进度,并承担加快进度所增加的费用。由于承包人原因造成工期延误,承包人应支付逾期竣工违约金。逾期竣工违约金的计算方法在专用合同条款中约定。承包人支付逾期竣工违约金,不免除承包人完成工程及修补缺陷的义务。

《2017版施工合同》

2.5 资金来源证明及支付担保 除专用合同条款另有约定外,发包人应在收到承包人要求提供资金来源证明的书面通知后28天内,向承包人提供能够按照合同约定支付合同价款的相应资金来源证明。除专用合同条款另有约定外,发包人要求承包人提供履约担保的,发包人应当向承包人提供支付担保。支付担保可以采用银行保函或担保公司担保等形式,具体由合同当事人在专用合同条款中约定。

7.5.2 因承包人原因导致工期延误 因承包人原因造成工期延误的,可以在专用合同条款中约定逾期竣工违约金的计算方法和逾期竣工违约金的上限。承包人支付逾期竣工违约金后,不免除承包人继续完成工程及修补缺陷的义务。

16.2.1 承包人违约的情形 在合同履行过程中发生的下列情形,属于承包人违约:……(8)承包人未能按照合同约定履行其他义务的。承包人发生除本项第(7)目约定以外的其他违约情况时,监理人可向承包人发出整改通知,要求其在指定的期限内改正。

16.2.2 承包人违约的责任 承包人应承担因其违约行为而增加的费用和(或)延误的工期。此外,合同当事人可在专用合同条款中另行约定承包人违约责任的承担方式和计算方法。

三十二、基准日期后法律变化

1. 审查承发包双方在合同中是否有法律变化后调价的相关约定。

2. 审查案涉合同是否就“法律”的范围有明确约定。

3. 审查案涉合同就合同价格的法律风险范围是否有明确的约定。

4. 审查案涉合同约定风险分担时是否以承包人可以预见为前提。

5. 审查案涉工程对基准日期后因法律变化导致的工期、费用变更的责任归属进行了明确约定。

6. 审查基准日期后变化的法律是否在合同约定的法律范围内。

7. 审查基准日期后法律变化是否给发包人造成损失。

8. 审查法律变化给发包人造成的损失是否属于不可预见的非商业风险。

9. 审查基准日期后法律变化及造成发包人损失的相应证据。

实务提示

关于基准日期的概念及基准日期的确定，本书在承包人可向发包人索赔事项中已经阐述，在此不再赘述。基准日期后法律变化导致承包人费用减少情况下，发包人均有权向承包人提起索赔。

裁判依据

《建设工程价款结算暂行办法》

第八条　发、承包人在签订合同时对于工程价款的约定，可选用下列一种约定方式：（一）固定总价。合同工期较短且工程合同总价较低的工程，可以采用固定总价合同方式。（二）固定单价。双方在合同中约定综合单价包含的风险范围和风险费用的计算方法，在约定的风险范围内综合单价不再调整。风险范围以外的综合单价调整方法，应当在合同中约定。（三）可调价格。可调价格包括可调综合单价和措施费等，双方应在合同中约定综合单价和措施费的调整方法，调整因素包括：1. 法律、行政法规和国家有关政策变化影响合同价款；2. 工程造价管理机构的价格调整；3. 经批准的设计变更；4. 发包人更改经审定批准的施工组织设计（修正错误除外）造成费用增加；5. 双方约定的其他因素。

《2013 版清单计价规范》

3.4.1　建设工程发承包，必须在招标文件、合同中明确计价中的风险内容及其范围,不得采用无限风险、所有风险或类似语句规定计价中的风险内容及其范围。

3.4.2　由于下列因素出现,影响合同价款调整的,应由发包人承担:1　国家法律、法规、规章和政策发生变化;2　省级或行业建设主管部门发布的人工费调整,但承包人对人工费或人工单价的报价高于发布的除外;3　由政府定价或政府指导价管理的原材料等价格进行了调整。因承包人原因导致工期延误的,应按本规范第9.2.2条、第9.8.3条的规定执行。

9.2.1　招标工程以投标截止日前28天、非招标工程以合同签订前28天为基准日,其后因国家的法律、法规、规章和政策发生变化引起工程造价增减变化的,发承包双方应按照省级或行业建设主管部门或其授权的工程造价管理机构据此发布的规定调整合同价款。

《2017版施工合同》

11.2　法律变化引起的调整　基准日期后,法律变化导致承包人在合同履行过程中所需要的费用发生除第11.1款〔市场价格波动引起的调整〕约定以外的增加时,由发包人承担由此增加的费用;减少时,应从合同价格中予以扣减。基准日期后,因法律变化造成工期延误时,工期应予以顺延。因法律变化引起的合同价格和工期调整,合同当事人无法达成一致的,由总监理工程师按第4.4款〔商定或确定〕的约定处理。因承包人原因造成工期延误,在工期延误期间出现法律变化的,由此增加的费用和(或)延误的工期由承包人承担。

三十三、承包人原因造成工期延误期间遭遇法律变化

1. 审查发承包人在合同中对于潜在的、可能出现的市场、技术、政策、法律、法规的变化是否予以考虑,是否约定外部条件发生变化时的权益分配机制及价格调整机制。

2. 审查案涉工程是否因承包人原因延误了工期。

3. 审查在延误工期内是否发生了法律变化。

4. 审查法律变化是否增加了费用或延误了工期。

5. 审查法律变化导致费用增加和(或)延误工期的相应证据。

实务提示

因承包人原因造成工期延误,在延误期间法律变化的,由此增加的费用和延

误的工期由承包人承担,发包人可以向承包人提起索赔。

裁判依据

《2017 版施工合同》

11.2　法律变化引起的调整　基准日期后,法律变化导致承包人在合同履行过程中所需要的费用发生除第 11.1 款〔市场价格波动引起的调整〕约定以外的增加时,由发包人承担由此增加的费用;减少时,应从合同价格中予以扣减。基准日期后,因法律变化造成工期延误时,工期应予以顺延。因法律变化引起的合同价格和工期调整,合同当事人无法达成一致的,由总监理工程师按第 4.4 款〔商定或确定〕的约定处理。因承包人原因造成工期延误,在工期延误期间出现法律变化的,由此增加的费用和(或)延误的工期由承包人承担。

三十四、承包人转包、违法分包

1. 审查双方签订的合同条款对承包人转分包行为是否有明确约定。
2. 审查案涉合同专用条款是否就主体结构、关键性工作的范围予以约定。
3. 审查案涉合同专用条款是否约定了禁止分包的专业工程。
4. 结合法律和合同规定,审查承包人的行为是否属于转包。
5. 结合合同和法律规定,审查承包人的行为是否属于违法分包。
6. 审查承包人转包、违法分包对合同效力的影响。
7. 审查承包人转包或违法分包的工程是否不符合规定的质量标准。
8. 审查承包人转包或违法分包的相应证据。
9. 审查承包人违法分包或转包是否给发包人造成损失。
10. 审查造成损失的相应证据。

实务提示

根据《建筑工程施工发包与承包违法行为认定查处管理办法》第 7 条的规定,转包是指承包单位承包工程后,不履行合同约定的责任和义务,将其承包的全部工程或者将其承包的全部工程肢解后以分包的名义分别转给其他单位或个人施工的行为。根据《建筑工程施工发包与承包违法行为认定查处管理办法》第 11 条的规定,违法分包是指承包单位承包工程后违反法律法规规定,把单位工程或部分分项工程分包给其他单位或个人施工的行为。发包人一旦发现承包人有转包、

违反分包的情形的，可以选择依据与承包人签订的建设工程施工合同追究承包人违约责任并有权要求其继续履行合同，或者选择解除建设工程施工合同并要求实施转包、违法分包行为的承包人赔偿因此给己方造成的损失。如因承包人转包或违法分包的工程不符合规定的质量标准给发包人造成损失的，发包人还可依据《建筑法》第67条第2款之规定，要求承包人与接受转包或者分包的施工单位承担连带赔偿责任。除此之外，我国《建筑法》等法律、法规对转包、违法分包行为规定了严格的法律责任，除罚款、没收违法所得、降低资质等级外，情节严重的，还可能被吊销营业执照、追究刑事责任。

裁判依据

《民法典》

第五百六十三条 有下列情形之一的，当事人可以解除合同：（一）因不可抗力致使不能实现合同目的；（二）在履行期限届满前，当事人一方明确表示或者以自己的行为表明不履行主要债务；（三）当事人一方迟延履行主要债务，经催告后在合理期限内仍未履行；（四）当事人一方迟延履行债务或者有其他违约行为致使不能实现合同目的；（五）法律规定的其他情形。以持续履行的债务为内容的不定期合同，当事人可以随时解除合同，但是应当在合理期限之前通知对方。

第七百九十一条 发包人可以与总承包人订立建设工程合同，也可以分别与勘察人、设计人、施工人订立勘察、设计、施工承包合同。发包人不得将应当由一个承包人完成的建设工程支解成若干部分发包给数个承包人。总承包人或者勘察、设计、施工承包人经发包人同意，可以将自己承包的部分工作交由第三人完成。第三人就其完成的工作成果与总承包人或者勘察、设计、施工承包人向发包人承担连带责任。承包人不得将其承包的全部建设工程转包给第三人或者将其承包的全部建设工程支解以后以分包的名义分别转包给第三人。禁止承包人将工程分包给不具备相应资质条件的单位。禁止分包单位将其承包的工程再分包。建设工程主体结构的施工必须由承包人自行完成。

《建筑法》

第二十八条 禁止承包单位将其承包的全部建筑工程转包给他人，禁止承包单位将其承包的全部建筑工程肢解以后以分包的名义分别转包给他人。

第六十七条 承包单位将承包的工程转包的，或者违反本法规定进行分包的，责令改正，没收违法所得，并处罚款，可以责令停业整顿，降低资质等级；情节严重的，吊销资质证书。承包单位有前款规定的违法行为的，对因转包工程或者违法分包的工程不符合规定的质量标准造成的损失，与接受转包或者分包的单位承担连带赔偿责任。

《招标投标法》

第四十八条　中标人应当按照合同约定履行义务，完成中标项目。中标人不得向他人转让中标项目，也不得将中标项目肢解后分别向他人转让。中标人按照合同约定或者经招标人同意，可以将中标项目的部分非主体、非关键性工作分包给他人完成。接受分包的人应当具备相应的资格条件，并不得再次分包。中标人应当就分包项目向招标人负责，接受分包的人就分包项目承担连带责任。

第五十八条　中标人将中标项目转让给他人的，将中标项目肢解后分别转让给他人的，违反本法规定将中标项目的部分主体、关键性工作分包给他人的，或者分包人再次分包的，转让、分包无效，处转让、分包项目金额千分之五以上千分之十以下的罚款；有违法所得的，并处没收违法所得；可以责令停业整顿；情节严重的，由工商行政管理机关吊销营业执照。

《建设工程司法解释(一)》

第一条　建设工程施工合同具有下列情形之一的，应当依据民法典第一百五十三条第一款的规定，认定无效：(一)承包人未取得建筑业企业资质或者超越资质等级的；(二)没有资质的实际施工人借用有资质的建筑施工企业名义的；(三)建设工程必须进行招标而未招标或者中标无效的。承包人因转包、违法分包建设工程与他人签订的建设工程施工合同，应当依据民法典第一百五十三条第一款及第七百九十一条第二款、第三款的规定，认定无效。

《认定查处管理办法》

第八条　存在下列情形之一的，应当认定为转包，但有证据证明属于挂靠或者其他违法行为的除外：(一)承包单位将其承包的全部工程转给其他单位(包括母公司承接建筑工程后将所承接工程交由具有独立法人资格的子公司施工的情形)或个人施工的；(二)承包单位将其承包的全部工程肢解以后，以分包的名义分别转给其他单位或个人施工的；(三)施工总承包单位或专业承包单位未派驻项目负责人、技术负责人、质量管理负责人、安全管理负责人等主要管理人员，或派驻的项目负责人、技术负责人、质量管理负责人、安全管理负责人中一人及以上与施工单位没有订立劳动合同且没有建立劳动工资和社会养老保险关系，或派驻的项目负责人未对该工程的施工活动进行组织管理，又不能进行合理解释并提供相应证明的；（四）合同约定由承包单位负责采购的主要建筑材料、构配件及工程设备或租赁的施工机械设备，由其他单位或个人采购、租赁，或施工单位不能提供有关采购、租赁合同及发票等证明，又不能进行合理解释并提供相应证明的；（五）专业作业承包人承包的范围是承包单位承包的全部工程，专业作业承包人计取的是除上缴给承包单位"管理费"之外的全部工程价款的；（六）承包单位通过采取合作、联营、个人承包等形式或名义，直接或变相将其承包的全部工程转给其他单位或个人施工的；（七）专业工程的发包单位不是该工程的施工总承包或专业承包单位的。但建设单位依约作为发包单位的除外；（八）专业作业的发包单位不是该工程承包单位的；（九）施工合同主体之间没有工程款收付关系，或者承包单位收到款项后又将款项转拨给其他单位和个人，又不能进行合理解释并提供材料证明的。两个以上的单位组成联合体承包工程，在联合体分工协议中约定或者在项目实际实施过程中，联合体一方不进行施工也未对施工活动进行组织管理的，并且向联合体其他方收取管理费或者其他类似费用的，视为联合体一方将承包的工程转包给联合体其他方。

第十一条 本办法所称违法分包，是指承包单位承包工程后违反法律法规规定，把单位工程或分部分项工程分包给其他单位或个人施工的行为。

第十二条 存在下列情形之一的，属于违法分包：（一）承包单位将其承包的工程分包给个人的；（二）施工总承包单位或专业承包单位将工程分包给不具备相应资质单位的；（三）施工总承包单位将施工总承包合同范围内工程主体结构的施工分包给其他单位的，钢结构工程除外；（四）专业分包单位将其承包的专业工程中非劳务作业部分再分包的；（五）专业作业承包人将其承包的劳务再分包的；（六）专业作业承包人除计取劳务作业费用外，还计取主要建筑材料款和大中型施工机械设备、主要周转材料费用的。

《2017 版施工合同》

3.5.1 分包的一般约定 承包人不得将其承包的全部工程转包给第三人，或将其承包的全部工程肢解后以分包的名义转包给第三人。承包人不得将工程主体结构、关键性工作及专用合同条款中禁止分包的专业工程分包给第三人，主体结构、关键性工作的范围由合同当事人按照法律规定在专用合同条款中予以明确。承包人不得以劳务分包的名义转包或违法分包工程。

三十五、发包人采取紧急抢险手段

1. 审查案涉合同对安全文明施工的约定。

2. 审查案涉工程是否就施工期间或缺陷责任期内发生突发性安全事件的抢险工作进行约定。

3. 审查承包人在发生危及工程安全的紧急情况时是否怠于、拒绝或无能力履行抢救义务。

4. 审查发包人雇佣他人完成工程抢修及费用支付的证据。

实务提示

根据《建筑法》《建设工程安全生产管理条例》规定及承发包双方签订的建设工程施工合同的约定，承包人在签订和履行建设工程施工合同过程中，负有保证其所施工工程及施工人员安全的义务。具体包括：工程招投标阶段，施工单位应就安全文明施工作出具体施工方案并在投标报价中计取安全防护及文明施工费用；工程施工阶段，承包人应制订生产安全事故应急救援预案、加强对建筑安全生产的管理、执行安全生产责任制度，并在监理例会中就相关安全问题作出专门汇报。《2017 版施工合同》专用条款及通用条款中也对安全文明施工事项作出具体规定。危及工程安全的紧急情况也称突发性安全事件。对于危及工程安全的紧急情况，承包人有抢救的义务和责任，对于承包人怠于、拒绝或没有能力抢救只能依靠专业抢救机构才实施完成的，监理人或发包人有权委托他人进行抢救，保障危及工程安全的紧急情况得到及时处理，避免带来更大的损失。由上可知，保障工程安全是承包人的主要合同义务之一，承包人应对其控制、使用施工现场的安全负责。若承包人在发生危及工程安全的紧急情况时怠于、拒绝或无能力履行抢救义务，且由工程发包人或发包人雇佣他人完成工程抢修的，发包人有权向承包人索赔。需要说明的是，《2017 版施工合同》对承包人的安全文明施工作出了更加明确的规定，承包人不仅在施工阶段负有保障工程安全的义务，在缺陷责任期内也负有该等义务。若在工程缺陷责任期内发生危及工程安全紧急情况的，承包人怠于履行安全文明施工义务，且发包人或发包人雇佣他人完成抢修的，发包人亦有权向承包人提起索赔。

裁判依据

《建筑法》

第四十四条 建筑施工企业必须依法加强对建筑安全生产的管理，执行安全生产责任制度，采取有效措施，防止伤亡和其他安全生产事故的发生。建筑施工企业的法定代表人对本企业的安全生产负责。

《建设工程安全生产管理条例》

第四十八条 施工单位应当制定本单位生产安全事故应急救援预案，建立应急救援组织或者配备应急救援人员，配备必要的应急救援器材、设备，并定期组织演练。

第四十九条 施工单位应当根据建设工程施工的特点、范围，对施工现场易发生重大事故的部位、环节进行监控，制定施工现场生产安全事故应急救援预案。实行施工总承包的，由总承包单位统一组织编制建设工程生产安全事故应急救援预案，工程总承包单位和分包单位按照应急救援预案，各自建立应急救援组织或者配备应急救援人员，配备救援器材、设备，并定期组织演练。

第五十一条 发生生产安全事故后，施工单位应当采取措施防止事故扩大，保护事故现场。需要移动现场物品时，应当做出标记和书面记录，妥善保管有关证物。

《标准施工招标文件》

4.1.5 保证工程施工和人员安全 承包人应按第9.2款约定采取施工安全措施，确保工程及其人员、材料、设备和设施的安全，防止因工程施工造成的人身伤害和财产损失。

9.2.1 承包人应按合同约定履行安全职责，执行监理人有关安全工作的指示，并在专用合同条款约定的期限内，按合同约定的安全工作内容，编制施工安全措施计划报送监理人审批。

9.2.2 承包人应加强施工作业安全管理，特别应加强易燃、易爆材料、火工器材、有毒与腐蚀性材料和其他危险品的管理，以及对爆破作业和地下工程施工等危险作业的管理。

9.2.3 承包人应严格按照国家安全标准制定施工安全操作规程，配备必要的安全生产和劳动保护设施，加强对承包人人员的安全教育，并发放安全工作手册和劳动保护用具。

9.2.4 承包人应按监理人的指示制定应对灾害的紧急预案，报送监理人审批。承包人还应按预案做好安全检查,配置必要的救助物资和器材,切实保护好有关人员的人身和财产安全。

9.2.6 承包人应对其履行合同所雇佣的全部人员,包括分包人人员的工伤事故承担责任,但由于发包人原因造成承包人人员工伤事故的,应由发包人承担责任。

9.2.7 由于承包人原因在施工场地内及其毗邻地带造成的第三者人员伤亡和财产损失,由承包人负责赔偿。

22.1.6 紧急情况下无能力或不愿进行抢救 在工程实施期间或缺陷责任期内发生危及工程安全的事件,监理人通知承包人进行抢救,承包人声明无能力或不愿立即执行的,发包人有权雇佣其他人员进行抢救。此类抢救按合同约定属于承包人义务的,由此发生的金额和(或)工期延误由承包人承担。

《2017版施工合同》

6.1.1 安全生产要求 合同履行期间,合同当事人均应当遵守国家和工程所在地有关安全生产的要求,合同当事人有特别要求的,应在专用合同条款中明确施工项目安全生产标准化达标目标及相应事项。承包人有权拒绝发包人及监理人强令承包人违章作业、冒险施工的任何指示。在施工过程中,如遇到突发的地质变动、事先未知的地下施工障碍等影响施工安全的紧急情况,承包人应及时报告监理人和发包人,发包人应当及时下令停工并报政府有关行政管理部门采取应急措施。因安全生产需要暂停施工的,按照第7.8款〔暂停施工〕的约定执行。

6.1.7 紧急情况处理 在工程实施期间或缺陷责任期内发生危及工程安全的事件,监理人通知承包人进行抢救,承包人声明无能力或不愿立即执行的,发包人有权雇佣其他人员进行抢救。此类抢救按合同约定属于承包人义务的,由此增加的费用和(或)延误的工期由承包人承担。

三十六、不可抗力情形下处置不当

1. 审查案涉合同专用条款是否就不可抗力范围、发生不可抗力后的通知时限、处置措施、责任承担另有约定。

2. 审查发生的承发包双方意想不到的事件是否可归结为不可抗力。

3. 审查发生不可抗力时,承包人是否及时履行通知义务。

4. 审查发生不可抗力事件后是否因未及时通知而给发包人造成了不必要损失。

5. 审查发生不可抗力时，承包人是否采取了有效措施避免损失的进一步扩大。

6. 审查发生不可抗力后是否因承包人未采取有效措施而扩大了损失。

7. 审查不可抗力及承包人未及时通知及未采取有效措施的证据。

8. 审查因承包人未通知或未采取有效措施而扩大损失的相应证据。

9. 审查不可抗力是否发生在延误的工期内。

实务提示

合同当事人各方应当相互协作履行合同，才能使合同各方的利益都得到满足。所以一方面，在发生不可抗力事件的情况下，受不可抗力影响的一方应及时将有关情况通知另一方。这样既便于准确界定责任界限又有利于对方及时采取措施，防止因其不了解情况而继续履行义务所导致的不必要损失，又能使双方尽快协商对合同权利义务作出妥善处理。如不可抗力使得原合同无法继续履行时双方可协商变更或解除原合同。如遭受不可抗力一方未履行通知义务，给对方造成了不必要的损失，则对于此类损失不能以不可抗力为由要求免责。另一方面，不可抗力一方还应采取措施防止损失的扩大，而不能认为有不可抗力作为法定免责事由便可听任损失的扩大，否则须承担因其不作为而导致的损失。简言之，发生不可抗力时，承包人应及时履行通知义务，并采取有效措施避免损失的进一步扩大。

裁判依据

《民法典》

第五百九十条 当事人一方因不可抗力不能履行合同的，根据不可抗力的影响，部分或者全部免除责任，但是法律另有规定的除外。因不可抗力不能履行合同的，应当及时通知对方，以减轻可能给对方造成的损失，并应当在合理期限内提供证明。当事人迟延履行后发生不可抗力的，不免除其违约责任。

第五百九十一条 当事人一方违约后，对方应当采取适当措施防止损失的扩大；没有采取适当措施致使损失扩大的，不得就扩大的损失请求赔偿。当事人因防止损失扩大而支出的合理费用，由违约方负担。

《标准施工招标文件》

21.3.3 避免和减少不可抗力损失 不可抗力发生后，发包人和承包人均应采取措施尽量避免和减少损失的扩大,任何一方没有采取有效措施导致损失扩大的,应对扩大的损失承担责任。

《2017版施工合同》

17.3.2 不可抗力导致的人员伤亡、财产损失费用增加和(或)工期延误等后果,由合同当事人按以下原则承担:(1)永久工程、已运至施工现场的材料和工程设备的损坏,以及因工程损坏造成的第三人人员伤亡和财产损失由发包人承担;(2)承包人施工设备的损坏由承包人承担;(3)发包人和承包人承担各自人员伤亡和财产的损失;(4)因不可抗力影响承包人履行合同约定的义务,已经引起或将引起工期延误的,应当顺延工期,由此导致承包人停工的费用损失由发包人和承包人合理分担,停工期间必须支付的工人工资由发包人承担;(5)因不可抗力引起或将引起工期延误发包人要求赶工的,由此增加的赶工费用由发包人承担;(6)承包人在停工期间按照发包人要求照管、清理和修复工程的费用由发包人承担。不可抗力发生后,合同当事人均应采取措施尽量避免和减少损失的扩大,任何一方当事人没有采取有效措施导致损失扩大的,应对扩大的损失承担责任。因合同一方迟延履行合同义务,在迟延履行期间遭遇不可抗力的,不免除其违约责任。

三十七、承包人严重违约或破产导致合同解除

1. 审查案涉合同关于合同解除的情形、解除方式、合同解除后果的承担是否有明确约定。

2. 审查案涉合同关于承包人违约的违约金计算方法。

3. 审查发包人解除合同是否符合合同约定的解除情形。

4. 审查承包人违约行为是否导致合同目的不能实现。

5. 审查证明承包人违约导致合同目的不能实现的证据是否确实、充分。

6. 审查发包人解除合同的方式是否符合合同约定。

7. 审查发包人解除权行使期限是否经过。

8. 审查承包人违约是否给发包人造成损失,若造成损失则进一步审查损失额的计算方法及相应证据。

9. 审查合同解除后双方对已完工程对应价款是否进行确定。

10. 审查合同解除后在施工现场的材料、设备、临时工程、承包人文件和由承包人或以其名义编制的其他文件,是否进行了处理。

11. 审查合同解除后,承包人是否按照发包人要求和监理人的指示完成现场

的清理和撤离。

12. 审查合同解除后,发包人和承包人是否进行结算。

13. 审查合同解除后,承包人是否及时交付与工程有关的一切资料。

实务提示

实践中,因承包人违约,发包人可以解除合同的情形主要有:(1)承包人明确表示或者以自己行为表明不履行合同主要义务,主要表现为承包人擅自停工或拒绝复工达84天以上等;(2)承包人没有按时完工且在发包人催告后的合理期限内也仍未能完工的;(3)已完工程质量不合格,承包人拒绝修复的;(4)承包人将其承包的工程转包、违法分包的;(5)承包人其他行为导致合同目的不能实现的情形,如承包人破产等。合同解除后,合同当事人应及时完成以下工作:(1)商定或确定承包人实际完成工作对应的合同价款;(2)承包人应按照发包人要求和监理人的指示完成现场的清理和撤离;(3)进行清算,出具最终结清付款证书,结清全部款项。发包人有权使用承包人在施工现场的材料、设备、临时工程、承包人文件和由承包或以其名义编制的其他文件;发包人有权要求承包人支付违约金,并有权要求其赔偿损失,该损失既包括既可得利益损失,也包括实际损失。

裁判依据

《民法典》

第五百六十二条 当事人协商一致,可以解除合同。当事人可以约定一方解除合同的事由。解除合同的事由发生时,解除权人可以解除合同。

第五百六十三条 有下列情形之一的,当事人可以解除合同:(一)因不可抗力致使不能实现合同目的;(二)在履行期限届满前,当事人一方明确表示或者以自己的行为表明不履行主要债务;(三)当事人一方迟延履行主要债务,经催告后在合理期限内仍未履行;(四)当事人一方迟延履行债务或者有其他违约行为致使不能实现合同目的;(五)法律规定的其他情形。以持续履行的债务为内容的不定期合同,当事人可以随时解除合同,但是应当在合理期限之前通知对方。

第五百六十四条 法律规定或者当事人约定解除权行使期限,期限届满当事人不行使的,该权利消灭。法律没有规定或者当事人没有约定解除权行使期限,自解除权人知道或者应当知道解除事由之日起一年内不行使,或者经对方催告后在合理期限内不行使的,该权利消灭。

第五百六十五条　当事人一方依法主张解除合同的,应当通知对方。合同自通知到达对方时解除;通知载明债务人在一定期限内不履行债务则合同自动解除,债务人在该期限内未履行债务的,合同自通知载明的期限届满时解除。对方对解除合同有异议的,任何一方当事人均可以请求人民法院或者仲裁机构确认解除行为的效力。当事人一方未通知对方,直接以提起诉讼或者申请仲裁的方式依法主张解除合同,人民法院或者仲裁机构确认该主张的,合同自起诉状副本或者仲裁申请书副本送达对方时解除。

第五百六十六条　合同解除后,尚未履行的,终止履行;已经履行的,根据履行情况和合同性质,当事人可以请求恢复原状或者采取其他补救措施,并有权请求赔偿损失。合同因违约解除的,解除权人可以请求违约方承担违约责任,但是当事人另有约定的除外。主合同解除后,担保人对债务人应当承担的民事责任仍应当承担担保责任,但是担保合同另有约定的除外。

《2017 版施工合同》

16.2.1　承包人违约的情形　在合同履行过程中发生的下列情形,属于承包人违约:(1)承包人违反合同约定进行转包或违法分包的;(2)承包人违反合同约定采购和使用不合格的材料和工程设备的;(3)因承包人原因导致工程质量不符合合同要求的;(4)承包人违反第 8.9 款〔材料与设备专用要求〕的约定,未经批准,私自将已按照合同约定进入施工现场的材料或设备撤离施工现场的;(5)承包人未能按施工进度计划及时完成合同约定的工作,造成工期延误的;(6)承包人在缺陷责任期及保修期内,未能在合理期限对工程缺陷进行修复,或拒绝按发包人要求进行修复的;(7)承包人明确表示或者以其行为表明不履行合同主要义务的;(8)承包人未能按照合同约定履行其他义务的。承包人发生除本项第(7)目约定以外的其他违约情况时,监理人可向承包人发出整改通知,要求其在指定的期限内改正。

16.2.2　承包人违约的责任　承包人应承担因其违约行为而增加的费用和(或)延误的工期。此外,合同当事人可在专用合同条款中另行约定承包人违约责任的承担方式和计算方法。

16.2.3　因承包人违约解除合同　除专用合同条款另有约定外,出现第 16.2.1 项〔承包人违约的情形〕第(7)目约定的违约情况时,或监理人发出整改通知后,承包人在指定的合理期限内仍不纠正违约行为并致使合同目的不能实现的,发包人有权解除合同。合同解除后,因继续完成工程的需要,发包人有权使用承包人在施工现场的材料、设备、临时工程、承包人文件和由承包人或以其名义编制的其他文件，合同当事人应在专用合同条款约定相应费用的承担方式。发包人继续使用的行为不免除或减轻承包人应承担的违约责任。

16.2.4 因承包人违约解除合同后的处理 因承包人原因导致合同解除的，则合同当事人应在合同解除后28天内完成估价、付款和清算，并按以下约定执行：(1)合同解除后，按第4.4款〔商定或确定〕商定或确定承包人实际完成工作对应的合同价款，以及承包人已提供的材料、工程设备、施工设备和临时工程等的价值；(2)合同解除后，承包人应支付的违约金；(3)合同解除后，因解除合同给发包人造成的损失；(4)合同解除后，承包人应按照发包人要求和监理人的指示完成现场的清理和撤离；(5)发包人和承包人应在合同解除后进行清算，出具最终结清付款证书，结清全部款项。因承包人违约解除合同的，发包人有权暂停对承包人的付款，查清各项付款和已扣款项。发包人和承包人未能就合同解除后的清算和款项支付达成一致的，按照第20条〔争议解决〕的约定处理。

《标准施工招标文件》

22.1.2 对承包人违约的处理 (1)承包人发生第22.1.1(6)目约定的违约情况时，发包人可通知承包人立即解除合同，并按有关法律处理……

22.1.3 承包人违约解除合同 监理人发出整改通知28天后，承包人仍不纠正违约行为的，发包人可向承包人发出解除合同通知。合同解除后，发包人可派员进驻施工场地，另行组织人员或委托其他承包人施工。发包人因继续完成该工程的需要，有权扣留使用承包人在现场的材料、设备和临时设施。但发包人的这一行动不免除承包人应承担的违约责任，也不影响发包人根据合同约定享有的索赔权利。

三十八、物价下跌

1. 审查承发包双方签订的施工合同是否采用了《2017版施工合同》。
2. 审查双方是否在施工合同中对市场价格的合理涨跌幅度予以明确约定。
3. 审查案涉合同是否就物价下跌约定了合同价格调整机制。
4. 审查案涉工程是否在施工期限内出现物价下跌情形。
5. 审查物价下跌幅度是否超过约定或法定的幅度。

实务提示

实践中，建设工程的工期都比较长，在施工合同履行过程中经常会出现人工、

材料、工程设备和机械台班等市场价格起伏或法律变化引起物价上涨或物价下跌的价格波动的现象。因为合同价格是承发包双方结合合同签订当时的法律环境、市场动态及预期达成的协议，如出现新的变化，则一般会造成承包人施工成本的增加或减少，进而影响合同价格。如果合同当事人采用的是《2017版施工合同》，在出现物价下跌情形时，发包人可以按照约定要求调整合同价格，向承包人提出索赔。

裁判依据

《2017版施工合同》

11.1　市场价格波动引起的调整　除专用合同条款另有约定外，市场价格波动超过合同当事人约定的范围，合同价格应当调整。合同当事人可以在专用合同条款中约定选择以下一种方式对合同价格进行调整：第1种方式：采用价格指数进行价格调整。(1)价格调整公式　因人工、材料和设备等价格波动影响合同价格时，根据专用合同条款中约定的数据，按以下公式计算差额并调整合同价格：

$$\Delta P = P_0\left[A + \left(B_1 \times \frac{F_{t1}}{F_{01}} + B_2 \times \frac{F_{t2}}{F_{02}} + B_3 \times \frac{F_{t3}}{F_{03}} + \cdots + Bn \times \frac{F_{tn}}{F_{0n}}\right) - 1\right]$$

公式中：ΔP——需调整的价格差额；

P_0——约定的付款证书中承包人应得到的已完成工程量的金额。此项金额应不包括价格调整、不计质量保证金的扣留和支付、预付款的支付和扣回。约定的变更及其他金额已按现行价格计价的，也不计在内；

A——定值权重（即不调部分的权重）；

B_1；B_2；$B_3 \cdots Bn$——各可调因子的变值权重（即可调部分的权重），为各可调因子在签约合同价中所占的比例；

F_{t1}；F_{t2}；$F_{t3} \cdots F_{tn}$——各可调因子的现行价格指数，指约定的付款证书相关周期最后一天的前42天的各可调因子的价格指数；

F_{01}；F_{02}；$F_{03} \cdots F_{0n}$——各可调因子的基本价格指数，指基准日期的各可调因子的价格指数。以上价格调整公式中的各可调因子、定值和变值权重，以及基本价格指数及其来源在投标函附录价格指数和权重表中约定，非招标订立的合同，由合同当事人在专用合同条款中约定。价格指数应首先采用工程造价管理机构发布的价格指数，无前述价格指数时，可采用工程造价管理机构发布的价格代替。(2)暂时确定调整差额　在计算调整差额时无现行价格指数的，合同当事人同意暂用前次价格指数计算。实际价格指数有调整的，合同当事人进行相应调整。

(3)权重的调整　因变更导致合同约定的权重不合理时,按照第4.4款〔商定或确定〕执行。(4)因承包人原因工期延误后的价格调整　因承包人原因未按期竣工的,对合同约定的竣工日期后继续施工的工程,在使用价格调整公式时,应采用计划竣工日期与实际竣工日期的两个价格指数中较低的一个作为现行价格指数。第2种方式:采用造价信息进行价格调整。合同履行期间,因人工、材料、工程设备和机械台班价格波动影响合同价格时,人工、机械使用费按照国家或省、自治区、直辖市建设行政管理部门、行业建设管理部门或其授权的工程造价管理机构发布的人工、机械使用费系数进行调整;需要进行价格调整的材料,其单价和采购数量应由发包人审批,发包人确认需调整的材料单价及数量,作为调整合同价格的依据。(1)人工单价发生变化且符合省级或行业建设主管部门发布的人工费调整规定,合同当事人应按省级或行业建设主管部门或其授权的工程造价管理机构发布的人工费等文件调整合同价格,但承包人对人工费或人工单价的报价高于发布价格的除外。(2)材料、工程设备价格变化的价款调整按照发包人提供的基准价格,按以下风险范围规定执行:①承包人在已标价工程量清单或预算书中载明材料单价低于基准价格的:除专用合同条款另有约定外,合同履行期间材料单价涨幅以基准价格为基础超过5%时,或材料单价跌幅以在已标价工程量清单或预算书中载明材料单价为基础超过5%时,其超过部分据实调整。②承包人在已标价工程量清单或预算书中载明材料单价高于基准价格的:除专用合同条款另有约定外,合同履行期间材料单价跌幅以基准价格为基础超过5%时,材料单价涨幅以在已标价工程量清单或预算书中载明材料单价为基础超过5%时,其超过部分据实调整。③承包人在已标价工程量清单或预算书中载明材料单价等于基准价格的:除专用合同条款另有约定外,合同履行期间材料单价涨跌幅以基准价格为基础超过±5%时,其超过部分据实调整。④承包人应在采购材料前将采购数量和新的材料单价报发包人核对,发包人确认用于工程时,发包人应确认采购材料的数量和单价。发包人在收到承包人报送的确认资料后5天内不予答复的视为认可,作为调整合同价格的依据。未经发包人事先核对,承包人自行采购材料的,发包人有权不予调整合同价格。发包人同意的,可以调整合同价格。前述基准价格是指由发包人在招标文件或专用合同条款中给定的材料、工程设备的价格,该价格原则上应当按照省级或行业建设主管部门或其授权的工程造价管理机构发布的信息价编制。(3)施工机械台班单价或施工机械使用费发生变化超过省级或行业建设主管部门或其授权的工程造价管理机构规定的范围时,按规定调整合同价格。第3种方式:专用合同条款约定的其他方式。

三十九、情势变更

1. 审查案涉工程施工期间是否发生了在订立合同时无法预见的、非属商业风险的重大变化。

2. 审查出现的重大变化是否可界定为情势变更。

3. 审查发生情势变更的相应证据。

4. 收集当地行业主管部门发布的有关发生情势变更时如何调价的指导性文件。

5. 结合情势变更对发包人的影响,审查发包人提出解除合同或调整合同价格的主张是否成立。

实务提示

关于情势变更的概念、具体意义以及适用原则,参见本书第三章第五节第四十三点。本项只讨论施工合同履行期间,如果发生了在订立合同时无法预见的、非属商业风险的重大变化,进而导致合同基础丧失,发包人同样有权利适用情势变更原则进行调整,即请求变更或解除合同,以维护自身的合法权益。

裁判依据

最高人民法院《关于当前形势下审理民商事合同纠纷案件若干问题的指导意见》

一、慎重适用情势变更原则,合理调整双方利益关系

1. 当前市场主体之间的产品交易、资金流转因原料价格剧烈波动、市场需求关系的变化、流动资金不足等诸多因素的影响而产生大量纠纷,对于部分当事人在诉讼中提出适用情势变更原则变更或者解除合同的请求,人民法院应当依据公平原则和情势变更原则严格审查。

2. 人民法院在适用情势变更原则时,应当充分注意到全球性金融危机和国内宏观经济形势变化并非完全是一个令所有市场主体猝不及防的突变过程,而是一个逐步演变的过程。在演变过程中,市场主体应当对于市场风险存在一定程度的预见和判断。人民法院应当依法把握情势变更原则的适用条件,严格审查当事人提出的“无法预见”的主张,对于涉及石油、焦炭、有色金属等市场属性活泼、长期以来价格波动较大的大宗商品标的物以及股票、期货等风险投资型金融产品标的

物的合同,更要慎重适用情势变更原则。

3. 人民法院要合理区分情势变更与商业风险。商业风险属于从事商业活动的固有风险,诸如尚未达到异常变动程度的供求关系变化、价格涨跌等。情势变更是当事人在缔约时无法预见的非市场系统固有的风险。人民法院在判断某种重大客观变化是否属于情势变更时,应当注意衡量风险类型是否属于社会一般观念上的事先无法预见、风险程度是否远远超出正常人的合理预期、风险是否可以防范和控制、交易性质是否属于通常的"高风险高收益"范围等因素,并结合市场的具体情况,在个案中识别情势变更和商业风险。

4. 在调整尺度的价值取向把握上,人民法院仍应遵循侧重于保护守约方的原则。适用情势变更原则并非简单地豁免债务人的义务而使债权人承受不利后果,而是要充分注意利益均衡,公平合理地调整双方利益关系。在诉讼过程中,人民法院要积极引导当事人重新协商,改订合同;重新协商不成的,争取调解解决。为防止情势变更原则被滥用而影响市场正常的交易秩序,人民法院决定适用情势变更原则作出判决的,应当按照最高人民法院《关于正确适用〈中华人民共和国合同法〉若干问题的解释(二)服务党和国家工作大局的通知》(法〔2009〕65 号)的要求,严格履行适用情势变更的相关审核程序。

四十、工程延期造成发包人机会利润损失

1. 审查案涉工程是否因承包人原因延误了工期。

2. 审查延误工期是否造成了发包人机会利润损失。

3. 审查发包人机会利润损失计算方式、主张费用标准的合理性。

4. 审查证明承包人可预见性的证据及机会利润损失计算方式、主张费用标准的合理性的相应证据。

实务提示

因可归责于承包人原因的工期延误造成发包人损失的,由承包人承担赔偿责任。发包人损失的范围及类型具体包括:经营收入损失;租金损失;逾期交房损失;发包人担保费用损失;延长监理期间费用损失;对他人违约而造成损失;机会利润损失。机会利润损失是指因工期延误导致发包人失去新的工程建设机会所造成的利润损失。如发包人为保障项目顺利进行,在施工现场派驻工程师或安排了数名技术管理人员,并为前述人员支付报酬。如果项目如期完工,发包人可以

将前述工作人员投入其他项目中创造新的价值，但在工程延期的前提下，发包人仅能将前述人员保留在施工现场，就同时失去了为其创造其他价值的机会。对于机会利润损失发包人可以向承包人索赔。但在司法实践中因发包人机会利润损失无法精确计算，举证异常困难等原因，该项索赔获得法院支持难度较大。

裁判依据

《民法典》

第五百八十三条　当事人一方不履行合同义务或者履行合同义务不符合约定的，在履行义务或者采取补救措施后，对方还有其他损失的，应当赔偿损失。

《2017 版施工合同》

16.2.2　承包人违约的责任　承包人应承担因其违约行为而增加的费用和(或)延误的工期。此外，合同当事人可在专用合同条款中另行约定承包人违约责任的承担方式和计算方法。

四十一、合同终止造成发包人预期利润损失

1. 审查合同终止是否基于承包人的原因(通常是极其严重的违约行为)。

2. 审查合同终止是否导致发包人预期利润损失。

3. 审查发包人预期利润损失的范围。

4. 发包人是否有充分的证据证明利润损失的可预见性、必然性和合理性。

5. 审查发包人预期利润损失额的计算依据和计算方法。

6. 审查发包人计算预期利润损失时是否考虑了预见规则、过失相抵规则、减损规则，损益相抵等规则。

实务提示

1. 所谓发包人预期利润又称可得利益，是指发包人在缔约时可以预见到工程竣工验收合格后可获得利益。建设工程施工过程中因承包人严重违约行为导致合同终止的，发包人通常要花费大量时间和精力寻找新的承包单位，安排后续施工。由于前手合同终止到与新的承包人签署施工合同之间通常有较长的时间跨度，且新的承包人也需要一定时间对前手完成的建筑产品进行整改并完成工序的衔接，因此就有可能造成发包人原定投资项目的延期，比如工业项目的逾期投产、商业项目逾期出售、逾期出租等。而逾期投产、逾期出售、逾期出租等项目逾期都

会造成发包人可得利益损失，对这些预期利润损失发包人可以向承包人索赔。当然发包人向承包人主张预期利润损失时，受合理预见规则、过失相抵规则、减损规则，损益相抵规则的限制。

2. 发包方在提起可得利益索赔时，应注意举证义务的分配原则，应当对可得利益损失赔偿请求权产生的法律要件事实承担举证证明责任，包括：(1)承包人存在违约行为；(2)发包人存在可得利益的损失(数额)；(3)所受损失和违约行为之间存在因果关系。而承包人要对可得利益损失赔偿额应予限制或者减少的抗辩承担举证责任，比如减轻损失规则、损益相抵规则、过失相抵规则、合理预见规则的适用。对此，最高人民法院《关于当前形势下审理民商事合同纠纷案件若干问题的指导意见》规定："人民法院认定可得利益损失时应当合理分配举证责任。违约方一般应当承担非违约方没有采取合理减损措施而导致损失扩大、非违约方因违约而获得利益以及非违约方亦有过失的举证责任；非违约方应当承担其遭受的可得利益损失总额、必要的交易成本的举证责任。对于可以预见的损失，既可以由非违约方举证，也可以由人民法院根据具体情况予以裁量。"

裁判依据

《民法典》

第五百八十三条　当事人一方不履行合同义务或者履行合同义务不符合约定的，在履行义务或者采取补救措施后，对方还有其他损失的，应当赔偿损失。

第五百八十四条　当事人一方不履行合同义务或者履行合同义务不符合约定，造成对方损失的，损失赔偿额应当相当于因违约所造成的损失，包括合同履行后可以获得的利益；但是，不得超过违约一方订立合同时预见到或者应当预见到的因违约可能造成的损失。

第八百零六条　承包人将建设工程转包、违法分包的，发包人可以解除合同。发包人提供的主要建筑材料、建筑构配件和设备不符合强制性标准或者不履行协助义务，致使承包人无法施工，经催告后在合理期限内仍未履行相应义务的，承包人可以解除合同。合同解除后，已经完成的建设工程质量合格的，发包人应当按照约定支付相应的工程价款；已经完成的建设工程质量不合格的，参照本法第七百九十三条的规定处理。

《标准施工招标文件》

22.1.4　合同解除后的估价、付款和结清　(1)合同解除后，监理人按第3.5

款商定或确定承包人实际完成工作的价值，以及承包人已提供的材料、施工设备、工程设备和临时工程等的价值。(2)合同解除后，发包人应暂停对承包人的一切付款，查清各项付款和已扣款金额，包括承包人应支付的违约金。(3)合同解除后，发包人应按第23.4款的约定向承包人索赔由于解除合同给发包人造成的损失。(4)合同双方确认上述往来款项后，出具最终结清付款证书，结清全部合同款项。(5)发包人和承包人未能就解除合同后的结清达成一致而形成争议的，按第24条的约定办理。

《2017版施工合同》

16.2.2　承包人违约的责任　承包人应承担因其违约行为而增加的费用和(或)延误的工期。此外，合同当事人可在专用合同条款中另行约定承包人违约责任的承担方式和计算方法。

16.2.3　因承包人违约解除合同　除专用合同条款另有约定外，出现第16.2.1项〔承包人违约的情形〕第(7)目约定的违约情况时，或监理人发出整改通知后，承包人在指定的合理期限内仍不纠正违约行为并致使合同目的不能实现的，发包人有权解除合同。合同解除后，因继续完成工程的需要，发包人有权使用承包人在施工现场的材料、设备、临时工程、承包人文件和由承包人或以其名义编制的其他文件，合同当事人应在专用合同条款约定相应费用的承担方式。发包人继续使用的行为不免除或减轻承包人应承担的违约责任。

16.2.4　因承包人违约解除合同后的处理　因承包人原因导致合同解除的，则合同当事人应在合同解除后28天内完成估价、付款和清算，并按以下约定执行：(1)合同解除后，按第4.4款〔商定或确定〕商定或确定承包人实际完成工作对应的合同价款，以及承包人已提供的材料、工程设备、施工设备和临时工程等的价值；(2)合同解除后，承包人应支付的违约金；(3)合同解除后，因解除合同给发包人造成的损失；(4)合同解除后，承包人应按照发包人要求和监理人的指示完成现场的清理和撤离；(5)发包人和承包人应在合同解除后进行清算，出具最终结清付款证书，结清全部款项。因承包人违约解除合同的，发包人有权暂停对承包人的付款，查清各项付款和已扣款项。发包人和承包人未能就合同解除后的清算和款项支付达成一致的，按照第20条〔争议解决〕的约定处理。

四十二、工程质量未达到合同约定标准

1. 审查承发包双方在合同中对工程质量标准的约定。

2. 审查承包人向发包人交付的工程是否符合合同约定及法律法规规定的质量标准。

3. 审查是否存在非承包人自身因素造成的工程质量问题，防止承包人行使抗辩。

4. 审查工程质量不符合合同约定的具体情形。

5. 审查因质量不符合合同约定造成的工期延误或费用增加、发包人损失的具体情况。

6. 审查质量不符合合同约定的相应证据。

7. 审查增加费用额、延误工期天数、发包人损失额的相应证据。

实务提示

工程质量符合合同约定及法律法规规定是承包人的基本义务，也是承包人获得工程款的前提，承包人应向发包人交付质量合格的建筑产品。因承包人原因导致质量未达合同约定标准的，承包人应承担违约责任。因承包人未按合同、图纸或技术要求、标准、规范施工，未尽法定或约定的质量义务，使得工程质量不符合施工合同约定标准的，发包人有权要求承包人修复，包括但不限于返工或拆除重建，由此增加的费用和延误的工期由承包人承担。如给发包人造成其他损失，承包人也应负责赔偿。如承包人拒绝或无法修复的，发包人可另行委托第三方完成，因此产生的修复费用及损失有权要求承包人承担，且发包人有权扣减承包人不合格工程的工程款。需提醒发包人的是，工程质量缺陷修复原则通常为首先选择修理，不能修理的尽量改建，无法修理和改建的，才考虑拆除重建（如混凝土质量问题导致主体结构存在重大安全隐患）。当然，如果返修费用过高，且不返修不影响使用的，可以选择不返修，而采取折价补偿的方式。如工程质量问题系发包人、勘察、设计等非承包人原因所致，则承包人有权要求发包人支付包括但不限于承包人由此增加的返工或拆除重建费用、工期延误费用以及合理利润等。需提醒承包人的是，如承包人明知或其应该知晓发包人提供的图纸、建筑材料、建筑构配件等存在缺陷或不符合强制性标准、规范或合同约定而未提出，或者对发包人提供的建筑材料、建筑构配件等在使用前未按规定或约定检验或在检验不合格情况下仍然使用的，承包人须根据过错程度承担相应的工程质量责任。承包人施工工程质量不符合合同约定及法律规定且拒绝在合理期限内纠正其违约或违法行为致使施工合同目的无法实现的，发包人有权单方解除施工合同，但发包人应尽量

收集并保存证据，以确保其索赔证据材料可有效证明承包人的质量违约行为足以影响合同目的实现，否则发包人可能因合同解除不当面临承包人反索赔。

裁判依据

《民法典》

第七百八十一条　承揽人交付的工作成果不符合质量要求的，定作人可以合理选择请求承揽人承担修理、重作、减少报酬、赔偿损失等违约责任。

第七百九十九条　建设工程竣工后，发包人应当根据施工图纸及说明书、国家颁发的施工验收规范和质量检验标准及时进行验收。验收合格的，发包人应当按照约定支付价款，并接收该建设工程。建设工程竣工经验收合格后，方可交付使用；未经验收或者验收不合格的，不得交付使用。

第八百零一条　因施工人的原因致使建设工程质量不符合约定的，发包人有权请求施工人在合理期限内无偿修理或者返工、改建。经过修理或者返工、改建后，造成逾期交付的，施工人应当承担违约责任。

《建筑法》

第五十五条　建筑工程实行总承包的，工程质量由工程总承包单位负责，总承包单位将建筑工程分包给其他单位的，应当对分包工程的质量与分包单位承担连带责任。分包单位应当接受总承包单位的质量管理。

第五十八条　建筑施工企业对工程的施工质量负责。建筑施工企业必须按照工程设计图纸和施工技术标准施工，不得偷工减料。工程设计的修改由原设计单位负责，建筑施工企业不得擅自修改工程设计。

第五十九条　建筑施工企业必须按照工程设计要求、施工技术标准和合同的约定，对建筑材料、建筑构配件和设备进行检验，不合格的不得使用。

第六十条　建筑物在合理使用寿命内，必须确保地基基础工程和主体结构的质量。建筑工程竣工时，屋顶、墙面不得留有渗漏、开裂等质量缺陷；对已发现的质量缺陷，建筑施工企业应当修复。

第六十七条　承包单位将承包的工程转包的，或者违反本法规定进行分包的，责令改正，没收违法所得，并处罚款，可以责令停业整顿，降低资质等级；情节严重的，吊销资质证书。承包单位有前款规定的违法行为的，对因转包工程或者违法分包的工程不符合规定的质量标准造成的损失，与接受转包或者分包的单位承担连带赔偿责任。

第七十四条 建筑施工企业在施工中偷工减料的,使用不合格的建筑材料、建筑构配件和设备的,或者有其他不按照工程设计图纸或者施工技术标准施工的行为的,责令改正,处以罚款;情节严重的,责令停业整顿,降低资质等级或者吊销资质证书;造成建筑工程质量不符合规定的质量标准的,负责返工、修理,并赔偿因此造成的损失;构成犯罪的,依法追究刑事责任。

《2017 版施工合同》

5.1.3 因承包人原因造成工程质量未达到合同约定标准的,发包人有权要求承包人返工直至工程质量达到合同约定的标准为止,并由承包人承担由此增加的费用和(或)延误的工期。

5.2.3 监理人的质量检查和检验 监理人按照法律规定和发包人授权对工程的所有部位及其施工工艺、材料和工程设备进行检查和检验。承包人应为监理人的检查和检验提供方便,包括监理人到施工现场,或制造、加工地点,或合同约定的其他地方进行察看和查阅施工原始记录。监理人为此进行的检查和检验,不免除或减轻承包人按照合同约定应当承担的责任。监理人的检查和检验不应影响施工正常进行。监理人的检查和检验影响施工正常进行的,且经检查检验不合格的,影响正常施工的费用由承包人承担,工期不予顺延;经检查检验合格的,由此增加的费用和(或)延误的工期由发包人承担。

5.3.2 检查程序 除专用合同条款另有约定外,工程隐蔽部位经承包人自检确认具备覆盖条件的,承包人应在共同检查前 48 小时书面通知监理人检查,通知中应载明隐蔽检查的内容、时间和地点,并应附有自检记录和必要的检查资料。监理人应按时到场并对隐蔽工程及其施工工艺、材料和工程设备进行检查。经监理人检查确认质量符合隐蔽要求,并在验收记录上签字后,承包人才能进行覆盖。经监理人检查质量不合格的,承包人应在监理人指示的时间内完成修复,并由监理人重新检查,由此增加的费用和(或)延误的工期由承包人承担。除专用合同条款另有约定外,监理人不能按时进行检查的,应在检查前 24 小时内向承包人提交书面延期要求,但延期不能超过 48 小时,由此导致工期延误的,工期应予以顺延。监理人未按时进行检查,也未提出延期要求的,视为隐蔽工程检查合格,承包人可自行完成覆盖工作,并作相应记录报送监理人,监理人应签字确认。监理人事后对检查记录有疑问的,可按第 5.3.3 项〔重新检查〕的约定重新检查。

5.3.3 重新检查 承包人覆盖工程隐蔽部位后,发包人或监理人对质量有疑问的,可要求承包人对已覆盖的部位进行钻孔探测或揭开重新检查,承包人应遵照执行,并在检查后重新覆盖恢复原状。经检查证明工程质量符合合同要求的,由发包人承担由此增加的费用和(或)延误的工期,并支付承包人合理的利润;经检查证明工程质量不符合合同要求的,由此增加的费用和(或)延误的工期由承包人承担。

5.4.1　因承包人原因造成工程不合格的,发包人有权随时要求承包人采取补救措施,直至达到合同要求的质量标准由此增加的费用和(或)延误的工期由承包人承担。无法补救的,按照第13.2.4项〔拒绝接收全部或部分工程〕约定执行。

5.5　质量争议检测　合同当事人对工程质量有争议的,由双方协商确定的工程质量检测机构鉴定,由此产生的费用及因此造成的损失,由责任方承担。合同当事人均有责任的,由双方根据其责任分别承担。合同当事人无法达成一致的,按照第4.4款〔商定或确定〕执行。

9.3.3　监理人对承包人的试验和检验结果有异议的,或为查清承包人试验和检验成果的可靠性要求承包人重新试验和检验的,可由监理人与承包人共同进行。重新试验和检验的结果证明该项材料、工程设备或工程的质量不符合合同要求的,由此增加的费用和(或)延误的工期由承包人承担;重新试验和检验结果证明该项材料、工程设备和工程符合合同要求的,由此增加的费用和(或)延误的工期由发包人承担。

13.2.2……(4)　竣工验收不合格的,监理人应按照验收意见发出指示,要求承包人对不合格工程返工、修复或采取其他补救措施,由此增加的费用和(或)延误的工期由承包人承担。承包人在完成不合格工程的返工、修复或采取其他补救措施后,应重新提交竣工验收申请报告,并按本项约定的程序重新进行验收。

13.2.4　拒绝接受全部或部分工程　对于竣工验收不合格的工程,承包人完成整改后,应当重新进行竣工验收,经重新组织验收仍不合格的且无法采取措施补救的,则发包人可以拒绝接收不合格工程,因不合格工程导致其他工程不能正常使用的,承包人应采取措施确保相关工程的正常使用,由此增加的费用和(或)延误的工期由承包人承担。

13.3.2　试车中的责任　因设计原因导致试车达不到验收要求,发包人应要求设计人修改设计,承包人按修改后的设计重新安装。发包人承担修改设计、拆除及重新安装的全部费用,工期相应顺延。因承包人原因导致试车达不到验收要求,承包人按监理人要求重新安装和试车,并承担重新安装和试车的费用,工期不予顺延。因工程设备制造原因导致试车达不到验收要求的,由采购该工程设备的合同当事人负责重新购置或修理，承包人负责拆除和重新安装，由此增加的修理、重新购置、拆除及重新安装的费用及延误的工期由采购该工程设备的合同当事人承担。

16.2.2 承包人违约的责任 承包人应承担因其违约行为而增加的费用和(或)延误的工期。此外，合同当事人可在专用合同条款中另行约定承包人违约责任的承担方式和计算方法。

四十三、承包人未按要求或约定完成竣工清场

1. 审查案涉合同专用条款对承发包双方事先对承包人竣工清场的要求与责任是否另有约定。

2. 审查承包人对施工现场内残留的垃圾是否已全部清除出场。

3. 审查承包人对临时工程是否已拆除，场地是否已按合同要求进行清理、平整或恢复。

4. 审查原按合同约定应撤离的人员、承包人施工设备和剩余的材料，包括废弃的施工设备和材料，是否已按计划撤离施工现场。

5. 审查施工现场周边及其附近道路、河道的施工堆积物，是否已全部清理。

6. 审查施工现场其他场地清理工作是否已全部完成。

7. 审查在承包人不履行义务时，发包人是否尽到催告或通知义务，要求承包人自行清理或处理。

8. 审查在承包人收到恢复或清理通知或催告后仍未按要求或约定完成竣工清场时，发包人是否委托他人恢复或清理，若发包人委托他人恢复或清理，则审查恢复或清理费用及相应证据。

实务提示

所谓竣工清场，是指在工程竣工验收合格且发包人颁发接收证书后，承包人根据建设工程合同约定的期限与发包人的要求恢复临时占地并清理场地，确保不影响工程正常使用的行为。如果承包人未按要求恢复临时占地，或者场地清理未达到合同约定的，发包人有权委托他人恢复和清理，所发生的费用从支付给承包人的款项中扣除。清理要达到以下标准：(1)场地内、工程建筑物周边及其附近道路、河道的施工堆积物和残留的垃圾，已全部清除；(2)临时工程已拆除、清理、平整或复原；(3)撤离承包人设备和剩余的材料；(4)监理人指示的其他清理工作已

全部完成。竣工清场与工程移交均是工程竣工验收合格后承包人应当履行的义务，但竣工清场侧重于已完工程之外的施工场地清理，而工程移交侧重于已完工程本身的交付（参见本书第三章第五节第四十四点）。如承包人未按期履行上述义务的，均会影响工程的正常使用。在实践中，因承发包双方就合同价款结算等事项未能达成一致，承包人往往占据施工现场，致使双方损失进一步扩大。以商品房开发为例，承包人拒不完成竣工清场，与承包人拒不移交工程所产生的后果类似，均会影响开发商向业主交房，开发商因此须向业主支付高额的迟延交房违约金。鉴于此，对于承包人竣工清场的要求及责任，建议承发包双方事先做好约定，以便规范承包人竣工清场的行为，保护自身合法权益不受损害。

裁判依据

《标准施工招标文件》

18.7.1　除合同另有约定外，工程接收证书颁发后，承包人应按以下要求对施工场地进行清理，直至监理人检验合格为止。竣工清场费用由承包人承担。(1)施工场地内残留的垃圾已全部清除出场；(2)临时工程已拆除，场地已按合同要求进行清理、平整或复原；(3)按合同约定应撤离的承包人设备和剩余的材料，包括废弃的施工设备和材料，已按计划撤离施工场地；(4)工程建筑物周边及其附近道路、河道的施工堆积物，已按监理人指示全部清理；(5)监理人指示的其他场地清理工作已全部完成。

18.7.2　承包人未按监理人的要求恢复临时占地，或者场地清理未达到合同约定的，发包人有权委托其他人恢复或清理，所发生的金额从拟支付给承包人的款项中扣除。

18.8　施工队伍的撤离　工程接收证书颁发后的56天内，除了经监理人同意需在缺陷责任期内继续工作和使用的人员、施工设备和临时工程外，其余的人员、施工设备和临时工程均应撤离施工场地或拆除。除合同另有约定外，缺陷责任期满时，承包人的人员和施工设备应全部撤离施工场地。

《2017版施工合同》

13.6.1　竣工退场　颁发工程接收证书后，承包人应按以下要求对施工现场进行清理：(1)施工现场内残留的垃圾已全部清除出场；(2)临时工程已拆除，场地已进行清理、平整或复原；(3)按合同约定应撤离的人员、承包人施工设备和剩余的材料，包括废弃的施工设备和材料，已按计划撤离施工现场；(4)施工现场周边及其附近道路、河道的施工堆积物,已全部清理;(5)施工现场其他场地清理工作已全部完成。施工现场的竣工退场费用由承包人承担。承包人应在专用合同条款约定的期限内完成竣工退场,逾期未完成的,发包人有权出售或另行处理承包人遗留的物品,由此支出的费用由承包人承担,发包人出售承包人遗留物品所得款项在扣除必要费用后应返还承包人。

13.6.2 地表还原 承包人应按发包人要求恢复临时占地及清理场地,承包人未按发包人的要求恢复临时占地,或者场地清理未达到合同约定要求的,发包人有权委托其他人恢复或清理,所发生的费用由承包人承担。

四十四、承包人无正当理由拒不移交工程

1. 审查承发包双方在合同条款中就承包人拒不移交工程的违约责任是否有明确约定。

2. 审查发包人是否确保已经向承包人发出且承包人也已收到要求移交工程的书面通知。

3. 审查证明承包人违约行为的证据是否充分。

4. 审查承包人的违约行为是否造成发包人损失。

5. 审查发包人是否因承包人拒不移交工程而额外支出费用及产生相应损失的证据。

实务提示

工程的移交即是建设工程标的物的转移,工程移交和接收意味着工程风险的转移,随着工程移交的完成,工程的照管责任和工程风险也随之由承包人转移给发包人。《2017版施工合同》第13.2.5项明确了移交工程的期限,即除在专用合同条款中另有约定外,合同当事人应当在颁发工程接收证书后7天内完成工程的移交。该条款明确了拒绝接收或者拒绝移交工程的违约责任。根据该条规定,发包人无正当理由不接收工程的,发包人应承担自其应接收工程之日起的工程照管、成品保护、保管等与工程有关的各项费用。如果承包人无正当理由拒不移交工程,承包人应担工程照管、成品保护、保管等与工程有关的各项费用。需要注意的是,工程竣工验收合格和移交,标志着承包人的主要合同义务已经完成,但是,并不意味着承包人的全部合同义务都已经完成。完成工程移交后,承包人还应当承担未完成的甩项工程施工义务、竣工清场义务,按照法律规定与合同约定承担

对工程进行保修的义务等。承包人无正当理由拒不移交工程而为工程照管、成品看护、保管等支出的费用应由其自行承担，如承包人不履行该等义务的，发包人有权自行或委托第三人承担上述工作并就额外支出的费用向承包人提起索赔。

裁判依据

《2017 版施工合同》

3.6　工程照管与成品、半成品保护　(1)除专用合同条款另有约定外，自发包人向承包人移交施工现场之日起，承包人应负责照管工程及工程相关的材料、工程设备，直到颁发工程接收证书之日止。(2)在承包人负责照管期间，因承包人原因造成工程、材料、工程设备损坏的，由承包人负责修复或更换，并承担由此增加的费用和(或)延误的工期。(3)对合同内分期完成的成品和半成品，在工程接收证书颁发前，由承包人承担保护责任。因承包人原因造成成品或半成品损坏的，由承包人负责修复或更换，并承担由此增加的费用和(或)延误的工期。

13.2.4　拒绝接收全部或部分工程　对于竣工验收不合格的工程，承包人完成整改后，应当重新进行竣工验收，经重新组织验收仍不合格的且无法采取措施补救的，则发包人可以拒绝接收不合格工程，因不合格工程导致其他工程不能正常使用的，承包人应采取措施确保相关工程的正常使用，由此增加的费用和(或)延误的工期由承包人承担。

13.2.5　移交、接收全部与部分工程　除专用合同条款另有约定外，合同当事人应当在颁发工程接收证书后 7 天内完成工程的移交。发包人无正当理由不接收工程的，发包人自应当接收工程之日起，承担工程照管、成品保护、保管等与工程有关的各项费用，合同当事人可以在专用合同条款中另行约定发包人逾期接收工程的违约责任。承包人无正当理由不移交工程的，承包人应承担工程照管、成品保护、保管等与工程有关的各项费用，合同当事人可以在专用合同条款中另行约定承包人无正当理由不移交工程的违约责任。

四十五、竣工验收合格工程因承包人原因造成缺陷或损坏

1. 审查缺陷责任期内是否存在质量缺陷或损坏。

2. 审查质量缺陷或损坏是否由承包人原因导致，且原缺陷责任期没有达到 24 个月。

3. 审查质量缺陷期内因承包人原因造成缺陷或损坏，承包人是否自行维修。

4. 审查承包人对其自身原因造成缺陷或损坏时，是否自行承担维修费用。

5. 审查承包人拒绝维修并不承担维修费用时，发包人是否委托他人维修及支付维修费用。

6. 审查发包人是否已从质量保证金扣除维修费用。

7. 审查承包人是否造成发包人损失以及损失与承包人行为之间是否具有因果关系。

8. 审查发包人是否要求承包人延长缺陷责任期。

实务提示

缺陷责任期内发生由承包人原因造成的缺陷或损坏时，承包人有义务负责维修，也有权利选择自行维修或愿意承担费用让发包人委托第三方进行维修。但仅在承包人不维修也不承担费用时，发包人方可委托第三方维修，发生的费用可从质量保证金里扣除。当然紧急状态下承包人来不及进行维修的，发包人可自行或委托第三方维修，发生的费用当由承包人承担，但发包人应提供足够的理由。

承包人承担的费用包括缺陷鉴定费用及维修费用。缺陷鉴定一般由发包人发起，当鉴定结果认定为承包人原因造成的缺陷时，该鉴定费用由承包人承担，否则不予承担。缺陷维修如由承包人实施，维修费用由承包人自行承担，并不能要求在质量保证金抵扣。在承包人不维修也不承担费用时，发包人委托第三方维修，发生的维修费用包括支付第三方的合理利润。承包人应对工程的损失承担赔偿责任。发包人对所受损失及因果关系承担举证责任。

通常情况下，发包人并没有随意延长缺陷责任期的权利，仅在同时具备以下两种条件时可以根据缺陷造成的后果的严重程度要求延长：(1)缺陷是由承包人原因造成的；(2)特别严重的缺陷致使工程、单位工程或某项主要设备不能按原定目的使用。具体引起缺陷责任期延长的事项应由双方在专用条款中约定。

裁判依据

《建设工程质量保证金管理办法》

第二条第三款 缺陷责任期一般为1年、最长不超过2年，由发、承包双方在合同中约定。

《标准施工招标文件》

19.3 缺陷责任期的延长 由于承包人原因造成某项缺陷或损坏使某项工程或工程设备不能按原定目标使用而需要再次检查、检验和修复的，发包人有权要求承包人相应延长缺陷责任期，但缺陷责任期最长不超过2年。

《2017版施工合同》

15.2.2 缺陷责任期内，由承包人原因造成的缺陷，承包人应负责维修，并承担鉴定及维修费用。如承包人不维修也不承担费用，发包人可按合同约定从保证金或银行保函中扣除，费用超出保证金额的，发包人可按合同约定向承包人进行索赔。承包人维修并承担相应费用后，不免除对工程的损失赔偿责任。发包人有权要求承包人延长缺陷责任期，并应在原缺陷责任期届满前发出延长通知。但缺陷责任期（含延长部分）最长不能超过24个月。由他人原因造成的缺陷，发包人负责组织维修，承包人不承担费用，且发包人不得从保证金中扣除费用。

四十六、保修期内承包人拖延或拒绝修复因承包人原因造成的工程缺陷或损坏

1. 审查保修期内是否有因承包人原因造成的工程缺陷或损坏。

2. 审查是否因工程缺陷或损坏造成人身伤害或财产损失。

3. 审查发包人是否按合同约定给承包人发送修复通知。

4. 审查承包人收到发包人修复通知后是否按合同约定履行修复义务。

5. 审查承包人是否未能在合理期限内修复因承包人原因造成的工程缺陷或损坏。

6. 审查发包人自行修复或委托第三方修复前是否书面催告承包人修复。

7. 审查发包人自行或委托他人修复前是否将修复方案及修复费用通知承包人。

8. 审查发包人自行或委托第三方修复的费用及相应证据。

9. 审查发包人自行或委托第三方修复的范围是否超出缺陷或损坏范围。

10. 审查发包人索赔主张及相应证据。

11. 审查发包人索赔主张的请求权基础。

实务提示

质量保修责任是指建设工程竣工验收后，对于在保修期限内出现的质量缺陷

根据《房屋建筑工程质量保修办法》第3条第2款之规定，质量缺陷是指房屋建筑工程的质量不符合工程建设强制性标准以及合同的约定，承包人负有予以修复的责任。如果因承包人原因造成工程缺陷或损坏，承包人拒绝修复或未能在合理期限内修复，且经发包人书面催告后仍未修复的，根据相关法律法规的规定，发包人有权自行修复或委托第三方修复，相关责任及因此产生的修复费用由承包人承担；如发包人因承包人未及时履行修复义务而产生损害的，还有权要求承包人承担损害赔偿责任。在此需要说明的是，当保修义务人是建设工程的承包人时，由于其未及时履行保修义务导致建筑物毁损或者人身、财产损害的，对发包人而言，承包人既存在违反合同约定工程质量保修义务的违约责任，还存在因此造成的侵权责任，系侵权责任、违约责任的竞合。对于此部分，发包人可以选择其一来要求承包人承担责任。

裁判依据

《建筑法》

第六十条 建筑物在合理使用寿命内，必须确保地基基础工程和主体结构的质量。建筑工程竣工时，屋顶、墙面不得留有渗漏、开裂等质量缺陷；对已发现的质量缺陷，建筑施工企业应当修复。

第七十五条 建筑施工企业违反本法规定，不履行保修义务或者拖延履行保修义务的，责令改正，可以处以罚款，并对在保修期内因屋顶、墙面渗漏、开裂等质量缺陷造成的损失，承担赔偿责任。

《建设工程质量管理条例》

第三十九条 建设工程实行质量保修制度。建设工程承包单位在向建设单位提交工程竣工验收报告时，应当向建设单位出具质量保修书。质量保修书中应当明确建设工程的保修范围、保修期限和保修责任等。

第四十条第三款 建设工程的保修期，自竣工验收合格之日起计算。

第四十一条 建设工程在保修范围和保修期限内发生质量问题的，施工单位应当履行保修义务，并对造成的损失承担赔偿责任。

《建设工程司法解释(一)》

第九条 当事人对建设工程实际竣工日期有争议的，人民法院应当分别按照以下情形予以认定：(一)建设工程经竣工验收合格的，以竣工验收合格之日为竣工日期；(二)承包人已经提交竣工验收报告，发包人拖延验收的，以承包人提交验收报告之日为竣工日期;(三)建设工程未经竣工验收,发包人擅自使用的,以转移占有建设工程之日为竣工日期。

《2017 版施工合同》

15.1　工程保修的原则　在工程移交发包人后,因承包人原因产生的质量缺陷,承包人应承担质量缺陷责任和保修义务。缺陷责任期届满,承包人仍应按合同约定的工程各部位保修年限承担保修义务。

15.4.1　保修责任　工程保修期从工程竣工验收合格之日起算,具体分部分项工程的保修期由合同当事人在专用合同条款中约定,但不得低于法定最低保修年限。在工程保修期内,承包人应当根据有关法律规定以及合同约定承担保修责任。发包人未经竣工验收擅自使用工程的,保修期自转移占有之日起算。

15.4.2　修复费用　保修期内,修复的费用按照以下约定处理:(1)保修期内,因承包人原因造成工程的缺陷、损坏,承包人应负责修复,并承担修复的费用以及因工程的缺陷、损坏造成的人身伤害和财产损失;(2)保修期内,因发包人使用不当造成工程的缺陷、损坏,可以委托承包人修复,但发包人应承担修复的费用,并支付承包人合理利润;(3)因其他原因造成工程的缺陷、损坏,可以委托承包人修复,发包人应承担修复的费用,并支付承包人合理的利润,因工程的缺陷、损坏造成的人身伤害和财产损失由责任方承担。

15.4.3　修复通知　在保修期内,发包人在使用过程中,发现已接收的工程存在缺陷或损坏的,应书面通知承包人予以修复,但情况紧急必须立即修复缺陷或损坏的,发包人可以口头通知承包人并在口头通知后48小时内书面确认,承包人应在专用合同条款约定的合理期限内到达工程现场并修复缺陷或损坏。

15.4.4　未能修改　因承包人原因造成工程的缺陷或损坏,承包人拒绝维修或未能在合理期限内修复缺陷或损坏,且经发包人书面催告后仍未修复的,发包人有权自行修复或委托第三方修复,所需费用由承包人承担。但修复范围超出缺陷或损坏范围的,超出范围部分的修复费用由发包人承担。

四十七、审查发包人的索赔是否符合法定或约定程序

实务提示

在合同履行过程中,若出现本书第三章第五节发包人可向承包人索赔项目时,发包人应按合同约定的时限及程序向承包人提出索赔。发包人应在知道或应

当知道索赔事件发生后28天内通过监理人向承包人提出索赔意向通知书,发包人未在前述28天内发出索赔意向通知书的,丧失索赔权利。发包人应在发出索赔意向通知书后28天内,通过监理人向承包人递交正式索赔报告。发包人发出索赔通知书时应附详细的证明。

裁判依据

《2017版施工合同》

19.3 发包人的索赔 根据合同约定,发包人认为有权得到赔付金额和(或)延长缺陷责任期的,监理人应向承包人发出通知并附有详细的证明。发包人应在知道或应当知道索赔事件发生后28天内通过监理人向承包人提出索赔意向通知书,发包人未在前述28天内发出索赔意向通知书的,丧失要求赔付金额和(或)延长缺陷责任期的权利。发包人应在发出索赔意向通知书后28天内,通过监理人向承包人正式递交索赔报告。

《2013版清单计价规范》

9.13.7 根据合同约定,发包人认为由于承包人的原因造成发包人的损失,宜按承包人索赔的程序进行索赔。

第七节 审查案涉纠纷各种款项支付情况

建设工程招投标或施工合同签订和履行过程中,承包人一般需要向发包人缴纳投标保证金和履约保证金等款项。这些款项在缴纳和返还过程中经常发生纠纷,对这类纠纷案件承办人员需从合同约定的缴纳数额、缴纳期限、返还条件、不予返还的情形及实际缴纳情况是否符合合同约定等方面进行逐一审查并确定。

在建设工程合同法律关系中,支付工程款是发包人的主合同义务,该义务的履行方式一般有预防款、进度款和结算款支付。在因工程款纠纷发生诉讼的案件中,案件承办人员在确定发包人应付工程款数时,应审查预付款和进度款的约定及实际支付情况,同时审查工程是否竣工结算及结算款的实际支付情况。在预付款、进度款和结算款审查基础上确定发包人最终应付工程款数额。

安全文明施工费是工程款的一部分,法律对安全文明施工费的数额、支付时间及用途有明确规定，安全文明施工费不可竞争。安全文明施工费的约定与履行关乎质量安全，也关乎应付工程款数额确定，因此在办理工程款案件和涉及质量安全纠纷案件中应一并审查。

一、投标保证金支付及退还

1. 审查招标文件中是否规定缴纳投标保证金。

2. 审查招标文件中规定的投标保证金数额及是否超过规定数额。

3. 审查招标文件中是否规定投标保证金的有效期。

4. 审查招标文件是否规定投标保证金返还条件。

5. 审查招标文件是否规定投标保证金不予退还情形。

6. 审查招标文件是否规定了投标保证金返还期限。

7. 审查招标人是否按招标文件规定的期限返还了投标保证金。

实务提示

1. 投标保证金是指在招投标活动中，投标人随投标文件一同提交给招标人的一定形式、一定金额的一种债权成立的担保。投标保证金的用途：(1)保证投标人在投标后不得撤回投标文件；(2)保证投保人中标后无正当理由不得拒绝与招标人订立合同；(3)保证投标人在签订合同时不向招标人提出附加条件或者不按照招标文件要求提交履约保证金。投标人有上述三种情形之一的，丧失要求返还投标保证金权利。投标保证金性质：具有成约定金属性兼有违约金特性。

2. 投标保证金的数额不得超过招标项目估算价的2%，投标保证金的有效期与投标有效期一致。

3. 投标保证金退还情形：(1)投标人撤回投标文件的，招标人应当收到撤回通知书之日起5日内退还投标保证金；(2)招标人最迟应在书面合同签订后5日内退还向中标人和未中标的投标人退还投标保证金及银行同期存款利息；(3)招标人终止招标的，招标人应及时退还投标保证金及银行同期存款利息。

4. 投标保证金不予退还的情形：(1)提供虚假的项目负责人或主要技术人员简历、劳动关系证明；(2)中标后无正当理由拒绝与招标人订立合同；(3)签订合同时向招标人提出附加条件或者不按照招标文件要求提交履约保证金；(4)投标截止后投标人撤销投标文件的，招标人可以不退还投标保证金。

裁判依据

《招标投标法实施条例》

第二十六条 招标人在招标文件中要求投标人提交投标保证金的,投标保证金不得超过招标项目估算价的2%。投标保证金有效期应当与投标有效期一致。依法必须进行招标的项目的境内投标单位,以现金或者支票形式提交的投标保证金应当从其基本账户转出。招标人不得挪用投标保证金。

第三十一条 招标人终止招标的,应当及时发布公告,或者以书面形式通知被邀请的或者已经获取资格预审文件、招标文件的潜在投标人。已经发售资格预审文件、招标文件或者已经收取投标保证金的,招标人应当及时退还所收取的资格预审文件、招标文件的费用,以及所收取的投标保证金及银行同期存款利息。

第三十五条 投标人撤回已提交的投标文件,应当在投标截止时间前书面通知招标人。招标人已收取投标保证金的,应当自收到投标人书面撤回通知之日起5日内退还。

投标截止后投标人撤销投标文件的,招标人可以不退还投标保证金。

第五十七条 招标人和中标人应当依照招标投标法和本条例的规定签订书面合同,合同的标的、价款、质量、履行期限等主要条款应当与招标文件和中标人的投标文件的内容一致。招标人和中标人不得再行订立背离合同实质性内容的其他协议。

招标人最迟应当在书面合同签订后5日内向中标人和未中标的投标人退还投标保证金及银行同期存款利息。

第六十六条 招标人超过本条例规定的比例收取投标保证金、履约保证金或者不按照规定退还投标保证金及银行同期存款利息的,由有关行政监督部门责令改正,可以处5万元以下的罚款;给他人造成损失的,依法承担赔偿责任。

《水利工程建设项目招标投标管理规定》

第五十五条 由于招标人自身原因致使招标工作失败(包括未能如期签订合同),招标人应当按投标保证金双倍的金额赔偿投标人,同时退还投标保证金。

二、履约保证金约定及履行情况

1. 审查案涉招标文件或合同是否约定提交履约保证金。
2. 审查招标文件或合同约定的履约保证金金额是否超过法定标准。
3. 审查履约保证金担保期限。

4. 审查案涉工程承包人是否依约交纳了履约保证金及提供履约担保的形式。

5. 审查案涉合同是否约定履约保证金退还或不退还的情形。

6. 审查案涉合同是否存在延长担保期限的情形及导致延长的原因。

7. 审查案涉工程是否实际延长了担保期限，若实际延长了则审查延长担保期限是否增加了费用。

8. 审查案涉工程是否出现退还或不退还履约保证金的情形。

9. 审查当事人是否实际按合同约定的情形退还了或不退还履约保证金。

实务提示

履约保证金是指承包人向发包人提供的用以保证其履行合同义务的担保。承包人不履行合同义务的，发包人可以按照合同约定扣除其全部或者部分履约保证金。履约保证金的形式有现金、银行汇票、支票，也可以约定由银行或者第三方担保机构出具履约保函替代履约保证金。履约保证金与定金不同，主要区别在于：定金是双方担保，定金对支付定金的一方和接受定金的一方均有约束力，担保的是双方特定的行为；履约保证金是单方担保，为承包人向发包人提供的用以保障其履行合同义务的担保。定金适用双倍返还的罚则；而履约保证金不适用双倍返还的罚则。履约保证金不得超过一定限额，《招标投标法实施条例》第58条规定，招标文件要求中标人提交履约保证金的，中标人应当按照招标文件的要求提交。履约保证金不得超过中标合同金额的10%。履约保证金在特定情况下应予以退还。

裁判依据

《2017版施工合同》

2.5　资金来源证明及支付担保　除专用合同条款另有约定外，发包人应在收到承包人要求提供资金来源证明的书面通知后28天内，向承包人提供能够按照合同约定支付合同价款的相应资金来源证明。除专用合同条款另有约定外，发包人要求承包人提供履约担保的，发包人应当向承包人提供支付担保。支付担保可以采用银行保函或担保公司担保等形式，具体由合同当事人在专用合同条款中约定。

3.7　履约担保　发包人需要承包人提供履约担保的，由合同当事人在专用合同条款中约定履约担保的方式、金额及期限等。履约担保可以采用银行保函或担保公司担保等形式,具体由合同当事人在专用合同条款中约定。因承包人原因导致工期延长的,继续提供履约担保所增加的费用由承包人承担;非因承包人原因导致工期延长的,继续提供履约担保所增加的费用由发包人承担。

《招标投标法实施条例》

第五十八条 招标文件要求中标人提交履约保证金的,中标人应当按照招标文件的要求提交。履约保证金不得超过中标合同金额的10%。

三、审查案涉合同是否约定预付款

1. 审查案涉合同是否约定预付款。

2. 若案涉合同约定了预付款,则进一步审查预付款支付时间、支付比例、预付款扣回方式、扣回比例及不支付违约责任。

3. 审查案涉合同是否约定了预付款担保,若约定则审查预付款担保形式、担保金额、担保期限及提供预付款担保的期限、预付款保函的退回时间。

4. 若合同约定了预付款,则审查发包人是否按约定的时间、金额支付了预付款。

5. 若发包人支付了预付款,则审查预付款是否按合同约定扣回。

6. 若发包人未支付预付款,则审查承包人是否按合同约定暂停施工且审查发包人是否按合同约定承担了由此增加的费用和(或)延误的工期、是否按合同约定承担了违约责任。

7. 若合同约定了预付款担保,则审查承包人是否按合同约定的时间、担保形式、担保金额、担保期限提供了担保。

8. 若承包人提供了预付款担保,则审查发包人是否递减担保金额并按合同约定时间退回预付款担保。

9. 若合同对预付款的支付没有约定时,则按照《2013版清单计价规范》中关于预付款支付的规定审查。

实务提示

根据《工程造价术语标准》第3.4.1项的规定,工程预付款是指由发包人按照合同约定,在正式开工前由发包人预先支付给承包人,用于购买施工所需的材料和组织施工机械和人员进场的价款。此外,若发包人要求承包人采购价值较高的工程设备,一般应按建设工程领域的商业惯例向承包人支付专门的工程设备预付

款。预付款除合同另有约定外一般在开工前7天支付,包工包料工程的预付款原则上预付比例不低于合同金额的10%,不高于合同金额的30%,对重大工程项目,按年度工程计划逐年预付。预付款应在进度款中回扣,回扣的比例及方式以双方在合同中约定为准。发包人在支付预付款时一般要求承包人提交预付款担保,预付款担保形式、担保金额及担保期限双方在合同中约定。发包人应按合同约定及时足额支付预付款,发包人不支付预付款应承担相应责任。承包人收到预付款后应专款专用,不得挪作他用,承包人挪用预付款由此增加的费用或延误的工期由承包人承担。

裁判依据

《2017版施工合同》

12.2.1　预付款的支付　预付款的支付按照专用合同条款约定执行,但至迟应在开工通知载明的开工日期7天前支付。预付款应当用于材料、工程设备、施工设备的采购及修建临时工程、组织施工队伍进场等。除专用合同条款另有约定外,预付款在进度付款中同比例扣回。在颁发工程接收证书前,提前解除合同的,尚未扣完的预付款应与合同价款一并结算。发包人逾期支付预付款超过7天的,承包人有权向发包人发出要求预付的催告通知,发包人收到通知后7天内仍未支付的,承包人有权暂停施工,并按第16.1.1项〔发包人违约的情形〕执行。

12.2.2　预付款担保　发包人要求承包人提供预付款担保的,承包人应在发包人支付预付款7天前提供预付款担保,专用合同条款另有约定除外。预付款担保可采用银行保函、担保公司担保等形式,具体由合同当事人在专用合同条款中约定。在预付款完全扣回之前,承包人应保证预付款担保持续有效。发包人在工程款中逐期扣回预付款后,预付款担保额度应相应减少,但剩余的预付款担保金额不得低于未被扣回的预付款金额。

《2013版清单计价规范》

10.1.1　承包人应将预付款专用于合同工程。

10.1.2　包工包料工程的预付款的支付比例不得低于签约合同价(扣除暂列金额)的10%,不宜高于签约合同价(扣除暂列金额)的30%。

10.1.3　承包人应在签订合同或向发包人提供与预付款等额的预付款保函后向发包人提交预付款支付申请。

10.1.4　发包人应在收到支付申请的7天内进行核实,向承包人发出预付款支付证书,并在签发支付证书后的7天内向承包人支付预付款。

10.1.5　发包人没有按合同约定按时支付预付款的,承包人可催告发包人支付;发包人在预付款期满后的7天内仍未支付的,承包人可在付款期满后的第8天起暂停施工。发包人应承担由此增加的费用和延误的工期,并应向承包人支付合理利润。

10.1.6　预付款应从每一个支付期应支付给承包人的工程进度款中扣回,直到扣回的金额达到合同约定的预付款金额为止。

10.1.7　承包人的预付款保函的担保金额根据预付款扣回的数额相应递减,但在预付款全部扣回之前一直保持有效。发包人应在预付款扣完后的14天内将预付款保函退还给承包人。

四、审查案涉合同进度款约定及支付情况

1. 审查案涉合同中关于进度款付款周期是否有约定,若合同当事人使用的是示范文本,则进一步审查示范文本专用条款中对付款周期是否另有约定。

2. 审查案涉合同是否约定需编制和提交进度付款申请单,若需要则进一步审查合同对进度付款申请单编制内容是否有要求。

3. 审查案涉合同是否约定进度付款申请单提交时间、提交程序及进度款审核和支付。

4. 审查案涉合同就发包人逾期支付进度款的违约责任是否进行了约定。

5. 审查案涉工程进度款的实际支付情况。

6. 审查案涉工程发包人未按合同约定支付进度款时,承包人是否暂停施工。

7. 审查案涉工程发包人逾期支付进度款时,是否按合同约定支付违约金或迟延利息。

8. 在合同没有对进度款约定或约定不明时,应参照《2013版清单计价规范》对进度款进行审查和处理。

9. 审查案涉合同是否按照相关法律、法规、规章及《2013版清单计价规范》中的规定履行。

实务提示

1. 进度款含义。根据《工程造价术语标准》第3.4.2项的规定,进度款指发包人在合同工程施工过程中,按照合同约定对付款周期内承包人完成的合同价款给

予支付的款项，也是合同价款期中结算支付。建设工程施工合同是承包人进行工程建设，发包人支付价款的特殊承揽合同。由于建设工程具有投资额大、施工期长等特点，导致承包人资金压力大、安全风险高，不利于承包人的利益保护，所以建设工程施工合同一般会约定发包人以“阶段小结、最终结清”的方式履行合同价款支付义务，即当承包人完成了一定阶段的工程量后，发包人就应该按照合同约定履行支付进度款的义务。

2. 进度款支付。当承包人完成了一定阶段的工程量后，发包人就应该按合同约定的时间、程序和方法，根据工程计量结果办理期中价款结算，履行支付工程进度款的义务。进度款数额可能因付款周期内发生某些事由而扣减或增加。例如，《2013 版清单计价规范》10.3.5 规定：“发包人提供的甲供材料金额，应按照发包人签约提供的单价和数量从进度款支付中扣除，列入本周期应扣减的金额中。”10.3.6 规定：“承包人现场签证和得到发包人确认的索赔金额应列入本周期应增加的金额中。”但无论扣减还是增加，进度款的支付比例都应依据合同约定，按期中结算价款总额计算。

3. 进度款支付比例。《建设工程价款结算暂行办法》第 13 条第 3 项第 1 目规定：“根据确定的工程计量结果，承包人向发包人提出支付工程进度款申请，14 天内，发包人应按不低于工程价款的 60%，不高于工程价款的 90% 向承包人支付工程进度款。按约定时间发包人应扣回的预付款，与工程进度款同期结算抵扣。”此处规定的进度款支付比例“不低于 60%，不高于 90%”，在施工合同未明确约定情况下可参照适用，以实现发包人与承包人之间的利益平衡。

4. 进度款支付程序。进度款的支付始于承包人的支付申请。承包人应在每个计量周期到期后 7 天内向发包人提交已完工程进度款支付申请，详细说明此周期内其认为有权得到的款额，包括分包人已完工程的价款。支付申请应先提交给监理人，监理人在收到支付申请 7 日内完成审查并报送发包人，发包人在 7 天内根据计量结果和合同约定完成审批并签发进度款支付证书。发包人逾期审批并签发进度款支付证书的，视为对承包人进度款申请的认可。

5. 发包人逾期支付进度款责任承担。首先，承包人可获得进度款的迟延支付利息；其次，若付款期满后 7 天内发包人仍未支付的，承包人可暂停施工，并由发包人承担工期延误的责任，包括增加的费用和工期的顺延；最后，承包人可以解除合同。

裁判依据

《2013版清单计价规范》

10.3.1 发承包双方应按照合同约定的时间、程序和方法,根据工程计量结果,办理期中价款结算,支付进度款。

10.3.2 进度款支付周期应与合同约定的工程计量周期一致。

10.3.3 已标价工程量清单中的单价项目,承包人应按工程计量确认的工程量与综合单价计算;综合单价发生调整的,以发承包双方确认调整的综合单价计算进度款。

10.3.4 已标价工程量清单中的总价项目和按照本规范第8.3.2条规定形成的总价合同,承包人应按合同中约定的进度款支付分解,分别列入进度款支付申请中的安全文明施工费和本周期应支付的总价项目的金额中。

10.3.5 发包人提供的甲供材料金额,应按照发包人签约提供的单价和数量从进度款支付中扣除,列入本周期应扣减的金额中。

10.3.6 承包人现场签证和得到发包人确认的索赔金额应列入本周期应增加的金额中。

10.3.7 进度款的支付比例按照合同约定,按期中结算价款总额计,不低于60%,不高于90%。

10.3.8 承包人应在每个计量周期到期后的7天内向发包人提交已完工程进度款支付申请一式四份,详细说明此周期认为有权得到的款额,包括分包人已完工程的价款。支付申请应包括下列内容:1 累计已完成的合同价款;2 累计已实际支付的合同价款;3 本周期合计完成的合同价款:1)本周期已完成单价项目的金额;2)本周期应支付的总价项目的金额;3)本周期已完成的计日工价款;4)本周期应支付的安全文明施工费;5)本周期应增加的金额;4 本周期合计应扣减的金额:1)本周期应扣回的预付款;2)本周期应扣减的金额;5 本周期实际应支付的合同价款。

10.3.9 发包人应在收到承包人进度款支付申请后的14天内,根据计量结果和合同约定对申请内容予以核实,确认后向承包人出具进度款支付证书。若发承包双方对部分清单项目的计量结果出现争议,发包人应对无争议部分的工程计量结果向承包人出具进度款支付证书。

10.3.10 发包人应在签发进度款支付证书后的14天内,按照支付证书列明的金额向承包人支付进度款。

10.3.11 若发包人逾期未签发进度款支付证书,则视为承包人提交的进度款支付申请已被发包人认可,承包人可向发包人发出催告付款的通知。发包人应在收到通知后的14天内,按照承包人支付申请的金额向承包人支付进度款。

10.3.12　发包人未按照本规范第10.3.9~10.3.11条的规定支付进度款的,承包人可催告发包人支付,并有权获得延迟支付的利息;发包人在付款期满后的7天内仍未支付的,承包人可在付款期满后的第8天起暂停施工。发包人应承担由此增加的费用和延误的工期,向承包人支付合理利润,并应承担违约责任。

10.3.13　发现已签发的任何支付证书有错、漏或重复的数额,发包人有权予以修正,承包人也有权提出修正申请。经发承包双方复核同意修正的,应在本次到期的进度款中支付或扣除。

《建设工程价款结算暂行办法》

第十三条　工程进度款结算与支付应当符合下列规定:

(一)工程进度款结算方式

1.按月结算与支付。即实行按月支付进度款,竣工后清算的办法。合同工期在两个年度以上的工程,在年终进行工程盘点,办理年度结算。

2.分段结算与支付。即当年开工、当年不能竣工的工程按照工程形象进度,划分不同阶段支付工程进度款。具体划分在合同中明确。

(二)工程量计算

1.承包人应当按照合同约定的方法和时间,向发包人提交已完成工程量的报告。发包人接到报告后14天内核实已完工程量,并在核实前1天通知承包人,承包人应提供条件并派人参加核实,承包人收到通知后不参加核实,以发包人核实的工程量作为工程价款支付的依据。发包人不按约定时间通知承包人,致使承包人未能参加核实,核实结果无效。

2.发包人收到承包人报告后14天内未核实完工程量,从第15天起,承包人报告的工程量即视为被确认,作为工程价款支付的依据,双方合同另有约定的,按合同执行。

3.对承包人超出设计图纸(含设计变更)范围和因承包人原因造成返工的工程量,发包人不予计量。

(三)工程进度款支付

1.根据确定的工程计量结果,承包人向发包人提出支付工程进度款申请,14天内,发包人应按不低于工程价款的60%,不高于工程价款的90%向承包人支付工程进度款。按约定时间发包人应扣回的预付款,与工程进度款同期结算抵扣。

2. 发包人超过约定的支付时间不支付工程进度款，承包人应及时向发包人发出要求付款的通知，发包人收到承包人通知后仍不能按要求付款，可与承包人协商签订延期付款协议，经承包人同意后可延期支付，协议应明确延期支付的时间和从工程计量结果确认后第15天起计算应付款的利息（利率按同期银行贷款利率计）。

3. 发包人不按合同约定支付工程进度款，双方又未达成延期付款协议，导致施工无法进行，承包人可停止施工，由发包人承担违约责任。

第十四条 工程完工后，双方应按照约定的合同价款及合同价款调整内容以及索赔事项，进行工程竣工结算。

（一）工程竣工结算方式

工程竣工结算分为单位工程竣工结算、单项工程竣工结算和建设项目竣工总结算。

（二）工程竣工结算编审

1. 单位工程竣工结算由承包人编制，发包人审查；实行总承包的工程，由具体承包人编制，在总包人审查的基础上，发包人审查。

2. 单项工程竣工结算或建设项目竣工总结算由总（承）包人编制，发包人可直接进行审查，也可以委托具有相应资质的工程造价咨询机构进行审查。政府投资项目，由同级财政部门审查。单项工程竣工结算或建设项目竣工总结算经发、承包人签字盖章后有效。

承包人应在合同约定期限内完成项目竣工结算编制工作，未在规定期限内完成的并且提不出正当理由延期的，责任自负。

（三）工程竣工结算审查期限

单项工程竣工后，承包人应在提交竣工验收报告的同时，向发包人递交竣工结算报告及完整的结算资料，发包人应按以下规定时限进行核对（审查）并提出审查意见。

	工程竣工结算报告金额	审查时间
1	500万元以下	从接到竣工结算报告和完整的竣工结算资料之日起20天
2	500万元~2000万元	从接到竣工结算报告和完整的竣工结算资料之日起30天
3	2000万元~5000万元	从接到竣工结算报告和完整的竣工结算资料之日起45天
4	5000万元以上	从接到竣工结算报告和完整的竣工结算资料之日起60天

建设项目竣工总结算在最后一个单项工程竣工结算审查确认后15天内汇总，送发包人后30天内审查完成。

（四）工程竣工价款结算

发包人收到承包人递交的竣工结算报告及完整的结算资料后，应按本办法规定的期限（合同约定有期限的，从其约定）进行核实，给予确认或者提出修改意见。发包人根据确认的竣工结算报告向承包人支付工程竣工结算价款，保留5%左右的质量保证（保修）金，待工程交付使用一年质保期到期后清算（合同另有约定的，从其约定），质保期内如有返修，发生费用应在质量保证（保修）金内扣除。

（五）索赔价款结算

发承包人未能按合同约定履行自己的各项义务或发生错误，给另一方造成经济损失的，由受损方按合同约定提出索赔，索赔金额按合同约定支付。

（六）合同以外零星项目工程价款结算

发包人要求承包人完成合同以外零星项目，承包人应在接受发包人要求的7天内就用工数量和单价、机械台班数量和单价、使用材料和金额等向发包人提出施工签证，发包人签证后施工，如发包人未签证，承包人施工后发生争议的，责任由承包人自负。

《2017版施工合同》

12.4　工程进度款支付

12.4.1　付款周期　除专用合同条款另有约定外，付款周期应按照第12.3.2项〔计量周期〕的约定与计量周期保持一致。

12.4.2　进度付款申请单的编制　除专用合同条款另有约定外，进度付款申请单应包括下列内容：(1)截至本次付款周期已完成工作对应的金额；(2)根据第10条〔变更〕应增加和扣减的变更金额；(3)根据第12.2款〔预付款〕约定应支付的预付款和扣减的返还预付款；(4)根据第15.3款〔质量保证金〕约定应扣减的质量保证金；(5)根据第19条〔索赔〕应增加和扣减的索赔金额；(6)对已签发的进度款支付证书中出现错误的修正，应在本次进度付款中支付或扣除的金额；(7)根据合同约定应增加和扣减的其他金额。

12.4.3　进度付款申请单的提交　(1)单价合同进度付款申请单的提交　单价合同的进度付款申请单，按照第12.3.3项〔单价合同的计量〕约定的时间按月向监理人提交，并附上已完成工程量报表和有关资料。单价合同中的总价项目按月进行支付分解，并汇总列入当期进度付款申请单。(2)总价合同进度付款申请

单的提交　总价合同按月计量支付的,承包人按照第12.3.4项〔总价合同的计量〕约定的时间按月向监理人提交进度付款申请单,并附上已完成工程量报表和有关资料。总价合同按支付分解表支付的,承包人应按照第12.4.6项〔支付分解表〕及第12.4.2项〔进度付款申请单的编制〕的约定向监理人提交进度付款申请单。(3)其他价格形式合同的进度付款申请单的提交　合同当事人可在专用合同条款中约定其他价格形式合同的进度付款申请单的编制和提交程序。

12.4.4　进度款审核和支付　(1)除专用合同条款另有约定外,监理人应在收到承包人进度付款申请单以及相关资料后7天内完成审查并报送发包人,发包人应在收到后7天内完成审批并签发进度款支付证书。发包人逾期未完成审批且未提出异议的,视为已签发进度款支付证书。发包人和监理人对承包人的进度付款申请单有异议的,有权要求承包人修正和提供补充资料,承包人应提交修正后的进度付款申请单。监理人应在收到承包人修正后的进度付款申请单及相关资料后7天内完成审查并报送发包人,发包人应在收到监理人报送的进度付款申请单及相关资料后7天内,向承包人签发无异议部分的临时进度款支付证书。存在争议的部分,按照第20条〔争议解决〕的约定处理。(2)除专用合同条款另有约定外,发包人应在进度款支付证书或临时进度款支付证书签发后14天内完成支付,发包人逾期支付进度款的,应按照中国人民银行发布的同期同类贷款基准利率支付违约金。(3)发包人签发进度款支付证书或临时进度款支付证书,不表明发包人已同意、批准或接受了承包人完成的相应部分的工作。

12.4.5　进度付款的修正　在对已签发的进度款支付证书进行阶段汇总和复核中发现错误、遗漏或重复的,发包人和承包人均有权提出修正申请。经发包人和承包人同意的修正,应在下期进度付款中支付或扣除。

12.4.6　支付分解表　1.支付分解表的编制要求　(1)支付分解表中所列的每期付款金额,应为第12.4.2项〔进度付款申请单的编制〕第(1)目的估算金额;(2)实际进度与施工进度计划不一致的,合同当事人可按照第4.4款〔商定或确定〕修改支付分解表;(3)不采用支付分解表的,承包人应向发包人和监理人提交按季度编制的支付估算分解表,用于支付参考。2.总价合同支付分解表的编制与审批　(1)除专用合同条款另有约定外,承包人应根据第7.2款〔施工进度计划〕约定的施工进度计划、签约合同价和工程量等因素对总价合同按月进行分解,编制支付分解表。承包人应当在收到监理人和发包人批准的施工进度计划后7天内,将支付分解表及编制支付分解表的支持性资料报送监理人。(2)监理人应在收到支付分解表后7天内完成审核并报送发包人。发包人应在收到经监理人审核的支付分解表后7天内完成审批,经发包人批准的支付分解表为有约束力的支付分解表。(3)发包人逾期未完成支付分解表审批的,也未及时要求承包人进行修正和提供补充资料的,则承包人提交的支付分解表视为已经获得发包人批准。3.单价合同的总价项目支付分解表的编制与审批　除专用合同条款另有约定外,单价合同的总价项目,由承包人根据施工进度计划和总价项目的总价构成、费用性质、计划发生时间和相应工程量等因素按月进行分解,形成支付分解表,其编制与审批参照总价合同支付分解表的编制与审批执行。

12.5　支付账户　发包人应将合同价款支付至合同协议书中约定的承包人账户。

五、审查案涉工程安全文明施工费支付情况

1. 审查案涉合同关于安全文明施工费的约定。

2. 充分理解安全文明施工费不可竞争性的含义。

3. 当合同对安全文明施工费没有约定或约定不明时,应掌握法律、法规、规章及《2013版清单计价规范》工程安全文明施工费的有关规定。

4. 审查案涉工程中安全文明施工费的支付情况及使用情况。

5. 审查安全文明施工费是否按合同或法律规定的支付时间支付。

6. 审查安全文明施工费是否按合同约定或法律规定的支付比例支付。

7. 审查发包人未按合同约定支付时,承包人是否催告。

8. 审查发包人收到承包人催告通知后仍不支付的,承包人是否暂停施工。

9. 审查承包人暂停施工,由此产生的费用增加或工期延误,发包人是否承担。

10. 审查承包人是否将安全文明施工费在账务中单列、是否挪作他用。

实务提示

安全文明施工费是指在工程项目施工期间,施工单位为保证安全施工、文明施工和保护现场内外环境等所发生的措施项目费用。安全文明施工费属于总价措施项目。安全文明施工费具有不可竞争性,即安全文明施工费用应按规定计价,发承包双方不得自行约定减免、放弃等。安全文明施工费除合同专用条款另有约定外,应在开工后28天内预付安全文明施工费总额的50%,其余部分按合同约定支付。安全文明施工费需从签约合同价中单列,且应专款专用,不得挪作他用。

裁判依据

《2013版清单计价规范》

10.2.1 安全文明施工费包括的内容和使用范围,应符合国家有关文件和计量规范的规定。

10.2.2 发包人应在工程开工后的28天内预付不低于当年施工进度计划的安全文明施工费总额的60%,其余部分应按照提前安排的原则进行分解,并应与进度款同期支付。

10.2.3 发包人没有按时支付安全文明施工费的,承包人可催告发包人支付;发包人在付款期满后的7天内仍未支付的,若发生安全事故,发包人应承担相应责任。

10.2.4 承包人对安全文明施工费应专款专用,在财务账目中应单独列项备查,不得挪作他用,否则发包人有权要求其限期改正;逾期未改正的,造成的损失和延误的工期应由承包人承担。

《2017版施工合同》

6.1.6 安全文明施工费 安全文明施工费由发包人承担,发包人不得以任何形式扣减该部分费用。因基准日期后合同所适用的法律或政府有关规定发生变化,增加的安全文明施工费由发包人承担。承包人经发包人同意采取合同约定以外的安全措施所产生的费用,由发包人承担。未经发包人同意的,如果该措施避免了发包人的损失,则发包人在避免损失的额度内承担该措施费。如果该措施避免了承包人的损失,由承包人承担该措施费。除专用合同条款另有约定外,发包人应在开工后28天内预付安全文明施工费总额的50%,其余部分与进度款同期支付。发包人逾期支付安全文明施工费超过7天的,承包人有权向发包人发出要求预付的催告通知,发包人收到通知后7天内仍未支付的,承包人有权暂停施工,并按第16.1.1项〔发包人违约的情形〕执行。承包人对安全文明施工费应专款专用,承包人应在财务账目中单独列项备查,不得挪作他用,否则发包人有权责令其限期改正;逾期未改正的,可以责令其暂停施工,由此增加的费用和(或)延误的工期由承包人承担。

六、审查案涉工程是否竣工结算及结算款支付情况

1. 审查案涉施工合同是否使用了《2017版施工合同》。

2. 若当事人采用了《2017版施工合同》,则审查专用条款是否就竣工结算申

请单提交时间及竣工申请单内容另有约定。

3. 若当事人采用了《2017 版施工合同》，则审查专用条款是否就竣工审核期限、逾期审核后果、竣工付款时间及逾期付款后果另有约定。

4. 审查案涉工程承包人是否按合同约定向监理人和发包人递交竣工结算申请单以及申请单内容是否符合合同约定。

5. 审查监理人和发包人是否按合同约定的审核程序、审核期限审核竣工结算申请单。

6. 审查发包人是否在签发竣工付款证书后 14 天内完成竣工付款。

7. 审查承包人对发包人签发的付款证书有异议时，是否在收到付款证书后 7 天内提出异议。

8. 审查案涉工程是否存在甩项竣工、是否签署甩项竣工协议及协议内容。

9. 审查案涉工程是否签署了结算协议。

10. 若签署了结算协议，审查结算协议效力、履行情况及争议发生原因。

11. 若当事人未使用《2017 版施工合同》签署施工合同，则按照《2013 版清单计价规范》《建筑工程施工发包与承包计价管理办法》等标准、规章及规范性文件进行审查处理。

实务提示

1. 工程结算是指在工程竣工验收阶段，经验收质量合格并符合合同要求之后，按合同调价范围和调价方法对实际发生的工程量增减、设备和材料价差等进行调整后计算和确定的价格，反映的是工程项目的实际造价，是最终工程价款结算。工程结算分为单位工程竣工结算、单项工程竣工结算和建设项目竣工总结算。工程结算后的工程价款等于合同价款加上施工过程中合同价款调整数额。工程结算一般由工程承包单位编制，由工程发包单位审查，也可以委托具有相应资质的工程造价咨询机构进行审查。

2. 关于结算审查（核）的程序，施工合同有约定的，按照施工合同约定的程序进行。例如，《2017 版施工合同》第 14.2 条约定：“（1）除专用合同条款另有约定外，监理人应在收到竣工结算申请单后 14 天内完成核查并报送发包人。发包人应在收到监理人提交的经审核的竣工结算申请单后 14 天内完成审批，并由监理人向承包人签发经发包人签认的竣工付款证书。监理人或发包人对竣工结算申请单有异议的，有权要求承包人进行修正和提供补充资料，承包人应提交修正后

的竣工结算申请单。发包人在收到承包人提交竣工结算申请书后28天内未完成审批且未提出异议的，视为发包人认可承包人提交的竣工结算申请单，并自发包人收到承包人提交的竣工结算申请单后第29天起视为已签发竣工付款证书……”施工合同对结算审核程序没有约定的，可根据行业惯例或者参照法规、规章等的规定进行结算审核。例如，《建设工程价款结算暂行办法》第14条第3项“工程竣工结算审查期限”规定，工程竣工结算审查期限单项工程竣工后，承包人应在提交竣工验收报告的同时，向发包人递交竣工结算报告及完整的结算资料，发包人应按以下规定时限进行核对（审查）并提出审查意见：工程竣工结算金额500万元以下的，从接到竣工结算报告和完整的竣工结算资料之日起20天；500万元～2000万元的，从接到竣工结算报告和完整的竣工结算资料之日起30天；2000万元～5000万元的，从接到竣工结算报告和完整的竣工结算资料之日起45天；5000万元以上的，从接到竣工结算报告和完整的竣工结算资料之日起60天。由于在法律和行政法规层面并未对结算程序作出明确规定，所以当合同没有对此作出约定时，上述规定仅具有参照意义，并不具有强制力。

3. 关于结算审查期限，施工合同有约定的，遵守施工合同的约定；若施工合同没有约定；则遵循法律规定或行业惯例。结算审核期限是指发包人和监理工程师依据施工合同约定的计价方式和计价依据，对承包人报送的竣工结算书进行审核并作出是否确认意见的时限，工程通过竣工验收后，发承包双方必须在合同约定的时限内办理工程竣工结算。承包人提交竣工结算报告的期限和发包人结算审核的期限各自独立。承包人在工程通过竣工验收后，逾期向发包人提交竣工结算报告的，仅影响承包人工程价款的利息起算时间点以及发包人结算审核的起始时间点，不会影响发包人结算审核期限。但发包人若未在合同约定的结算审核期限内答复，当事人使用《2017版施工合同》的，则视为其认可承包人递交的结算申请单。

裁判依据

《2013版清单计价规范》

11.3.1　合同工程完工后，承包人应在经发承包双方确认的合同工程期中价款结算的基础上汇总编制完成竣工结算文件，应在提交竣工验收申请的同时向发包人提交竣工结算文件。承包人未在合同约定的时间内提交竣工结算文件，经发包人催告后14天内仍未提交或没有明确答复的，发包人有权根据已有资料编制竣工结算文件，作为办理竣工结算和支付结算款的依据，承包人应予以认可。

11.3.2　发包人应在收到承包人提交的竣工结算文件后的28天内核对。发包人经核实，认为承包人还应进一步补充资料和修改结算文件，应在上述时限内向承包人提出核实意见，承包人在收到核实意见后的28天内应按照发包人提出的合理要求补充资料，修改竣工结算文件，并应再次提交给发包人复核后批准。

11.3.3　发包人应在收到承包人再次提交的竣工结算文件后的28天内予以复核，将复核结果通知承包人，并应遵守下列规定：1　发包人、承包人对复核结果无异议的，应在7天内在竣工结算文件上签字确认，竣工结算办理完毕；2　发包人或承包人对复核结果认为有误的，无异议部分按照本条第1款规定办理不完全竣工结算；有异议部分由发承包双方协商解决；协商不成的，应按照合同约定的争议解决方式处理。

11.3.4　发包人在收到承包人竣工结算文件后的28天内，不核对竣工结算或未提出核对意见的，应视为承包人提交的竣工结算文件已被发包人认可，竣工结算办理完毕。

11.3.5　承包人在收到发包人提出的核实意见后的28天内，不确认也未提出异议的，应视为发包人提出的核实意见已被承包人认可，竣工结算办理完毕。

11.3.6　发包人委托工程造价咨询人核对竣工结算的，工程造价咨询人应在28天内核对完毕，核对结论与承包人竣工结算文件不一致的，应提交给承包人复核；承包人应在14天内将同意核对结论或不同意见的说明提交工程造价咨询人。工程造价咨询人收到承包人提出的异议后，应再次复核，复核无异议的，应按本规范第11.3.3条第1款的规定办理，复核后仍有异议的，按本规范第11.3.3条第2款的规定办理。承包人逾期未提出书面异议的，应视为工程造价咨询人核对的竣工结算文件已经承包人认可。

11.3.7　对发包人或发包人委托的工程造价咨询人指派的专业人员与承包人指派的专业人员经核对后无异议并签名确认的竣工结算文件，除非发承包人能提出具体、详细的不同意见，发承包人都应在竣工结算文件上签名确认，如其中一方拒不签认的，按下列规定办理：1　若发包人拒不签认的，承包人可不提供竣工验收备案资料，并有权拒绝与发包人或其上级部门委托的工程造价咨询人重新核对竣工结算文件。2　若承包人拒不签认的，发包人要求办理竣工验收备案的，承包人不得拒绝提供竣工验收资料，否则，由此造成的损失，承包人承担相应责任。

11.3.8　合同工程竣工结算核对完成，发承包双方签字确认后，发包人不得要求承包人与另一个或多个工程造价咨询人重复核对竣工结算。

11.3.9 发包人对工程质量有异议,拒绝办理工程竣工结算的,已竣工验收或已竣工未验收但实际投入使用的工程,其质量争议应按该工程保修合同执行,竣工结算应按合同约定办理;已竣工未验收且未实际投入使用的工程以及停工、停建工程的质量争议,双方应就有争议的部分委托有资质的检测鉴定机构进行检测,并应根据检测结果确定解决方案,或按工程质量监督机构的处理决定执行后办理竣工结算,无争议部分的竣工结算应按合同约定办理。

11.4 结算款支付

11.4.1 承包人应根据办理的竣工结算文件向发包人提交竣工结算款支付申请。申请应包括下列内容:1 竣工结算合同价款总额;2 累计已实际支付的合同价款;3 应预留的质量保证金;4 实际应支付的竣工结算款金额。

11.4.2 发包人应在收到承包人提交竣工结算款支付申请后7天内予以核实,向承包人签发竣工结算支付证书。

11.4.3 发包人签发竣工结算支付证书后的14天内,应按照竣工结算支付证书列明的金额向承包人支付结算款。

11.4.4 发包人在收到承包人提交的竣工结算款支付申请后7天内不予核实,不向承包人签发竣工结算支付证书的,视为承包人的竣工结算款支付申请已被发包人认可;发包人应在收到承包人提交的竣工结算款支付申请7天后的14天内,按照承包人提交的竣工结算款支付申请列明的金额向承包人支付结算款。

11.4.5 发包人未按照本规范第11.4.3条、第11.4.4条规定支付竣工结算款的,承包人可催告发包人支付,并有权获得延迟支付的利息。发包人在竣工结算支付证书签发后或者在收到承包人提交的竣工结算款支付申请7天后的56天内仍未支付的,除法律另有规定外,承包人可与发包人协商将该工程折价,也可直接向人民法院申请将该工程依法拍卖。承包人应就该工程折价或拍卖的价款优先受偿。

《建筑工程施工发包与承包计价管理办法》

第十八条 工程完工后,应当按照下列规定进行竣工结算:(一)承包方应当在工程完工后的约定期限内提交竣工结算文件。(二)国有资金投资建筑工程的发包方,应当委托具有相应资质的工程造价咨询企业对竣工结算文件进行审核,并在收到竣工结算文件后的约定期限内向承包方提出由工程造价咨询企业出具的竣工结算文件审核意见;逾期未答复的,按照合同约定处理,合同没有约定的,竣工结算文件视为已被认可。非国有资金投资的建筑工程发包方，应当在收到竣工结算文件后的约定期限内予以答复，逾期未答复的，按照合同约定处理，合同没有约定的，竣工结算文件视为已被认可；发包方对竣工结算文件有异议的，应当在答复期内向承包方提出，并可以在提出异议之日起的约定期限内与承包方协商；发包方在协商期内未与承包方协商或者经协商未能与承包方达成协议的，应当委托工程造价咨询企业进行竣工结算审核，并在协商期满后的约定期限内向承包方提出由工程造价咨询企业出具的竣工结算文件审核意见。（三）承包方对发包方提出的工程造价咨询企业竣工结算审核意见有异议的，在接到该审核意见后一个月内，可以向有关工程造价管理机构或者有关行业组织申请调解，调解不成的，可以依法申请仲裁或者向人民法院提起诉讼。发承包双方在合同中对本条第（一）项、第（二）项的期限没有明确约定的，应当按照国家有关规定执行；国家没有规定的，可认为其约定期限均为28日。

《2017版施工合同》

14.1　竣工结算申请　除专用合同条款另有约定外，承包人应在工程竣工验收合格后28天内向发包人和监理人提交竣工结算申请单，并提交完整的结算资料，有关竣工结算申请单的资料清单和份数等要求由合同当事人在专用合同条款中约定。除专用合同条款另有约定外，竣工结算申请单应包括以下内容：(1)竣工结算合同价格；(2)发包人已支付承包人的款项；(3)应扣留的质量保证金。已缴纳履约保证金的或提供其他工程质量担保方式的除外；(4)发包人应支付承包人的合同价款。

14.2　竣工结算审核　(1)除专用合同条款另有约定外，监理人应在收到竣工结算申请单后14天内完成核查并报送发包人。发包人应在收到监理人提交的经审核的竣工结算申请单后14天内完成审批，并由监理人向承包人签发经发包人签认的竣工付款证书。监理人或发包人对竣工结算申请单有异议的，有权要求承包人进行修正和提供补充资料，承包人应提交修正后的竣工结算申请单。发包人在收到承包人提交竣工结算申请书后28天内未完成审批且未提出异议的，视为发包人认可承包人提交的竣工结算申请单，并自发包人收到承包人提交的竣工结算申请单后第29天起视为已签发竣工付款证书。(2)除专用合同条款另有约定外，发包人应在签发竣工付款证书后的14天内，完成对承包人的竣工付款。发包人逾期支付的，按照中国人民银行发布的同期同类贷款基准利率支付违约金；逾期支付超过56天的，按照中国人民银行发布的同期同类贷款基准利率的两倍支付违约金。(3)承包人对发包人签认的竣工付款证书有异议的,对于有异议部分应在收到发包人签认的竣工付款证书后7天内提出异议,并由合同当事人按照专用合同条款约定的方式和程序进行复核,或按照第20条〔争议解决〕约定处理。对于无异议部分,发包人应签发临时竣工付款证书,并按本款第(2)项完成付款。承包人逾期未提出异议的,视为认可发包人的审批结果。

14.3　甩项竣工协议　发包人要求甩项竣工的,合同当事人应签订甩项竣工协议。在甩项竣工协议中应明确,合同当事人按照第14.1款〔竣工结算申请〕及14.2款〔竣工结算审核〕的约定,对已完合格工程进行结算,并支付相应合同价款。

第八节　审查案涉工程工程量

工程量是确定建设工程价款数额的基本要素之一,特别是当合同价格形式为单价合同时,不确定工程量就无法确定工程价款。可以说工程量的确定是处理涉及工程款案件绕不过的坑。确定承包人完成的工程量是办理涉及工程款案件必经程序。那如何确定案涉工程承包人完成的工程量,就要从案涉工程工程量计量的约定、案涉工程签约合同价的价格形式和案涉工程合同履行过程中工程量实际计量情况等方面进行审查,在通过上述审查仍无法确定承包人实际完成的工程量时,就需要进行工程量鉴定。审查工程量计量约定及合同履行过程中计量情况如下:

1. 审查案涉合同是否使用了《2017版施工合同》。

2. 若当事人使用了《2017版施工合同》则审查专用条款就计量规则、计量周期、单价合同计量、总价合同计量是否另有约定。

3. 若合同专用条款没有另行约定,则以通用条款约定进行审查处理。

4. 审查案涉工程是单价合同、总价合同还是成本加酬金合同。

5. 审查案涉工程工程量计量是否按月计量。

6. 若案涉合同采用单价合同,则审查承包人是否按照单价合同计量约定报送工程量、监理人和发包人是否按单价合同计量约定审核工程量。

7. 若案涉合同采用总价合同,则审查承包人是否按照总价合同计量约定报送工程量、监理人和发包人是否按总价合同计量约定审核工程量。

8. 审查案涉合同是否采用支付分解表计量支付。

9. 若合同采用的是成本加酬金合同，则审查专用条款是否就计量有约定，若没有约定则依据《2013 版清单计价规范》按单价合同计量进行审查并处理。

10. 若合同未使用《2017 版施工合同》，合同对计量又无约定或约定不明，则以《2013 版清单计价规范》、国家标准、行业标准等为依据，进行审查并处理。

实务提示

1. 根据《2013 版清单计价规范》2.0.43 的规定，工程计量是指发承包双方根据合同约定，对承包人完成合同工程的数量进行的计算和确认。工程量计量按照合同约定的工程量计算规则、图纸及变更指示等进行。工程量计算规则应以相关的国家标准、行业标准等为依据。工程计量与工程合同价格类型有密切联系，不同的价格类型对应不同的计量方式和计量程序。

2. 单价合同的计量方式和计量程序。《2013 版清单计价规范》8.2.1 规定："工程量必须以承包人完成合同工程应予计量的工程量确定。"8.2.2 规定："施工中进行工程计量，当发现招标工程量清单中出现缺项、工程量偏差，或因工程变更引起工程量增减时，应按承包人在履行合同义务中完成的工程量计算。"《2017 版施工合同》12.3.3 约定："单价合同的计量除专用合同条款另有约定外，单价合同的计量按照本项约定执行：(1)承包人应于每月 25 日向监理人报送上月 20 日至当月 19 日已完成的工程量报告，并附具进度付款申请单、已完成工程量报表和有关资料。(2)监理人应在收到承包人提交的工程量报告后 7 天内完成对承包人提交的工程量报表的审核并报送发包人，以确定当月实际完成的工程量。监理人对工程量有异议的，有权要求承包人进行共同复核或抽样复测。承包人应协助监理人进行复核或抽样复测，并按监理人要求提供补充计量资料。承包人未按监理人要求参加复核或抽样复测的，监理人复核或修正的工程量视为承包人实际完成的工程量。(3)监理人未在收到承包人提交的工程量报表后的 7 天内完成审核的，承包人报送的工程量报告中的工程量视为承包人实际完成的工程量，据此计算工程价款。"

3. 总价合同的工程计量的方式与程序。《2013 版清单计价规范》8.3.1 规定："采用工程量清单方式招标形成的总价合同，其工程量应按照本规范第 8.2 节的规定计算。"8.3.2 规定："采用经审定批准的施工图纸及其预算方式发包形成的总价合同，除按照工程变更规定的工程量增减外，总价合同各项目的工程量应为

承包人用于结算的最终工程量。”8.3.3 规定:“总价合同约定的项目计量应以合同工程经审定批准的施工图纸为依据,发承包双方应在合同中约定工程计量的形象目标或时间节点进行计量。”根据《2017 版施工合同》12.3.4、12.3.5 的约定,采用按月计量支付的总价合同和采用支付分解表计量支付的总价合同虽与单价合同在计量方式上存在一定的差异,但在计量程序上却保持了一致,怠于履行计量程序(合同义务)的当事人将丧失工程计量的主动权并承担不利结果。

4. 成本加酬金合同计量方式与程序。《2013 版清单计价规范》8.1.4 考虑到单价合同和成本加酬金合同都由发包人承担工程量变化的风险,承包人实际完成的工程量都是工程价款结算的重要依据,基于这种相似性将成本加酬金合同的计量按照单价合同的规定进行。计量方法一般有实地测量计量法、图纸记录计量法、分解计量法及凭据法,不同的价格类型采用不同的方法,合同当事人也可以在合同中对具体的计量方法予以约定。

裁判依据

《2013 版清单计价规范》

8.1.1　工程量必须按照相关工程现行国家计量规范规定的工程量计算规则计算。

8.1.2　工程计量可选择按月或按工程形象进度分段计量,具体计量周期应在合同中约定。

8.1.3　因承包人原因造成的超出合同工程范围施工或返工的工程量,发包人不予计量。

8.1.4　成本加酬金合同应按本规范第 8.2 节的规定计量。

8.2.1　工程量必须以承包人完成合同工程应予计量的工程量确定。

8.2.2　施工中进行工程计量,当发现招标工程量清单中出现缺项、工程量偏差,或因工程变更引起工程量增减时,应按承包人在履行合同义务中完成的工程量计算。

8.2.3　承包人应当按照合同约定的计量周期和时间向发包人提交当期已完工程量报告。发包人应在收到报告后 7 天内核实,并将核实计量结果通知承包人。发包人未在约定时间内进行核实的,承包人提交的计量报告中所列的工程量应视为承包人实际完成的工程量。

8.2.4　发包人认为需要进行现场计量核实时,应在计量前 24 小时通知承包人，承包人应为计量提供便利条件并派人参加。当双方均同意核实结果时，双方应在上述记录上签字确认。承包人收到通知后不派人参加计量，视为认可发包人的计量核实结果。发包人不按照约定时间通知承包人，致使承包人未能派人参加计量，计量核实结果无效。

8.2.5　当承包人认为发包人核实后的计量结果有误时，应在收到计量结果通知后的？天内向发包人提出书面意见，并应附上其认为正确的计量结果和详细的计算资料。发包人收到书面意见后，应在7天内对承包人的计量结果进行复核后通知承包人。承包人对复核计量结果仍有异议的，按照合同约定的争议解决办法处理。

8.2.6　承包人完成已标价工程量清单中每个项目的工程量并经发包人核实无误后，发承包双方应对每个项目的历次计量报表进行汇总，以核实最终结算工程量，并应在汇总表上签字确认。

8.3.1　采用工程量清单方式招标形成的总价合同，其工程量应按照本规范第8.2节的规定计算。

8.3.2　采用经审定批准的施工图纸及其预算方式发包形成的总价合同，除按照工程变更规定的工程量增减外，总价合同各项目的工程量应为承包人用于结算的最终工程量。

8.3.3　总价合同约定的项目计量应以合同工程经审定批准的施工图纸为依据，发承包双方应在合同中约定工程计量的形象目标或时间节点进行计量。

8.3.4　承包人应在合同约定的每个计量周期内对已完成的工程进行计量，并向发包人提交达到工程形象目标完成的工程量和有关计量资料的报告。

8.3.5　发包人应在收到报告后7天内对承包人提交的上述资料进行复核，以确定实际完成的工程量和工程形象目标。对其有异议的，应通知承包人进行共同复核。

《2017版施工合同》

12.3.1　计量原则　工程量计量按照合同约定的工程量计算规则、图纸及变更指示等进行计量。工程量计算规则应以相关的国家标准、行业标准等为依据，由合同当事人在专用合同条款中约定。

12.3.2　计量周期　除专用合同条款另有约定外，工程量的计量按月进行。

12.3.3　单价合同的计量　除专用合同条款另有约定外，单价合同的计量按照本项约定执行：(1)承包人应于每月25日向监理人报送上月20日至当月19日已完成的工程量报告，并附具进度付款申请单、已完成工程量报表和有关资料。

(2)监理人应在收到承包人提交的工程量报告后7天内完成对承包人提交的工程量报表的审核并报送发包人,以确定当月实际完成的工程量。监理人对工程量有异议的,有权要求承包人进行共同复核或抽样复测。承包人应协助监理人进行复核或抽样复测,并按监理人要求提供补充计量资料。承包人未按监理人要求参加复核或抽样复测的,监理人复核或修正的工程量视为承包人实际完成的工程量。(3)监理人未在收到承包人提交的工程量报表后的7天内完成审核的,承包人报送的工程量报告中的工程量视为承包人实际完成的工程量,据此计算工程价款。

12.3.4 总价合同的计量 除专用合同条款另有约定外,按月计量支付的总价合同,按照本项约定执行:(1)承包人应于每月25日向监理人报送上月20日至当月19日已完成的工程量报告,并附具进度付款申请单、已完成工程量报表和有关资料。(2)监理人应在收到承包人提交的工程量报告后7天内完成对承包人提交的工程量报表的审核并报送发包人,以确定当月实际完成的工程量。监理人对工程量有异议的,有权要求承包人进行共同复核或抽样复测。承包人应协助监理人进行复核或抽样复测并按监理人要求提供补充计量资料。承包人未按监理人要求参加复核或抽样复测的,监理人审核或修正的工程量视为承包人实际完成的工程量。(3)监理人未在收到承包人提交的工程量报表后的7天内完成复核的,承包人提交的工程量报告中的工程量视为承包人实际完成的工程量。

12.3.5 总价合同采用支付分解表计量支付的,可以按照第12.3.4项〔总价合同的计量〕约定进行计量,但合同价款按照支付分解表进行支付。

12.3.6 其他价格形式合同的计量 合同当事人可在专用合同条款中约定其他价格形式合同的计量方式和程序。

第九节 审查案涉工程中的工期

工期是建设工程合同中约定的承包人完成工程所需要的期限,包括按照合同约定所作的期限变更,是建设工程项目管理控制的三大目标之一,是建设工程合同签订与履行过程中承发包双方最为关注的三大核心要素之一。当工程合同当事人产生工期相关争议时,案件承办人员如何在纷繁复杂的证据与不可胜数的规定中厘清工期延误事件并量化工期延误责任与损失,需要遵循一定的方法和必要的步骤对与工期有关的事项进行逐一审查和确定。

一、审查案涉工程的开工日期

1. 审查案涉合同约定的计划开工日期。

2. 审查是否有开工通知书及开工通知书载明的开工日期。

3. 若有开工通知书则审查发出开工通知时案涉工程是否具备开工条件。

4. 审查承包人实际进场日期(不是进场施工准备工作,需审查现场施工资料,比如土方、桩基工程相关的资料)。

5. 审查施工许可证载明的开工日期。

6. 审查开工报告、竣工验收报告、竣工验收备案表或会议纪要载明的开工日期。

7. 审查案涉工程有无因承包人原因导致开工推迟的情形。

8. 按《建设工程司法解释(一)》的规定审查开工日前。

实务提示

1. 开工日期是指承包人开始进场施工的日期,包括计划开工日期和实际开工日期。其中计划开工日期是计算合同约定的工期总日历天数的起算点,实际开工日期是计算实际完成工程所需的工期总日历天数的起算点。计划开工日期指合同协议书约定的日期,该日期在签订合同时就确定,在合同履行期内不再发生变化。而实际开工日期是指监理人在项目具备施工条件取得施工许可证后经发包人同意发出符合法律规定的开工通知书载明的开工日期。监理人发出的开工通知书前,施工现场不具备施工条件并未取得施工许可证,开工通知书载明的开工日期不应视为实际开工日期。

2. 关于开工日期的确定,实践中较为复杂。一般而言,如双方能够协商一致,应以双方协商确认的日期为开工日期,当双方不能协商确定时,应分情况予以处理:

(1)区分开工条件是否具备及开工条件不具备是否承包人原因分别处理。开工日期以发包人或者监理人发出的开工通知书载明的开工日期为准。但是开工通知书发出后,尚不具备开工条件的,区分不同情况:如果非因承包人原因(如因发包人原因或者客观原因)导致开工条件不具备的,以开工条件具备时为开工日期;如果因承包人原因导致开工时间推迟的,以开工通知书载明的时间为开工日期。这里所说的开工条件具备主要包括以下几个方面:①合同已经签订。②建筑

工程施工许可证已经领取。③“三材”指标或实物已经落实。④施工组织设计(或施工方案)已经编制,并经批准。⑤临时设施、工棚、施工道路、施工用水、施工用电等条件已基本完成。⑥工程定位测量已具备条件。⑦施工图纸预算已经编制和审定。⑧其他条件,如材料、成品、半成品和工艺设备等能满足连续施工要求,临时设备能满足施工和生活的需要,施工器械经过检修能保证正常运转,劳动力已调集能满足施工需要,安全消防设备已经备齐等。

(2)承包人经发包人同意已进场施工的,以实际进场施工日期为准。承包人经发包人同意提前进场情况下,以承包人实际进场施工的时间为开工日期。开工日期的确定应尊重当事人的意思表示及事实。发包人同意承包人进场施工,即表明承包人与发包人就实际进场施工时间达成一致意思表示。如果承包人经过发包人同意,提前进场施工,本质上属于“自甘风险”行为,此时应以承包人进场施工时间为开工时间。但应该注意审查承包人进场是进行开工准备还是正式施工,如果承包人进场并未进行大规模施工,当事人的真实意思表示是以开工通知书记载的时间为开工时间,则不宜将承包人进场时间作为开工时间。具体审查时应尊重当事人的意思自治,同时使当事人的利益均衡。

(3)无开工通知书且实际开工时间不明,应综合考虑相关材料记载及开工条件是否具备的事实。实践中存在发包人或者监理人未发出开工通知书,亦无相关证据证明实际开工日期的情况,开工报告、合同、施工许可证、竣工验收报告或者竣工验收备案表等记载的时间可能也不一致,工程施工较不规范。这种情况,人民法院应当综合考虑开工报告、合同、施工许可证、竣工验收报告或竣工验收备案表等相关材料中关于开工日期的记载并结合开工条件是否具备的事实,认定实际开工日期。

裁判依据

《建设工程司法解释(一)》

第八条 当事人对建设工程开工日期有争议的,人民法院应当分别按照以下情形予以认定:(一)开工日期为发包人或者监理人发出的开工通知载明的开工日期;开工通知发出后,尚不具备开工条件的,以开工条件具备的时间为开工日期;因承包人原因导致开工时间推迟的,以开工通知载明的时间为开工日期。(二)承包人经发包人同意已经实际进场施工的,以实际进场施工时间为开工日期。(三)发包人或者监理人未发出开工通知,亦无相关证据证明实际开工日期的,应当综合考虑开工报告、合同、施工许可证、竣工验收报告或者竣工验收备案表等载明的时间，并结合是否具备开工条件的事实，认定开工日期。

《2017 版施工合同》

1.1.4.1　开工日期：包括计划开工日期和实际开工日期。计划开工日期是指合同协议书约定的开工日期；实际开工日期是指监理人按照第 7.3.2 项〔开工通知〕约定发出的符合法律规定的开工通知中载明的开工日期。

1.1.4.3　工期：是指在合同协议书约定的承包人完成工程所需的期限，包括按照合同约定所作的期限变更。

7.3.1　开工准备　除专用合同条款另有约定外，承包人应按照第 7.1 款〔施工组织设计〕约定的期限，向监理人提交工程开工报审表，经监理人报发包人批准后执行。开工报审表应详细说明按施工进度计划正常施工所需的施工道路、临时设施、材料、工程设备、施工设备、施工人员等落实情况以及工程的进度安排。除专用合同条款另有约定外，合同当事人应按约定完成开工准备工作。

7.3.2　开工通知　发包人应按照法律规定获得工程施工所需的许可。经发包人同意后，监理人发出的开工通知应符合法律规定。监理人应在计划开工日期 7 天前向承包人发出开工通知，工期自开工通知中载明的开工日期起算。除专用合同条款另有约定外，因发包人原因造成监理人未能在计划开工日期之日起 90 天内发出开工通知的，承包人有权提出价格调整要求，或者解除合同。发包人应当承担由此增加的费用和（或）延误的工期，并向承包人支付合理利润。

二、审查案涉工程的工期顺延情形

1. 审查案涉工程约定的工期顺延情形（包括通用条款）。
2. 审查案涉工程就工期顺延的申请时限有无约定。
3. 审查案涉工程就工期顺延的索赔程序有无约定。
4. 审查案涉工程是否实际发生工期顺延的约定情形及顺延日期。
5. 审查案涉工程是否发生可以顺延工程的法定情形。
6. 审查案涉工程中承包人是否在约定的申请期限内申请顺延。
7. 审查案涉工程中承包人申请顺延的事由是否符合约定的顺延情形。
8. 审查案涉工程中承包人是否按约定程序申请工期顺延。
9. 审查案涉工程实际顺延的天数。
10. 审查承包人在约定期限后提出顺延申请是否有发包人同意的证明。

11. 审查承包人未在约定期限内申请有无合理的抗辩事由。

12. 审查、收集可证明工期顺延的相应证据。

13. 准确把握发包人未按合同约定支付预付款、进度款的具体数额与顺延工期天数之间的对应关系。

14. 审查工期顺延的相关事件有无证据证明。

15. 审查工期顺延的具体时间有无证据证明。

16. 审查现有证据能否证明工期顺延事件与顺延时间具有因果关系。

17. 审查现有证据能否证明工期顺延事件的发生承包人没有过错。

18. 按《建设工程司法解释(一)》的规定认定是否应顺延工期。

实务提示

1. **工期顺延是指在施工合同履行过程中,出现非承包人原因导致承包人无法施工,从而使工程在原定的竣工日期内无法竣工,承包人经发包人确认延长工期的情形。工期顺延有法定或约定情形及因不可抗力等其他因素导致的情形。法定的工期延误情形有:《民法典》第803条规定,发包人未按照约定的时间和要求提供原材料、设备、场地、资金、技术资料的,承包人可以顺延工程日期,并有权请求赔偿停工、窝工等损失。《建设工程司法解释(一)》第11条规定,建设工程竣工前,当事人对工程质量发生争议,工程质量经鉴定合格的,鉴定期间为顺延工期期间。**

2. **实践中,工程工期顺延包括以下情形:(1)发包人迟延支付工程款。发包人迟延支付工程款,承包人主张工期顺延应满足如下条件:①工程款未予支付系发包人原因,而非承包人原因。②施工合同约定延期支付工程款构成工期顺延事由。③因工程款延迟支付导致工程无法进行,施工迟缓或者停工并影响整体工程。④承包人提出了工期补偿申请。通常应包括停工申请、付款申请、索赔报告、签证单、会议纪要、信函。总之,发包人延迟付款与工期顺延的关系要进行具体分析,不宜直接将发包人拖延支付工程款的付款时间作为工期顺延时间。(2)工程量增加导致工期顺延。施工过程中若出现设计变更,监理人经发包人同意,向承包人作出变更指示。超出原图纸施工范围,由此引起等待变更指令、协商、变更施工准备、材料采购、机械设备准备等,承包人有权对增加的工作内容提出工期补偿。对于大量工程变更,若承包人未向监理人或发包人提出工期索赔,未获得工期顺延签证,则很难确定顺延天数。因此承包人在发生工程变更时,应及时申请**

工期顺延申请,争取获得工期顺延签证。(3)工程分包延误。承包人常以分包工程延误工期为由主张顺延工期,但其顺延主张能否得到支持,要具体分析。如果因发包人迟延分包,分包人迟延进场、施工迟延等原因导致工期延误,承包人有权主张工期顺延;如果因承包人未履行总包职责,未能合理安排配合分包工程,则承包人应承担工期延误责任。(4)不可抗力。如施工过程中因不可抗力而未能在约定工期内完工,承包人有权主张工期顺延。承发包双方应在施工合同中对不可抗力事件进行约定。不可抗力事件主要有:自然灾害,包括地震、海啸、台风等;政府行为,如政府因重度雾霾发布的停止施工命令、因防疫发布的停止施工令、征用、征收等;社会异常事件,如战争、骚乱、罢工、瘟疫等。在确定不可抗力导致工期延误时应分析判断不可抗力对工期的影响程度。(5)不利物质条件。对于出现不可预见的不利物质条件的,承包人采取了合理措施,则其可以主张因此导致的工期顺延。(6)法律政策变化。(7)异常恶劣的气候条件。(8)其他施工合同约定的可以顺延工期的情形。

3. 工期顺延事由发生并不必然导致工期自动产生合理顺延。承包人应当根据施工合同中对工期顺延的签证确认程序等及时报请顺延。若承包人未在合同约定的时间或未按照合同约定的程序主张顺延工期,是否丧失工期顺延的权利,司法实践中存在不同的观点和判例。一种观点认为,如果承包人未在合同约定的时间或未按照合同约定的程序主张,则产生失权的效果,以此敦促承包人严格依照合同约定在发生工期顺延事由时及时主张权利并办理签证。如浙江省高级人民法院民事审判第一庭《关于审理建设工程施工合同纠纷案件若干疑难问题的解答》第6条规定,发包人仅以承包人未在规定时间内提出工期顺延申请而主张工期不能顺延的,该主张不能成立。但合同明确约定不在规定时间内提出工期顺延申请视为工期不顺延的,应遵从合同的约定。另一种观点认为,应当强调实体公平而区分情况处理,以免发包人运用其强势地位在合同履行过程中拒绝认可和办理签证导致对承包人不公,此种观点相对更符合建筑市场的客观实际。从《建设工程司法解释(一)》第10条的规定来看,最高人民法院更倾向于采用后一种观点,即当事人约定顺延工期应当经发包人或者监理人签证等方式确认,承包人虽未取得工期顺延的确认,但能够证明在合同约定的期限内向发包人或者监理人申请过工期顺延且顺延事由符合合同约定,承包人以此为由主张工期顺延的,应予支持。

裁判依据

《2017 版施工合同》

7.5.1　因发包人原因导致工期延误　在合同履行过程中，因下列情况导致工期延误和(或)费用增加的，由发包人承担由此延误的工期和(或)增加的费用，且发包人应支付承包人合理的利润：(1)发包人未能按合同约定提供图纸或所提供图纸不符合合同约定的；(2)发包人未能按合同约定提供施工现场、施工条件、基础资料、许可、批准等开工条件的；(3)发包人提供的测量基准点、基准线和水准点及其书面资料存在错误或疏漏的；(4)发包人未能在计划开工日期之日起 7 天内同意下达开工通知的；(5)发包人未能按合同约定日期支付工程预付款、进度款或竣工结算款的；(6)监理人未按合同约定发出指示、批准等文件的；(7)专用合同条款中约定的其他情形。因发包人原因未按计划开工日期开工的，发包人应按实际开工日期顺延竣工日期，确保实际工期不低于合同约定的工期总日历天数。因发包人原因导致工期延误需要修订施工进度计划的，按照第 7.2.2 项〔施工进度计划的修订〕执行。

7.6　不利物质条件　不利物质条件是指有经验的承包人在施工现场遇到的不可预见的自然物质条件、非自然的物质障碍和污染物，包括地表以下物质条件和水文条件以及专用合同条款约定的其他情形，但不包括气候条件。承包人遇到不利物质条件时，应采取克服不利物质条件的合理措施继续施工，并及时通知发包人和监理人。通知应载明不利物质条件的内容以及承包人认为不可预见的理由。监理人经发包人同意后应当及时发出指示，指示构成变更的，按第 10 条〔变更〕约定执行。承包人因采取合理措施而增加的费用和(或)延误的工期由发包人承担。

7.7　异常恶劣的气候条件　异常恶劣的气候条件是指在施工过程中遇到的，有经验的承包人在签订合同时不可预见的，对合同履行造成实质性影响的，但尚未构成不可抗力事件的恶劣气候条件。合同当事人可以在专用合同条款中约定异常恶劣的气候条件的具体情形。承包人应采取克服异常恶劣的气候条件的合理措施继续施工，并及时通知发包人和监理人。监理人经发包人同意后应当及时发出指示，指示构成变更的，按第 10 条〔变更〕约定办理。承包人因采取合理措施而增加的费用和(或)延误的工期由发包人承担。

7.8.1　发包人原因引起的暂停施工　因发包人原因引起暂停施工的，监理人经发包人同意后，应及时下达暂停施工指示。情况紧急且监理人未及时下达暂停施工指示的，按照第7.8.4项〔紧急情况下的暂停施工〕执行。因发包人原因引起的暂停施工，发包人应承担由此增加的费用和（或）延误的工期，并支付承包人合理的利润。

《建设工程司法解释（一）》

第十条　当事人约定顺延工期应当经发包人或者监理人签证等方式确认，承包人虽未取得工期顺延的确认，但能够证明在合同约定的期限内向发包人或者监理人申请过工期顺延且顺延事由符合合同约定，承包人以此为由主张工期顺延的，人民法院应予支持。当事人约定承包人未在约定期限内提出工期顺延申请视为工期不顺延的，按照约定处理，但发包人在约定期限后同意工期顺延或者承包人提出合理抗辩的除外。

三、审查案涉工程中的竣工日期

1. 审查案涉工程约定的计划竣工日期。

2. 审查案涉工程竣工验收日期。

3. 审查案涉工程是否存在发包人拖延验收的情形。

4. 审查案涉工程是否存在擅自使用情形，如果存在则进一步审查转移占有日（结合案情准确界定转移占有日）。

5. 审查参加验收单位签署意见的日期是否一致，若不一致时，合理确定竣工日期（一般以建设单位和施工单位共同认可的日期为准，两者签署时间不一致时，以建设单位签署的日期为准）。

6. 审查建设单位组织验收合格的日期与建设行政主管部门备案的日期是否一致，若不一致，合理确定竣工日期（以建设单位组织竣工验收并出具竣工验收合格证明的日期为竣工日期）。

7. 审查施工单位在竣工验收合格并交付使用时，是否同时移交工程竣工资料，若没移交，合理确定竣工日期（仍以竣工验收合格的日期为准）。

8. 审查在竣工验收中，是否存在部分工程或者部位甩项竣工，如存在，则合理确定竣工日期（除非当事人另有约定，否则仍以竣工验收合格之日为竣工日期）。

9. 审查案涉工程是否存在业主擅自使用部分单项工程的情形，若存在，则合理确定竣工日期（只能把业主擅自使用部分单项工程的时间视为该部分单项工程的竣工日期）。

10. 掌握《建设工程司法解释（一）》关于竣工日期的认定（注意认定的先后

顺序)。

实务提示

1.竣工日期包括计划竣工日期和实际竣工日期。计划竣工日期是指合同协议书约定的竣工日期;实际竣工日期是按照《2017 版施工合同》第 13.2.3 项〔竣工日期〕的约定确定的日期(工程经竣工验收合格的,以承包人提交竣工验收申请报告之日为实际竣工日期,并在工程接收证书中载明)。根据计划开工日期和计划竣工日期计算出的工期总日历天数为计划工期,该工期总日历天数是衡量工程是否如期竣工的标准。根据实际开工日期和实际竣工日期计算所得的工期总日历天数为承包人完成工程的实际工期总日历天数,实际工期总日历天数与《2017 版施工合同》的"合同协议书"第 2 条载明的工期总日历天数的差额,即为工期提前或延误的天数。

2.实践中,须区分完工日期与竣工日期。完工日期是指实际完成工程施工的日期。竣工日期则以竣工验收合格为前提条件,若竣工验收不合格,即使已经完工,也谈不上竣工日期。实际开工、竣工日期的确定是判断工程是否如期竣工的依据。

裁判依据

《建设工程司法解释(一)》

第九条 当事人对建设工程实际竣工日期有争议的,人民法院应当分别按照以下情形予以认定:(一)建设工程经竣工验收合格的,以竣工验收合格之日为竣工日期;(二)承包人已经提交竣工验收报告,发包人拖延验收的,以承包人提交验收报告之日为竣工日期;(三)建设工程未经竣工验收,发包人擅自使用的,以转移占有建设工程之日为竣工日期。

《2017 版施工合同》

1.1.4.2 竣工日期:包括计划竣工日期和实际竣工日期。计划竣工日期是指合同协议书约定的竣工日期;实际竣工日期按照第 13.2.3 项〔竣工日期〕的约定确定。

13.2.3 竣工日期 工程经竣工验收合格的,以承包人提交竣工验收申请报告之日为实际竣工日期,并在工程接收证书中载明;因发包人原因,未在监理人收到承包人提交的竣工验收申请报告 42 天内完成竣工验收,或完成竣工验收不予签发工程接收证书的，以提交竣工验收申请报告的日期为实际竣工日期；工程未经竣工验收，发包人擅自使用的，以转移占有工程之日为实际竣工日期。

四、审查案涉工程是否存在逾期竣工（工期延误）情形

1. 审查案涉合同关于逾期竣工的约定。
2. 审查案涉工程是否就逾期竣工发包人索赔期限进行约定。
3. 审查案涉工程是否就逾期竣工发包人索赔程序进行约定。
4. 审查案涉工程是否就逾期竣工发包人的损失赔偿范围进行约定。
5. 审查案涉工程实际延误的工期天数。
6. 审查案涉工程发包人是否按约定程序在约定期限内提出。
7. 审查案涉工程承包人就延期竣工有无正当的抗辩理由，是否可归责于承包人。
8. 审查案涉工程中事件与逾期之间有无因果关系。
9. 审查案涉工程发包人提出的逾期索赔请求是否有理有据。
10. 审查案涉工程发包人提出的逾期索赔是否有证据支持。
11. 审查案涉合同是否约定逾期竣工违约金或违约金的计算方法。
12. 审查案涉合同约定的逾期竣工违约金是否过高或过低。

实务提示

工期延误，是指工程实施过程中任何一项或多项工作的实际完成日期迟于计划规定的完成日期，从而导致整个合同工期的延长。工期延误的表现形式，分为节点延误和竣工延误。节点延误是指工程完工前，某项工作的完成迟于施工进度计划中的节点日期；竣工延误是指工程竣工验收通过日期迟于合同约定的竣工日期。工期延误的法律意义，主要指工期是否能够顺延，以及不能顺延的延误期间内的损失由谁负担。由发包人、监理人引起工期延误，导致承包人费用增加和（或）工期延误的，由发包人向承包人承担相应责任。由承包人引起工期延误，导致费用增加和（或）工期延误的，由承包人承担相应的不利后果。除当事人另有约定外，由于不可抗力、不利物质引起工期延误，导致费用增加和（或）工期延误的，相应后果由发包人承担。工程建设过程中，因发包人、承包人、监理人及其他因素均可能引起工期延误。按引起工期延误的不同原因，可将工期延误分为以下几类：（1）因发包人原因导致工期延误；（2）因监理人原因导致工期延误；（3）因承包

人原因导致工期延误;(4)因其他因素引起工期延误。其中,承包人是工程建设的实施者,对工期的影响最为直接,除了明确约定的由发包人、监理人或其他因素对工期延误的影响外,原则上其他所有的工期延误均默示为由承包人引起,工期延误的责任亦由承包人负担。在合同履行过程中,因承包人原因引起的工期延误情形主要有:(1)施工管理混乱、组织不力;(2)依约由承包人准备设备和材料的,设备或材料供应迟延;(3)由于承包人的材料、工程设备,或采用施工工艺不符合合同要求造成的任何缺陷需返工、修补;(4)因承包人原因导致的暂停施工。

裁判依据

《2017版施工合同》

7.5 工期延误

7.5.1 因发包人原因导致工期延误 在合同履行过程中,因下列情况导致工期延误和(或)费用增加的,由发包人承担由此延误的工期和(或)增加的费用,且发包人应支付承包人合理的利润:(1)发包人未能按合同约定提供图纸或所提供图纸不符合合同约定的;(2)发包人未能按合同约定提供施工现场、施工条件、基础资料、许可、批准等开工条件的;(3)发包人提供的测量基准点、基准线和水准点及其书面资料存在错误或疏漏的;(4)发包人未能在计划开工日期之日起7天内同意下达开工通知的;(5)发包人未能按合同约定日期支付工程预付款、进度款或竣工结算款的;(6)监理人未按合同约定发出指示、批准等文件的;(7)专用合同条款中约定的其他情形。因发包人原因未按计划开工日期开工的,发包人应按实际开工日期顺延竣工日期,确保实际工期不低于合同约定的工期总日历天数。因发包人原因导致工期延误需要修订施工进度计划的,按照第7.2.2项〔施工进度计划的修订〕执行。

7.5.2 因承包人原因导致工期延误 因承包人原因造成工期延误的,可以在专用合同条款中约定逾期竣工违约金的计算方法和逾期竣工违约金的上限。承包人支付逾期竣工违约金后,不免除承包人继续完成工程及修补缺陷的义务。

五、审查案涉工程是否存在因发包人的原因导致工期延误情形

1. 审查案涉合同是否就因发包人原因导致工期延误的情形进行约定。

2. 审查案涉合同有无因发包人原因导致工期延误承包人索赔期限、索赔程序进行约定。

3. 审查案涉合同有无关于承包人损失赔偿范围进行约定。

4. 审查案涉工程是否出现合同约定的可归责于发包人原因的导致工期延误情形。

5. 审查案涉合同是否存在因发包人原因导致工期延误的法定情形。

6. 审查案涉工程承包人的工期索赔是否符合约定时限和约定程序。

7. 审查案涉工程承包人有无索赔意向通知书、索赔报告及其他可证明索赔的资料。

8. 审查承包人各项索赔费用是否符合约定和法律规定。

9. 审查并确定因发包人原因导致工期延误的具体天数。

实务提示

1. 工程施工过程中因各种因素导致工期延误的情形屡见不鲜,其中发包人原因导致工期延误的情形也是工期延误主要原因之一,发包人原因导致工期延误情形主要体现在《2017 版施工合同》第 7.5.1 项规定的情形,即“因发包人原因导致工期延误 在合同履行过程中,因下列情况导致工期延误和(或)费用增加的,由发包人承担由此延误的工期和(或)增加的费用,且发包人应支付承包人合理的利润:(1)发包人未能按合同约定提供图纸或所提供图纸不符合合同约定的;(2)发包人未能按合同约定提供施工现场、施工条件、基础资料、许可、批准等开工条件的;(3)发包人提供的测量基准点、基准线和水准点及其书面资料存在错误或疏漏的;(4)发包人未能在计划开工日期之日起 7 天内同意下达开工通知的;(5)发包人未能按合同约定日期支付工程预付款、进度款或竣工结算款的;(6)监理人未按合同约定发出指示、批准等文件的;(7)专用合同条款中约定的其他情形。因发包人原因未按计划开工日期开工的,发包人应按实际开工日期顺延竣工日期,确保实际工期不低于合同约定的工期总日历天数。因发包人原因导致工期延误需要修订施工进度计划的,按照第 7.2.2 项〔施工进度计划的修订〕执行”。

2. 在出现因发包人原因导致工期延误情形时,承包人既可以主张工期顺延,也可以要求发包人赔偿以下损失:(1)延误的工期应相应顺延;(2)因工期延误导致承包人产生的停工、窝工期间的人工、材料、机械台班等费用;(3)工期延误期间的人工、机械、材料价格上涨的损失;(4)因工期延误导致的贷款利息、保修等费用;(5)合理利润,主要指针对上述中的以第 3 项中的费用为基数,按相应的利润率计算利润。

裁判依据

《2017版施工合同》

7.5 工期延误

7.5.1 因发包人原因导致工期延误 在合同履行过程中,因下列情况导致工期延误和(或)费用增加的,由发包人承担由此延误的工期和(或)增加的费用,且发包人应支付承包人合理的利润:(1)发包人未能按合同约定提供图纸或所提供图纸不符合合同约定的;(2)发包人未能按合同约定提供施工现场、施工条件、基础资料、许可、批准等开工条件的;(3)发包人提供的测量基准点、基准线和水准点及其书面资料存在错误或疏漏的;(4)发包人未能在计划开工日期之日起7天内同意下达开工通知的;(5)发包人未能按合同约定日期支付工程预付款、进度款或竣工结算款的;(6)监理人未按合同约定发出指示、批准等文件的;(7)专用合同条款中约定的其他情形。因发包人原因未按计划开工日期开工的,发包人应按实际开工日期顺延竣工日期,确保实际工期不低于合同约定的工期总日历天数。因发包人原因导致工期延误需要修订施工进度计划的,按照第7.2.2项〔施工进度计划的修订〕执行。

六、审查案涉工程约定的工期是否少于合理工期

1. 以当地建设行政主管部门颁布的定额工期确定案涉工程合理工期。
2. 若约定工期低于定额工期的70%,可以要求法院调整。

实务提示

1. 合理工期含义。合理工期是指在正常建设条件下,采取科学合理的施工工艺和管理方法,以现行的建设行政主管部门颁发的工期定额为基础,结合项目建设的具体情况,而确定的使投资方、各参加单位均获得满意的经济效益的工期。定额工期是指在一定的生产技术和自然条件下,完成某个单位(或者群体)工程平均所需的定额天数。合理工期是国家及各地建筑行政主管部门根据建筑市场实际情况制定的,符合建筑业健康发展的要求。如果不尊重工期,会进一步加深建筑行业的恶性竞争。因此,对于合同约定工期严重低于合理工期的,应予以调整。

2. 合理工期的认定。合理工期的认定需以定额工期为基础,一般认为合理工期不得低于定额工期的70%,低于定额工期30%的视为压缩合理工期。

3. 压缩合理工期的法律后果:(1)施工合同可能会被确认无效。司法实践中往往认为任意压缩合理工期违反了工程建设强制性标准,该约定内容应认定无效。《2011年全国民事审判工作会议纪要》第24条规定,对按照“最低价中标”等违规招标形式,以低于工程建设成本的工程项目标底订立的施工合同,应当依据《招标投标法》第41条第2项的规定认定无效。对建设工程施工合同中有关违反工程建设强制性标准,任意压缩合理工期、降低工程质量标准的约定内容,应认定为无效。《第八次全国法院民事商事审判工作会议(民事部分)纪要》第30条规定,要依法维护通过招投标所签订的中标合同的法律效力。当事人违反工程建设强制性标准,任意压缩合理工期、降低工程质量标准的约定,应认定无效。(2)承担行政责任甚至刑事责任。《建设工程质量管理条例》第10条第1款规定:建设工程发包单位不得迫使承包方以低于成本的价格竞标,不得任意压缩合理工期。第56条规定:违反本条例规定,建设单位任意压缩合理工期的,责令改正,处20万元以上50万元以下的罚款。《建设工程安全生产管理条例》第55条规定,违反本条例的规定,建设单位要求施工单位压缩合同约定的工期的,责令限期改正,处20万元以上50万元以下的罚款;造成重大安全事故,构成犯罪的,对直接责任人员,依照刑法有关规定追究刑事责任;造成损失的,依法承担赔偿责任。故对于构成压缩合理工期的工程建设项目,相关利害关系人可以通过向相应的政府主管部门举报、投诉等方式寻求救济。(3)增加赶工费用。江苏省建设厅《关于贯彻执行〈全国统一建筑安装工程工期定额〉的通知》中均明确指出:国家工期建设定额和调整后的工期系数是建设单位和施工单位确定建筑安装工程工期的依据,是签订建筑安装施工合同、确定合理工期及施工索赔的基础,也是施工企业编制施工组织设计、确定投标工期、安排施工进度的指导性依据。如建设单位要求缩短工期,应按当地建筑安装工程费用定额的有关规定计算赶工措施费工期等,并在合同中予以确定。(4)组织专家论证并计算增加的费用。河北省住房和城乡建设厅《关于加强建设工程工期管理有关工作的通知》(冀建市〔2015〕14号)规定,建设单位应当依据工期定额计算工期,在招标文件中注明招标工期和定额工期。拟定的招标工期可以小于定额工期,但不得小于定额工期的70%,否则视为任意压缩合理工期。招标工期小于定额工期时,应按有关规定计算压缩工期所增加的费用,小于定额工期的85%时,应组织专家论证。

裁判依据

《建设工程质量管理条例》

第十条 建设工程发包单位不得迫使承包方以低于成本的价格竞标,不得任意压缩合理工期。建设单位不得明示或者暗示设计单位或者施工单位违反工程建设强制性标准,降低建设工程质量。

《2011年全国民事审判工作会议纪要》

24. 对按照"最低价中标"等违规招标形式,以低于工程建设成本的工程项目标底订立的施工合同,应当依据招标投标法第四十一条第(二)项的规定认定无效。对建设工程施工合同中有关违反工程建设强制性标准,任意压缩合理工期、降低工程质量标准的约定内容,应认定为无效。该约定被认定为无效后,依据《关于审理建设工程施工合同纠纷案件适用法律问题的解释》相关规定处理。

《建设工程安全生产管理条例》

第五十五条 违反本条例的规定,建设单位有下列行为之一的,责令限期改正,处20万元以上50万元以下的罚款;造成重大安全事故,构成犯罪的,对直接责任人员,依照刑法有关规定追究刑事责任;造成损失的,依法承担赔偿责任:(一)对勘察、设计、施工、工程监理等单位提出不符合安全生产法律、法规和强制性标准规定的要求的;(二)要求施工单位压缩合同约定的工期的;(三)将拆除工程发包给不具有相应资质等级的施工单位的。

七、审查案涉工程是否约定工期奖励金

1. 审查案涉合同是否约定了工期奖励金。

2. 审查案涉合同约定的工期奖励金的支付条件。

3. 若合同约定工期奖励金,则界定工期奖励金的性质及奖励金条款的效力。

4. 若承包人在合同约定的工期内提前竣工,且竣工经验收合格,则发包人应支付工程奖励金。

实务提示

工期奖励金是指工程满足业主设置的某项特定目标或要求时,施工单位有权按约定获得的超过工程款数额外的奖励费用。奖励金有多种不同的类型。实务中常见的有工期奖励金、质量奖励金以及完全文明施工奖励金。其中工期奖励金

又可细分为按期完工的奖励金以及提前完工的奖励金。对于按期完工(节点工期)的奖励金,除非有特别证据证明施工人增加了施工成本,一般认为奖励金属于施工合同对价(约定工期与工程款)之外的额外费用,不属于工程款。如果存在压缩合同工期的补充协议,编制了符合工程安全和质量的赶工技术方案或者措施,由此配备赶工措施费或者提前工期奖励的补偿内容,一般推定认为此时的奖励金属于追加施工成本投入的对价,属于施工人增加工程成本后的合理收益,应计入工程价款。界定工期奖励金的性质关乎奖励金是否纳入优先受偿范围。如果工期奖励金被界定为违约金,则不在优先权受偿范围,而如果被认定为工程款则可以优先受偿。

裁判依据

《建设工程司法解释(一)》

第四十条　承包人建设工程价款优先受偿的范围依照国务院有关行政主管部门关于建设工程价款范围的规定确定。承包人就逾期支付建设工程价款的利息、违约金、损害赔偿金等主张优先受偿的,人民法院不予支持。

八、审查案涉工程工期延误成因从而确定工期延误责任

1. 审查工期延误是否可归因于勘察设计单位。

2. 审查工期延误是否可归因于施工单位。

3. 审查工期延误是可归因于发包方。

4. 审查工期延误是否可归因于不利物质条件或恶劣气候条件。

5. 审查工期延误是否可归因于政府和社会原因。

实务提示

工期延误是指工程实施过程中任何一项或多项工作的实际完成日期迟于计划规定的完成日期,从而导致整个合同工期的延长。工程建设过程中,因发包人、承包人、监理人及其他因素均可能引起工期延误。按引起工期延误的不同原因,可将工期延误分为以下几类:

1. 发包人引起的工期延误。在合同履行过程中,因发包人原因引起的工期延误情形主要有:(1)发包人未能按合同约定提供图纸或所提供图纸不符合合同约定;(2)发包人未能按合同约定提供施工现场、施工条件、基础资料、许可、批准等

开工条件;(3)发包人提供的测量基准点、基准线和水准点及其书面资料存在错误或疏漏;(4)发包人未能在合同约定日期内同意下达开工通知;(5)发包人增加合同工作内容;(6)发包人改变合同中任何一项工作的质量要求或其他特性;(7)发包人未能按合同约定日期支付工程预付款、进度款或竣工结算款;(8)依约由发包人提供材料、设备的,发包人迟延提供材料、工程设备或变更交货地点;(9)因发包人原因导致的暂停施工;(10)发包人要求在工程竣工前交付单位工程。

2. 承包人引起的工期延误。承包人是工程建设的实施者,对工期的影响最为直接,除了明确约定的由发包人、监理人或其他因素对工期延误的影响外,原则上其他所有的工期延误均默示为由承包人引起,工期延误的责任亦由承包人负担。在合同履行过程中,因承包人原因引起的工期延误情形主要有:(1)施工管理混乱、组织不力;(2)依约由承包人准备设备和材料的,设备或材料供应迟延;(3)由于承包人的材料、工程设备或采用的施工工艺不符合合同要求造成的任何缺陷需返工、修补;(4)因承包人原因导致的暂停施工。

3. 监理人引起的工期延误。在工程建设过程中,因监理人原因引起的工期延误情形主要有:(1)监理人未能按合同约定发出指示、指示延误或发出了错误指示;(2)监理人未按合同约定发出批准或批准延误;(3)监理人不能按时进行检查,且未按合同约定的时间向承包人提交延期要求;(4)监理人不能按时参加试车,且未按合同约定的时间以书面形式向承包人提出延期要求。

4. 其他因素引起的工期延误。除工程建设参与者即发包人、承包人、监理人的原因引起工期延误外,非参与者的原因主要有:(1)不可抗力导致工期延误;(2)遇到不可预见的不利物质条件导致工期延误;(3)出现异常恶劣气候导致工期延误;(4)政府等机构的临时措施、指令等导致工期延误。

由发包人、监理人引起工期延误,导致承包人费用增加和(或)工期延误的,由发包人向承包人承担相应责任。由承包人引起工期延误,导致费用增加和(或)工期延误的,由承包人承担相应的不利后果。除当事人另有约定外,由不利物质条件引起工期延误,承包人因采取合理措施而增加的费用和(或)延误的工期由发包人承担。由不可抗力引起工期延误的,应当顺延工期,由此导致承包人停工的费用损失由发包人和承包人合理分摊;停工期间必须支付的工人工资由发包人承担;因不可抗力引起工期延误,发包人要求赶工的。应支付赶工费用;停工期间,承包人按照发包人要求照管、清理和修复工程的费用由发包人承担。因合同一方迟延履行合同义务,在迟延履行期间发生不可抗力的,不免除违约方的相关责任。

在建设工程施工合同纠纷中，工期延误通常是由发包人主张并承担举证责任，而工期顺延则通常由承包人主张并承担举证责任。

裁判依据

《2017版施工合同》

7.5.1　因发包人原因导致工期延误　在合同履行过程中，因下列情况导致工期延误和（或）费用增加的，由发包人承担由此延误的工期和（或）增加的费用，且发包人应支付承包人合理的利润：(1)发包人未能按合同约定提供图纸或所提供图纸不符合合同约定的；(2)发包人未能按合同约定提供施工现场、施工条件、基础资料、许可、批准等开工条件的；(3)发包人提供的测量基准点、基准线和水准点及其书面资料存在错误或疏漏的；(4)发包人未能在计划开工日期之日起7天内同意下达开工通知的；(5)发包人未能按合同约定日期支付工程预付款、进度款或竣工结算款的；(6)监理人未按合同约定发出指示、批准等文件的；(7)专用合同条款中约定的其他情形。因发包人原因未按计划开工日期开工的，发包人应按实际开工日期顺延竣工日期，确保实际工期不低于合同约定的工期总日历天数。因发包人原因导致工期延误需要修订施工进度计划的，按照第7.2.2项〔施工进度计划的修订〕执行。

7.5.2　因承包人原因导致工期延误　因承包人原因造成工期延误的，可以在专用合同条款中约定逾期竣工违约金的计算方法和逾期竣工违约金的上限。承包人支付逾期竣工违约金后，不免除承包人继续完成工程及修补缺陷的义务。

7.6　不利物质条件　不利物质条件是指有经验的承包人在施工现场遇到的不可预见的自然物质条件、非自然的物质障碍和污染物，包括地表以下物质条件和水文条件以及专用合同条款约定的其他情形，但不包括气候条件。承包人遇到不利物质条件时，应采取克服不利物质条件的合理措施继续施工，并及时通知发包人和监理人。通知应载明不利物质条件的内容以及承包人认为不可预见的理由。监理人经发包人同意后应当及时发出指示，指示构成变更的，按第10条〔变更〕约定执行。承包人因采取合理措施而增加的费用和（或）延误的工期由发包人承担。

《民法典》

第八百零三条　发包人未按照约定的时间和要求提供原材料、设备、场地、资金、技术资料的，承包人可以顺延工程日期，并有权请求赔偿停工、窝工等损失。

九、审查当事人对停工天数有无约定或者是否达成协议

1. 审查案涉合同就可停工的情形是否有明确约定。

2. 审查案涉工程在出现停工时是否对停工原因、停工天数、停工费用和工期补偿进行补充约定。若合同有约定或有补充约定,则按约定处理。

实务提示

在工程施工过程中往往会因各方面的原因导致工程不能按照原计划竣工,出现停工、窝工的情况,对此,合同当事人应在签订合同时,对可能出现的停工情形及停工天数进行约定,以避免工期延误时双方对停工天数扯皮,造成不必要的损失。

第十节　审查案涉工程是否存在质量问题

在司法实务中,发包人以工程存在质量问题起诉要求承包人承担质量责任或承包人作为原告起诉追索工程款,发包人作为被告在诉讼中提出存在质量问题,要求减少工程款数额、赔偿损失的案件都特别多见。在办理该类案件过程中,确定案涉工程是否存在质量问题时,需审查以下事项。

一、审查合同约定质量标准

1. 审查合同是否约定了质量标准。

2. 若合同约定了质量标准,则进一步审查约定的质量标准是否低于法定的质量标准。

3. 若合同约定了质量标准,则进一步审查约定的质量标准是否高于法定的质量标准。

4. 若合同约定的质量标准高于法定标准,则进一步审查发包人是否支付了相应对价。

5. 审查设计文件的质量要求。

6. 若合同没有约定质量标准或约定的质量标准低于法定标准时,则检索工程

建设强制性标准即法定质量标准。

7. 审查合同约定的质量验收标准。

实务提示

工程质量约定标准是指合同当事人就工程质量提出要求，要求承包人交付的工程达到一定的标准。合同约定标准最为主要的部分是合同设计文件的要求。合同当事人约定的质量标准一般为质量合格，有的合同也约定特殊标准及要求，如工程质量达到优良或者要求工程获得某些专业奖项（如鲁班奖或白玉兰奖等）。

工程质量约定标准应符合现行国家有关施工质量验收规范和标准的要求，不得低于法定标准，低于的约定无效。法定标准是指法律、法规、部门规章、相关标准及技术规范等对工程质量的要求，法定标准包括强制性标准和推荐性标准。强制性标准当事人必须遵守，推荐性标准当事人选择适用。强制性标准如《建筑工程施工质量验收统一标准》（GB 50300－2001）、《建筑装饰装修工程质量验收规范》（GB 50210－2001）。这些强制性标准无论是施工还是验收，都必须遵照执行。

工程质量验收标准工程质量验收标准是指工程通过验收，应当达到的质量标准。根据《建筑工程施工质量验收统一标准》（GB 50300－2013）3.0.7 的规定，"建筑工程施工质量验收合格应符合下列规定：1. 符合工程勘察、设计文件的要求；2. 符合本标准和相关专业验收规范的规定"。据此，工程质量验收标准包括前文所述的法定质量标准和约定质量标准，其中验收规范属于程序性标准，设计文件属于实体性标准。

裁判依据

《2017 版施工合同》

5.1.1　工程质量标准必须符合现行国家有关工程施工质量验收规范和标准的要求。有关工程质量的特殊标准或要求由合同当事人在专用合同条款中约定。

5.1.2　因发包人原因造成工程质量未达到合同约定标准的，由发包人承担由此增加的费用和（或）延误的工期，并支付承包人合理的利润。

5.1.3　因承包人原因造成工程质量未达到合同约定标准的，发包人有权要求承包人返工直至工程质量达到合同约定的标准为止，并由承包人承担由此增加的费用和（或）延误的工期。

5.2.1　发包人的质量管理　发包人应按照法律规定及合同约定完成与工程质量有关的各项工作。

5.2.2　承包人的质量管理　承包人按照第7.1款〔施工组织设计〕约定向发包人和监理人提交工程质量保证体系及措施文件，建立完善的质量检查制度，并提交相应的工程质量文件。对于发包人和监理人违反法律规定和合同约定的错误指示，承包人有权拒绝实施。承包人应对施工人员进行质量教育和技术培训，定期考核施工人员的劳动技能，严格执行施工规范和操作规程。承包人应按照法律规定和发包人的要求，对材料、工程设备以及工程的所有部位及其施工工艺进行全过程的质量检查和检验，并作详细记录，编制工程质量报表，报送监理人审查。此外，承包人还应按照法律规定和发包人的要求，进行施工现场取样试验、工程复核测量和设备性能检测，提供试验样品、提交试验报告和测量成果以及其他工作。

5.2.3　监理人的质量检查和检验　监理人按照法律规定和发包人授权对工程的所有部位及其施工工艺、材料和工程设备进行检查和检验。承包人应为监理人的检查和检验提供方便，包括监理人到施工现场，或制造、加工地点，或合同约定的其他地方进行察看和查阅施工原始记录。监理人为此进行的检查和检验，不免除或减轻承包人按照合同约定应当承担的责任。监理人的检查和检验不应影响施工正常进行。监理人的检查和检验影响施工正常进行的，且经检查检验不合格的，影响正常施工的费用由承包人承担，工期不予顺延；经检查检验合格的，由此增加的费用和（或）延误的工期由发包人承担。

《民法典》

第七百九十三条　建设工程施工合同无效，但是建设工程经验收合格的，可以参照合同关于工程价款的约定折价补偿承包人。建设工程施工合同无效，且建设工程经验收不合格的，按照以下情形处理：（一）修复后的建设工程经验收合格的，发包人可以请求承包人承担修复费用；（二）修复后的建设工程经验收不合格的，承包人无权请求参照合同关于工程价款的约定折价补偿。发包人对因建设工程不合格造成的损失有过错的，应当承担相应的责任。

第八百零一条　因施工人的原因致使建设工程质量不符合约定的，发包人有权请求施工人在合理期限内无偿修理或者返工、改建。经过修理或者返工、改建后，造成逾期交付的，施工人应当承担违约责任。

二、审查案涉工程是否存在约定验收标准

1. 审查合同是否约定了验收标准。

2. 审查合同约定的验收标准是否明确。

3. 审查合同约定的验收标准和验收规范的名称是否准确。

4. 审查合同约定的验收标准和验收规范是否存在。

5. 审查合同约定的验收标准和验收规范是否低于法定验收标准和验收规范。

6. 若合同没有约定验收标准和规范或低于法定验收标准和规范,则适用法定验收标准和规范。

7. 甄别法定标准是强制性标准还是推荐性标准。

8. 审查合同约定的质量标准和规范是否明确、是否存在、是否有效。

9. 审查合同是否约定分项工程验收标准。

10. 若合同约定了分项工程验收标准,则进一步审查合同约定的分项工程验收标准是否低于法定标准。

11. 若合同没有约定分项工程验收标准或约定标准低于法定标准,则适用法定标准。

12. 审查合同是否约定了分部工程的质量验收标准。

13. 若合同约定了分部工程验收标准,则审查约定标准是否低于法定标准。

14. 若合同没有约定分部工程验收标准或约定标准低于法定标准的,则适用法定标准。

15. 审查合同是否约定隐蔽工程验收标准。

16. 若合同约定了隐蔽工程验收标准则进一步审查约定标准是否低于法定标准。

17. 若合同未约定验收标准或约定标准低于法定标准,则适用法定标准。

实务提示

约定验收标准又称约定验收依据,是指合同当事人约定的竣工验收时必须遵守的技术标准和技术规范。约定的技术标准和技术规范可以是施工图纸和说明书等技术依据。也可以是国家颁发的施工验收规范和质量验收标准。还可以是比法定的施工验收规范和质量验收标准更严格的验收标准和要求。合同当事人约定的验收依据不能低于法定验收规范和验收标准。低于的无效。

当事人在竣工验收时，必须按合同约定的验收依据验收，当合同没有约定验收依据时，执行法定验收依据验收。当事人不遵循约定或法定验收依据验收的，验收无效。

三、审查合同约定的竣工验收条件及竣工验收程序

1. 审查合同是否约定竣工验收条件。

2. 审查合同约定的竣工验收条件是否明确。

3. 若合同没有约定竣工验收条件则检索法定验收条件。

4. 审查合同是否约定验收程序。

5. 审查合同约定的验收程序是否明确。

6. 若合同未约定验收程序，则检索法定验收程序。

7. 审查合同是否约定验收时间节点。

8. 审查合同是否约定未按约定时间节点进行验收视为默认。

9. 审查合同是否约定检验检测。

10. 审查合同是否约定分项工程验收条件、验收程序、节点时间及逾期默示后果。

11. 审查合同是否约定了分部工程验收条件、验收程序、节点时间及逾期默示后果。

12. 审查合同是否约定了隐蔽工程验收条件、验收程序、节点时间及逾期默示后果。

实务提示

竣工验收即单位（子单位）工程验收，指的是发包人在收到承包人的竣工验收申请报告后，组织勘察、设计、监理、施工等单位，依照国家有关法律、法规及工程建设规范、标准的规定，对工程是否符合设计文件要求和合同约定的各项内容进行检验，并评价工程是否验收合格的过程。竣工验收合格是工程交付使用的前提条件，同时是工程款支付、质量保修期、竣工日期确定的主要因素。竣工验收条件及验收程序，双方在合同中有约定的执行约定标准，但约定标准低于法定标准的除外。合同当事人签署的施工合同使用了《2017 版施工合同》的，除专用合同另有约定外，通用条款 13.2.1“竣工验收条件”和 13.2.2“验收程序”应视为双方约

定的验收条件和验收程序。合同当事人竣工验收应当遵守上述约定。而验收条件和验收程序不仅应符合合同约定,也应当符合法定条件。《建设工程质量管理条例》第16条第1、2款规定:“建设单位收到建设工程竣工报告后,应当组织设计、施工、工程监理等有关单位进行竣工验收。建设工程竣工验收应当具备下列条件:(一)完成建设工程设计和合同约定的各项内容;(二)有完整的技术档案和施工管理资料;(三)有工程使用的主要建筑材料、建筑构配件和设备的进场试验报告;(四)有勘察、设计、施工、工程监理等单位分别签署的质量合格文件;(五)有施工单位签署的工程保修书。”《房屋建筑和市政基础设施工程竣工验收规定》第5条对竣工验收的条件进一步细化或者增加,如增加“建设主管部门及工程质量监督机构责令整改的问题全部整改完毕”。关于竣工验收的程序,《房屋建筑和市政基础设施工程竣工验收规定》第6条规定:“工程竣工验收应当按以下程序进行:(一)工程完工后,施工单位向建设单位提交工程竣工报告,申请工程竣工验收。实行监理的工程,工程竣工报告须经总监理工程师签署意见。(二)建设单位收到工程竣工报告后,对符合竣工验收要求的工程,组织勘察、设计、施工、监理等单位组成验收组,制定验收方案。对于重大工程和技术复杂工程,根据需要可邀请有关专家参加验收组。(三)建设单位应当在工程竣工验收7个工作日前将验收的时间、地点及验收组名单书面通知负责监督该工程的工程质量监督机构。(四)建设单位组织工程竣工验收。1.建设、勘察、设计、施工、监理单位分别汇报工程合同履约情况和在工程建设各个环节执行法律、法规和工程建设强制性标准的情况;2.审阅建设、勘察、设计、施工、监理单位的工程档案资料;3.实地查验工程质量;4.对工程勘察、设计、施工、设备安装质量和各管理环节等方面作出全面评价,形成经验收组人员签署的工程竣工验收意见。参与工程竣工验收的建设、勘察、设计、施工、监理等各方不能形成一致意见时,应当协商提出解决的方法,待意见一致后,重新组织工程竣工验收。”从竣工验收的上述程序可以看出,竣工验收程序启动的前提是施工单位提交工程竣工报告,该工程竣工报告实际上系承包人提供的完工报告。

裁判依据

《2017版施工合同》

13.2.1　竣工验收条件　工程具备以下条件的,承包人可以申请竣工验收:(1)除发包人同意的甩项工作和缺陷修补工作外,合同范围内的全部工程以及有关工作,包括合同要求的试验、试运行以及检验均已完成,并符合合同要求;(2)已按合同约定编制了甩项工作和缺陷修补工作清单以及相应的施工计划;(3)已按合同约定的内容和份数备齐竣工资料。

13.2.2 竣工验收程序 除专用合同条款另有约定外,承包人申请竣工验收的,应当按照以下程序进行:(1)承包人向监理人报送竣工验收申请报告,监理人应在收到竣工验收申请报告后14天内完成审查并报送发包人。监理人审查后认为尚不具备验收条件的,应通知承包人在竣工验收前承包人还需完成的工作内容,承包人应在完成监理人通知的全部工作内容后,再次提交竣工验收申请报告。(2)监理人审查后认为已具备竣工验收条件的,应将竣工验收申请报告提交发包人,发包人应在收到经监理人审核的竣工验收申请报告后28天内审批完毕并组织监理人、承包人、设计人等相关单位完成竣工验收。(3)竣工验收合格的,发包人应在验收合格后14天内向承包人签发工程接收证书。发包人无正当理由逾期不颁发工程接收证书的,自验收合格后第15天起视为已颁发工程接收证书。(4)竣工验收不合格的,监理人应按照验收意见发出指示,要求承包人对不合格工程返工、修复或采取其他补救措施,由此增加的费用和(或)延误的工期由承包人承担。承包人在完成不合格工程的返工、修复或采取其他补救措施后,应重新提交竣工验收申请报告,并按本项约定的程序重新进行验收。(5)工程未经验收或验收不合格,发包人擅自使用的,应在转移占有工程后7天内向承包人颁发工程接收证书;发包人无正当理由逾期不颁发工程接收证书的,自转移占有后第15天起视为已颁发工程接收证书。除专用合同条款另有约定外,发包人不按照本项约定组织竣工验收、颁发工程接收证书的,每逾期一天,应以签约合同价为基数,按照中国人民银行发布的同期同类贷款基准利率支付违约金。

《建设工程质量管理条例》

第十六条 建设单位收到建设工程竣工报告后,应当组织设计、施工、工程监理等有关单位进行竣工验收。建设工程竣工验收应当具备下列条件:(一)完成建设工程设计和合同约定的各项内容;(二)有完整的技术档案和施工管理资料;(三)有工程使用的主要建筑材料、建筑构配件和设备的进场试验报告;(四)有勘察、设计、施工、工程监理等单位分别签署的质量合格文件;(五)有施工单位签署的工程保修书。建设工程经验收合格的,方可交付使用。

《房屋建筑和市政基础设施工程竣工验收规定》

第六条 工程竣工验收应当按以下程序进行:(一)工程完工后,施工单位向建设单位提交工程竣工报告，申请工程竣工验收。实行监理的工程，工程竣工报告须经总监理工程师签署意见。（二）建设单位收到工程竣工报告后，对符合竣工验收要求的工程，组织勘察、设计、施工、监理等单位组成验收组，制定验收方案。对于重大工程和技术复杂工程，根据需要可邀请有关专家参加验收组。（三）建设单位应当在工程竣工验收 7 个工作日前将验收的时间、地点及验收组名单书面通知负责监督该工程的工程质量监督机构。（四）建设单位组织工程竣工验收。1. 建设、勘察、设计、施工、监理单位分别汇报工程合同履约情况和在工程建设各个环节执行法律、法规和工程建设强制性标准的情况；2. 审阅建设、勘察、设计、施工、监理单位的工程档案资料；3. 实地查验工程质量；4. 对工程勘察、设计、施工、设备安装质量和各管理环节等方面作出全面评价，形成经验收组人员签署的工程竣工验收意见。参与工程竣工验收的建设、勘察、设计、施工、监理等各方不能形成一致意见时，应当协商提出解决的方法，待意见一致后，重新组织工程竣工验收。

四、审查案涉工程是否具备合同约定或法定的验收条件

1. 审查案涉工程是否已经具备约定验收条件。

2. 若案涉工程不具备约定验收条件，则审查是否符合法定验收条件。

3. 若不具备约定或法定验收条件而组织了验收，则考量验收的法律效力。

4. 验收条件高于法定条件时，遵循约定条件。

实务提示

案涉工程只有具备约定或法定验收条件时，承包人才可以向发包人申请竣工验收，发包人收到竣工验收报告时，应按合同约定的验收程序依据合同约定（不低于法定验收条件或高于法定验收条件）验收条件逐项审核验收。若不具备合同约定或法定的验收条件，则验收不通过，承包人须继续修整直至符合验收条件。而是否验收合格关乎承包人能否获得工程款，因此验收条件的审查尤为关键。

五、审查案涉合同承包人是否遵循了约定或法定验收程序

1. 审查承包人是否遵循了约定的验收程序通知监理人或发包人验收。

2. 审查承包人是否遵循法定验收程序递交竣工验收报告。

3. 审查承包人是否有逾期通知或逾期递交竣工验收报告情形。

4. 若承包人不遵守验收约定或法定验收程序，则承担合同约定的违约责任。

5. 考量承包人逾期通知或逾期提交验收报告的法律责任。

裁判依据

《2017版施工合同》

13.2.2　竣工验收程序规定　除专用合同条款另有约定外，承包人申请竣工验收的，应当按照以下程序进行：

(1)承包人向监理人报送竣工验收申请报告，监理人应在收到竣工验收申请报告后14天内完成审查并报送发包人。监理人审查后认为尚不具备验收条件的，应通知承包人在竣工验收前承包人还需完成的工作内容，承包人应在完成监理人通知的全部工作内容后，再次提交竣工验收申请报告。

(2)监理人审查后认为已具备竣工验收条件的，应将竣工验收申请报告提交发包人，发包人应在收到经监理人审核的竣工验收申请报告后28天内审批完毕并组织监理人、承包人、设计人等相关单位完成竣工验收。

(3)竣工验收合格的，发包人应在验收合格后14天内向承包人签发工程接收证书。发包人无正当理由逾期不颁发工程接收证书的，自验收合格后第15天起视为已颁发工程接收证书。

(4)竣工验收不合格的，监理人应按照验收意见发出指示，要求承包人对不合格工程返工、修复或采取其他补救措施，由此增加的费用和(或)延误的工期由承包人承担。承包人在完成不合格工程的返工、修复或采取其他补救措施后，应重新提交竣工验收申请报告，并按本项约定的程序重新进行验收。

(5)工程未经验收或验收不合格，发包人擅自使用的，应在转移占有工程后7天内向承包人颁发工程接收证书；发包人无正当理由逾期不颁发工程接收证书的，自转移占有后第15天起视为已颁发工程接收证书。

除专用合同条款另有约定外，发包人不按照本项约定组织竣工验收、颁发工程接收证书的，每逾期一天，应以签约合同价为基数，按照中国人民银行发布的同期同类贷款基准利率支付违约金。

六、审查监理人或发包人是否按照约定或法定的验收程序组织验收

1. 审查监理人、发包人验收程序是否符合约定或法定程序。

2. 考量监理人、发包人验收程序不符合约定或法定标准的法律后果。

七、审查监理人或发包人是否按照约定的验收时间验收

1. 审查监理人或发包人验收时间是否符合约定。

2. 考量评判逾期验收的法律后果。

八、审查参加验收单位是否按照合同约定的质量标准和验收标准进行验收

1. 审查组织验收单位是否适格。

2. 审查参加验收单位适用的质量标准和验收标准是否符合约定。

3. 考量验收适用的质量标准和验收标准不符合约定标准的验收效力。

九、审查验收结果

1. 审查是否通过竣工验收。

2. 审查是否存在甩项验收。

十、审查案涉工程是否存在工程质量不合格的情形及处理

1. 审查承包人对案涉工程质量不合格是否存在异议。

2. 审查案涉工程质量不合格的证据材料。

3. 审查认定单位工程质量不合格是否具有下列情形:(1)所含分部工程质量验收不合格;(2)所含分部工程中有关安全、节能、环境保护和主要使用功能的检验资料不完整;(3)质量控制资料不完整;(4)主要使用功能的抽查结果不符合有关专业验收规范的规定;(5)观感质量不符合要求。

4. 审查质量不合格的原因:(1)发包人提供的工程设计缺陷;(2)建筑材料、建筑构配件、设备质量缺陷;(3)承包人施工质量问题。

5. 审查确定质量不合格的责任主体:(1)总承包单位和分包单位承担连带责任;(2)出借资质单位与借用资质的单位或个人承担连带责任;(3)承包单位和接受转包或违法分包单位承担连带责任;(4)施工单位承担施工质量责任;(5)施工单位承担采购不合格建筑材料、建筑构配件及设备责任;(6)建设单位采购的建筑材料、建筑构配件和设备不符合强制性标准造成工程质量不合格,施工单位未检验或者检验不合格仍然使用的,由建设单位与施工单位共同承担责任;(7)建设单位提出降低工程质量标准的要求施工单位不拒绝而继续施工的,建设单位与施工

单位共同承担责任;(8)建设单位承担设计缺陷或采购不合格建筑材料、建筑构配件及设备的责任;(9)建设单位承担违法违规降低质量标准责任;(10)发包人指定的分包工程质量不合格,发包人与分包人共同承担责任。

6.准确认定因承包人原因导致质量不合格的法律后果:(1)因工程质量不合格,承包人拒绝修复的,发包人享有解除合同权利;(2)工程质量不合格,承包人提交验收报告之日不能作为竣工之日;(3)承包人不能取得工程价款;(4)承包人不能享有优先购买权;(5)工程质量不合格,发包人擅自使用的,承包人不承担除地基基础工程和主体结构以外的其他施工瑕疵责任。

实务提示

工程质量不合格是指施工单位完成的建设工程产品不符合工程勘察设计文件的要求或不符合国家建筑工程质量验收标准及相关专业验收规范的规定,不能通过工程质量验收。根据《建筑工程施工质量验收统一标准》,建筑工程质量验收分为检验批、分项工程、分部工程、单位工程四个层次的验收。检验批、分项工程、分部工程的质量问题已在过程验收中通过返工或者整改解决,产生争议的工程质量问题一般是单位工程质量验收不合格或经鉴定不符合要求。因此主要分析单位工程质量不合格的法律问题。

裁判依据

《民法典》

第七百九十三条 建设工程施工合同无效,但是建设工程经验收合格的,可以参照合同关于工程价款的约定折价补偿承包人。建设工程施工合同无效,且建设工程经验收不合格的,按照以下情形处理:(一)修复后的建设工程经验收合格的,发包人可以请求承包人承担修复费用;(二)修复后的建设工程经验收不合格的,承包人无权请求参照合同关于工程价款的约定折价补偿。发包人对因建设工程不合格造成的损失有过错的,应当承担相应的责任。

第八百零六条 承包人将建设工程转包、违法分包的,发包人可以解除合同。发包人提供的主要建筑材料、建筑构配件和设备不符合强制性标准或者不履行协助义务,致使承包人无法施工,经催告后在合理期限内仍未履行相应义务的,承包人可以解除合同。合同解除后,已经完成的建设工程质量合格的,发包人应当按照约定支付相应的工程价款;已经完成的建设工程质量不合格的,参照本法第七百九十三条的规定处理。

《建筑法》

第三十二条　建筑工程监理应当依照法律、行政法规及有关的技术标准、设计文件和建筑工程承包合同，对承包单位在施工质量、建设工期和建设资金使用等方面，代表建设单位实施监督。工程监理人员认为工程施工不符合工程设计要求、施工技术标准和合同约定的，有权要求建筑施工企业改正。工程监理人员发现工程设计不符合建筑工程质量标准或者合同约定的质量要求的，应当报告建设单位要求设计单位改正。

第五十五条　建筑工程实行总承包的，工程质量由工程总承包单位负责，总承包单位将建筑工程分包给其他单位的，应当对分包工程的质量与分包单位承担连带责任。分包单位应当接受总承包单位的质量管理。

第五十八条　建筑施工企业对工程的施工质量负责。建筑施工企业必须按照工程设计图纸和施工技术标准施工，不得偷工减料。工程设计的修改由原设计单位负责，建筑施工企业不得擅自修改工程设计。

第六十六条　建筑施工企业转让、出借资质证书或者以其他方式允许他人以本企业的名义承揽工程的，责令改正，没收违法所得，并处罚款，可以责令停业整顿，降低资质等级；情节严重的，吊销资质证书。对因该项承揽工程不符合规定的质量标准造成的损失，建筑施工企业与使用本企业名义的单位或者个人承担连带赔偿责任。

《建设工程质量管理条例》

第二十九条　施工单位必须按照工程设计要求、施工技术标准和合同约定，对建筑材料、建筑构配件、设备和商品混凝土进行检验，检验应当有书面记录和专人签字；未经检验或者检验不合格的，不得使用。

《建设工程司法解释(一)》

第十四条　建设工程未经竣工验收，发包人擅自使用后，又以使用部分质量不符合约定为由主张权利的，人民法院不予支持；但是承包人应当在建设工程的合理使用寿命内对地基基础工程和主体结构质量承担民事责任。

第十九条　当事人对建设工程的计价标准或者计价方法有约定的，按照约定结算工程价款。因设计变更导致建设工程的工程量或者质量标准发生变化，当事人对该部分工程价款不能协商一致的，可以参照签订建设工程施工合同时当地建设行政主管部门发布的计价方法或者计价标准结算工程价款。建设工程施工合同有效，但建设工程经竣工验收不合格的，依照民法典第五百七十七条规定处理。

十一、审查工程质量是否存在不符合要求的情形及处理

1. 审查工程质量不符合要求的承发包双方的陈述意见。

2. 审查工程质量不符合要求的证据材料。

3. 确定是否存在工程质量不符合要求的事实。

4. 若存在工程质量不符合要求的事实则进一步确定属于哪种情形。

5. 经审查确定因承包人原因导致工程质量不符合要求，承包人应无偿修理、返工或改建。

6. 经审查认定工程质量不符合要求但工程质量合格，发包人可以主张减价，承包人可以主张优先受偿权。但承包人应承担违约责任。

7. 经审查认定若分包工程质量不符合要求，那承包人、分包人应承担连带责任。

实务提示

1. 工程质量不符合要求存在三种情形：(1)建设工程产品不符合勘察设计文件要求；(2)不符合国家建设工程质量验收标准及相关专业规范的规定；(3)不符合合同约定的质量标准。

2. 工程质量不符合要求与工程质量不合格的区别：工程质量不符合要求的内涵大于工程质量不合格。工程质量不符合要求包含工程质量不合格。工程质量不符合要求包括上述三种情形，而工程质量不合格仅指不符合法律规定，而不包括不符合合同约定。根据《建筑法》第58条、第59条、第60条的规定，工程质量不符合要求、出现质量问题的主要情形包括：(1)承包人不按工程设计图纸和施工技术规范施工造成的工程质量问题；(2)承包人未按照工程设计要求、施工技术标准以及合同约定，对建筑材料、建筑构配件和设备进行检验，使用不合格的建筑材料、建筑构配件和设备等造成质量问题；(3)建筑物在合理使用寿命内，地基基础工程和主体结构出现质量问题。工程质量不符合要求一般产生于竣工验收交付使用前，竣工验收交付后出现质量问题应当按照建设工程保修的规定处理。

裁判依据

《民法典》

第八百零一条　因施工人的原因致使建设工程质量不符合约定的,发包人有权请求施工人在合理期限内无偿修理或者返工、改建。经过修理或者返工、改建后,造成逾期交付的,施工人应当承担违约责任。

《建筑法》

第五十八条　建筑施工企业对工程的施工质量负责。建筑施工企业必须按照工程设计图纸和施工技术标准施工,不得偷工减料。工程设计的修改由原设计单位负责,建筑施工企业不得擅自修改工程设计。

第五十九条　建筑施工企业必须按照工程设计要求、施工技术标准和合同的约定,对建筑材料、建筑构配件和设备进行检验,不合格的不得使用。

第六十条　建筑物在合理使用寿命内,必须确保地基基础工程和主体结构的质量。建筑工程竣工时,屋顶、墙面不得留有渗漏、开裂等质量缺陷;对已发现的质量缺陷,建筑施工企业应当修复。

《建设工程质量管理条例》

第三十二条　施工单位对施工中出现质量问题的建设工程或者竣工验收不合格的建设工程,应当负责返修。

《建设工程司法解释(一)》

第十二条　因承包人的原因造成建设工程质量不符合约定,承包人拒绝修理、返工或者改建,发包人请求减少支付工程价款的,人民法院应予支持。

第三十八条　建设工程质量合格,承包人请求其承建工程的价款就工程折价或者拍卖的价款优先受偿的,人民法院应予支持。

十二、审查案涉工程是否存在工程质量通病

1. 审查案涉工程承发包双方对工程质量通病的陈述。

2. 审查关于工程质量通病的证据材料。

3. 评估确定是否存在工程质量通病。

4. 参照《建筑地基基础工程施工质量验收标准》(GB 50202－2018)进一步确定工程质量通病的现状。

5. 参照《建筑装饰装修工程质量验收标准》(GB 50210－2018)分析造成工程质量通病的成因。

6. 根据造成工程质量通病成因分析各建设主体是否履行了控制工程质量通病的法定义务。

7. 确定造成工程质量通病的责任主体，分析各责任主体应当承担的行政、民事责任。

实务提示

工程质量通病是指建设工程中易发生的、常见的、难以完全避免、影响使用功能和外观质量的缺陷。

工程质量通病比较容易发生，主要可用“渗、漏、壳、裂、堵”等几个字概括，其主要表现为：屋面渗水、墙体渗水、外墙窗四周渗水、地面渗水；管道漏水、穿越楼层的管道四周漏水、卫生洁具漏水；楼地面混凝土面层起壳、建筑物墙体裂缝、墙地面裂缝；下水管堵塞不畅等。

工程建设主体不履行控制工程质量通病所应承担的义务，行政主管部门可依据《建筑法》《建设工程质量管理条例》等法律、法规以及行政规章的规定给予行政处罚工程质量通病引起的民事责任，在工程建设主体之间适用过错责任归责原则。

十三、审查案涉工程是否存在工程质量缺陷

1. 倾听发包人或承包人关于质量缺陷的陈述及辩解。

2. 审查有关质量缺陷的证据材料及认定标准。

3. 审查评估是否存在质量缺陷。

4. 若存在质量缺陷，则进一步确定造成质量缺陷的原因。

5. 在确定造成质量缺陷的情况下，确定责任主体及应承担的责任。

6. 若经审查确定造成质量缺陷的责任主体为承包人的，则承包人承担以下责任：(1)承担修理、返工或改建等返修义务直至工程质量符合标准；(2)承担返修义务的同时，还需承担因返修行为增加的工程价款及工程延误的违约责任；(3)拒绝承担返修义务或返修仍不合格的，无权请求支付工程价款；(4)在发包人擅自使用情形下，仍在合理使用寿命内对地基基础工程和主体结构工程质量承担责任；(5)存在违法分包、转包或挂靠情形时与实际施工人承担连带责任；(6)存在合法分包工程时与专业分包单位承担连带责任。

7. 若经审查确定造成质量缺陷的责任主体为发包人的，则发包人承担以下责任：(1)发包人自行承担由此造成损失；(2)由此造成工程中途停建、缓建的，发包人应当采取措施弥补损失或减少损失，并赔偿承包人由此造成的停工、窝工、倒运、机械设备调迁、材料和构件积压等损失和实际费用；(3)未经验收擅自使用的，自行承担质量不符合约定的相关责任。

8. 若经审查确定造成质量缺陷的责任主体系勘察、设计、监理单位的，则勘察、设计、监理单位承担：(1)继续完善勘察设计；(2)减收或者免收勘察费、设计费；(3)赔偿损失；(4)监理单位按照监理合同和法律规定承担质量缺陷责任；(5)若监理单位与发包人或承包人串通，弄虚作假、降低工程质量造成损失的，应承担连带赔偿责任。

9. 区分工程质量缺陷、工程质量不合格、工程质量不符合约定的责任承担方式。

实务提示

工程质量缺陷是指建设工程质量不符合工程建设强制性标准及合同约定，即建设工程中不符合规定要求的验收点或验收项。按其严重程度，可分为严重质量缺陷和一般质量缺陷。严重质量缺陷是指对结构构件的受力性能或安装使用性能有决定影响的缺陷。一般质量缺陷是指对结构构件的受力性能或安装使用性能无决定性影响的缺陷。验收项或验收点被认定为工程质量缺陷，即为工程质量不合格。由责任主体按过错承担责任。

裁判依据

《民法典》

第七百九十三条　建设工程施工合同无效，但是建设工程经验收合格的，可以参照合同关于工程价款的约定折价补偿承包人。建设工程施工合同无效，且建设工程经验收不合格的，按照以下情形处理：(一)修复后的建设工程经验收合格的，发包人可以请求承包人承担修复费用；(二)修复后的建设工程经验收不合格的，承包人无权请求参照合同关于工程价款的约定折价补偿。发包人对因建设工程不合格造成的损失有过错的，应当承担相应的责任。

第八百条　勘察、设计的质量不符合要求或者未按照期限提交勘察、设计文件拖延工期，造成发包人损失的，勘察人、设计人应当继续完善勘察、设计，减收或者免收勘察、设计费并赔偿损失。

第八百零一条 因施工人的原因致使建设工程质量不符合约定的,发包人有权请求施工人在合理期限内无偿修理或者返工、改建。经过修理或者返工、改建后,造成逾期交付的,施工人应当承担违约责任。

第八百零三条 发包人未按照约定的时间和要求提供原材料、设备、场地、资金、技术资料的,承包人可以顺延工程日期,并有权请求赔偿停工、窝工等损失。

第八百零四条 因发包人的原因致使工程中途停建、缓建的,发包人应当采取措施弥补或者减少损失,赔偿承包人因此造成的停工、窝工、倒运、机械设备调迁、材料和构件积压等损失和实际费用。

《建筑法》

第三十二条 建筑工程监理应当依照法律、行政法规及有关的技术标准、设计文件和建筑工程承包合同,对承包单位在施工质量、建设工期和建设资金使用等方面,代表建设单位实施监督。工程监理人员认为工程施工不符合工程设计要求、施工技术标准和合同约定的,有权要求建筑施工企业改正。工程监理人员发现工程设计不符合建筑工程质量标准或者合同约定的质量要求的,应当报告建设单位要求设计单位改正。

第五十四条 建设单位不得以任何理由,要求建筑设计单位或者建筑施工企业在工程设计或者施工作业中,违反法律、行政法规和建筑工程质量、安全标准,降低工程质量。建筑设计单位和建筑施工企业对建设单位违反前款规定提出的降低工程质量的要求,应当予以拒绝。

第五十六条 建筑工程的勘察、设计单位必须对其勘察、设计的质量负责。勘察、设计文件应当符合有关法律、行政法规的规定和建筑工程质量、安全标准、建筑工程勘察、设计技术规范以及合同的约定。设计文件选用的建筑材料、建筑构配件和设备,应当注明其规格、型号、性能等技术指标,其质量要求必须符合国家规定的标准。

第六十六条 建筑施工企业转让、出借资质证书或者以其他方式允许他人以本企业的名义承揽工程的,责令改正,没收违法所得,并处罚款,可以责令停业整顿,降低资质等级;情节严重的,吊销资质证书。对因该项承揽工程不符合规定的质量标准造成的损失,建筑施工企业与使用本企业名义的单位或者个人承担连带赔偿责任。

第六十七条 承包单位将承包的工程转包的,或者违反本法规定进行分包的,责令改正,没收违法所得,并处罚款,可以责令停业整顿,降低资质等级;情节严重的,吊销资质证书。承包单位有前款规定的违法行为的,对因转包工程或者违法分包的工程不符合规定的质量标准造成的损失,与接受转包或者分包的单位承担连带赔偿责任。

第六十九条 工程监理单位与建设单位或者建筑施工企业串通,弄虚作假、降低工程质量的,责令改正,处以罚款,降低资质等级或者吊销资质证书;有违法所得的,予以没收;造成损失的,承担连带赔偿责任;构成犯罪的,依法追究刑事责任。工程监理单位转让监理业务的,责令改正,没收违法所得,可以责令停业整顿,降低资质等级;情节严重的,吊销资质证书。

《建设工程质量管理条例》

第十条 建设工程发包单位不得迫使承包方以低于成本的价格竞标,不得任意压缩合理工期。建设单位不得明示或者暗示设计单位或者施工单位违反工程建设强制性标准,降低建设工程质量。

《建设工程司法解释(一)》

第七条 缺乏资质的单位或者个人借用有资质的建筑施工企业名义签订建设工程施工合同,发包人请求出借方与借用方对建设工程质量不合格等因出借资质造成的损失承担连带赔偿责任的,人民法院应予支持。

第十二条 因承包人的原因造成建设工程质量不符合约定,承包人拒绝修理、返工或者改建,发包人请求减少支付工程价款的,人民法院应予支持。

第十三条 发包人具有下列情形之一,造成建设工程质量缺陷,应当承担过错责任:(一)提供的设计有缺陷;(二)提供或者指定购买的建筑材料、建筑构配件、设备不符合强制性标准;(三)直接指定分包人分包专业工程。承包人有过错的,也应当承担相应的过错责任。

第十四条 建设工程未经竣工验收,发包人擅自使用后,又以使用部分质量不符合约定为由主张权利的,人民法院不予支持;但是承包人应当在建设工程的合理使用寿命内对地基基础工程和主体结构质量承担民事责任。

第十五条 因建设工程质量发生争议的,发包人可以以总承包人、分包人和实际施工人为共同被告提起诉讼。

十四、审查案涉工程是否存在偷工减料的现象

1. 倾听承包人和发包人关于案涉工程有关偷工减料的陈述及辩解。

2. 审查偷工减料的有关证据材料。

3. 初步确定案涉工程是否存在偷工减料行为。

4. 确定偷工减料导致的后果及法律责任。

实务提示

偷工减料是指施工单位在工程施工过程中违反设计文件和施工技术标准的规定，擅自减少原材料的数量或者降低原材料的质量进行的行为。所谓偷工是指不按照工艺标准的质量检验标准的要求去施工；减料是指在工程建设过程中原材料、半成品、成品以次充好、短斤少两、以薄充厚，低于规范和设计要求。

裁判依据

《建筑法》

第五十八条 建筑施工企业对工程的施工质量负责。建筑施工企业必须按照工程设计图纸和施工技术标准施工，不得偷工减料。工程设计的修改由原设计单位负责，建筑施工企业不得擅自修改工程设计。

第五十九条 建筑施工企业必须按照工程设计要求、施工技术标准和合同的约定，对建筑材料、建筑构配件和设备进行检验，不合格的不得使用。

第七十四条 建筑施工企业在施工中偷工减料的，使用不合格的建筑材料、建筑构配件和设备的，或者有其他不按照工程设计图纸或者施工技术标准施工的行为的，责令改正，处以罚款；情节严重的，责令停业整顿，降低资质等级或者吊销资质证书；造成建筑工程质量不符合规定的质量标准的，负责返工、修理，并赔偿因此造成的损失；构成犯罪的，依法追究刑事责任。

《建设工程质量管理条例》

第二十八条 施工单位必须按照工程设计图纸和施工技术标准施工，不得擅自修改工程设计，不得偷工减料。施工单位在施工过程中发现设计文件和图纸有差错的，应当及时提出意见和建议。

第三十二条 施工单位对施工中出现质量问题的建设工程或者竣工验收不合格的建设工程，应当负责返修。

第六十四条 违反本条例规定，施工单位在施工中偷工减料的，使用不合格的建筑材料、建筑构配件和设备的，或者有不按照工程设计图纸或者施工技术标准施工的其他行为的，责令改正，处工程合同价款2%以上4%以下的罚款；造成建设工程质量不符合规定的质量标准的，负责返工、修理，并赔偿因此造成的损失；情节严重的，责令停业整顿，降低资质等级或者吊销资质证书。

十五、审查或预判发包人的抗辩或反诉

1. 分析预判发包人是否会就质量问题提出抗辩或反诉。

2. 在预判发包人可能提出抗辩和反诉的情况下，进一步分析界定属于抗辩和反诉的情形。

3. 预判发包人可能提出下列主张时则应抗辩：(1)被告仅以工程质量问题主张减少工程款；(2)被告提出原告在施工过程中存在偷工减料、未按图纸施工等情形，要求减少工程价款的；(3)被告因原告拒绝维修工程而另行委托他人修复后，主张抵扣修复费用的。

4. 预判发包人可能提出下列主张的则应反诉：(1)支付违约金或赔偿损失；(2)赔偿因质量不符合合同约定造成其他财产损失或人身损害；(3)被告要求承担返修义务或赔偿损失。

5. 帮助发包人确定质量问题的主张途径，确定是抗辩还是反诉。

实务提示

就工程质量问题首先需厘清是施工质量责任还是保修责任。不同责任，请求权基础和抗辩权基础不同、救济方式不同。其次，厘清哪些主张属于抗辩内容，哪些主张属于反诉内容。

裁判依据

《建设工程司法解释(一)》

第十二条 因承包人的原因造成建设工程质量不符合约定，承包人拒绝修理、返工或者改建，发包人请求减少支付工程价款的，人民法院应予支持。

第十六条 发包人在承包人提起的建设工程施工合同纠纷案件中，以建设工程质量不符合合同约定或者法律规定为由，就承包人支付违约金或者赔偿修理、返工、改建的合理费用等损失提出反诉的，人民法院可以合并审理。

十六、审查案涉合同是否存在发包人擅自使用的情形

1. 审查案涉工程发包人是否存在不按规定程序组织验收的情形。

2. 审查案涉工程是否存在缺失法律法规规定验收条件而验收的情形。

3. 审查案涉工程是否存在未组织验收而使用的情况。

4. 审查案涉工程发包人控制或占有并使用的具体表现。

5. 审查案涉工程发包人控制或占有并使用的具体时间。

6. 审查案涉工程发包人擅自使用的证据材料。

7. 审查案涉工程发包人擅自使用的证据材料的证明力。

8. 准确评判发包人是否构成未经验收合格擅自使用。

实务提示

1. 未经竣工验收擅自使用是指发包人违反法律或行政法规的强制性规定，在未按规定程序组织验收、或在不具备规定条件情况下组织验收、或未经竣工验收合格的情况下，使用建设工程的行为。其中“擅自”是指使用未经验收合格的建筑产品或者使用验收不合格的建筑产品，而不论承包人是否同意。其中“使用”是指控制或占用并发挥使用部分的设计功能，未发挥其设计功能的不构成使用。

2. 未经竣工验收擅自使用的法律后果：(1)建筑工程质量风险转移。(2)视为发包人认可建筑工程质量或虽质量不合格发包人自愿承担质量责任。发包人丧失使用部分质量不合格的抗辩权。(3)免除了承包人质量缺陷责任和质量缺陷修复义务。(4)不免除承包人承担配合竣工验收和提交竣工验收资料的义务。(5)不免除承包人在合理使用期限内地基基础工程质量义务和主体结构工程质量义务。(6)交付时间前移至移转占有之日。

裁判依据

《民法典》

第七百九十五条　施工合同的内容一般包括工程范围、建设工期、中间交工工程的开工和竣工时间、工程质量、工程造价、技术资料交付时间、材料和设备供应责任、拨款和结算、竣工验收、质量保修范围和质量保证期、相互协作等条款。

《建筑法》

第六十条　建筑物在合理使用寿命内，必须确保地基基础工程和主体结构的质量。建筑工程竣工时，屋顶、墙面不得留有渗漏、开裂等质量缺陷；对已发现的质量缺陷，建筑施工企业应当修复。

第六十一条　交付竣工验收的建筑工程，必须符合规定的建筑工程质量标准,有完整的工程技术经济资料和经签署的工程保修书,并具备国家规定的其他竣工条件。建筑工程竣工经验收合格后,方可交付使用;未经验收或者验收不合格的,不得交付使用。

《建设工程质量管理条例》

第十六条 建设单位收到建设工程竣工报告后,应当组织设计、施工、工程监理等有关单位进行竣工验收。建设工程竣工验收应当具备下列条件:(一)完成建设工程设计和合同约定的各项内容;(二)有完整的技术档案和施工管理资料;(三)有工程使用的主要建筑材料、建筑构配件和设备的进场试验报告;(四)有勘察、设计、施工、工程监理等单位分别签署的质量合格文件;(五)有施工单位签署的工程保修书。建设工程经验收合格的,方可交付使用。

第四十条 在正常使用条件下,建设工程的最低保修期限为:(一)基础设施工程、房屋建筑的地基基础工程和主体结构工程,为设计文件规定的该工程的合理使用年限;(二)屋面防水工程、有防水要求的卫生间、房间和外墙面的防渗漏,为5年;(三)供热与供冷系统,为2个采暖期、供冷期;(四)电气管线、给排水管道、设备安装和装修工程,为2年。其他项目的保修期限由发包方与承包方约定。建设工程的保修期,自竣工验收合格之日起计算。

《建设工程司法解释(一)》

第十四条 建设工程未经竣工验收,发包人擅自使用后,又以使用部分质量不符合约定为由主张权利的,人民法院不予支持;但是承包人应当在建设工程的合理使用寿命内对地基基础工程和主体结构质量承担民事责任。

十七、审查案涉工程质量争议是否需要进行质量鉴定

1. 审查发包人是否申请质量鉴定。

2. 若发包人申请鉴定,则审查现有证据能否对质量问题作出直接认定。

3. 若证据能直接认定质量问题的,则不具有鉴定必要性,不能申请鉴定或不同意鉴定。

4. 若有鉴定的必要,则审查鉴定物是否灭失或是否超出鉴定机构的鉴定能力。

5. 鉴定物灭失或超出鉴定机构能力的,则不能申请鉴定或不同意鉴定。

6. 审查案涉工程是否竣工验收合格。工程验收合格后,承包人要求支付工程款,发包人提出质量抗辩并申请鉴定的,则不能申请鉴定或不同意鉴定。

7. 工程虽未经验收，但经审查，监理单位和设计单位出具合格证。发包人以质量抗辩承包人工程款请求权的，不能申请鉴定或不同意鉴定。

8. 审查案涉工程是否进入保修期。若工程进入保修期，发包人要求承包人履行保修义务并申请质量鉴定的，则可以申请鉴定或同意鉴定。

9. 案涉工程隐蔽工程或分部分项工程经验收合格，但经审查工程未进行竣工验收，发包人要求质量鉴定的，可以申请鉴定或同意鉴定。

10. 工程虽未竣工，但经审查，建筑质量监督检验部门已出具质量合格的评定文件的，不能申请鉴定或不同意鉴定。

11. 审查申请鉴定的部分是否属于争议部分。若不属于争议部分，则不能申请鉴定或不同意鉴定。

12. 审查争议部分是否可以确定。若争议部分不能确定的，则可申请全部鉴定或同意全部鉴定。

13. 审查申请鉴定事项与待证事实之间是否具有关联性及关联程度。

14. 审查鉴定范围内的事项与案件结果是否有直接联系。若无直接联系，则不能申请鉴定或不同意鉴定。

15. 审查鉴定范围内的鉴定事项能否影响案件结果。若不能影响案件结果，则不能申请鉴定或不同意鉴定。

16. 审查或草拟质量鉴定申请，鉴定事项一般包括以下内容：(1)是否存在质量缺陷；(2)质量缺陷的程度是否达到设计要求、是否影响使用功能、是否存在结构安全；(3)质量缺陷的成因；(4)质量缺陷存在的范围、分布情况；(5)质量缺陷能否修复及修复方案；(6)修复费用的鉴定。

17. 审查拟委托的质量鉴定机构资质及鉴定人员的资质，质量鉴定机构必须具有：(1)取得工程质量检测资质(CNAS 认证)。(2)属于对外委托类鉴定，委托方式为对外委托。(3)不属于司法鉴定机构，不需要取得司法鉴定许可证。(4)取得建设行政主管部门颁发的相应资质。

18. 协助客户选定鉴定机构。

19. 帮助客户整理并提交鉴定检材。

20. 参与鉴定检材的质证，现场检测、检查、勘验。

21. 参加鉴定机构的听证会、专项询问。

22. 审查鉴定机构的鉴定标准，对于单纯的施工质量鉴定标准应依据《建筑工程施工质量验收统一标准》《工业安装工程施工质量验收统一标准》及相应的各专业工程施工质量验收规范和《混凝土结构工程施工质量验收规范》；对于规划、勘察、设计规范的鉴定的依据的是各类设计规范、勘察规范。对于建筑成品质量鉴定依据的是《既有建筑鉴定与加固通用规范》。

23. 协助客户选择质量鉴定标准或对鉴定机构适用的鉴定标准发表意见，质量鉴定标准按级别分为国家标准、行业标准、地方标准和企业标准。而按性质标准又分为强制性标准和推荐性标准。在选择鉴定标准时须把握以下原则：(1)只有国家标准的，应严格按此标准执行。(2)没有国家标准但有行业标准的，宜参照行业标准执行。(3)既有国家标准又有行业标准的，应根据实际情况与适用条件选择。

24. 对鉴定意见质证，撰写书面质证意见。

实务提示

1. 工程质量鉴定，是指鉴定机构接受司法机关委托，运用建设工程相关理论和技术标准对有质量争议的工程进行调查、勘验、检测、分析、复核、验算、判断，并出具鉴定意见的活动。工程质量鉴定最终成果体现为《工程质量鉴定意见书》。工程质量鉴定意见书没有征求意见稿。工程质量意见书也不是质量合格不合格的意见，而是质量是否符合合同约定、施工图设计文件、技术标准等意见。

2. 工程质量司法鉴定与工程质量检测既有联系又有区别。工程质量检测是按照相关规定要求，采用试验、测试的技术手段确定建设工程的建筑材料、工程实体质量特征的活动，是工程质量鉴定工作的重要组成部分。工程质量鉴定又不同于工程质量检测，区别在于：(1)工程质量鉴定出具司法鉴定意见，而工程质量检测只能为工程质量鉴定提供检测依据。(2)二者的规范性依据不同。前者的依据是《司法鉴定程序通则》，后者的依据是《房屋建筑和市政基础设施工程质量检测技术规范》和《建筑防水工程现场检测技术管理规范》。工程质量司法鉴定的启动需符合以下原则：(1)必要性原则。人民法院通过庭审举证、质证、认证环节，认为现有证据能直接认定质量问题的，则不具有鉴定必要性，不能启动鉴定程序。(2)可实施性原则。对当事人提交的工程质量鉴定申请，若鉴定物已经灭失或超出鉴定机构鉴定能力的，则不具备可实施条件，则不能启动鉴定程序。(3)鉴定最小化原则。对当事人提交的鉴定申请，人民法院需要审查申请鉴定的部分是否属于争议部分，若不属于争议部分，则不允许鉴定，经审查虽属于争议部分，但通过证据可以确定的，则一般情况下不允许鉴定，但当事人双方请求对全部事实进行

鉴定的除外。

3. 工程质量鉴定范围确定需要遵循以下原则:(1)意思自治原则。在工程质量鉴定过程中意思自治原则首先体现在当事人可以协商鉴定范围。《建设工程司法解释(一)》第31条规定:"当事人对部分案件事实有争议的,仅对有争议的事实进行鉴定,但争议事实范围不能确定,或者双方当事人请求对全部事实鉴定的除外。"该条规定要求仅对有争议的事实进行鉴定,但双方当事人请求对全部事实进行鉴定的,人民法院应当尊重当事人的意愿对全部案件事实进行鉴定。因此,在确定鉴定范围时意思自治原则是首要遵守的原则。意思自治原则除了体现在当事人可以协商确定鉴定范围外,还体现在法院及鉴定机构不得超出当事人申请的鉴定范围进行鉴定。(2)关联性原则。人民法院在收到当事人工程质量鉴定申请后,一般会审查申请的鉴定范围与待证事实是否有关联,即申请鉴定范围内与案件审理结果是否有直接联系、是否会影响案件审理结果。若申请鉴定范围不影响案件审理结果,则法官会以鉴定范围与待证事实之间没有关联性而不允许鉴定。(3)诉讼经济原则。诉讼经济原则,是指以较小的诉讼成本,实现较大的诉讼效益,或者说为实现特定的诉讼目的,应当选择成本最低的方法与手段。在当事人选择鉴定范围时也应考虑鉴定费、诉讼费等诉讼成本、缩短诉讼时间。

裁判依据

《民诉法解释》

第一百零八条 对负有举证证明责任的当事人提供的证据,人民法院经审查并结合相关事实,确信待证事实的存在具有高度可能性的,应当认定该事实存在。对一方当事人为反驳负有举证证明责任的当事人所主张事实而提供的证据,人民法院经审查并结合相关事实,认为待证事实真伪不明的,应当认定该事实不存在。法律对于待证事实所应达到的证明标准另有规定的,从其规定。

《建设工程司法解释(一)》

第三十一条 当事人对部分案件事实有争议的,仅对有争议的事实进行鉴定,但争议事实范围不能确定,或者双方当事人请求对全部事实鉴定的除外。

《司法鉴定程序通则》

第十五条 具有下列情形之一的鉴定委托,司法鉴定机构不得受理:

(一)委托鉴定事项超出本机构司法鉴定业务范围的;(二)发现鉴定材料不真实、不完整、不充分或者取得方式不合法的;(三)鉴定用途不合法或者违背社会公德的;(四)鉴定要求不符合司法鉴定执业规则或者相关鉴定技术规范的;(五)鉴定要求超出本机构技术条件或者鉴定能力的;(六)委托人就同一鉴定事项同时委托其他司法鉴定机构进行鉴定的;(七)其他不符合法律、法规、规章规定的情形。

第二十三条　司法鉴定人进行鉴定,应当依下列顺序遵守和采用该专业领域的技术标准、技术规范和技术方法:(一)国家标准;(二)行业标准和技术规范;(三)该专业领域多数专家认可的技术方法。

第十一节　审查案涉工程保修情况

建设工程质量保修义务既是承包人的合同义务也是法定义务。工程竣工验收后,承包人应根据合同约定或法律规定的保修范围和保修期限对工程质量问题进行保修。合同约定或法律规定的保修期限是承包人履行保修义务的期限,超过保修期限,承包人不再承担保修义务。承包人承担保修义务以约定或法定的保修范围为界,超出保修范围的质量问题,承包人可以不负责保修。因此,在处理因质量保修引发的争议时,保修期限和保修范围是必须审查的内容。除审查保修期限和保修范围外,因缺陷责任期和质量保证金与工程保修有一定的关联,在处理工程保修争议时也需一并审查。在对上述内容审查的基础上,结合对承包人保修义务的履行情况的审查,确定承包人是否应承担保修责任。

一、审查案涉工程是否存在保修争议

1. 询问客户是否存在保修争议。
2. 审查客户提交的有关保修争议的证据材料。
3. 确定是否存在保修问题。

实务提示

工程保修即建设工程质量保修,是指建设工程竣工验收合格后在一定的期限内,承包人对工程质量缺陷或质量瑕疵承担修复责任的制度。《建筑法》第62条明确规定了建设工程质量保修制度。

二、审查合同关于保修范围的约定

1. 审查施工合同是否约定保修范围。

2. 审查案涉工程承包人和发包人是否签署了工程质量保修书。

3. 若案涉合同签署了工程质量保修书。

4. 审查工程质量保修书的保修期限。

5. 审查工程质量保修书的保修期限约定是否明确，若约定不明则适用法定保修范围。

6. 审查工程质量保修书中的保修期限是否低于法定保修范围。

7. 若约定保修期范围小于法定保修范围，则约定无效，适用法定保修范围。

8. 若约定保修范围大于法定保修范围的，则以约定为准。

9. 审查案涉工程是否在保修范围内出现质量问题。

10. 若保修范围内出现了质量问题，则进一步审查承包人是否履行了保修义务。

实务提示

我国法律明确规定建设工程质量保修制度，工程保修范围是该制度的重要组成部分。保修范围是指建设工程竣工验收后承包人在保修期内对建设工程承担保险责任的范围。保修范围还可以指示是否属于在保修期限内出现的因勘察、设计、施工、材料的原因造成的质量缺陷。而因使用不当或者第三方造成的质量缺陷、不可抗力造成的质量缺陷不属于保修范围。工程质量保修范围一般由发包人和承包人在工程质量保修书中约定。工程质量保修书是指承包人与发包人在工程竣工验收前共同签署的对工程质量保修范围、保修期限、保修责任等进行约定的协议。工程质量保修范围是工程保修书的必备条款，由承包人与发包人共同约定，但不得违反《建筑法》《建设工程质量管理条例》等法律、法规的基本要求，约定的保修范围可以大于法律规定的范围，但不能小于法定范围。

裁判依据

《建筑法》

第六十二条 建筑工程实行质量保修制度。建筑工程的保修范围应当包括地基基础工程、主体结构工程、屋面防水工程和其他土建工程，以及电气管线、上下水管线的安装工程，供热、供冷系统工程等项目；保修的期限应当按照保证建筑物合理寿命年限内正常使用,维护使用者合法权益的原则确定。具体的保修范围和最低保修期限由国务院规定。

《建设工程质量管理条例》

第三十九条　建设工程实行质量保修制度。建设工程承包单位在向建设单位提交工程竣工验收报告时,应当向建设单位出具质量保修书。质量保修书中应当明确建设工程的保修范围、保修期限和保修责任等。

第四十条　在正常使用条件下,建设工程的最低保修期限为:(一)基础设施工程、房屋建筑的地基基础工程和主体结构工程,为设计文件规定的该工程的合理使用年限;(二)屋面防水工程、有防水要求的卫生间、房间和外墙面的防渗漏,为5年;(三)供热与供冷系统,为2个采暖期、供冷期;(四)电气管线、给排水管道、设备安装和装修工程,为2年。其他项目的保修期限由发包方与承包方约定。建设工程的保修期,自竣工验收合格之日起计算。

《房屋建筑工程质量保修办法》

第六条　建设单位和施工单位应当在工程质量保修书中约定保修范围、保修期限和保修责任等,双方约定的保修范围、保修期限必须符合国家有关规定。

第七条　在正常使用条件下,房屋建筑工程的最低保修期限为:(一)地基基础工程和主体结构工程,为设计文件规定的该工程的合理使用年限;(二)屋面防水工程、有防水要求的卫生间、房间和外墙面的防渗漏,为5年;(三)供热与供冷系统,为2个采暖期、供冷期;(四)电气管线、给排水管道、设备安装为2年;(五)装修工程为2年。其他项目的保修期限由建设单位和施工单位约定。

第十七条　下列情况不属于本办法规定的保修范围:(一)因使用不当或者第三方造成的质量缺陷;(二)不可抗力造成的质量缺陷。

三、审查合同关于保修期限的约定

1. 审查合同是否约定了保修期限。

2. 若约定了保修期则审查合同约定的保修期限是否低于法定期限。

3. 审查案涉合同是否有关于延长保修期限的约定。

4. 若合同有关于保修期延长的约定,则进一步审查合同是否就延长保修期的起算点、次数、期限及范围进行约定。

5. 审查并确定无效合同项下的保修期。

6. 审查案涉合同保修期是否届满。

实务提示

1. 工程质量保修期限是指工程竣工验收合格后承包人对建设工程承担质量瑕疵保修责任的期限。我国法律对在正常使用条件下建设工程主要部位的最低保修期限作了规定。

2.《建筑法》规定,建设工程实行质量保修制度,确立了工程质量保修为一项基本制度。而保修纠纷也在建设工程合同纠纷中高频发生。因此有必要掌握并关注保修制度及保修期限。工程质量保修期限与缺陷责任期有区别:(1)质量保修期与缺陷责任期的起算点存在差异。因发包人原因导致工程未能正常验收的情形下,质量保修期从承包人提交竣工验收之日起开始计算,而缺陷责任期从承包人递交竣工验收报告90天后计算,质量保修期较缺陷责任期提前90天开始计算。(2)缺陷责任期和质量保修期限长短有别。同一建设工程只有一个质量缺陷责任期,一般为1年,最长为2年。而同一建设工程在正常使用条件下的最低保修期因工程性质和部位不同而有所区别:地基基础工程和主体结构工程为设计文件规定的该工程合理使用年限;屋面防水工程、有防水要求的卫生间、房间和外墙面的防渗漏,为5年;供热与供冷系统,为2个采暖期、供冷期;电气管线、给排水管道、设备安装和装修工程为2年;其他项目的保修期限由发包方与承包人约定。(3)是否预留工程质量保证金的要求不同。缺陷责任期是承包人按照合同约定承担缺陷修复义务且预留质量保证金的期限;质量保证金的返还以承包人在缺陷责任期内履行义务且缺陷期届满为基本前提。而法律法规并未要求承包人在质量保修期内缴纳或者预留质量保修金。(4)承包人承担责任范围不同。缺陷责任期内承担因承包人原因造成的缺陷,即建设工程质量不符合强制性标准、设计文件以及合同约定的,承包人均应负责维修并承担鉴定及维修费用。至于前述缺陷客观上是否已经影响建设工程的正常使用、表现为现实发生的质量问题,法律法规并未作进一步明确规定。而保修期内,承包人只在保修范围和保修期限内承担保修义务并对造成的损失承担赔偿责任,因此质量保修责任针对的质量保修期内已经实际出现的质量问题。

3. 缺陷责任期与保修期的相同点包括:(1)都是法律允许范围内的约定期限。(2)两者的起算点及存续期间存在重叠。一般情况下,缺陷责任期和保修期均自工程竣工验收之日起计算,工程未经竣工发包人擅自使用的,自工程转移占有之日起计算。(3)缺陷责任期和质量保修期内承包人质量维修责任存在重叠。

裁判依据

《建筑法》

第六十二条　建筑工程实行质量保修制度。建筑工程的保修范围应当包括地基基础工程、主体结构工程、屋面防水工程和其他土建工程,以及电气管线、上下水管线的安装工程,供热、供冷系统工程等项目;保修的期限应当按照保证建筑物合理寿命年限内正常使用,维护使用者合法权益的原则确定。具体的保修范围和最低保修期限由国务院规定。

《建设工程质量管理条例》

第三十九条　建设工程实行质量保修制度。建设工程承包单位在向建设单位提交工程竣工验收报告时,应当向建设单位出具质量保修书。质量保修书中应当明确建设工程的保修范围、保修期限和保修责任等。

第四十条　在正常使用条件下,建设工程的最低保修期限为:(一)基础设施工程、房屋建筑的地基基础工程和主体结构工程,为设计文件规定的该工程的合理使用年限;(二)屋面防水工程、有防水要求的卫生间、房间和外墙面的防渗漏,为5年;(三)供热与供冷系统,为2个采暖期、供冷期;(四)电气管线、给排水管道、设备安装和装修工程,为2年。其他项目的保修期限由发包方与承包方约定。建设工程的保修期,自竣工验收合格之日起计算。

第四十一条　建设工程在保修范围和保修期限内发生质量问题的,施工单位应当履行保修义务,并对造成的损失承担赔偿责任。

《建设工程司法解释(一)》

第三十二条　当事人对工程造价、质量、修复费用等专门性问题有争议,人民法院认为需要鉴定的,应当向负有举证责任的当事人释明。当事人经释明未申请鉴定,虽申请鉴定但未支付鉴定费用或者拒不提供相关材料的,应当承担举证不能的法律后果。一审诉讼中负有举证责任的当事人未申请鉴定,虽申请鉴定但未支付鉴定费用或者拒不提供相关材料,二审诉讼中申请鉴定,人民法院认为确有必要的,应当依照民事诉讼法第一百七十条第一款第三项的规定处理。

《建设工程质量保证金管理办法》

第二条　本办法所称建设工程质量保证金(以下简称保证金)是指发包人与承包人在建设工程承包合同中约定,从应付的工程款中预留,用以保证承包人在缺陷责任期内对建设工程出现的缺陷进行维修的资金。缺陷是指建设工程质量不符合工程建设强制性标准、设计文件,以及承包合同的约定。缺陷责任期一般为1年,最长不超过2年,由发、承包双方在合同中约定。

第八条 缺陷责任期从工程通过竣工验收之日起计。由于承包人原因导致工程无法按规定期限进行竣工验收的,缺陷责任期从实际通过竣工验收之日起计。由于发包人原因导致工程无法按规定期限进行竣工验收的,在承包人提交竣工验收报告90天后,工程自动进入缺陷责任期。

第九条 缺陷责任期内,由承包人原因造成的缺陷,承包人应负责维修,并承担鉴定及维修费用。如承包人不维修也不承担费用,发包人可按合同约定从保证金或银行保函中扣除,费用超出保证金额的,发包人可按合同约定向承包人进行索赔。承包人维修并承担相应费用后,不免除对工程的损失赔偿责任。由他人原因造成的缺陷,发包人负责组织维修,承包人不承担费用,且发包人不得从保证金中扣除费用。

《2017版施工合同》

15.4.1 保修责任 工程保修期从工程竣工验收合格之日起算,具体分部分项工程的保修期由合同当事人在专用合同条款中约定,但不得低于法定最低保修年限。在工程保修期内,承包人应当根据有关法律规定以及合同约定承担保修责任。发包人未经竣工验收擅自使用工程的,保修期自转移占有之日起算。

四、审查合同关于保修责任(保修义务)的约定

1. 审查合同是否约定了保修责任。

2. 合同若约定了保修责任,则进一步审查约定的保修责任是否低于法律规定。

3. 审查判断合同约定的保修责任是否明确。

4. 审查合同是否明确约定了保修责任形式。

5. 若发包人要求承包人承担维修费用,则进一步审查承担维修费用的具体条件是否有明确约定。

6. 审查案涉工程是否有合同无效、合同解除、发包人擅自使用的特定情形时保修责任是否承担的约定。

实务提示

1. **工程保修责任是《建筑法》及《建设工程质量管理条例》规定的一项制度,承包人在保修责任的承担形式上主要包括自行维修和承担修复费用。而工程保**

修义务是指工程竣工验收合格后或发包人未经验收擅自使用后承包人按照合同约定或法律规定对建设工程承担保修责任的义务。保修义务来自法律规定和合同约定。合同约定的保修义务不得低于法律规定,低于的无效。保修义务主要体现为履行自行维修义务和承担维修费用的义务。保修义务约定不明或没有约定的按照法律规定。自行维修:自行维修是承包人承担保修责任的主要形式,即保修期内出现工程质量缺陷后发包人应当首先选择的救济途径。建设单位或房屋建筑所有人应当向施工单位发出保修通知。

2. 承担维修费用。承担维修费用的前提:(1)承包人接到保修通知后拒绝修复;(2)承包人在合理期限内不能修复;(3)承包人无施工资质或多次修复不能解决质量缺陷,双方失去合作信任的情形等发包人有正当理由拒绝承包人修复的情形。

3. 无效合同的保修责任。合同无效,承包人仍应承担保修义务。合同解除后,承包人是否承担保修义务,观点不一。一种观点认为,合同解除后承包人无须再承担保修义务。理由是工程质量保修义务一般自工程竣工验收合格后开始履行,如果施工过程中合同解除的,此保修义务尚未开始履行。根据《民法典》第566条尚未履行的,终止履行的规定,保修义务不再履行。另一种观点认为,工程质量保修义务是法定义务,并不因合同解除而终止,也不因合同解除而免除。

4. 发包人擅自使用情况下的保修责任。发包人未经验收擅自使用的,承包人的保修责任并不免除。

裁判依据

《建筑法》

第六十二条 建筑工程实行质量保修制度。建筑工程的保修范围应当包括地基基础工程、主体结构工程、屋面防水工程和其他土建工程,以及电气管线、上下水管线的安装工程,供热、供冷系统工程等项目;保修的期限应当按照保证建筑物合理寿命年限内正常使用,维护使用者合法权益的原则确定。具体的保修范围和最低保修期限由国务院规定。

《建设工程质量管理条例》

第十六条 建设单位收到建设工程竣工报告后,应当组织设计、施工、工程监理等有关单位进行竣工验收。建设工程竣工验收应当具备下列条件:(一)完成建设工程设计和合同约定的各项内容;(二)有完整的技术档案和施工管理资料;

（三）有工程使用的主要建筑材料、建筑构配件和设备的进场试验报告；（四）有勘察、设计、施工、工程监理等单位分别签署的质量合格文件；（五）有施工单位签署的工程保修书。建设工程经验收合格的，方可交付使用。

第三十九条 建设工程实行质量保修制度。建设工程承包单位在向建设单位提交工程竣工验收报告时，应当向建设单位出具质量保修书。质量保修书中应当明确建设工程的保修范围、保修期限和保修责任等。

第四十条 在正常使用条件下，建设工程的最低保修期限为：（一）基础设施工程、房屋建筑的地基基础工程和主体结构工程，为设计文件规定的该工程的合理使用年限；（二）屋面防水工程、有防水要求的卫生间、房间和外墙面的防渗漏，为5年；（三）供热与供冷系统，为2个采暖期、供冷期；（四）电气管线、给排水管道、设备安装和装修工程，为2年。其他项目的保修期限由发包方与承包方约定。建设工程的保修期，自竣工验收合格之日起计算。

第四十一条 建设工程在保修范围和保修期限内发生质量问题的，施工单位应当履行保修义务，并对造成的损失承担赔偿责任。

《房屋建筑和市政基础设施工程竣工验收规定》

第五条 工程符合下列要求方可进行竣工验收：（一）完成工程设计和合同约定的各项内容。（二）施工单位在工程完工后对工程质量进行了检查，确认工程质量符合有关法律、法规和工程建设强制性标准，符合设计文件及合同要求，并提出工程竣工报告。工程竣工报告应经项目经理和施工单位有关负责人审核签字。（三）对于委托监理的工程项目，监理单位对工程进行了质量评估，具有完整的监理资料，并提出工程质量评估报告。工程质量评估报告应经总监理工程师和监理单位有关负责人审核签字。（四）勘察、设计单位对勘察、设计文件及施工过程中由设计单位签署的设计变更通知书进行了检查，并提出质量检查报告。质量检查报告应经该项目勘察、设计负责人和勘察、设计单位有关负责人审核签字。（五）有完整的技术档案和施工管理资料。（六）有工程使用的主要建筑材料、建筑构配件和设备的进场试验报告，以及工程质量检测和功能性试验资料。（七）建设单位已按合同约定支付工程款。（八）有施工单位签署的工程质量保修书。（九）对于住宅工程，进行分户验收并验收合格，建设单位按户出具《住宅工程质量分户验收表》。（十）建设主管部门及工程质量监督机构责令整改的问题全部整改完毕。（十一）法律、法规规定的其他条件。

《房屋建筑工程质量保修办法》

第九条　房屋建筑工程在保修期限内出现质量缺陷，建设单位或者房屋建筑所有人应当向施工单位发出保修通知。施工单位接到保修通知后，应当到现场核查情况，在保修书约定的时间内予以保修。发生涉及结构安全或者严重影响使用功能的紧急抢修事故，施工单位接到保修通知后，应当立即到达现场抢修。

第十二条　施工单位不按工程质量保修书约定保修的，建设单位可以另行委托其他单位保修，由原施工单位承担相应责任。

五、审查合同关于质量保证金的约定及履行

1. 审查合同是否约定质量保证金。
2. 审查合同是否约定质量保证金预留和返还方式。
3. 审查合同对保证金预留比例、返还期限是否约定。
4. 审查合同对预留保证金是否支付利息及利息计算方法有无约定。
5. 审查合同是否约定缺陷责任期及缺陷责任期计算方式。
6. 审查合同是否约定保证金预留、返还及工程维修质量、费用等争议处理程序。
7. 审查合同是否约定缺陷责任期内出现缺陷的索赔方式。
8. 审查合同是否约定逾期返还质量保证金的违约责任及违约金的支付办法。
9. 审查案涉合同约定缺陷期是否届满。
10. 审查案涉工程质量保证金返还期限是否届满、返还条件是否成就。
11. 审查案涉合同发包人在返还期限届满、返还条件成就的情况下是否返还了质量保证金。
12. 审查承包人是否履行了缺陷修复义务，是否存在发包人扣除质量保证金情形。
13. 审查案涉工程发包人是否应当承担延期返还质量保证金的违约责任。
14. 审查案涉合同发包人是否应当支付保证金利息。

实务提示

1. 工程质量保证金是指用以保证承包人在缺陷责任期内对建设工程出现的缺陷进行维修的资金。从上述概念可知，工程质量保证金具有担保性质，是一种资金担保方式。担保承包人在缺陷责任期内对工程质量进行维修。

2. 工程质量保证金与保修金不同，二者区别在于：(1) 保修金对应的是保修期，保修期满释放保修金，质量保证金对应缺陷责任期，缺陷责任期满返还质量保证金；(2) 保修金对应保修义务，质量保证金对应缺陷修复义务，保修义务不同于缺陷修复义务。

3. 质量保证金与履约保证金的关系：合同约定承包人缴纳履约保证金的，发包人不得要求承包人预留质量保证金。同时合同约定采用质量担保方式、工程质量保修的其他保证方式的，不得同时预留质量保证金。当事人既约定履约保证金又约定质量保证金的，承包人已缴纳履约保证金的不得再扣留质量保证金，发包人扣留的，应予以如数返还。

4. 质量保证金的预留比例。发包人应在招标文件中明确质量保证金的预留比例，并在合同条款中予以约定，发包人在合同条款中约定预留的质保金比例不得超过工程价款结算总额的3%，采用银行保函替代的，保证金金额不得超过工程价款结算金额的3%。发包人预留的质量保证金比例超过上述比例的，超过部分承包人可以拒绝预留。

5. 质量保证金返还期限。合同约定质量保证金返还期限的，返还期限届满返还保证金，合同没有约定质量保证金返还期限的，按下列规定进行：(1) 自建设工程质量验收合格之日起满 2 年；(2) 因发包人原因不能按合同约定的验收期限验收的，自承包人提交竣工验收报告后 90 天后起满 2 年；(3) 合同约定了质量保证金返还期限但因发包人的原因未在验收期限内验收的，自承包人提交验收报告后 90 日后起当事人约定质量返还期限届满。

6. 质量保证金返还：(1) 发包人在收到承包人质量保证金返还请求后，14 天内会同承包人进行核实，核实无异议的，发包人应按约定返还质量保证金；(2) 对返还期限没有约定或者约定不明确的，应在核实后 14 天内返还，逾期不返还的，承担违约责任；(3) 发包人收到承包人质量保证金返还申请后 14 天内不予答复的，经催告后 14 天内还仍不予答复，视同认可承包人的返还保证金申请；(4) 缺陷责任期内，因承包人原因造成缺陷，承包人应负责维修并承担鉴定及维修费用，承包人拒绝维修，发包人可以按合同约定从保证金或银行保函中扣除。费用超过保证金的，发包人可按合同约定向承包人索赔。

7. 几种特殊情况下的质量保证金返还：(1) 建设工程施工合同无效，保证金返还期限及逾期利息的约定条款亦无效，发包人应当返还质量保证金；(2) 合同解除后质量保证金尚未履行的质量保证金条款不再履行，发包人也无权再向承包人主

张扣留保证金;(3)一审法庭辩论终结前工程保修期限未届满,且存在维修费用的,保证金不应予以返还;(4)质量保证金返还全条件成就时,对发包人扣减质量保证金的主张不予支持。

裁判依据

《2017版施工合同》

15.3　质量保证金　经合同当事人协商一致扣留质量保证金的,应在专用合同条款中予以明确。在工程项目竣工前,承包人已经提供履约担保的,发包人不得同时预留工程质量保证金。

15.3.1　承包人提供质量保证金的方式　承包人提供质量保证金有以下三种方式:(1)质量保证金保函;(2)相应比例的工程款;(3)双方约定的其他方式。除专用合同条款另有约定外,质量保证金原则上采用上述第(1)种方式。

15.3.2　质量保证金的扣留　质量保证金的扣留有以下三种方式:(1)在支付工程进度款时逐次扣留,在此情形下,质量保证金的计算基数不包括预付款的支付、扣回以及价格调整的金额;(2)工程竣工结算时一次性扣留质量保证金;(3)双方约定的其他扣留方式。除专用合同条款另有约定外,质量保证金的扣留原则上采用上述第(1)种方式。发包人累计扣留的质量保证金不得超过工程价款结算总额的3%。如承包人在发包人签发竣工付款证书后28天内提交质量保证金保函,发包人应同时退还扣留的作为质量保证金的工程价款;保函金额不得超过工程价款结算总额的3%。发包人在退还质量保证金的同时按照中国人民银行发布的同期同类贷款基准利率支付利息。

15.3.3　质量保证金的退还　缺陷责任期内,承包人认真履行合同约定的责任,到期后,承包人可向发包人申请返还保证金。发包人在接到承包人返还保证金申请后,应于14天内会同承包人按照合同约定的内容进行核实。如无异议,发包人应当按照约定将保证金返还给承包人。对返还期限没有约定或者约定不明确的,发包人应当在核实后14天内将保证金返还承包人,逾期未返还的,依法承担违约责任。发包人在接到承包人返还保证金申请后14天内不予答复,经催告后14天内仍不予答复,视同认可承包人的返还保证金申请。发包人和承包人对保证金预留、返还以及工程维修质量、费用有争议的,按本合同第20条约定的争议和纠纷解决程序处理。

六、审查合同关于缺陷责任期的约定

1. 审查合同是否约定了缺陷责任期。
2. 审查合同约定的缺陷责任期限、起算点。
3. 审查案涉合同的缺陷责任期的具体起算时间。
4. 审查案涉工程约定的缺陷期限是否届满。

实务提示

缺陷责任期是指承包人按照合同约定承担缺陷修复义务且发包人预留质量保证金的期限。而所谓工程缺陷是指建设工程质量不符合工程强制性标准、设计文件、合同约定。掌握缺陷责任期的目的在于:(1)审查判断承包人是否在约定期限内履行缺陷修复义务。(2)缺陷责任期与质量保证金挂钩,审查案涉工程质量保证金是否届满释放期限。缺陷责任期由合同约定,一般最长不超过2年。缺陷责任期一般从工程竣工验收之日起算,因发包人原因导致工程无法按规定期限进行竣工验收的,在承包人提交竣工验收报告90天后,工程自动进入缺陷责任期。工程未经验收发包人擅自使用的,从工程转移占有之日起计算。缺陷责任期与保修期的异同见工程保修期。

裁判依据

《2017版施工合同》

15.2.1　缺陷责任期从工程通过竣工验收之日起计算,合同当事人应在专用合同条款约定缺陷责任期的具体期限,但该期限最长不超过24个月。单位工程先于全部工程进行验收,经验收合格并交付使用的,该单位工程缺陷责任期自单位工程验收合格之日起算。因承包人原因导致工程无法按合同约定期限进行竣工验收的,缺陷责任期从实际通过竣工验收之日起计算。因发包人原因导致工程无法按合同约定期限进行竣工验收的,在承包人提交竣工验收报告90天后,工程自动进入缺陷责任期;发包人未经竣工验收擅自使用工程的,缺陷责任期自工程转移占有之日起开始计算。

15.2.2　缺陷责任期内,由承包人原因造成的缺陷,承包人应负责维修,并承担鉴定及维修费用。如承包人不维修也不承担费用,发包人可按合同约定从保证金或银行保函中扣除,费用超出保证金额的,发包人可按合同约定向承包人进行索赔。承包人维修并承担相应费用后,不免除对工程的损失赔偿责任。发包人有权要求承包人延长缺陷责任期,并应在原缺陷责任期届满前发出延长通知。但缺陷责任期(含延长部分)最长不能超过24个月。由他人原因造成的缺陷,发包人负责组织维修,承包人不承担费用,且发包人不得从保证金中扣除费用。

15.2.3　任何一项缺陷或损坏修复后,经检查证明其影响了工程或工程设备的使用性能,承包人应重新进行合同约定的试验和试运行,试验和试运行的全部费用应由责任方承担。

15.2.4　除专用合同条款另有约定外,承包人应于缺陷责任期届满后7天内向发包人发出缺陷责任期届满通知,发包人应在收到缺陷责任期满通知后14天内核实承包人是否履行缺陷修复义务,承包人未能履行缺陷修复义务的,发包人有权扣除相应金额的维修费用。发包人应在收到缺陷责任期届满通知后14天内,向承包人颁发缺陷责任期终止证书。

15.3.3　质量保证金的退还缺陷责任期内,承包人认真履行合同约定的责任,到期后,承包人可向发包人申请返还保证金。发包人在接到承包人返还保证金申请后,应于14天内会同承包人按照合同约定的内容进行核实。如无异议,发包人应当按照约定将保证金返还给承包人。对返还期限没有约定或者约定不明确的,发包人应当在核实后14天内将保证金返还承包人,逾期未返还的,依法承担违约责任。发包人在接到承包人返还保证金申请后14天内不予答复,经催告后14天内仍不予答复,视同认可承包人的返还保证金申请。发包人和承包人对保证金预留、返还以及工程维修质量、费用有争议的,按本合同第20条约定的争议和纠纷解决程序处理。

《建设工程质量保证金管理办法》

第二条　本办法所称建设工程质量保证金(以下简称保证金)是指发包人与承包人在建设工程承包合同中约定,从应付的工程款中预留,用以保证承包人在缺陷责任期内对建设工程出现的缺陷进行维修的资金。缺陷是指建设工程质量不符合工程建设强制性标准、设计文件,以及承包合同的约定。缺陷责任期一般为1年,最长不超过2年,由发、承包双方在合同中约定。

第八条　缺陷责任期从工程通过竣工验收之日起计。由于承包人原因导致工程无法按规定期限进行竣工验收的,缺陷责任期从实际通过竣工验收之日起计。由于发包人原因导致工程无法按规定期限进行竣工验收的,在承包人提交竣工验收报告90天后,工程自动进入缺陷责任期。

第九条 缺陷责任期内,由承包人原因造成的缺陷,承包人应负责维修,并承担鉴定及维修费用。如承包人不维修也不承担费用,发包人可按合同约定从保证金或银行保函中扣除,费用超出保证金额的,发包人可按合同约定向承包人进行索赔。承包人维修并承担相应费用后,不免除对工程的损失赔偿责任。由他人原因造成的缺陷,发包人负责组织维修,承包人不承担费用,且发包人不得从保证金中扣除费用。

第十条 缺陷责任期内,承包人认真履行合同约定的责任,到期后,承包人向发包人申请返还保证金。

七、审查确定案涉工程是否存在保修问题

1. 审查案涉合同是否存在保修争议。

2. 若存在保修争议,则进一步审查保修义务的承担方式。

实务提示

1. 工程保修即建设工程质量保修,是指建设工程竣工验收合格后在一定的期限内,承包人对工程质量缺陷或质量瑕疵承担修复责任的制度。《建筑法》第62条明确规定了建设工程实行质量保修制度。《建设工程质量管理条例》第39条规定:"建设工程实行质量保修制度。建设工程承包单位在向建设单位提交工程竣工验收报告时,应当向建设单位出具质量保修书。质量保修书中应当明确建设工程的保修范围、保修期限和保修责任等。"工程质量保修书是指工程质量保修书是发承包双方对工程质量保修范围、保修期限、保修责任等进行约定的协议,是建设工程施工合同约定的双方权利义务的延续,是承包人对竣工验收的建设工程承担保修责任的法律文件。

2. 工程质量保修书的内容一般包括:工程质量保修范围和内容、质量保修期、质量保修责任、保修费用和其他。因此,工程质量保修书也是确定保修范围、保修期限和保修责任等的依据之一。

第一,工程保修的范围和期限。(1)法律法规规定了工程保修的范围和期限。《建筑法》第62条第2款规定:"建筑工程的保修范围应当包括地基基础工程、主体结构工程、屋面防水工程和其他土建工程,以及电气管线、上下水管线的安装工程,供热、供冷系统工程等项目;保修的期限应当按照保证建筑物合理寿命年限内正常使用,维护使用者合法权益的原则确定。具体的保修范围和最低保修期限由

国务院规定。”《建设工程质量管理条例》第40条规定：“在正常使用条件下，建设工程的最低保修期限为：（一）基础设施工程、房屋建筑的地基基础工程和主体结构工程，为设计文件规定的该工程的合理使用年限；（二）屋面防水工程、有防水要求的卫生间、房间和外墙面的防渗漏，为5年；（三）供热与供冷系统，为2个采暖期、供冷期；（四）电气管线、给排水管道、设备安装和装修工程，为2年。其他项目的保修期限由发包方与承包方约定。建设工程的保修期，自竣工验收合格之日起计算。”(2)合同约定与法律法规规定不一致的处理。①若发承包双方未约定保修范围或保修期限的，应当按照法律、法规规定执行；②若发承包双方约定的保修范围少于法律、法规规定或约定的保修期限低于法律、法规规定的最低保修期限的，该约定无效，应当按照法律法规规定执行；③若发承包双方约定的保修范围多于法律、法规规定或约定的保修期限高于法律、法规规定的最低保修期限的，应当按照双方约定执行。

第二，工程保修的责任。《建设工程质量管理条例》第41条规定：“建设工程在保修范围和保修期限内发生质量问题的，施工单位应当履行保修义务，并对造成的损失承担赔偿责任。”承包人在保修责任的承担形式上主要包括自行维修和承担修复费用两种。(1)自行维修。自行维修是承包人承担保修责任的主要形式，也是保修期限内出现工程质量缺陷后发包人应当首先选择的救济途径。《房屋建筑工程质量保修办法》第9条规定：“房屋建筑工程在保修期限内出现质量缺陷，建设单位或者房屋建筑所有人应当向施工单位发出保修通知。施工单位接到保修通知后，应当到现场核查情况，在保修书约定的时间内予以保修。发生涉及结构安全或者严重影响使用功能的紧急抢修事故，施工单位接到保修通知后，应当立即到达现场抢修。”(2)承担修复费用。发包人通知承包人对质量缺陷进行修复，承包人拒绝修复、在合理期限内不能修复或发包人有正当理由拒绝承包人修复，发包人另行委托他人修复的，承包人应承担合理的修复费用。《房屋建筑工程质量保修办法》第12条规定：“施工单位不按工程质量保修书约定保修的，建设单位可以另行委托其他单位保修，由原施工单位承担相应责任。”发包人拒绝承包人修复的正当理由，除前述承包人无施工资质外，还包括多次修复不能解决质量缺陷双方失去合作信任的情形。例如，《最高人民法院公报》2014年第8期（总第214期）中收录的“江苏南通二建集团有限公司与吴江恒森房地产开发有限公司建设工程施工合同纠纷案”，认为在双方当事人已失去合作信任的情况下，为解决双方矛盾，人民法院可以判决由发包人自行委托第三方参照修复设计方案对工程

质量缺陷予以整改,所需费用由承包人承担。发包人未通知承包人或无正当理由拒绝由承包人修复,并另行委托他人修复的,承包人承担的修复费用以由其自行修复所需的合理费用为限,另行委托他人修复增加的费用不应由承包人承担。

第三,特殊情形不免除工程保修的义务及责任。(1)合同无效或解除后的保修责任。因工程质量保修是施工方的法定义务和责任,即使建设工程合同无效或解除,也不能免除承包人的保修义务和责任。(2)未经竣工验收擅自使用工程后的保修责任。未经竣工验收擅自使用是指发包人违反法律或行政法规的强制性规定,在未按规定程序组织竣工验收,或在不具备规定条件的情况下组织竣工验收,或未经竣工验收合格的情况下使用建设工程的行为。根据《建设工程司法解释(一)》第14条的规定,未经竣工验收擅自使用的法律后果是视为发包人接受工程现状,受领该工程,但不能免除承包人的保修义务。

裁判依据

《2017版施工合同》

15.4.1　保修责任　工程保修期从工程竣工验收合格之日起算,具体分部分项工程的保修期由合同当事人在专用合同条款中约定,但不得低于法定最低保修年限。在工程保修期内,承包人应当根据有关法律规定以及合同约定承担保修责任。发包人未经竣工验收擅自使用工程的,保修期自转移占有之日起算。

15.4.2　修复费用　保修期内,修复的费用按照以下约定处理:(1)保修期内,因承包人原因造成工程的缺陷、损坏,承包人应负责修复,并承担修复的费用以及因工程的缺陷、损坏造成的人身伤害和财产损失;(2)保修期内,因发包人使用不当造成工程的缺陷、损坏,可以委托承包人修复,但发包人应承担修复的费用,并支付承包人合理利润;(3)因其他原因造成工程的缺陷、损坏,可以委托承包人修复,发包人应承担修复的费用,并支付承包人合理的利润,因工程的缺陷、损坏造成的人身伤害和财产损失由责任方承担。

15.4.3　修复通知　在保修期内,发包人在使用过程中,发现已接收的工程存在缺陷或损坏的,应书面通知承包人予以修复,但情况紧急必须立即修复缺陷或损坏的,发包人可以口头通知承包人并在口头通知后48小时内书面确认,承包人应在专用合同条款约定的合理期限内到达工程现场并修复缺陷或损坏。

15.4.4　未能修复　因承包人原因造成工程的缺陷或损坏,承包人拒绝维修或未能在合理期限内修复缺陷或损坏,且经发包人书面催告后仍未修复的,发包人有权自行修复或委托第三方修复，所需费用由承包人承担。但修复范围超出缺陷或损坏范围的，超出范围部分的修复费用由发包人承担。

《建筑法》

第六十二条第二款　建筑工程的保修范围应当包括地基基础工程、主体结构工程、屋面防水工程和其他土建工程，以及电气管线、上下水管线的安装工程，供热、供冷系统工程等项目；保修的期限应当按照保证建筑物合理寿命年限内正常使用，维护使用者合法权益的原则确定。具体的保修范围和最低保修期限由国务院规定。

《建设工程质量管理条例》

第三十九条　建设工程实行质量保修制度。建设工程承包单位在向建设单位提交工程竣工验收报告时，应当向建设单位出具质量保修书。质量保修书中应当明确建设工程的保修范围、保修期限和保修责任等。

第四十条　在正常使用条件下，建设工程的最低保修期限为：（一）基础设施工程、房屋建筑的地基基础工程和主体结构工程，为设计文件规定的该工程的合理使用年限；（二）屋面防水工程、有防水要求的卫生间、房间和外墙面的防渗漏，为5年；（三）供热与供冷系统，为2个采暖期、供冷期；（四）电气管线、给排水管道、设备安装和装修工程，为2年。其他项目的保修期限由发包方与承包方约定。建设工程的保修期，自竣工验收合格之日起计算。

第四十一条　建设工程在保修范围和保修期限内发生质量问题的，施工单位应当履行保修义务，并对造成的损失承担赔偿责任。

《房屋建筑工程质量保修办法》

第九条　房屋建筑工程在保修期限内出现质量缺陷，建设单位或者房屋建筑所有人应当向施工单位发出保修通知。施工单位接到保修通知后，应当到现场核查情况，在保修书约定的时间内予以保修。发生涉及结构安全或者严重影响使用功能的紧急抢修事故，施工单位接到保修通知后，应当立即到达现场抢修。

第十二条　施工单位不按工程质量保修书约定保修的，建设单位可以另行委托其他单位保修，由原施工单位承担相应责任。

八、审查案涉工程承包人是否履行了保修义务

1. 审查出现质量保修情形后，发包人是否向承包人发出保修通知。

2. 若承包人收到了保修通知，则进一步审查承包人是否按保修通知书指定期

限或合同约定的期限到场履行保修义务。

3. 审查保修义务的履行方式。

4. 若发包人要求承包人承担修复费用的，则审查承包人承担修复费用的条件是否成就。

5. 若发包人委托第三人修复，则审查修复方案是否经承包人同意且修复费用是否超过承包人自修费用。

实务提示

1. 工程质量保修义务是指工程竣工验收合格后或发包人未经验收擅自使用后承包人按照合同约定或法律规定对建设工程质量瑕疵承担保修责任的义务。承包人的工程质量保修义务一方面来自发承包双方的约定，另一方面来自法律法规的规定。保修义务约定不明、约定无效等情形，应按照法律规定执行。

2. 工程质量保修义务自工程竣工验收合格后或视为通过竣工验收后开始，至合同约定和法律规定的保修期限届满时终止。

3. 工程质量保修义务既是承包人的合同义务，也是法定义务。承包人在保修期限内对保修范围内的质量问题拒绝履行保修义务的，应按合同约定或法律规定承担责任。《2017版施工合同》15.4.3规定："修复通知在保修期内，发包人在使用过程中，发现已接收的工程存在缺陷或损坏的，应书面通知承包人予以修复，但情况紧急必须立即修复缺陷或损坏的，发包人可以口头通知承包人并在口头通知后48小时内书面确认，承包人应在专用合同条款约定的合理期限内到达工程现场并修复缺陷或损坏。"15.4.4规定："未能修复因承包人原因造成工程的缺陷或损坏，承包人拒绝维修或未能在合理期限内修复缺陷或损坏，且经发包人书面催告后仍未修复的，发包人有权自行修复或委托第三方修复，所需费用由承包人承担。但修复范围超出缺陷或损坏范围的，超出范围部分的修复费用由发包人承担。"《房屋建筑工程质量保修办法》第12条规定：施工单位不按工程质量保修书约定保修的，建设单位可以另行委托其他单位保修，由原施工单位承担相应责任。

4. 几种特殊情形下保修义务的承担问题。(1)合同无效保修义务的承担问题。施工合同无效，承包人应承担保修义务。工程保修义务不仅是承包人的合同义务，也是承包人的法定义务，施工合同无效后并不能就此免除承包人的保修义务，承包人仍应承担法定保修义务。《北京高院施工合同解答》第31条规定："建设工程施工合同无效，但工程已经竣工验收合格并交付发包人使用的，承包人应

依据法律、行政法规的规定承担质量保修责任。”(2)合同无效是否应承担合同约定的保修问题。施工合同无效后，发包人是否可以要求承包人履行约定的保修义务的问题，司法实践中观点不一。一种观点认为，合同无效，合同关于保修义务的约定对当事人没有约束力，发包人不能要求承包人承担约定的保修义务。如《江苏省高级人民法院建设工程施工合同案件审理指南》(2010)第5条第8项认为，“在建设工程施工合同被确认无效后，合同关系不再存在，该合同对当事人不再具有任何拘束力。发包人不得要求承包人承担约定的保修责任，是不是承包人不承担保修责任呢？显然不是。承包人仍应在《建设工程质量管理条例》第四十条规定的最低保修期限内承担法定的保修责任”。另一种观点认为，施工合同无效，不影响承包人按合同约定承担保修义务。如浙江省高级人民法院民事审判庭第一庭《关于审理建设工程施工合同纠纷案件若干疑难问题的解答》第20条认为：“建设工程施工合同无效，不影响发包人按合同约定、承包人出具的质量保修书或法律法规的规定，请求承包人承担工程质量责任。”(3)合同解除后保修义务是否继续承担问题。合同解除后承包人是否仍应承担保修义务争议颇大。一种观点认为，合同解除后，承包人仍然对其已完工程承担保修义务，理由是保修义务是法定义务，合同解除不免除承包人法定保修义务。另一种观点认为，合同解除后，尚未履行的终止履行。因此，施工合同解除后，承包人不需要继续承担保修义务。

裁判依据

《建设工程质量管理条例》

第四十一条　建设工程在保修范围和保修期限内发生质量问题的，施工单位应当履行保修义务，并对造成的损失承担赔偿责任。

第六十六条　违反本条例规定，施工单位不履行保修义务或者拖延履行保修义务的，责令改正，处10万元以上20万元以下的罚款，并对在保修期内因质量缺陷造成的损失承担赔偿责任。

《房屋建筑工程质量保修办法》

第九条　房屋建筑工程在保修期限内出现质量缺陷，建设单位或者房屋建筑所有人应当向施工单位发出保修通知。施工单位接到保修通知后，应当到现场核查情况，在保修书约定的时间内予以保修。发生涉及结构安全或者严重影响使用功能的紧急抢修事故，施工单位接到保修通知后，应当立即到达现场抢修。

第二十条　施工单位不按工程质量保修书约定保修的，建设单位可以另行委托其他单位保修,由原施工单位承担相应责任。

《2017 版施工合同》

15.4.2 修复费用 保修期内,修复的费用按照以下约定处理:

(1)保修期内,因承包人原因造成工程的缺陷、损坏,承包人应负责修复,并承担修复的费用以及因工程的缺陷、损坏造成的人身伤害和财产损失;

(2)保修期内,因发包人使用不当造成工程的缺陷、损坏,可以委托承包人修复,但发包人应承担修复的费用,并支付承包人合理利润;

(3)因其他原因造成工程的缺陷、损坏,可以委托承包人修复,发包人应承担修复的费用,并支付承包人合理的利润,因工程的缺陷、损坏造成的人身伤害和财产损失由责任方承担。

15.4.3 修复通知 在保修期内,发包人在使用过程中,发现已接收的工程存在缺陷或损坏的,应书面通知承包人予以修复,但情况紧急必须立即修复缺陷或损坏的,发包人可以口头通知承包人并在口头通知后48小时内书面确认,承包人应在专用合同条款约定的合理期限内到达工程现场并修复缺陷或损坏。

15.4.4 未能修复 因承包人原因造成工程的缺陷或损坏,承包人拒绝维修或未能在合理期限内修复缺陷或损坏,且经发包人书面催告后仍未修复的,发包人有权自行修复或委托第三方修复,所需费用由承包人承担。但修复范围超出缺陷或损坏范围的,超出范围部分的修复费用由发包人承担。

九、审查案涉工程是否应当释放质量保证金

1. 审查案涉工程缺陷责任期是否届满。
2. 审查缺陷责任期出现的缺陷问题,承包人是否予以解决。
3. 审查是否存在扣除质量保证金情形以及扣除的数额。

实务提示

发包人是否应当释放质量保证金取决于缺陷责任期是否届满、缺陷责任期内的缺陷义务是否履行。

裁判依据

《建设工程质量保证金管理办法》

第二条 本办法所称建设工程质量保证金(以下简称保证金)是指发包人与

承包人在建设工程承包合同中约定，从应付的工程款中预留，用以保证承包人在缺陷责任期内对建设工程出现的缺陷进行维修的资金。缺陷是指建设工程质量不符合工程建设强制性标准、设计文件，以及承包合同的约定。缺陷责任期一般为 1 年，最长不超过 2 年，由发、承包双方在合同中约定。

第十条　缺陷责任期内，承包人认真履行合同约定的责任，到期后，承包人向发包人申请返还保证金。

《2017 版施工合同》

15.3.3　质量保证金的退还　缺陷责任期内，承包人认真履行合同约定的责任，到期后，承包人可向发包人申请返还保证金。发包人在接到承包人返还保证金申请后，应于 14 天内会同承包人按照合同约定的内容进行核实。如无异议，发包人应当按照约定将保证金返还给承包人。对返还期限没有约定或者约定不明确的，发包人应当在核实后 14 天内将保证金返还承包人，逾期未返还的，依法承担违约责任。发包人在接到承包人返还保证金申请后 14 天内不予答复，经催告后 14 天内仍不予答复，视同认可承包人的返还保证金申请。发包人和承包人对保证金预留、返还以及工程维修质量、费用有争议的，按本合同第 20 条约定的争议和纠纷解决程序处理。

第十二节　审查承包人优先受偿权

建设工程价款优先受偿权，是指建设工程施工合同中的承包人按照合同约定对建设工程进行施工后，发包人未按照合同约定期限给付工程款，承包人依法享有就承包工程折价或拍卖价款优先受偿的权利。建设工程价款优先受偿权是一种法定的优先权，顺位上优于不动产抵押权，且不以占有或者登记为公示要件。建设工程价款优先受让权的权利主体为与发包人签订施工合同的承包人。违法分包、转包，挂靠等情形下的实际施工人并不享有该权利。建设工程优先受让权应在法定时间内行使，未在法定时间内行使的，权利丧失。建设工程价款优先权的受偿范围仅限工程款，违约金、赔偿金等不能优先受偿。优先权的受偿对象也只是建筑物本身且该建筑不存在不宜拍卖、变卖的情形，建筑物占用范围内的土地使用权不属于受偿对象。

建设工程价款优先受偿权的行使主体、行使时间、受偿范围、受偿对象及权利是否放弃等是建设工程价款优先受偿权的核心内容,也是办理涉及建设工程价款优先受偿权争议时必须重点审查的事项。

一、审查建设工程价款优先受偿权的权利主体

1. 审查主张优先受偿权的主体是否为施工总承包人。
2. 审查主张优先受偿权的主体是否为工程总承包人。
3. 审查主张优先受偿权的主体是否为与发包人直接签订分包合同的分包人。
4. 审查主张优先受偿权的主体是否为无效合同的承包人。
5. 审查主张优先受偿权的主体是否为实际施工人。

实务提示

建设工程价款优先受偿权的权利主体是指在建设工程合同的发包人未按约定支付工程价款的情况下,可以就该建设工程折价或者拍卖的价款优先受偿的主体,该主体根据《建设工程司法解释(一)》第35条的规定,应指与发包人订立建设工程施工合同的承包人。据此,施工总承包人、工程总承包人、与发包人直接签订分包合同的分包人、与发包人直接签订合同的无效合同的承包人均是优先受偿权的适格主体,而未与发包人直接签订施工合同的实际施工人则不享有优先受偿权。

裁判依据

《民法典》

第八百零七条 发包人未按照约定支付价款的,承包人可以催告发包人在合理期限内支付价款。发包人逾期不支付的,除根据建设工程的性质不宜折价、拍卖外,承包人可以与发包人协议将该工程折价,也可以请求人民法院将该工程依法拍卖。建设工程的价款就该工程折价或者拍卖的价款优先受偿。

《建设工程司法解释(一)》

第三十五条 与发包人订立建设工程施工合同的承包人,依据民法典第八百零七条的规定请求其承建工程的价款就工程折价或者拍卖的价款优先受偿的,人民法院应予支持。

二、审查承包人行使建设工程价款优先受偿权是否超过行使期限

1. 工程已经竣工的,承包人是否在工程竣工之日起18个月内行使建设工程

价款优先受偿权。

2. 工程未竣工的,承包人是否在合同约定的竣工之日起 18 个月内行使建设工程价款优先受偿权。

3. 工程未竣工合同解除或终止履行的,承包人是否在合同解除或终止履行之日起 18 个月内行使建设工程价款优先受偿权。

实务提示

审查优先受偿权是否超过行使期限是主要环节。建设工程承包人行使优先权的期限为 18 个月,自建设工程竣工之日或者建设工程合同约定的竣工之日起计算。合同解除或终止履行的,自合同解除或终止之日起计算。若超过行使期限,则无法主张优先受偿权。

裁判依据

《建设工程司法解释(一)》

第四十一条 承包人应当在合理期限内行使建设工程价款优先受偿权,但最长不得超过十八个月,自发包人应当给付建设工程价款之日起算。

三、是否曾在行使期限内向发包人主张权利

1. 承包人是否已在法定期限内向义务人催告通知或以其他方式主张权利。

2. 催告通知是否已送达义务人。

3. 承包人催告时合同约定的付款期限或条件是否已成就。

实务提示

在审查建设工程价款优先受偿权过程中,需特别注意审查承包人是否在法定期限内向发包人主张权利,其中承包人是否履行催告程序往往容易成为对方的抗辩理由,因此是否经过催告程序是关键要素之一。

裁判依据

《民法典》

第八百零七条 发包人未按照约定支付价款的,承包人可以催告发包人在合理期限内支付价款。发包人逾期不支付的,除根据建设工程的性质不宜折价、拍

卖外,承包人可以与发包人协议将该工程折价,也可以请求人民法院将该工程依法拍卖。建设工程的价款就该工程折价或者拍卖的价款优先受偿。

四、是否存在购房者权利保护情形

1. 案涉工程是否为商品房。

2. 承包人主张优先受偿权的范围,是否包括商品房买卖合同项下的房屋,如是,买受人是否已支付全部或大部分购房款。

3. 审查是否为居住而购买房屋。

4. 审查消费者名下有几套房屋,且涉案房屋是否实际居住。

实务提示

建设工程价款优先受偿权与买受人购房权产生冲突时,若买受人已支付购买商品房的大部分或全部购房款,承包人就该商品房享有的工程价款优先受偿权不得对买受人。但若买受人下有多套房屋,且涉案房屋非实际居住房屋,或买受人以投资、经营为目的购买房屋的,则买受人不具有购房优先权。

裁判依据

《关于人民法院办理执行异议和复议案件若干问题的规定》

第二十八条 金钱债权执行中,买受人对登记在被执行人名下的不动产提出异议,符合下列情形且其权利能够排除执行的,人民法院应予支持:(一)在人民法院查封之前已签订合法有效的书面买卖合同;(二)在人民法院查封之前已合法占有该不动产;(三)已支付全部价款,或者已按照合同约定支付部分价款且将剩余价款按照人民法院的要求交付执行;(四)非因买受人自身原因未办理过户登记。

第二十九条 金钱债权执行中,买受人对登记在被执行的房地产开发企业名下的商品房提出异议,符合下列情形且其权利能够排除执行的,人民法院应予支持:(一)在人民法院查封之前已签订合法有效的书面买卖合同;(二)所购商品房系用于居住且买受人名下无其他用于居住的房屋;(三)已支付的价款超过合同约定总价款的百分之五十。

五、承包人是否曾放弃建设工程价款优先受偿权

1. 审查是否存在发包人以在建工程作为向银行贷款的抵押的情形,如有,银

行为保障其抵押权的实现如曾要求承包人放弃建设工程价款优先受偿权，则可视为承包人明确放弃。

2. 审查是否存在发包人转让在建工程的情形，如有，受让人如因不确定承发包人之间工程价款结算情况而要求承包人放弃建设工程价款优先受偿权，则可视为承包人明确放弃。

3. 招标文件中，是否存在发包人要求承包人明确放弃建设工程价款优先受偿权的情形，如有，则视为承包人明确放弃。

实务提示

建设工程优先受偿权是法律赋予承包人的一项法定权利，既是权利，承包人可以行使也可以放弃，因此原则上放弃或限制的约定有效，但若约定损害了建筑工人的利益，则约定无效。

裁判依据

《建设工程司法解释(一)》

第四十二条　发包人与承包人约定放弃或者限制建设工程价款优先受偿权，损害建筑工人利益，发包人根据该约定主张承包人不享有建设工程价款优先受偿权的，人民法院不予支持。

六、承包人主张价款有无超出优先受偿范围

1. 承包人主张优先受偿权的款项，有无因发包人违约造成的损失。如有，不可优先受偿。

2. 该工程是否为装修装饰工程，如是，还需审查该工程的发包人是否为该建筑物的所有权人，如发包人并非该建筑物的所有权人，则承包人不享有工程款优先受偿权。

3. 承包人主张的装修装饰工程价款优先受偿权的款项，只能在建筑物因装修装饰而增加价值的范围内优先受偿。

实务提示

建设工程价款优先受偿权所担保的债权范围应以“建设工程的价款”为限。建设工程价款包含人工费、材料费施工机具使用费、企业管理费、利润、规费、税金

和物化到建设工程中的垫资款。而质量保证金、工程奖励款，非因承包人原因所致停窝工而增加的机械费、人工费等是否属于优先受偿权范围则存在争议。逾期支付建设工程价款的利息、违约金、损害赔偿金则明确不属于建设工程价款优先受偿权的范围。

裁判依据

《建设工程司法解释(一)》

第三十七条 装饰装修工程具备折价或者拍卖条件，装饰装修工程的承包人请求工程价款就该装饰装修工程折价或者拍卖的价款优先受偿的，人民法院应予支持。

第四十条 承包人建设工程价款优先受偿的范围依照国务院有关行政主管部门关于建设工程价款范围的规定确定。承包人就逾期支付建设工程价款的利息、违约金、损害赔偿金等主张优先受偿的，人民法院不予支持。

七、工程是否存在不宜折价、拍卖的情形

1. 审查案涉工程是否属于修复后经验收仍不合格的建设工程。

2. 审查案涉工程是否属于事业单位、社会团体以公益目的建设的教育设施、医疗设施及其他社会公益设施。

3. 审查案涉工程是否属于国家机关已投入使用的办公用房或者军事建筑。

4. 审查案涉工程是否系无法独立存在或者分割后影响主建筑使用功能的附属工程，如设备安装工程。

5. 审查案涉工程是否属于消费者购买承包人承建的商品房，并已经办理商品房预告登记或者产权变更手续。

6. 审查案涉工程是否属于未取得建设工程规划许可手续而建造的工程。

7. 审查案涉工程是否存在工程无法明确物权或者不得转移的其他法定情形。

实务提示

如果建设工程不宜进行折价、拍卖，那么承包人的权利或因难以操作而无法直接行使。因此是否适宜折价、拍卖，对于承包人实现债权有重要意义。而在实践中应当对不适用建设工程价款优先受偿权的情形予以限定，即对于不宜折价、拍卖的工程予以限定，否则建设工程价款优先受偿权的设立初衷则易落空。一般

而言以下工程不宜折价、拍卖：违法建筑；质量不合格且无法修复的工程；因消费者支付全部或者大部分购房款而导致所有权即将转移的商品房；使用性质上存在公用性、公共性、公益性的建设工程；所有权不属于发包人的装饰装修工程。

裁判依据

《民法典》

第八百零七条　发包人未按照约定支付价款的，承包人可以催告发包人在合理期限内支付价款。发包人逾期不支付的，除根据建设工程的性质不宜折价、拍卖外，承包人可以与发包人协议将该工程折价，也可以请求人民法院将该工程依法拍卖。建设工程的价款就该工程折价或者拍卖的价款优先受偿。

《建设工程司法解释(一)》

第三十七条　装饰装修工程具备折价或者拍卖条件，装饰装修工程的承包人请求工程价款就该装饰装修工程折价或者拍卖的价款优先受偿的，人民法院应予支持。

第三十八条　建设工程质量合格，承包人请求其承建工程的价款就工程折价或者拍卖的价款优先受偿的，人民法院应予支持。

第三十九条　未竣工的建设工程质量合格，承包人请求其承建工程的价款就其承建工程部分折价或者拍卖的价款优先受偿的，人民法院应予支持。

第十三节　审查违约责任

建设工程施工合同签订后，发包人或承包人不按合同约定履行其义务，即构成违约。发生违约事件后，守约方往往会主张对方承担违约责任，主张的方式大体有：以对方违约而诉请解除合同；要求对方承担违约金；要求在其给付金额中抵扣违约金等，而这些主张是否成立，则需要审查下列事项：

一、审查案涉合同有无违约责任条款

1. 审查案涉合同关于违约责任的具体约定。
2. 审查案涉合同是否约定发包人违约情形。
3. 审查案涉合同是否约定承包人违约情形。

4. 审查案涉合同是否约定违约责任承担方式及计算方法。

实务提示

违约责任条款属于建设工程施工合同中的核心条款，也是当事人双方主要争议焦点之一。《2017版施工合同》的通用条款中约定了承发包双方各自违约情形及违约责任，若合同当事人使用了《2017版施工合同》合同专用条款没有另行约定的，则双方应执行通用条款的约定。

裁判依据

《民法典》

第一百七十九条 承担民事责任的方式主要有：（一）停止侵害；（二）排除妨碍；（三）消除危险；（四）返还财产；（五）恢复原状；（六）修理、重作、更换；（七）继续履行；（八）赔偿损失；（九）支付违约金；（十）消除影响、恢复名誉；（十一）赔礼道歉。法律规定惩罚性赔偿的，依照其规定。本条规定的承担民事责任的方式，可以单独适用，也可以合并适用。

第五百八十五条第一款 当事人可以约定一方违约时应当根据违约情况向对方支付一定数额的违约金，也可以约定因违约产生的损失赔偿额的计算方法。

《2017版施工合同》

16.1.1 发包人违约的情形 在合同履行过程中发生的下列情形，属于发包人违约：(1)因发包人原因未能在计划开工日期前7天内下达开工通知的；(2)因发包人原因未能按合同约定支付合同价款的；(3)发包人违反第10.1款〔变更的范围〕第(2)项约定，自行实施被取消的工作或转由他人实施的；(4)发包人提供的材料、工程设备的规格、数量或质量不符合合同约定，或因发包人原因导致交货日期延误或交货地点变更等情况的；(5)因发包人违反合同约定造成暂停施工的；(6)发包人无正当理由没有在约定期限内发出复工指示，导致承包人无法复工的；(7)发包人明确表示或者以其行为表明不履行合同主要义务的；(8)发包人未能按照合同约定履行其他义务的。发包人发生除本项第(7)目以外的违约情况时，承包人可向发包人发出通知，要求发包人采取有效措施纠正违约行为。发包人收到承包人通知后28天内仍不纠正违约行为的，承包人有权暂停相应部位工程施工，并通知监理人。

16.1.2 发包人违约的责任 发包人应承担因其违约给承包人增加的费用

和(或)延误的工期,并支付承包人合理的利润。此外,合同当事人可在专用合同条款中另行约定发包人违约责任的承担方式和计算方法。

16.1.3 因发包人违约解除合同 除专用合同条款另有约定外,承包人按第16.1.1项〔发包人违约的情形〕约定暂停施工满28天后,发包人仍不纠正其违约行为并致使合同目的不能实现的,或出现第16.1.1项〔发包人违约的情形〕第(7)目约定的违约情况,承包人有权解除合同,发包人应承担由此增加的费用,并支付承包人合理的利润。

16.1.4 因发包人违约解除合同后的付款 承包人按照本款约定解除合同的,发包人应在解除合同后28天内支付下列款项,并解除履约担保:(1)合同解除前所完成工作的价款;(2)承包人为工程施工订购并已付款的材料、工程设备和其他物品的价款;(3)承包人撤离施工现场以及遣散承包人人员的款项;(4)按照合同约定在合同解除前应支付的违约金;(5)按照合同约定应当支付给承包人的其他款项;(6)按照合同约定应退还的质量保证金;(7)因解除合同给承包人造成的损失。合同当事人未能就解除合同后的结清达成一致的,按照第20条〔争议解决〕的约定处理。承包人应妥善做好已完工程和与工程有关的已购材料、工程设备的保护和移交工作,并将施工设备和人员撤出施工现场,发包人应为承包人撤出提供必要条件。

16.2.1 承包人违约的情形 在合同履行过程中发生的下列情形,属于承包人违约:(1)承包人违反合同约定进行转包或违法分包的;(2)承包人违反合同约定采购和使用不合格的材料和工程设备的;(3)因承包人原因导致工程质量不符合合同要求的;(4)承包人违反第8.9款〔材料与设备专用要求〕的约定,未经批准,私自将已按照合同约定进入施工现场的材料或设备撤离施工现场的;(5)承包人未能按施工进度计划及时完成合同约定的工作,造成工期延误的;(6)承包人在缺陷责任期及保修期内,未能在合理期限对工程缺陷进行修复,或拒绝按发包人要求进行修复的;(7)承包人明确表示或者以其行为表明不履行合同主要义务的;(8)承包人未能按照合同约定履行其他义务的。承包人发生除本项第(7)目约定以外的其他违约情况时,监理人可向承包人发出整改通知,要求其在指定的期限内改正。

16.2.2 承包人违约的责任 承包人应承担因其违约行为而增加的费用和(或)延误的工期。此外,合同当事人可在专用合同条款中另行约定承包人违约责任的承担方式和计算方法。

16.2.3　因承包人违约解除合同除专用合同条款另有约定外，出现第16.2.1项〔承包人违约的情形〕第(7)目约定的违约情况时，或监理人发出整改通知后，承包人在指定的合理期限内仍不纠正违约行为并致使合同目的不能实现的，发包人有权解除合同。合同解除后，因继续完成工程的需要，发包人有权使用承包人在施工现场的材料、设备、临时工程、承包人文件和由承包人或以其名义编制的其他文件，合同当事人应在专用合同条款约定相应费用的承担方式。发包人继续使用的行为不免除或减轻承包人应承担的违约责任。

16.2.4　因承包人违约解除合同后的处理　因承包人原因导致合同解除的，则合同当事人应在合同解除后28天内完成估价、付款和清算，并按以下约定执行：(1)合同解除后，按第4.4款〔商定或确定〕商定或确定承包人实际完成工作对应的合同价款，以及承包人已提供的材料、工程设备、施工设备和临时工程等的价值；(2)合同解除后，承包人应支付的违约金；(3)合同解除后，因解除合同给发包人造成的损失；(4)合同解除后，承包人应按照发包人要求和监理人的指示完成现场的清理和撤离；(5)发包人和承包人应在合同解除后进行清算，出具最终结清付款证书，结清全部款项。因承包人违约解除合同的，发包人有权暂停对承包人的付款，查清各项付款和已扣款项。发包人和承包人未能就合同解除后的清算和款项支付达成一致的，按照第20条〔争议解决〕的约定处理。

16.2.5　采购合同权益转让　因承包人违约解除合同的，发包人有权要求承包人将其为实施合同而签订的材料和设备的采购合同的权益转让给发包人，承包人应在收到解除合同通知后14天内，协助发包人与采购合同的供应商达成相关的转让协议。

二、审查案涉合同发承包人是否违约

1. 审查发包人是否违约。

2. 审查承包人是否违约。

三、审查施工合同发包人有无过错

1. 审查发包人提供的设计是否有缺陷。

2. 审查发包人提供或者指定购买的建筑材料、建筑构配件、设备不符合强制性标准。

3. 直接指定分包人分包专业工程。

四、审查违约金数额是否存在过高或过低的情形

1. 审查合同约定因违约产生的损失赔偿额的计算方法。

2. 审查当事人约定的违约金是否超过造成损失的百分之三十。

实务提示

合同中约定违约金条款很有必要，但不是所有的违约金条款都能被支持，需要审查是否存在过高或过低的情况。

裁判依据

《民法典》

第五百八十五条　当事人可以约定一方违约时应当根据违约情况向对方支付一定数额的违约金，也可以约定因违约产生的损失赔偿额的计算方法。约定的违约金低于造成的损失的，人民法院或者仲裁机构可以根据当事人的请求予以增加；约定的违约金过分高于造成的损失的，人民法院或者仲裁机构可以根据当事人的请求予以适当减少。当事人就迟延履行约定违约金的，违约方支付违约金后，还应当履行债务。

第四章　案件归档管理工作

作为律师，在办案过程中案卷归档工作是必不可少的。一本完整的案卷，能够真实客观反映律师的代理工作情况，能清晰地反映他对案件的判断和分析，能完整地再现案件的主要事实，是研究案件、评价案件的第一手材料。案件归档管理工作包括案件材料归档、撰写结案报告、知识管理和团队复盘工作。鉴于该部分工作属于律师最基本工作，且与施工合同案件专业性及复杂性关联不大，故提供以下几个工作模板，以供参考，不再对各项工作展开阐述。

一、工作联系函

工作联系函

致　　：××公司（下称贵司）

抄　送：××有限公司

关　于：××法律服务项目
（下称本项目）

日　期：2021 年×月×日　　　　总页数（含本页）：×页

敬启者：

就题述项目，××××律师事务所（下称我们）与贵司进行了初步洽谈。应贵司要求参与××总承包合同的谈判、草拟、修改完善。我们接受邀请后，对贵司提供的可行性研究报告、项目建议书及批复、招投标文件、××等文件进行初步审查分析，我们发现贵司在××等中存在问题，可行性研究报告、项目建议书及批复与招投标文件范围不符，我们于××年×月××日在贵司参与了座谈。经座谈，我们针对在招标文件等中存在问题提出了相应的解决方案。

为了更好地向贵司提供法律服务，我们特将本案的目前工作进展、下一阶段工作计划以及需贵司、中标方提供相关资料、并就有关问题进行说明、请示等相关事宜向贵司汇报。

一、目前工作进展及下一阶段工作计划

因时间紧急，我们在第一时间开展了法律座谈对本案进行法律分析与评估、组织律师团队进行了 EPC 合同比对工作。我们相信，合理而透明的工作安排，能够有效地增进信任。现特将我们目前工作进展汇报如下：

（一）经过律师团队审查、对比合同全部条款××

（二）重点分析投标文件××

目前我们已进入下一阶段工作：初步起草 EPC 合同。在起草合同的过程中，我们发现需要进一步对中标人相关人员资质、履历、中标人近三年真实的诉讼和仲裁情况核实，须贵司、中标人提供相关资料，以便我们顺利继续开展工作。

二、中标人须提供的资料清单

序号	资料清单	说　明
1	××	（1）××，如：投标文件技术标附的证书无法体现出其为一级建造师，需进一步审查其是否符合招标文件要求的资质（招标文件中项目经理要求市政公用专业与本项目要求不匹配）
		（2）××，如：《房屋建筑和市政基础设施项目工程总承包管理办法》第 20 条“取得相应工程建设类注册执业资格，包括注册建筑师、勘察设计注册工程师、注册建造师或者注册监理工程师等；未实施注册执业资格的，取得高级专业技术职称专业证书”的要求，中标人与建设单位在合同签订阶段及履约阶段都有遵守该管理办法的义务
		（3）中标人在投标文件技术标中所附的“项目经理简历表”显示的仅是施工合同履历，而非从事工程总承包特别是 EPC 工程总承包的业绩资料。而《房屋建筑和市政基础设施项目工程总承包管理办法》第 20 条第 2 项“担任过与拟建项目类似的工程总承包项目经理、设计项目负责人、施工项目负责人或者项目总监理工程师”要求的是工程总承包的相应业绩

续表

序号	资料清单	说　明
2	××	进一步审查××
3	××	进一步审查××
4	××	联合体牵头人××诉讼及仲裁情况与实际情况严重不符
5	其他联合体牵头人的近三年真实的诉讼和仲裁情况	

三、修改完善EPC+F+招商项目总承包合同须贵司提供资料清单

序号	资料清单		说　明
1	提供与招标文件中的建设规模相匹配的可行性研究报告及批复	建设规模：××	(1)《工程总承包管理办法》第6条第2款规定的“建设内容明确、技术方案”成熟的要求。×××××××××××××××××××××
			(2)合理控制履约风险的要求。×××××××××××××××××××××
			(3)遵循基本建设程序的要求。××××××××××××××××
2	有关地下管沟的建设规模、建设标准、投资估算等方面资料		《××人民政府专题问题会议纪要》×××××××××××××××××
3	进一步完善项目前期评估报告批复手续(包括节能评估报告、环境影响评价、安全评价、社会稳定风险评价、地质灾害危险性评估、交通影响评价及水土保持方案)		报告批复手续中的建设单位须统一×××××××××
4	完善项目用地预审及项目规划选址手续		建设单位须为×××××××

以上情况、特此汇报。所需资料，需贵司积极配合，以便我们顺利开展下一阶段工作。感谢贵司对我们工作的支持和配合。若贵司对本案有任何意见或建议，可随时与我们联系，我们衷心期待能够获得贵司的信任，有机会与贵司深度合作，继续为贵司提供专业、优质、高效的法律服务。

附件一：××

附件二：××

××××律师事务所

××年×月×日

二、补充资料及问题清单

补充资料及问题清单

致　　:××××公司

抄　送:××××公司

关　于:贵司与××××公司××××纠纷再审案

日　期:××年××月××日　　　　总页数(含本页):×页

敬启者:

就题述案件,我们已收到贵司提供的部分基础案件材料,为便于我们更加全面、深入地了解案情,我们建议贵司向我们补充提供下列材料,并就相关问题进行说明,以便我们对本案诉讼前景作出准确判断:

一、关于××××情况

1.

2.

3.

二、关于××××情况

请贵司尽快提供上述补充资料,以便我们能够立刻开展工作。如贵司就本案有任何其他问题,或有任何新的意见和建议,可随时与我们联系。随着我们对案件分析的深入,可能会不时要求补充资料,敬请贵司理解与协助。我们衷心期待在今后的工作中,能够向贵司充分展示我们的专业和效率,为贵司提供优质、高效的法律服务。

××××律师事务所

年　　月　　日

三、诉讼律师案卷归档指引

诉讼律师案卷归档指引

一、工作原则

1. 及时性。文件应当及时归档,完成一天工作时,应归档的文件不应散落在办公桌上。

2. 完整性。归档文件应当完整,应确保对外签字、盖章(包括客户盖章及事务所盖章)的文件,都留存一份复印件在卷中,重要文件如起诉状、答辩状等需有客户盖章文件原件。

3. 顺序性。严格按照后续目录进行归档,禁止临时放在其他案卷或案卷中其他目录项下。

二、工作目标

所有案卷材料,不应有一张纸未归档。

三、归档责任人

案件卷宗由辅庭律师负责整理,按以下顺序排列,各大类之间用隔页纸分隔:

案卷目录

编号	文件类别	备注
1	大事记	
2	图表	
3	呈报文件/法律分析意见	
4	原审裁判文书(一、二审判决)	
隔页纸		
5	再审申请书/答辩状/代理意见等	
6	本阶段证据目录及证据材料	
隔页纸		
7	对方答辩状/代理意见等	
8	对方本阶段证据目录及证据材料	

续表

编号	文件类别	备注
隔页纸		
9	法律研究报告/案例检索报告	
10	工作联系函	
11	授权书	用带孔 A4 文件袋,不打孔
12	诉讼费发票	
13	案件联系人及联系方式明细表	

基础文件卷(一审)

案卷目录

编号	文件类别	备注
1	原告起诉状(包括变更诉讼请求文件)	
2	原告证据目录、证据	
3	原告其他文件(质证意见、代理意见、各种申请等)	
4	被告答辩状	
5	被告证据目录、证据	
6	被告其他文件(质证意见、代理意见、各种申请等)	
7	第三人陈述	
8	第三人证据目录、证据	
9	第三人其他文件(质证意见、代理意见、各种申请等)	
10	鉴定程序文件(法院或鉴定机构出具)	
11	法院程序文件(立案或应诉通知书、开庭传票、举证通知等)	
12	当事人主体手续文件、律师授权手续	
13	一审判决书	

基础文件卷(二审)

案卷目录

编号	文件类别	备注
1	一审判决书	
2	上诉人上诉状(包括变更诉讼请求文件)	

续表

编号	文件类别	备注
3	上诉人证据目录、证据	
4	上诉人其他文件	
5	被上诉人答辩状	
6	被上诉人证据目录、证据	
7	被上诉人其他文件	
8	第三人陈述、证据目录及证据	
9	法院程序文件	
10	法院保全文件	
11	当事人主体手续文件、律师授权手续	
12	二审判决书	

基础文件卷(其他案件材料补充)

案卷目录

编号	文件类别	备注
1	材料清单	
2		
3		
4		
5		
6		
7		
8		
9		
10		

事实文件卷注意事项：

1. 严格按照时间顺序排列。

2. 应制作材料清单。

3. 如果某一部分文件较多，可以单独成卷，如事实文件卷—发票卷。

4. 目录如较长，可为多页。

四、结案报告

结 案 报 告

致:××女士/先生/公司(下称贵方)

关于:××案(下称本案)

日期:××年×月×日　　　　　　　　　　　　总页数(含本页):×页

敬启者:

就题述案件,××××律师事务所(下称我们)接受委托后,我们非常珍惜与贵方的合作机会,高度重视、第一时间着手本案。

目前案件已结,我们特将本案办理情况报告如下:

一、案件办理情况

接受委托后,我们第一时间组织专业的律师团队对相关证据以及本案相关材料全面分析,制定了全面、专业的代理思路。

××

××

××

××

二、案件结果

××。

同时,×××××,可随时与我们联系。

以上情况,特此汇报。感谢贵方对我们工作的支持和配合。若贵方对本案有任何意见或建议,可随时与我们联系,我们愿以一贯的专业、高效,尽职勤勉地继续为贵方提供优质的法律服务。

××××律师事务所

××年×月××日

主要参考文献

1. 本书编委会编著:《建设工程施工合同(示范文本)(GF－2017－0201)使用指南》,中国建筑工业出版社 2017 版。

2. 常设中国建设工程法律论坛第八工作组:《中国建设工程施工合同法律全书:词条释义与实务指引》,法律出版社 2019 年版。

3. 袁华之:《建设工程索赔与反索赔》,法律出版社 2016 年版。

4. 周利明:《解构与重塑:建设工程合同纠纷审判思维与方法》(第二版),法律出版社 2021 年版。

5. 王乾應:《建设工程造价专项法律实务》,法律出版社 2020 年版。

6. 朱树英:《未雨绸缪控风险——施工合同证据"两分法"及管理"三要素"》,知识产权出版社 2018 年版。